DIE SCHÖNSTEN
AUTOS
der 70er und 80er Jahre

G. NICK GEORGANO

DIE SCHÖNSTEN AUTOS

der 70er und 80er Jahre

Copyright © 1990 by AB Nordbok,
Gothenburg, Sweden
Die Originalausgabe ist erschienen
unter dem Titel
CARS OF THE 70s AND 80s

Die Übertragung ins Deutsche
besorgte **Hermann Leifeld**

ISBN 3-613-01380-0

1. Auflage 1991

Copyright © by Motorbuch Verlag
Stuttgart, Postfach 103743,
7000 Stuttgart 10.
Ein Unternehmen der
Paul Pietsch-Verlage GmbH & Co.
Sämtliche Rechte der Speicherung,
Vervielfältigung und Verbreitung in
deutscher Sprache sind vorbehalten.

Printed and bound in Italy

Photonachweis

Neil Bruce 12 oben, 23, 44, 52, 53 oben, 56, 57, 66 unten, 70, 71, 73 unten, 74, 75, 76, 80, 91, 94, 96, 97, 99, 105, 108 oben, 112 unten, 115, 179 oben

Neil Bruce/Peter Roberts Collection (mit freundlicher Genehmigung der Hersteller) 10, 11 oben, 12 unten, 14 oben, 31 oben, 59, 60 oben, 67 oben, 110 unten, 114 unten, 130 oben, 151 unten, 159 oben, 165, 166, 167, 179 unten, 189 oben

Ian Dawson/Nordbok 54, 92, 93, 106, 107

Sven-Eric Deler 103, 171 oben

Nick Georgano 13 oben, 14 unten, 18 Mitte und unten links, 21 oben, 24, 32 oben, 102 unten, 120 unten, 124 unten, 162, 163 oben, 168, 197, 200, 201

Torblörn Hanson/Nordbok 183

Graham Harrison/Nordbok 55

Ferdinand Hediger 202

Bengt Ason Holm 87 oben, 95, 102 oben, 121

Bengt Ason Holm Collection (mit freundlicher Genehmigung der Hersteller) 11 unten, 13 unten, 16 unten, 19 oben, 59 oben und Mitte, 65 oben und Mitte, 69, 89 oben, 95 unten, 110 oben und Mitte, 114 oben, 117 unten, 119 unten, 163 Mitte, 210-232

Margus Kuuse 18 unten, 123 oben, 177, 178

Reinhart Lintelmann 207

Ludvigsen Associates 184 unten

Andrew Moreland 181 oben und Mitte

National Motor Museum 225, 32 unten links, 39, 47, 48, 66 oben, 68 oben, 84 Mitte, 86, 118, 120 oben, 122, 125 oben und Mitte, 149 oben, 155 Mitte, 169, 172

Peter Nunn 78 unten, 130 unten, 198, 199

Palmer Publicity Services 138

Philip Scott 203

Marian Suman-Hreblay 181 unten

Nicky Wright/National Motor Museum 16 oben, 53 unten, 77, 84 oben, 170 oben, 185, 189 unten, 190, 192, 193, 194 oben

Nicky Wright/Nordbok 60 Mitte und unten, 61, 62, 63, 64 oben, 88 oben, 90 unten, 111 unten, 126 oben, 131 oben, 182, 184 oben und Mitte, 186, 187, 188, 194 unten, 195

INHALT

	Einleitung	7
1	Hecktürmodelle für die Familie und den sportlichen Fahrer	9
2	Das Luxusauto überlebt	33
3	Der Sportwagen: Niedergang und Wiederaufstieg	69
4	Erholung auf und abseits der Straße	109
5	Fortschritte in der Technik	127
6	Nationale Charakteristika und internationale Trends	161
7	Werbung	211
	Nachwort: Ein Blick in die Zukunft	233
	Stichwortverzeichnis	235

EINLEITUNG

Die beiden letzten Jahrzehnte waren die vielleicht paradoxesten in der 100jährigen Geschichte des Autos. Die 70er Jahre begannen auf der ganzen Welt mit großen Hoffnungen auf eine Ausdehnung der Produktion und auf immer schnellere und bessere Autos. Geschwindigkeitsbeschränkungen waren zwar nicht generell, aber doch weitgehend unbekannt, kaum jemand machte sich Gedanken über den Spritverbrauch, und nicht Sicherheit, sondern Leistung war das Hauptkriterium beim Autokauf.

Die Ölkrise, die im Gefolge des israelisch-arabischen Krieges vom Oktober 1973 ausbrach, hatte schon seit einigen Jahren in der Luft gelegen, da sich ein immer größerer Anteil an der Ölproduktion von den USA in den Nahen Osten verlagerte. Diese Verlagerung war das Resultat der in den 60er Jahren massiv gestiegenen Nachfrage in den Staaten, der keine entsprechende Zunahme der heimischen Förderung gegenüberstand. Die Länder des Nahen Ostens, die keinerlei andere Bodenschätze und keine Industrie besaßen, erkannten, daß sie über eine machtvolle Waffe verfügten, mit deren Hilfe sie sich einen etwas größeren Anteil am Reichtum der Welt sichern konnten. Der Krieg wurde zum Katalysator, der eine sofortige Preissteigerung und eine Verringerung der Lieferungen an diejenigen Länder auslöste, die mit Israel verbündet gewesen waren. An erster Stelle waren das die USA, die zum Ölimporteur geworden waren und sich jetzt plötzlich mit begrenzten Liefermengen abfinden mußten. Vorbei waren die Zeiten, in denen die Ölpreise in gemeinsamen Verhandlungen festgelegt wurden; als die Abnehmer Preiserhöhungen von 15 Prozent anboten, bestanden die Produzenten einmütig auf 70 Prozent und bekamen diese 70 Prozent zusammen mit einer monatlichen Verringerung der Förderung um fünf Prozent.

Unter den Autoherstellern und -fahrern brach Trübsinn und sogar Panik aus. Die USA, Großbritannien und mehrere andere Länder führten eine Höchstgeschwindigkeit von 55 mph (knapp 90 km/h) ein (die in den USA heute noch gilt), in Großbritannien waren es eine Zeitlang sogar nur 50 mph (80 km/h). Man dachte an Treibstoffrationierung, und es bildeten sich lange Schlangen vor den Tankstellen, die teilweise nur noch an Stammkunden Sprit abgaben. In den USA kam es an einigen Tankstellen zu Handgreiflichkeiten. Die Pessimisten sagten das Ende des privaten Individualverkehrs in dem über die vergangenen zwei Jahrzehnte gewohnten Maßstab und die Rückkehr zur Treibstoffbewirtschaftung des Zweiten Weltkriegs voraus. Umgekehrt wurden Berechnungen angestellt, nach denen die bekannten Ölreserven im Jahre 1987 erschöpft sein sollten, wenn das Wachstum nicht gedrosselt würde. Der Verfasser gibt zu, daß er sich damals fragte, ob sein dreijähriger Stiefsohn jemals ein eigenes Auto besitzen würde; heute, wo der Junge 18 Jahre alt ist, freut er sich, daß seine Befürchtungen sich als grundlos erwiesen haben.

Die Lage entspannte sich eine Weile, doch dann gab es 1979 mit dem Sturz des westlich ausgerichteten Schahs von Iran eine Neuauflage des Jahres 1973, bei der sich der Rohölpreis noch einmal verdoppelte. Dieses Mal hielt sich der Trübsinn jedoch in Grenzen, und innerhalb weniger Jahre entspannte sich die Lage, und zwar teilweise, weil aufgrund der wirtschaftlichen Rezession in Europa die Nachfrage nachließ, und teilweise, weil andere Quellen entdeckt wurden, aus denen sich die Nachfrage befriedigen ließ. Großbritannien wurde dank der Ölfelder in der Nordsee fast unabhängig von Importen, und die USA profitierten von neuen Ölfeldern in Alaska. Der Anteil der OPEC-Länder (Organisation der erdölexportierenden Länder), an ihrer Spitze der Nahe Osten und Venezuela, an der weltweiten Ölförderung sank von mehr als der Hälfte auf ein Drittel. Die Preise blieben auf einem hohen Niveau, doch auch die Einkommen waren gestiegen, und obwohl die Tage des amerikanischen Monsters, das 30 Liter auf 100 Kilometer schluckte, endgültig der Vergangenheit angehörten, war Leistung kein unanständiges Wort mehr, und die zweite Hälfte der 80er Jahre erlebte eine bemerkenswerte Steigerung bei den Zulassungszahlen für sehr schnelle Wagen. Dabei handelte es sich keineswegs nur um Superautos, die über 320 km/h schnell waren, sondern um fünfsitzige Limousinen mit jedem nur erdenklichen Komfort, beispielsweise den BMW 750iL (250 km/h) und den Mercedes-Benz 560SEL (236 km/h). Auch preislich nicht so hoch angesiedelte Limousinen wie die Topmodelle des Citroën BX oder des Peugeot 405 liefen über 210 km/h.

Aber für die Autohersteller war längst nicht alles eitel Sonnenschein, denn kaum waren die Wellen der Ölkrise verebbt, begann der Druck seitens der Ökologen und Umweltschützer, die zum Teil im Auto die Hauptursache für die Verschmutzung unseres Planeten sahen. Diesen Druck hatte es schon seit einiger Zeit gegeben, und zwar besonders in den USA, wo der Bundesstaat Kalifornien seit den 60er Jahren eine führende Rolle dabei gespielt hatte, zunehmend strengere Immissionsschutzbestimmungen zu erlassen. Bis dahin hatten sich Designer und Konstrukteure nach dem Geschmack der potentiellen Käufer und den Vorgaben der Rechnungsabteilungen zu richten gehabt. Jetzt mußten sie mit einer dritten Kraft rechnen, nämlich der US-Regierung. Es dürfte kaum übertrieben sein, wenn man behauptet, daß innerhalb weniger Jahre ein Großteil der Entscheidungsgewalt von Detroit nach Washington verlagert wurde. Das bedeutete natürlich nicht, daß Washington der Autoindustrie die Konstruktionsarbeit abnahm. Aber die Vorgaben und Normen in bezug auf Sicherheit und Sauberkeit machten es erforderlich, daß man sich auf Seiten der Industrie mit zusätzlichen Fachrichtungen befassen mußte, um die Bestimmungen zu Abgasemissionen, Stoßfängern, Sicherheitsgurten und zugehörigen Warnsummern, Airbags und geteilten Lenksäulen einhalten zu können. Washington sprach zwar kein Verbot für offene Wagen aus, doch die in Käuferaugen ungelöste Frage der Sicherheit ließ die Nachfrage so drastisch zurückgehen, daß zwischen 1976 und 1982 kein größerer Hersteller ein Kabrio im Programm hatte. Diese Lücke wurde jedoch bald von kleineren Umrüstern gefüllt, weil trotzdem noch Bedarf bestand, und sobald Detroit sah, woher der Wind wehte, kamen ab 1982 auch wieder Kabrios auf den Markt.

In Europa war der staatliche Einfluß auf die Autoindustrie nicht so deutlich zu spüren, wenn man davon absieht, daß zunehmend auf niedrigere Abgaswerte gedrängt wurde. Um jedoch die Typzulassung zu bekommen, mußten für jedes neue Modell bestimmte Sicherheitsnachweise erbracht werden, darunter auch ein Crashtest bei 037 km/h gegen eine Wand. Das bedeutete unweigerlich, daß der betroffene Wagen abgeschrieben werden mußte – keine große Angelegenheit bei einem niedrigpreisigen Massenprodukt wie etwa einem Fiesta, aber ein ernstes Problem für eine Firma wie Aston Martin, die dabei bis zu 100000

Pfund Sterling zu Schrott fahren mußte. Für Bausätze war eine Typzulassung nicht erforderlich; aus diesem Grunde wurde so manches Auto fast völlig zusammengebaut geliefert, so daß der Käufer nur noch ein paar Stunden Arbeit hineinzustecken brauchte, um einen straßentauglichen Wagen zu bekommen.

Ende der 80er Jahre befindet sich das Auto in einer ambivalenten Position. Die Produktions- und Zulassungszahlen (1988 wurden über 34,7 Mio. Pkw gebaut) zeigen, daß es beliebter ist als je zuvor, und da bräuchte es schon eine den Wünschen der Bevölkerung völlig unaufgeschlossene Regierung, um den Individualverkehr ernsthaft einzuschränken. Aber ausgerechnet in den USA, der Heimat der Demokratie und dem Geburtsort des Serienautos, machen sich die virulentesten Autohasser bemerkbar. Eine Vorhersage über mehr als ein paar Jahre ist unmöglich. Vor zehn Jahren hieß es, der Sportwagen sei tot, das Autofahren zum Vergnügen sei bald vorbei; doch das Jahr 1989 hat mehr neue Sportwagen an beiden Enden des Preisspektrums gesehen als je zuvor, und die Zahl der grauen Mäuse auf dem Automarkt ist niedriger als 1970.

Anmerkung des Verfassers

Dieses Buch ist kein umfassendes Nachschlagewerk. Es war nicht meine Absicht, sämtliche Autos aufzunehmen, die in den vergangenen 20 Jahren gebaut wurden, doch ich hoffe, daß die folgenden Seiten alle wichtigen zusammen mit ein paar unwichtigen, aber interessanten Wagen enthalten. Leser, die ihr Lieblingsauto vermissen, mögen mir verzeihen.

Kapitel 1
HECKTÜRMODELLE FÜR DIE FAMILIE UND DEN SPORTLICHEN FAHRER

Der Kleinwagen für die Familie erfuhr zwischen 1970 und 1990 drastische Änderungen, obwohl er den Einschränkungen nach der (vermeintlichen) Ölkrise weniger unterworfen war als größere Modelle. Heute ist das Heckwagen mit Frontantrieb bei den Autos unter 1,6 Litern Hubraum die Norm, und jedes neue Modell auf dem Markt ist sozusagen gezwungen, sich an dieses Konstruktionsprinzip zu halten.

Vor zwanzig Jahren verfügten von 42 Modellen, die weltweit auf dem Markt waren, lediglich 15 über Frontantrieb, und Heckwagen waren praktisch unbekannt, wenn man von dem Evergreen Renault 4 absieht, der zu Beginn der hier betrachteten Periode schon neun Jahre alt und am Ende dieses Zeitraums immer noch zu haben war. Aber dieses Auto ist kaum ein typischer Vertreter seiner Gattung, weil es wohl eher mit einem französischen Bauern oder einem deutschen Studenten als mit der Vorstadtfamilie aus Woking, Wiesbaden oder Mailand in Verbindung gebracht wird.

In Frankreich wurden noch mehrere andere Fronttriebler gebaut, darunter der 2CV, Ami und Dyane von Citroën, die 204er- und 304er-Reihe von Peugeot, der Renault 12 und der Simca 1100/1204. Großbritannien steuerte die 1300er von British Leyland sowie als weiteren Evergreen den auch 1990 noch gebauten und unnachahmlichen Mini bei, während aus Italien der fortschrittliche Fiat 128 mit quer eingebautem Motor mit obenliegender Nockenwelle, Scheibenbremsen vorn und Einzelradaufhängung an McPherson-Federbeinen kam. Dieses 1969 vorgestellte Auto war ein echter Wagen der 70er, der bis 1984 in 2,75 Millionen Einheiten produziert wurde. Es gab ihn als Kombi sowie als zwei- und viertürige Limousine, aber nicht als Heckwagen; letzteres wurde erst Ende der 70er Jahre von Fiats jugoslawischem Ableger Zastava auf den Markt gebracht.

Weitere Fronttriebler, die in relativ kleinen Stückzahlen vom Band liefen, waren die kleinen zweizylindrigen Honda 360 und 600, der Saab 96 aus Schweden und die antiquierten und unbeliebten Zweitakter Trabant und Wartburg aus der DDR, die im November 1989 ihren Beitrag zur deutsch-deutschen Geschichte lieferten.

Die Kompakten übernehmen die Führung

Die überwiegende Mehrheit der 1970 verkauften Autos war nach der traditionellen Konzeption mit Frontmotor und Heckantrieb gebaut oder hatte den Motor im Heck, wie es kurz nach dem 2. Weltkrieg als Novität gepriesen worden war. Zu den ersteren gehörten Klassiker wie Fiat 124 und 125, Ford Escort, Morris Minor, Opel Kadett, Datsun Bluebird und Sunny, Toyota Corona und Vauxhall Viva, während das Banner der Heckmotorautos von Fiat 500, 600 und 850, Hillman Imp, Renault 8 und 10, Simca 1100 und VW-Käfer hochgehalten wurde.

1970 konnte man immer noch so ehrwürdige Autos wie den Hillman Minx und den Triumph Herald kaufen. Doch in den Jahren darauf wurden die meisten bisher aufgezählten Modelle von neuen Typen verdrängt, die schließlich kollektiv als Kompaktautos bezeichnet wurden.

Gemeinsam war allen die Konzeption mit Frontmotor und Frontantrieb wobei allerdings die Konstrukteure unterschiedlicher Meinung waren, ob der Motor nun längs oder quer eingebaut sein sollte , großzügig dimensionierten

Der seit 1948 gebaute Citroën 2CV – Prototypen liefen schon vor dem Krieg – ist die älteste Konstruktion, die auch heute noch in der Produktion ist, seit 1987 allerdings nur noch in Portugal. Er verkauft sich nach wie vor bemerkenswert gut, und zwar nicht nur in Frankreich, sondern auch in Großbritannien und in der Bundesrepublik.

Zwei Variationen zum Thema Frontantrieb von Alec Issigonis. Der anscheinend alterslose Mini wurde während der gesamten 70er und 80er Jahre gebaut. Hier ein 78er Clubman-Kombi *(oben)* mit der langen Schnauze, der 1980 bei Einführung des Metro aus der Produktion genommen wurde, und ein Mini mit italienischem Akzent, der von Bertone entworfene Innocenti mit Heckklappe, die es beim britischen Mini nie gab. Er war ab 1975 mit 988- bzw. 1275 cm³-Maschine von British Leyland und ab 1982 mit Dreizylindermotor von Daihatsu zu haben. Letztere wurden auch 1989 noch gebaut, und zwar mit 548 und 993 cm³ Hubraum und in einer Turboversion, die den Wagen auf fast 160 km/h beschleunigte.

Der von 1969 bis 1984 gebaute Fiat 128 *(links)* war ein richtig modernes Familienauto mit Frontantrieb, Quermotor mit obenliegender Nockenwelle und Einzelradaufhängung. Die Gesamtproduktion belief sich auf 2 776 000 Exemplare. Der jugoslawische Hersteller Zastava übernahm die Konstruktion und baute außerdem eine Hecktürversion, die es in Turin nie gegeben hat.

Das konventionelle Konzept mit Frontmotor und Heckantrieb war in den 70er Jahren noch weit verbreitet. Eines dieser Fahrzeuge, den Opel Kadett, hatte es schon seit den Sechzigern gegeben.
Der Kadett war von einem 62er Modell abgeleitet und in der allgemein akzeptierten Weise mit Motor mit hängenden Ventilen und Stößelstangen, Einzelradaufhängung an Schraubenfedern vorn und Blattfedern hinten ausgelegt. Er war im Gegensatz zu späteren Modellen eher ein Vetter als ein Zwilling des Vauxhall Viva. Hier ein Kadett Coupé aus dem Jahre 1971.

Der Honda 300/600 *(rechts)* war die erste Limousine des japanischen Herstellers und wurde von 1962 bis 1974 gebaut. Beide Modelle waren mit dem Hondamatic-Automatikgetriebe zu haben, der N 600 verfügte über einen Bremskraftverstärker. Hier der 360 N.

Der Datsun Sunny 120 Y *(oben)* kam 1973 neu heraus, und zwar als Modell der dritten Generation einer 1965 vorgestellten Serie konventioneller Limousinen. Es gab ihn mit Motoren von 1171 bzw. 1428 cm³. Hier ein 74er 120 Y.
Der Ford Escort *(rechts)* wurde 1968 als Ergebnis der Kooperation zwischen Ford Großbritannien und Ford Deutschland vorgestellt. Er hatte einen Vierzylindermotor mit 1098, später 1298 cm³. 1973 kam der RS 2000 mit 1993 cm³ und 100 PS. Die Produktion der ersten Serie endete 1974. Bei dem rechts gezeigten Modell handelt es sich um einen 74er 1300 E.

Viele Familienautos in den 70er Jahren waren Konstruktionen aus dem vorhergehenden Jahrzehnt. Diese beiden stehen repräsentativ für den Heckmotortyp, der seit den 50er Jahren in gewesen war.
Links ein Renault 8-1100 mit vertikal eingebautem wassergekühltem Motor, der noch bis Ende der 80er Jahre im Renault 5 überlebte; der letzte Renault mit Heckmotor wurde 1971 gebaut.
Der VW 1302 *(unten)* stammte aus dem fünfundzwanzigsten Produktionsjahr des berühmten Käfers nach dem Krieg. Beständige Weiterentwicklung statt Innovation war das Erfolgsgeheimnis des Käfers. Das hier gezeigte Exemplar hat den luftgekühlten Vierzylinder- Boxermotor und die Drehstabfederung all seiner Vorgänger.

Hecktüren und einer breiten Motorpalette, so daß ein Grundmodell die Wahl bot zwischen dem sparsamen Einkaufsauto für die Familie und der Hochleistungsversion, dem heißen Ofen. Später kam bei vielen europäischen Kompaktautos noch eine sparsame Dieselvariante hinzu.

Die nach oben öffnende Hecktür war nicht völlig neu, sondern schon in dem von Pininfarina entworfenen Austin A40 Countryman aus den Jahren 1957 bis 1967 zu finden gewesen. Dabei hatte es sich aber um eine geteilte Tür gehandelt, bei der das Oberteil nach oben und das Unterteil nach unten klappte. Noch älter waren die ähnlichen »Commerciale«-Versionen des Citroën 11 CV, der sogar noch aus der Vorkriegszeit stammte.

Die 60er Jahre hatten den Austin Maxi, den Renault 16 und den Simca 1100 gesehen, doch dies waren Fünftürer, auf die die Bezeichnung Kompaktauto eigentlich nicht paßte. Der erste richtige Kompakte war der Fiat 127, der 1971 auf den Markt gebracht wurde.

Sein Konstrukteur Oscar Montalbone kombinierte den quer eingebauten Motor und den Frontantrieb des 128 geschickt mit einem um 23 cm verkürzten Radstand und einer Karosserie, die es als zweitürige Limousine und als Dreitürer gab. Sein Layout war mit dem A112 von Autobianchi ausprobiert worden, der Fiat-Tochter, der die Aufgabe zukam, neue Modelle in relativ kleinen Stückzahlen zu bauen und am Markt zu testen, bevor die Stammfirma in die Massenfertigung einstieg. Doch der A112 schuf sich dann selbst eine Marktnische als individueller Kleinwagen, dessen Stückzahlen schließlich die des Fiat 127 übertrafen, bis die Fertigung 1987 eingestellt wurde.

Anfänglich beflügelte der 127 mit dem 47-PS-Motor das 850 Coupé zu keiner besonderen Leistung, doch später erhielt er die 75-PS-Maschine des 1300 Sport, die ihm eine Höchstgeschwindigkeit von immerhin 152 km/h verlieh. Als heißer Ofen stand er im Schatten der Hochleistungsversionen des Fiat Strada, aber er war das führende italienische Hecktürmodell der 70er Jahre und kam während der zwölfjährigen Produktionszeit auf über 3,7 Millionen verkaufte Exemplare.

Der 1969 vorgestellte Austin Maxi lag irgendwo zwischen den 1300er und den 1800er Modellen. Er war ein echter Fünftürer mit Motoren von 1485, 1748 und später 1994 cm³ Hubraum. Die Produktion lief 1981 aus.

Unten ein französisches Hecktürmodell mit Frontantrieb, das auf die 60er Jahre zurückging, der von 1967 bis 1979 gebaute Simca 1100. Er hatte einen Quermotor und Einzelradaufhängung an Drehstäben. Es gab ihn als Drei- und Fünftürer mit vier Motoren von 944 bis 1294 cm³.

Der Fiat 127 mit Quermotor und Hecktür war der erste echte Supermini des italienischen Herstellers. Er setzte die Normen, nach denen alle anderen Modelle der 70er Jahre beurteilt wurden. Das Motorenangebot reichte von 903 bis 1301 cm^3. Mit 3 730 000 Exemplaren zwischen 1971 und 1983 übertraf er die Fertigungszahlen des Fiat 128.

Der Autobianchi A 112 *(rechts)* diente als Versuchsträger für neue Ideen bei Fiat und kann als Prototyp für das Design des Fiat 127 gelten. Er wurde zwischen 1969 und 1987 gebaut. Hier ein A 112 Abarth mit 70 PS anstelle der 48 PS der Serienausführung.

Einer der bekanntesten Kompakten der 70er Jahre war der Renault 5. Er unterschied sich von den anderen durch den längs eingebauten Motor, der bereits in den älteren Modellen 4, 6, 12 und 16 Verwendung gefunden hatte.
Der 1985 vorgestellte R 5 der zweiten Generation (Supercinq genannt) bekam wie seine Konkurrenten einen Quermotor. Er sah seinem Vorgänger sehr ähnlich, war aber ein ganz neues Auto, das von der Technik her viel mit dem größeren Renault 9 gemeinsam hatte.

Renault 5

Der erste französische Kompakte war der R5, der zum bestverkauften französischen Auto aller Zeiten werden sollte: Bis 1984 wurden über 5,4 Millionen Stück ausgeliefert, und auch vom neuen R5 wurden bis Mitte 1989 schon wieder zwei Millionen Exemplare verkauft.

Sein Konstrukteur Michel Boue, der schon im frühen Alter von 35 Jahren starb und nicht mehr erlebte, daß sein Werk in die Produktion ging, entschied sich, den Motor längs einzubauen, wie es schon beim R4, R6, R12 und R16 sowie beim heckgetriebenen R8 und R10 der Fall gewesen war. Da der R5 die gleichen Maschinen bekam wie diese früheren Renaults, schien es keinen Sinn zu machen, deren Anordnung zu ändern. Sie saßen hinter der Vorderachse, so daß die hintere Motorraumwand ein wenig in den Innenraum ragte.

Die folgenden Wagen in dieser Klasse hatten den Motor meist quer eingebaut, und das galt auch für die nächste R5-Generation. Die Motoren waren fünffach gelagerte Vierzylinder mit hängenden Ventilen und Stößelstangen und zunächst 782, 845, 956 und 1289 cm³ Hubraum. Die kleineren Maschinen mit nur 30 und 34 PS waren hauptsächlich für den französischen Markt bestimmt, wo sie steuerlich günstig eingestuft waren, doch auch dort waren sie nicht sehr beliebt, so daß sie 1976 beziehungsweise 1984 aus dem Programm gestrichen wurden.

Das vollsynchronisierte Viergangggetriebe saß vor dem Motor und wurde anfänglich über einen Krückstock im Armaturenbrett geschaltet (wie beim Vorgänger R 4). Die Einzelradaufhängung an quer eingebauten Drehstäben und Längslenkern sorgte für ein komfortables, aber typisch französisch wiegendes Fahrverhalten. Bis 1979 wurde nur eine dreitürige Version angeboten, ab dann gab es den R5 als Fünftürer.

VW Golf

Im Gegensatz zum R 5 hatte der VW Golf, den man wohl als *den* Wagen der 70er Jahre bezeichnen kann, einen in Reihe mit dem Getriebe quer eingebauten Motor, normale Knüppelschaltung und McPherson-Federbeinaufhängung für strafferes Fahrverhalten und war von Anfang an auch als Fünftürer erhältlich. Das von Giugiaro stammende Styling setzte die Keilform durch, die anschließend überall nachgeahmt wurde – nicht zuletzt von VW selbst mit dem Scirocco.

Der von Giugiaro entworfene VW Golf war der erfolgreichste aller Kompakten. Nach Produktionsbeginn im Jahre 1974 wurde im Sommer 1988 die Zehnmillionengrenze überschritten. Der (ab 1978 gebaute) Diesel war ein besonders gutes Beispiel für seinen Typ. Hier ein Viertürer aus dem Jahre 1974.

Oben eine Schnittzeichnung, aus der die Konstruktion des Golf, hier aus den späten 80er Jahren, sehr gut zu erkennen ist. Sie hat sich gegenüber 1974 nicht grundlegend geändert.
Unten ein in den Niederlanden bei DAF gebauter Volvo 343. Er hat einen Renault- Vierzylinder mit 1397 cm³ und die bekannte Variomatic, die auf den DAF 600 zurückging.

Die Tatsache, daß die drei meistverkauften Autos in Europa Hecktürmodelle waren, ließ den anderen Herstellern keine andere Wahl, als sich dem Trend anzupassen. Peugeot war bereits mit seinem 104 als Drei- und Fünftürer auf dem Markt, der mit der größten Maschine (1360 cm³ und 80 PS) eine Höchstgeschwindigkeit von 160 km/h erreichte und damit durchaus das Recht besaß, als früher heißer Ofen bezeichnet zu werden.

Wie beim Golf und fast allen späteren Wagen dieser Klasse war der Motor quer eingebaut und dazu in einem Winkel von 72 Grad geneigt.

Ab Mitte der 70er Jahre wurden die Hecktürmodelle zu einer wahren Flut. General Motors bot eines mit seinem T-Car an, das 1974 in Brasilien als Chevette herauskam und in weiteren Versionen in Großbritannien (Vauxhall Chevette), in der Bundesrepublik (Opel Kadett) und in den USA (Chevrolet Chevette) gebaut wurde. Der Wagen war kein typischer Kompakter, da ein längs eingebauter Frontmotor die Hinterräder antrieb, eine Konzeption, die auch Volvo mit dem 343, Mazda und Toyota mit dem 323 und dem Starlet sowie der polnische Hersteller FSO mit dem Polonez verfolgten, bei dem es sich mehr oder weniger um den alten Polski Fiat 125 im Gewand eines kantigen Fünftürers handelte.

Dieses Fahrzeug wurde auch 1989 noch angeboten, wobei es allerdings als wahrscheinlich erschien, daß FSO sich den anderen osteuropäischen Ländern anschließen und in naher Zukunft ein modernes Auto mit quer eingebautem Motor und Frontantrieb auf den Markt bringen wird.

Der Mazda 323 wurde 1977 als erstes kleines Hecktürmodell des japanischen Unternehmens vorgestellt. In den ersten vier Jahren wurden 904 573 Exemplare gebaut, fast so viel wie in den vorhergenden elf Jahren. Hier ein Modell aus dem Jahre 1977.

Eine Auswahl aus den vielen Kleinwagen mit Hecktür, die in den 80er Jahren angeboten wurden. Der Daihatsu Charade des Jahres 1982 *(oben links)* wich insofern von der Norm ab, als er einen Dreizylindermotor mit obenliegender Nockenwelle hatte, während der British Leyland Metro *(oben rechts)* dem konventionellen Schema mit Vierzylinder-Quermotor und drei Türen folgte. 1984 kam ein fünftüriges Modell, doch auf ein Fünfganggetriebe mußte der Metro bis Mai 1990 warten.
Der 1983 vorgestellte Nissan Micra *(unten links)* war ein gutmütiger Kleinwagen, der in Europa nicht als Hochleistungsfahrzeug zu haben war. Leichtes Handling und ein problemlos zu schaltendes Getriebe machten ihn bei Fahrschulen beliebt.
Vom konventionellen VAZ 2106 mit dem Erscheinungsbild der 60er Jahre machte die sowjetische Autoindustrie in den 80er Jahren einen großen Schritt nach vorn zum VAZ 2108 mit Frontantrieb und Hecktür *(unten rechts)*, der in Westeuropa als Lada Samara verkauft wurde. Der 2106 war vom Fiat 124 abgeleitet, ging auf das Jahr 1969 zurück und hatte einen auf 1451 cm^3 vergrößerten Hubraum. Der hier gezeigte 2108 stammt aus dem Jahre 1987. 1989 gab es ihn als Drei- und Fünftürer mit Motoren mit 1099, 1288 und 1499 cm^3.

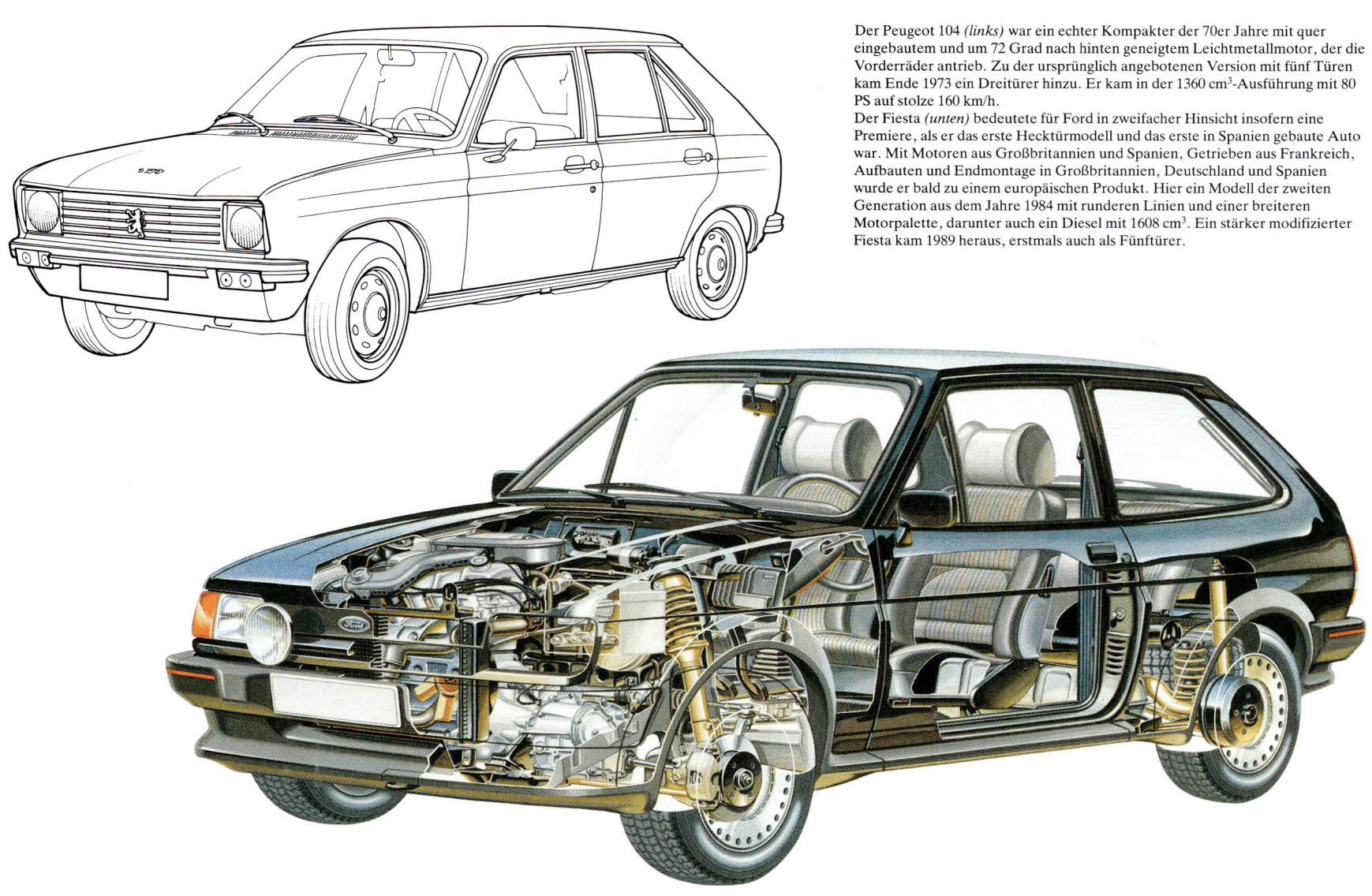

Der Peugeot 104 *(links)* war ein echter Kompakter der 70er Jahre mit quer eingebautem und um 72 Grad nach hinten geneigtem Leichtmetallmotor, der die Vorderräder antrieb. Zu der ursprünglich angebotenen Version mit fünf Türen kam Ende 1973 ein Dreitürer hinzu. Er kam in der 1360 cm^3-Ausführung mit 80 PS auf stolze 160 km/h.

Der Fiesta *(unten)* bedeutete für Ford in zweifacher Hinsicht insofern eine Premiere, als er das erste Hecktürmodell und das erste in Spanien gebaute Auto war. Mit Motoren aus Großbritannien und Spanien, Getrieben aus Frankreich, Aufbauten und Endmontage in Großbritannien, Deutschland und Spanien wurde er bald zu einem europäischen Produkt. Hier ein Modell der zweiten Generation aus dem Jahre 1984 mit runderen Linien und einer breiteren Motorpalette, darunter auch ein Diesel mit 1608 cm^3. Ein stärker modifizierter Fiesta kam 1989 heraus, erstmals auch als Fünftürer.

Ford Fiesta

Ford stieß im Jahre 1976 mit dem Fiesta zum Fronttrieblerclub, gefolgt von Chrysler Europa mit dem fünftürigen Horizon im Jahr 1977. In Japan baute Datsun den frontgetriebenen Cherry seit 1970, doch erst 1978 kam eine Hecktürversion hinzu, während Honda der Einführung des Civic im Jahre 1972 im Jahre 1981 ein Hecktürmodell folgen ließ. Nach ihnen folgten Daihatsu mit dem Charade von 1977, einem ungewöhnlichen Dreizylinder, und schließlich Mitsubishi mit dem Colt 1200/1400 von 1979.

Letzterer war mit dem quer eingebauten Motor mit obenliegender Nockenwelle und dem Angebot als Drei- und Fünftürer ein typischer Vertreter seiner Gattung, hob sich aber durch den zweifach übersetzten Hinterachsantrieb von ihr ab. Mit diesem Antrieb standen acht Vorwärtsgänge zur Verfügung, je vier für sparsames und sportliches Fahren. Diese attraktive Konzeption, die schon in den frühen 30ern in der Columbia-Achse von Auburn-Modellen zu sehen gewesen war, wurde in der nächsten Colt-Generation ab 1984 zugunsten eines herkömmlichen Fünfganggetriebes wieder aufgegeben.

In den 80er Jahren traten praktisch alle kleinen Hersteller dem Club der frontgetriebenen Hecktürmodelle bei. General Motors ergänzte und ersetzte das heckgetriebene T-Car 1979 durch den Opel Kadett und 1980 durch dessen Schwestermodell Vauxhall Astra. Im gleichen Jahr nahm Ford die Produktion des Escort auf, und British Leyland brachte den Metro als größeren Gefährten des Mini, der schon 1959 eine Vorreiterrolle bei quer eingebauten Motoren und Frontantrieb übernommen hatte, aber nie als Hecktürversion gebaut worden war.

Weitere beachtenswerte Modelle aus den achtziger Jahren waren Fiats Panda (1980), Uno (1983) und Tipo (1988), der Nissan Micra (1983), der überarbeitete Mazda 323 (1981) und Toyota Starlet (1985), der Vauxhall Nova/Opel Corsa (1983), der Peugeot 205 (1983), der neue Renault 5 mit Quermotor (1985), der Citroën AX (1987), der Subaru Justy (1987) sowie Suzukis Alto (1981) und Swift (1984), die drei letztgenannten mit Dreizylindermotoren.

Weitere Clubmitglieder wurden 1985 der Seat Ibiza aus Spanien und der Hyundai Pony aus Korea. Die osteuropäischen Länder hatten zum Ende des Jahrzehnts Boden gutgemacht: Der Lada Samara und der Moskwitsch 2141 aus Rußland sowie der tschechoslowakische Skoda Favorit schickten sich an, ihren 24 Jahre alten Vorgängern mit Heckmotor den Rang abzulaufen. Der Yugo 45 und der Yugo 55 aus Jugoslawien stammten aus dem Jahre 1983 und waren äußerlich abgewandelte Versionen des Fiat 127 mit dem 127er Motor mit hängenden Ventilen beziehungsweise dem 128er Motor mit obenliegender Nockenwelle. 1990 will Yugo ein frontgetriebenes Hecktürmodell namens Sana herausbringen.

Es ist keine Übertreibung zu behaupten, daß der 205 die Rettung für Peugeot bedeutete, das Anfang der 80er Jahre finanziell vor dem Ende stand.
Der 205 galt als eines der besten Autos seiner Klasse, sei es in der Grund- oder in der Hochleistungsausführung. Oben links der GTi mit der größten Maschine, die aus 1905 cm³ 130 PS holte.

Quermotoren als Regelfall

All diese Wagen entsprachen zwar einem gemeinsamen Grundschema (mit Ausnahme des ursprünglichen R5 hatten alle den Motor quer eingebaut), doch gab es zwischen den einzelnen Marken eine Reihe von Unterschieden, die jedoch im Wege der zunehmenden Standardisierung im Fahrzeugbau wahrscheinlich verschwinden werden. Die Ventile wurden meistens über obenliegende Nockenwellen gesteuert, wobei allerdings auch die ältere Konstruktion mit Stößelstangen ihre Anhänger hatte, darunter Metro (dessen Motoren der A-Reihe auf das Jahr 1952 zurückgehen), Fiat Uno, Ford Fiesta, Renault 5, Opel Corsa/Vauxhall Nova und Yugo 45.

Eine Reihe von heißen Öfen präsentierte Motoren mit doppelten obenliegenden Nockenwellen; mit diesem Thema beschäftigen wir uns später. Dieselmotoren gab es für Citroën AX, Daihatsu Charade, Fiat Panda, Uno und Tipo, Ford Fiesta und Escort, Mitsubishi Colt, Nissan Sunny, Opel Kadett, Peugeot 205, Renault 5, Seat Ibiza, Toyota Starlet, Vauxhall Astra sowie VW Polo und Golf. Als Alternative zu Vergasermotoren wurden speziell in den stärker motorisierten Versionen der Kompakten vielfach Einspritzer angeboten.

Auf der Getriebeseite setzten sich in den achtziger Jahren zunehmend fünf Gänge durch. Anfang 1989 wurde von den bedeutenderen Modellen einzig der Austin Metro nicht mit Fünfganggetriebe angeboten, und das erwies sich in dem heiß umkämpften Markt gegen die Konkurrenten Fiesta, Nissan Micra, Citroën AX und andere als ausgesprochener Schwachpunkt.

Die nächste Metro-Generation, die 1990 fällig ist, soll diesen Schwachpunkt beseitigen; sie wird mit einem Fünfganggetriebe von PSA ausgestattet, das in Reihe mit dem Motor montiert werden soll und nicht darunter im Sumpf mit gemeinsamer Schmierung. Diese Anordnung, die es auch bei Mini, Citroën Visa, Peugeot 104 und Renault 14 gibt, war komplizierter, hatte aber den Vorteil, daß der Motor-Getriebe-Block insgesamt kürzer baute.

Automatikgetriebe wurden für eine Reihe von Modellen angeboten, darunter Metro, Honda Civic, Peugeot 205, Renault 5 und Suzuki Alto, das kleinste Auto der Welt mit Automatik. Eine Abwechslung von der üblichen Automatik mit Planetengetriebe war das im Fiesta und im Fiat Uno verwendete CVT-Gurtsystem (CVT = stufenlose Übersetzung), mit dem wir uns in Kapitel 5 befassen.

Eine weitere Neuerung der 80er Jahre, der Allradantrieb, hielt 1983 beim Fiat Panda 4x4 Einzug in die Kompakt-Klasse. Seit der Zeit gibt es Allradversionen des Daihatsu Charade, Mazda 323, Suzuki Alto, Subaru Justy (nur als 4WD erhältlich) und Golf, bei dem die Kraft je nach Straßenzustand auf die Vorder- und Hinterräder verteilt wird.

All diese Entwicklungen haben aus dem Kompaktwagen für den Familiengebrauch eine weitaus kompliziertere Maschine gemacht, als sie es noch 1970 war. Das Kompaktauto wurde außerdem zum klassenlosen Auto, so daß niemand mehr annahm, Leute, die einen Kleinwagen kauften, könnten sich kein größeres Auto leisten.

Ein Sortiment bedeutender Autos aus den 70er Jahren: Rechts ein 79er Hyundai Pony 1,3 GL, ursprünglich mit Heckantrieb und ab 1985 mit Quermotor und Frontantrieb gebaut.
Unten ein Fiat Panda, das Modell zwischen Fiat 126 und Uno. Es gab ihn in vielen Versionen, darunter auch eine 4x4-Ausführung. Das Design stammte von Giugiaro. Hier ein 45S mit Vierzylindermotor aus dem Jahre 1984.
Der Fiat Uno, hier ein 83er 55S *(unten rechts)*, löste den 127 ab. Es gab ihn mit einer breiten Motorenpalette einschließlich Turbo und Diesel. Er war in Italien der bestverkaufte Wagen der 80er Jahre und wird auch heute noch gebaut.

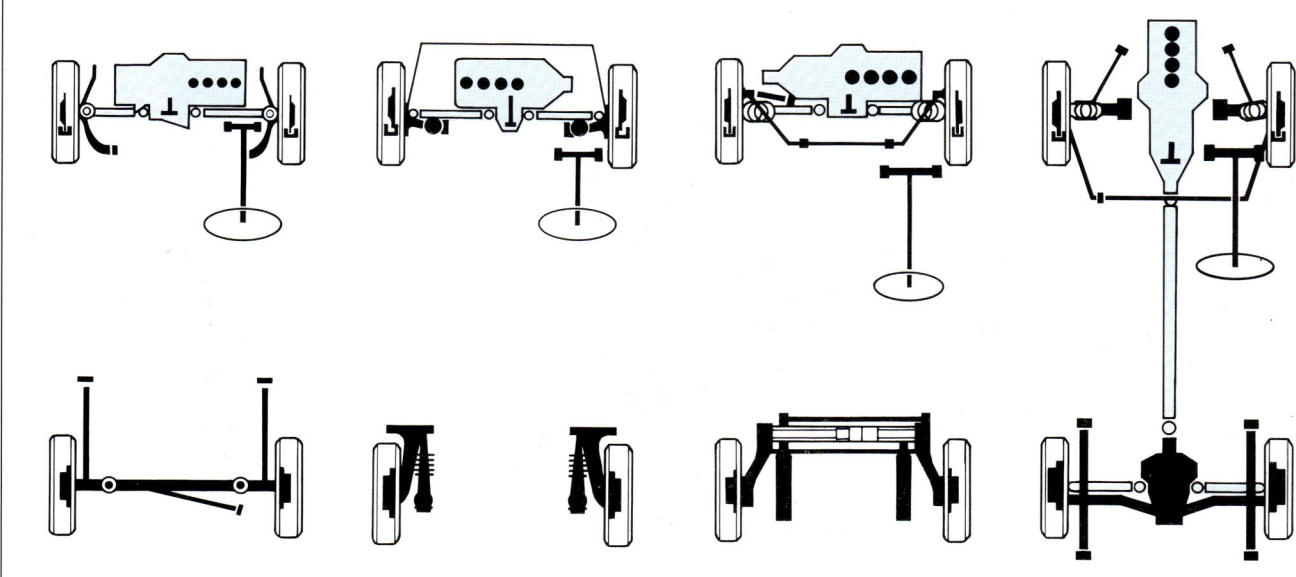

Vier Kleinwagen aus den 80er Jahren mit gemeinsamen Grundmerkmalen: Der Ford Fiesta (links außen) und der Austin Metro *(links)* hatten Quermotoren mit 1117 bzw. 1275 cm^3 und etwa die gleiche Spitzengeschwindigkeit, wobei der Metro über eine technisch anspruchsvollere Hydragas-Aufhängung verfügte.
Eine größere Maschine mit 1580 cm^3 bekam der sehr beliebte Peugeot 205 *(rechts)*, der mit 146 km/h der schnellste aus dem Quartett war. Der Volvo 340 *(rechts außen)*, eine konventionelle Konstruktion mit Reihenmotor und Heckantrieb, wurde auch 1989 noch gebaut.

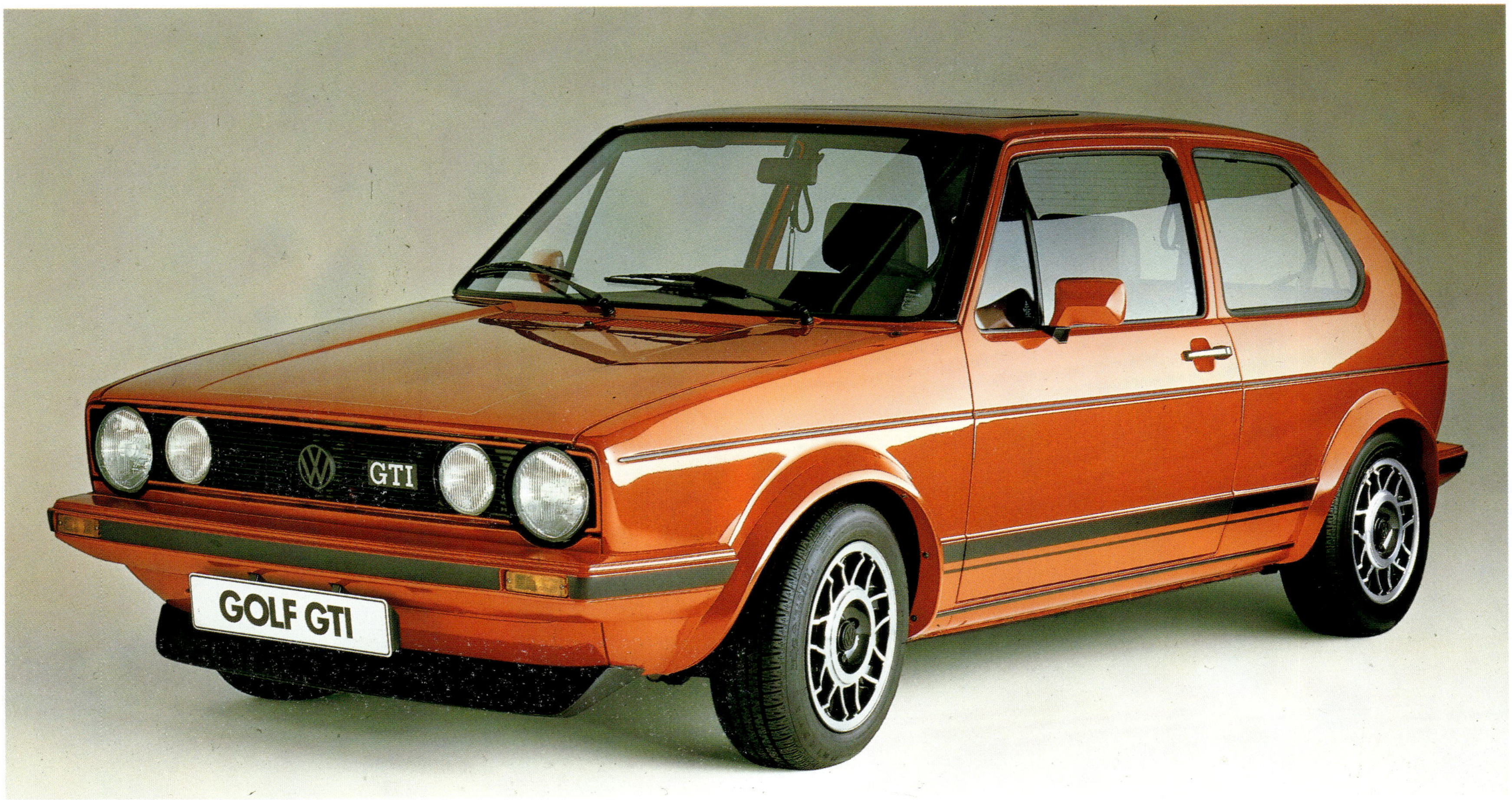
GTI
GOLF GTI

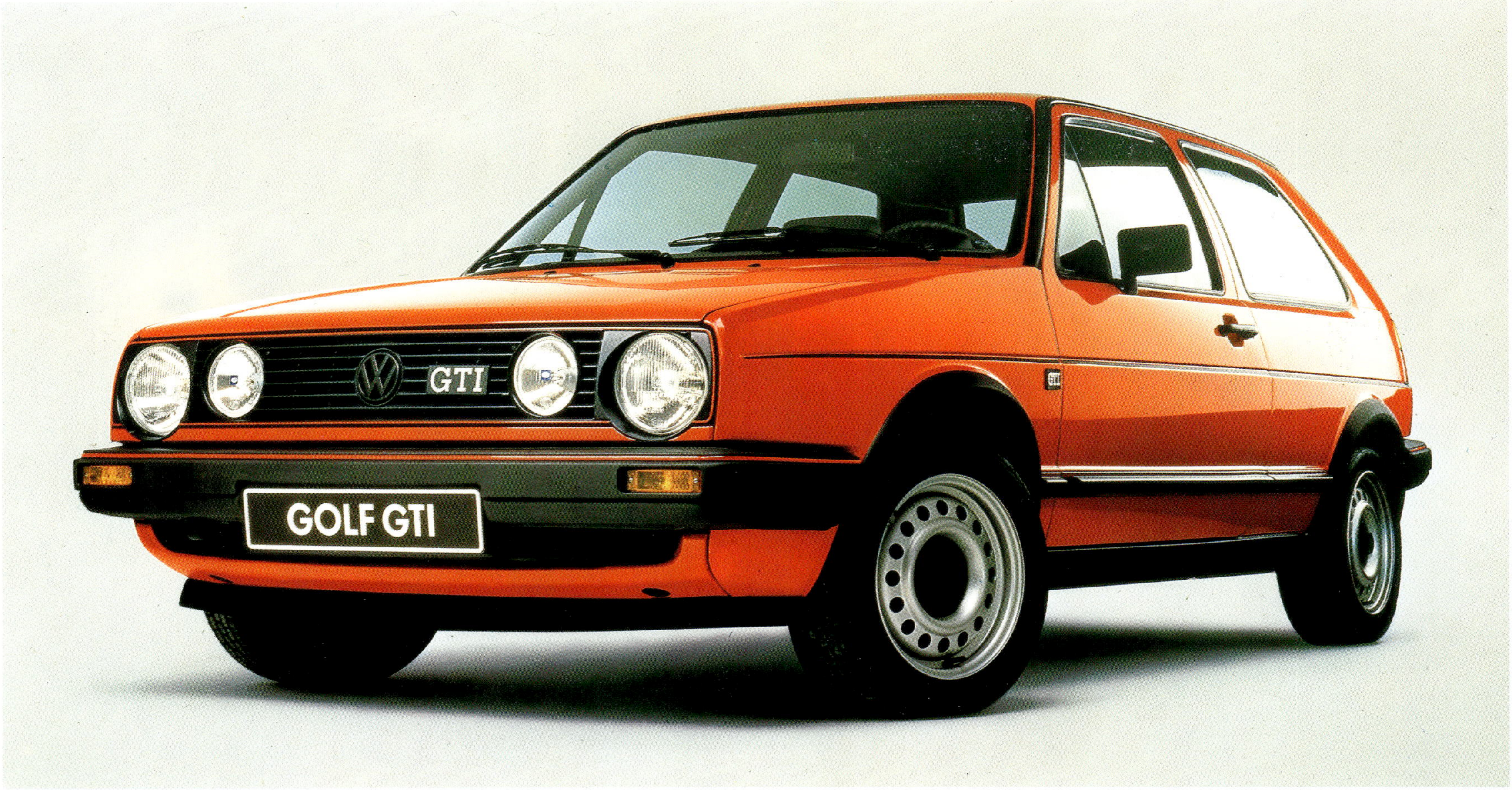
GTI
GOLF GTI

Die heißen Öfen

Zu Beginn der 70er Jahre hätte wohl kaum jemand angenommen, daß sich sehr stark motorisierte Kompaktautos derart durchsetzen würden. Schließlich war ein Wagen mit Hecktür im Grunde ein Nutzfahrzeug, und seine Anziehungskraft lag in dem im Vergleich zur Limousine größeren Stauraum.

Aber daß eine Hochleistungsversion eines braven Familienautos gebaut wurde, war nichts Neues; man braucht in diesem Zusammenhang nur an den Renault Dauphine und den R8/R10 von Amédée Gordini, den von Abarth getunten Fiat 500 und 600, den Cortina und Ford Escort RS von Lotus und den Mini Cooper zu denken. Viele dieser Fahrzeuge entstanden aus dem Gedanken an Rennen und Rallyes, und dieser Gedanke stand auch bei den heißen Öfen mit Hecktür Pate.

Golf GTI

Der erste von vielen und das Fahrzeug, das das Feld viele Jahre lang beherrschte, war der Golf GTI. Er war das Resultat stundenlanger Freizeitarbeit begeisterter VW-Techniker und erfuhr zunächst kaum Unterstützung seitens des Leiters der Forschungs- und Entwicklungsabteilung, Prof. Ernst Fiala. Doch die Techniker und Ingenieure ließen sich nicht entmutigen; sie vergrößerten den Hubraum von 1471 cm³ auf 1588 cm³ und steigerten die Leistung mittels Benzineinspritzung von 70 auf 110 PS. Es wurden Bremsen und Reifen für die zusätzliche Kraftentfaltung entwickelt, und schließlich waren Fiala und seine Kollegen ausreichend beeindruckt, um eine Serie von fünftausend Fahrzeugen für die Homologation in der Gruppe 1 zu genehmigen.

Der GTI wurde auf der Frankfurter IAA 1975 vorgestellt und ging im Juni 1976 in den Verkauf. Zu der Zeit hatte VW keinerlei Erfolge im Rennsport vorzuweisen (sieht man von der Formel V einmal ab), doch das scherte die Käufer, die den GTI in Scharen bestellten, wenig. Seine Leistung und sein Fahrverhalten waren etwas für diejenigen, die bis dahin offene Zweisitzer gefahren hatten, und trotzdem war er auch ein Wagen für die Familie. Heirat und Kinder waren für den sportbegeisterten Fahrer jetzt kein Grund mehr, sich mit irgendeiner lahmen Limousine abzufinden.

Die Verkaufsziffern gingen steil in die Höhe, und innerhalb weniger Jahre erreichte der GTI einen Anteil von mehr als zehn Prozent an der gesamten Golfproduktion. 1983 kam eine größere Maschine mit 1781 cm³; die Leistung war mit 112 PS etwas höher, stand aber bei niedrigerer Drehzahl zur Verfügung. Bald befaßten sich auch Tuningfirmen mit dem GTI; die Oettinger-Version mit 16 Ventilen brachte 136 PS bei 8000/min und 201 km/h Spitze.

1985 bot VW selbst einen Sechzehnventiler mit 139 PS, einer Spitzengeschwindigkeit von 209 km/h und einer Beschleunigung von 7,5 Sekunden von Null auf 100 km/h an.

Ford Escort

Fords Antwort auf den GTI entsprang nicht alleine dem Konkurrenzdenken, sondern war die Fortsetzung einer seit 1968 gepflegten Tradition leistungsstarker Escorts, die bei Rundstreckenrennen und Rallyes zum Teil sehr erfolgreich gewesen waren.

Der XR3 war von dem neuen frontgetriebenen Escort abgeleitet, dessen 1,6-Liter-Motor mit obenliegender Nockenwelle einen Weber-Doppelvergaser und eine Spezialnockenwelle erhielt, die die Leistung von 79 auf 96 PS steigerten. Mit Pirelli P6-Bereifung hatte der Wagen eine ausgezeichnete, der Höchstgeschwindigkeit von 181 km/h angepaßte Straßenlage.

Seine Schwäche war das weiche, schaukelnde Fahrverhalten, das allein schon ausreichte, um ihn zu einem weniger befriedigenden Auto als den GTI zu machen. Eine Verbesserung zeigte sich mit dem XR3i im Oktober 1982, der nicht nur ein besseres Fahrverhalten aufwies, sondern mit einer Benzineinspritzung noch fünf km/h schneller war. 1982/83 kam der RS1600i hinzu, ein Homologationsmodell, von dem 5000 Stück gebaut werden sollten, tatsächlich aber 9000 Exemplare gekauft wurden.

Dieses Modell hatte ein strafferes Fahrverhalten und 15-Zoll-Räder (anstelle der 14-Zoll-Räder des XR3i), war aber nicht schneller; allerdings bot die Maschine bessere Tuning-Möglichkeiten, was sie unter rennsportbegeisterten Fahrern beliebt machte. Auf den RS1600i folgte der RS Turbo, der, wie der

Ein Sortiment heißer Öfen mit Hecktür, der Hochleistungs-Kleinwagen, die in den vergangenen 15 Jahren eine so herausragende Rolle in der Autowelt spielten.

Der Urtyp des heißen Ofens war der Golf GTI *(links)* mit Einspritzer, der in der ursprünglichen Form des Jahres 1975 1588 cm³ Hubraum hatte und 110 PS leistete. Ende der 80er steigerten weitere 193 cm³ und 16 Ventile die Leistung auf 139 PS. Alle geschlossenen Golf erhielten 1983 eine neue Form, während das bei Karmann gebaute Kabrio sein eckiges Aussehen behielt.

Die Antwort Fords auf den GTI war der Escort XR3, ab 1980 zunächst mit 95-PS-Vergasermotor, und ab 1982 dann der XR3i mit 110-PS-Einspritzer. Ein stärkerer Escort wurde in kleineren Stückzahlen mit dem RS Turbo *(rechts)* gebaut, der 132 PS und als Weltneuheit ein Differential mit Schlupfbegrenzung über Viscose-Kupplung hatte. Die ersten Exemplare waren nur in weißer Lackierung erhältlich wie bei diesem 86er Modell. Die Spitzengeschwindigkeit lag bei 206 km/h.

Name schon sagt, mit einem Turbolader ausgestattet war, der die Höchstgeschwindigkeit auf 200 km/h steigerte.

Wie der RS 1600i war der RS Turbo nur in weiß lieferbar; das Unterscheidungsmerkmal waren Kotflügelverbreiterungen und ein tief heruntergezogener Frontspoiler. Beim Turbo fand sich außerdem die weltweit erste Anwendung des FF-Differentials mit Viscose-Kupplung und Schlupfsperre. Der RS Turbo, der heute noch gebaut wird, war dann später auch in anderen Lackierungen erhältlich.

Vauxhall Chevette und Talbot Sunbeam Lotus

Bevor wir uns der großen Zahl leistungsstarker Hecktürmodelle der 80er Jahre zuwenden, soll hier noch an zwei britische Autos aus den 70ern erinnert werden, die sich von der neuen Konstruktionsart insofern unterscheiden, als sie einen Hinterradantrieb hatten, durch den sie sich besonders gut für Rallyes eigneten: Vauxhall Chevette 2300 HS und Talbot Sunbeam Lotus.

Ein in begrenzter Auflage gebauter britischer heißer Ofen mit Hecktür, der sich durch seinen Heckantrieb vom allgemeinen Trend abhob, war der Vauxhall Chevette HS 2300.
Er war von einem Serienfahrzeug der 70er Jahre abgeleitet und hatte einen Motor mit zwei obenliegenden Nockenwellen, der aus 2379 cm³ Hubraum 135 PS schöpfte. Der Wagen siegte 1979 in der britischen Rallye-Meisterschaft.

Der Vauxhall hatte die dreitürige Karosserie des Chevette, doch vom Sechzehnventiler mit 135 PS, 2379 cm³ und zwei obenliegenden Nockenwellen bis hin zu dem Getrag-Getriebe, den breiten Leichtmetallfelgen und den Front- und Heckspoilern war praktisch alles andere neu und speziell auf diesen Wagen zugeschnitten.

Der als Homologationsmodell konstruierte und bei Rallyes sehr erfolgreiche 2300 HS (Penti Airikkala gewann damit die britische Rallyemeisterschaft 1979) war zu kompromißlos auf hart getrimmt, um große Verkaufserfolge zu erzielen. Auch der Preis sprach gegen ihn: Er kostete mehr als doppelt so viel wie ein normaler Chevette.

Trotzdem wurden 400 Stück verkauft, die heute unter Sammlern sehr begehrt sind. Letzteres gilt in noch stärkerem Maße für den HSR, der mit breiteren Rädern, die eine Kotflügelverbreiterung erforderlich machten, Seitenschürzen und einer 150-PS-Maschine speziell für Rallyes gebaut wurde. Er wurden nur 50 Stück gefertigt, hinzu kamen viele Umbauten auf der Grundlage des HS.

Beim Sunbeam Lotus ging Talbot den gleichen Weg wie Ford und wandte sich an einen Motorspezialisten. Wie Cosworth für Ford konstruierte Lotus für Talbot einen Sechzehnventiler mit 2172 cm³ und zwei obenliegenden Nockenwellen, der zusammen mit einem ZF-Fünfganggetriebe in die dreitürige Karosserie des Talbot Sunbeam eingepaßt wurde. Dem Talbot fehlten die auffallenden äußerlichen Veränderungen des Chevette; er war im wesentlichen an der schwarzen Lackierung mit Silberstreifen und einer Lotus-Plakette unmittelbar vor der Tür zu erkennen.

Mit 150 PS und einer Spitzengeschwindigkeit von 195 km/h brachte er jedoch gute Leistungen. 1981 gewann er die Rallye-Markenweltmeisterschaft. Mit 2308 Käufern zwischen 1979 und 1983 fand er auch beträchtlich mehr Zuspruch als der Chevette 2300 HS.

Renault 5 Turbo

Renault baute eine ganze Reihe leistungsstarker Kleinwagen. Der erste davon war eine sportliche Version des R 5 mit 1397 cm³. Er erreichte eine Spitzengeschwindigkeit von 172 km/h, erforderte aber fleißiges Schalten, wenn man das Beste aus ihm herausholen wollte. 1981 kam eine Turbo-Version mit 110 PS und viel elastischerer Maschine.

Für alle, die ein eigenes Rallyefahrzeug besitzen wollten, brachte Renault den R5 Turbo auf den Markt, ein völlig neues Auto. Die 1,4-Liter-Maschine (1397 cm³) war auf 160 PS (in der Werksversion 250 PS) gesteigert, saß hinter dem Fahrer und trieb die Hinterräder an. Zusammen mit dem Fünfganggetriebe nahm sie so viel Platz ein, daß der Wagen ein reiner Zweisitzer war. Die Karosserie hatte die gleiche Grundform wie der normale R5, bestand jedoch zum Großteil aus Leichtmetall statt Stahl. Motorhaube, Kotflügel und Stoßfänger waren aus Polyester gegossen. Sofort erkennbar war der Turbo an den ausladenden Kotflügeln über den breiten Hinterrädern und den Lufteinlaßschlitzen im Vorderteil der Kotflügel.

Er war in der Tat ein Wolf im Wolfspelz, ohne jede Konzession an elegantes Aussehen, und mit der Maschine nur wenige Zentimeter hinter Fahrer und Beifahrer auch nicht gerade leise. Aber die Leistung war in Anbetracht seiner wenn auch entfernten Verwandtschaft mit einem normalen Familienauto einfach phantastisch. Mit einer Beschleunigung von Null auf 100 km/h in weniger als sieben Sekunden stieß er in die Klasse des Porsche 928 S vor; seine Spitzengeschwindigkeit lag bei 200 km/h.

1979 wurden für die Homologation für die Gruppe 4 gerade 400 Stück gebaut, bevor der Turbo in den Verkauf ging. Rallye-Erfolge erzielte er 1981 in Monte Carlo und 1985 bei der Rallye Korsika. Der R5 Turbo fand über tausend private Käufer, wurde aber aus dem Programm genommen, als 1985 eine Turbo-Version des neuen Supercinq mit Quermotor kam. Daß dieser im Vergleich zum Turbo mit Mittelmotor weitaus zivilisiertere Wagen mit 193 km/h und einer Beschleunigung von 7,3 Sekunden von Null auf 100 km/h kaum weniger Leistung bringt, ist ein Maß für den Fortschritt im Automobilbau.

Der Renault 5 Turbo war ein Wolf im Wolfspelz. Er sah zwar wie ein R5 aus, stellte aber eine völlige Neukonstruktion dar, die nur ein paar Karosserieteile mit dem ursprünglichen R5 gemeinsam hatte. Der Motor war ein turbogeladener Vierzylinder mit 1397 cm³ und etwa 160 PS. Spätere Rallye-Versionen brachten es auf über 500 PS. Die Spitzengeschwindigkeit lag über 193 km/h.

Links: Der Beitrag von General Motors zum Markt der heißen Öfen mit Hecktür war der Opel Kadett GSi oder, in Großbritannien, der Vauxhall Astra GTE. Er hatte einen Sechzehnventiler mit zwei obenliegenden Nockenwellen und bot eine Spitzengeschwindigkeit von 201 km/h sowie einen guten Benzinverbrauch von 8,5 l/100 km.

Unten: Der Mazda 323 GT-X konnte auf alle möglichen Attribute verweisen, darunter einen 140-PS-Sechzehnventiler mit Turbolader und zwei obenliegenden Nockenwellen, Allradantrieb und ABS, eine Spitzengeschwindigkeit von über 200 km/h und eine Beschleunigung von acht Sekunden von Null auf 100 km/h. 1987 gewann Timo Salonen mit einem Wagen der Gruppe A die Schweden-Rallye und holte damit den ersten Sieg seit elf Jahren für einen japanischen Wagen.

Suzuki, das besser für seine schnellen Motorräder bekannt ist, hat sich auf dem Kleinwagenmarkt einen festen Platz erobert. Dieser Alto verfügt über zwei Turbolader und Allradantrieb. Er kommt mit Turbo auf 64 PS, in der Serienausführung auf 28 PS.
Der Suzuki Swift GTi *(unten rechts)* kam 1986 auf den Markt. Er hat einen Sechzehnventiler mit 1298 cm^3 Hubraum, der bei 6000 U/min 101 PS leistet und den Wagen auf knapp 170 km/h beschleunigt.

Der Turbo als Statussymbol

Der Turbolader war mit ein Hauptgrund dafür, daß die Verbreitung der heißen Öfen mit Hecktür in den 80er Jahren stark zunahm. Außer bei den erwähnten Ford- und Renault-Modellen diente der Turbolader als Wegbereiter zu höherer Leistung beim Daihatsu Charade GTi, Fiat Uno Turbo i.e., Innocenti Turbo de Tomaso, Lancia Delta, Mazda, Colt GTi, Nissan Cherry Turbo und Opel Corsa GSi.

Außer dem Metro vrfügten dabei alle Maschinen über obenliegende Nockenwellen, Mazda, Mitsubishi und Nissan sogar über deren zwei. Der Mazda wies weitere Attribute eines heißen Ofens auf, denn neben den zwei Nockenwellen und der Turboaufladung bot er vier Ventile pro Zylinder, Allradantrieb und ABS. Er hatte großartige Fahreigenschaften und war geländegängig, ließ aber an Raffinesse und Ausstattung einiges zu wünschen übrig.

1989 fand der Turbolader sogar seinen Weg in den Mini und hauchte dem 30 Jahre alten Wagen damit neues Leben ein. Die Firma ERA Ltd., Nachfolger des Unternehmens, das in den 30er Jahren die berühmten 1,5-Liter-Rennwagen in der Voiturette-Klasse gebaut hatte, setzte die 96-PS-Maschine des M.G. Metro Turbo in die Mini-Karosserie und schuf so eine kleine Bombe auf vier Rädern, die 177 km/h schnell war.

Für zwei obenliegende Nockenwellen entschieden sich auch die Hersteller, die auf den Einsatz eines Turboladers verzichteten. Dazu gehörten Fiat mit dem Strada 105TC, Honda mit dem Civic CRX (seit Herbst 1987 auch mit 16 Ventilen), Suzuki mit dem – im Herbst 1986 vorgestellten – Swift, der die Vorreiterrolle bei kleinen Sechzehnventilern spielte, und VW mit dem Golf GTI nach 1985.

Der heiße Ofen mit Hecktür als Killer des Sportwagens

Der heiße Ofen mit Hecktür hatte tiefgehende Auswirkungen auf die Auto-Szene, und zwar nicht zuletzt durch den Schlag, den er dem traditionellen offenen Sportwagen versetzte. Ende der 80er Jahre kam zwar wieder etwas Bewegung in die »Oben-ohne«-Szene, doch ist nicht anzunehmen, daß die

Der 1987 vorgestellte Volvo 480 war der erste Fronttriebler des schwedischen Herstellers. Er wurde in Holland gebaut und war zunächst ganz und gar nicht so schnell, wie er aussah. Die 1,7-Liter- Maschine leistete 105 PS, mit Katalysator 95 PS. Sie wurde später mit einem Turbolader ausgestattet, der die Leistung auf 120 PS steigerte.

Links: Die italienische Antwort auf Golf GTI und Escort XR 3i, der Fiat Uno Turbo, erreichte eine Spitzengeschwindigkeit von 193 km/h. Die Maschine leistet mit und ohne Katalysator 101 PS.
Der Uno war in den späten 80ern viele Jahre lang der meistverkaufte Wagen in Europa.

Verkaufszahlen dieser Fahrzeuge jemals an die der Hecktürmodelle herankommen werden.

Vier oder fünf Sitzplätze, reichlich Komfort und eine Leistung, die noch vor wenigen Jahrzehnten einem teuren Sportwagen alle Ehre gemacht hätte – all das mußte unweigerlich viele Käufer anlocken. Trotz der Abneigung auf Seiten der Versicherungen, die der Meinung sind, daß das fahrerische Können vieler Besitzer für die Leistung des Wagens nicht ausreicht und daß Fahrwerk und Bremsen leider nicht immer so viel Aufmerksamkeit genießen wie die Motorleistung – der heiße Ofen mit Hecktür wird uns erhalten bleiben.

Die Stufenheckmodelle schlagen zurück

Trotz der wachsenden Beliebtheit der Hecktürmodelle gab es eine beträchtliche Zahl von Autofahrern, die einen getrennten Kofferraum zu schätzen wußten, und zwar einerseits wegen des (im allgemeinen) größeren Fassungsvermögens und andererseits wegen der Sicherheit, die er in Zeiten zunehmender Diebstähle aus Autos bot. Eine Reihe von Herstellern hatte die ganzen 70er Jahre hindurch traditionelle Limousinen mit Kofferraum angeboten, überwiegend eher langweilige Autos wie Chrysler 180, Morris Marina, Vauxhall Victor und Cavalier sowie verschiedene Datsuns und Toyotas. Auch Ford war hier vertreten, nämlich mit dem Escort 1 und 2 sowie, eine Klasse höher, dem Cortina.

Das waren sogenannte Vertreterautos, weil sie besonders bei Firmen beliebt waren, die für ihre Vertreter einen großen Wagenpark unterhalten mußten. Als Ford im Jahre 1980 mit dem Escort 3 zum Hecktürmodell überging und die Produktion des Cortina zwei Jahre danach einstellte, war dieser Markt für das Unternehmen verloren.

Ford Orion

Die Lösung bestand darin, dem neuen Escort einen Kofferraum anzuhängen und ihn Orion zu nennen. Dieser war (bei unverändertem Radstand) zwölf Zentimeter länger und unbeladen 30 Kilogramm schwerer, doch der Kofferraum faßte jetzt 450 Liter im Vergleich zu den 360 Litern des Escort mit nicht umgeklappter Rückbank. Der Orion erreichte zwar nie den Ruf des Escort und wird nicht als leistungsstarker XR 3i angeboten, hält aber dennoch eine nützliche Marktnische besetzt.

Der Honda CRX war einer der ersten GTI-Killer. 1987 wurde er von der Zeitschrift Road & Track zum besten Hochleistungswagen in der Klasse bis 12 500 Pfund Sterling gewählt. Der Motor mit 1590 cm^3 leistete 105 PS und beschleunigte den Wagen bei einer Spitzengeschwindigkeit von 201 km/h in 8,2 sec auf 100 km/h. Die entsprechenden Zahlen für den GTI lauteten 209 km/h Spitze und Beschleunigung von Null auf 100 km/h in 8,5 sec.

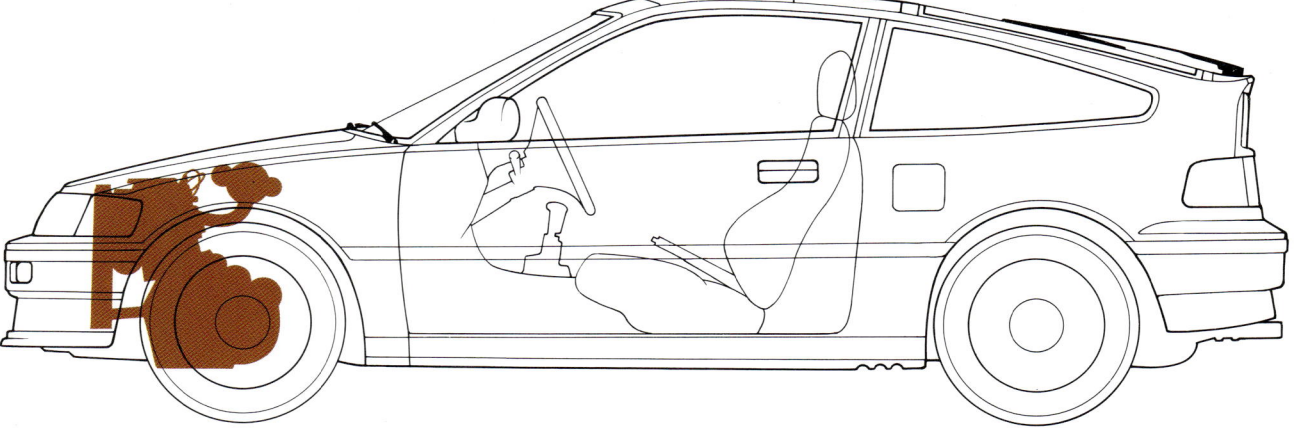

Die konventionelle Konzeption mit Frontmotor und Heckantrieb war in den 70er Jahren noch weit verbreitet. Eines dieser Fahrzeuge, der Morris Marina, sollte sich die Erfolge des Ford Cortina zunutze machen. Er kam jedoch nie auf dessen Verkaufszahlen, fand aber immerhin 659 852 Käufer.
Als Hochleistungsversion wurde der Marina nie gebaut, was angesichts seines Handlings eine Gnade war.

Eine der bedeutendsten Formen der 80er Jahre war das von Uwe Bahnsen geschaffene Design des Ford Sierra. Der Nachfolger des ultrakonventionellen Ford Cortina hatte eine völlig neue, viel rundlichere Karosserie. Der vertraute Kofferraum war verschwunden und durch eine Hecktür ersetzt worden. Dieser risikoreiche Bruch mit der Tradition zahlte sich für Ford aus, wobei das Unternehmen seine Chancen später mit dem Sapphire mit Kofferraum noch zu verbessern suchte. Andere Hersteller ahmten die Form nach, darunter Opel/Vauxhall, Mazda und Toyota. Abgebildet ist hier ein 86er Sierra 2.0 GL; in diesem Jahr standen fünf Motoren vom 1,3-Liter bis zum 2,8-Liter im XR 4i zur Wahl.

Zu den anderen Herstellern, die ihre Hecktürmodelle durch Limousinen mit Kofferraum ergänzten, gehörten Ford und VW. Der 1983 vorgestellte Ford Orion hatte den gleichen Radstand wie der Escort, war aber insgesamt 12,5 cm länger und hatte ein um 25 Prozent größeres Kofferraumvolumen.

British Leyland war einer von mehreren Herstellern, die als Alternative zum Schrägheckfahrzeug Limousinen mit Kofferraum anboten. Der viertürige Montego (rechts) kam 1984 auf den Markt; es gab ihn auch als Kombi.

Der Volvo 440 war ähnlich gebaut; bei ihm hob sich ein Heckspoiler in Verbindung mit dem Kofferraumdeckel. 1989 kam der 460, ein 440 mit Kofferraum, auf den Markt.

Unten ein Peugeot 309, der teilweise mit denselben Maschinen wie der 205 ausgerüstet, aber größer war. Es handelte sich immer noch um ein Hecktürmodell, aber schon in Stufenheckform. Abgebildet ist ein 309 GTi aus dem Jahre 1987 mit 1,9-Liter- Maschine.

1987 wiederholte Ford den Vorgang mit dem Sapphire, einem Sierra mit Kofferraum. Im Gegensatz zum Orion gibt es diesen auch als Hochleistungsversion Sapphire RS Cosworth, die fünf Insassen in aller Bequemlichkeit bei bis zu 230 km/h reisen läßt und in 5,8 Sekunden aus dem Stand auf 100 km/h beschleunigt.

Viele Nachahmer

Andere Hersteller wählten den gleichen Weg wie Ford, als erster im Jahre 1980 VW mit dem Jetta, einem Golf mit Kofferraum. Der Orion kam 1983; weitere Fahrzeuge in derselben Klasse waren der Montego von British Leyland, ein Maestro mit längerem Radstand (1984), der Fiat Regata, der vom Strada abstammte (1984), der aus dem Ibiza entwickelte Seat Malaga und der VW Derby (1981), der vom Polo abgeleitet war und heute unter der Bezeichnung Polo Classic verkauft wird. Renault drehte die Reihenfolge um und brachte zuerst 1982 den R9 mit Kofferraum und ein Jahr danach den R11 mit Hecktür. Ein Kompromiß zwischen den beiden Konstruktionen waren der Chrysler LeBaron GTS und der Dodge Lancer aus dem Jahre 1985. Bei beiden Stufenheckmodellen öffneten sich Kofferraumdeckel und Rückfenster zusammen wie eine Hecktür.

Bei dem in den Niederlanden gebauten Volvo 440 findet sich ein ähnliches Prinzip. Mehrere japananische Hersteller bieten sowohl Hecktür- als auch Stufenheckversionen an, zum Beispiel Mazda mit dem 626, während der Toyota Corolla, das meistverkaufte Auto der Welt, in allen drei Versionen gebaut wird, also als reines Hecktürmodell, als Stufenheckmodell mit abgeschlossenem Kofferraum und als Schräghheckmodell, bei dem der Deckel des kurzen Kofferraumes zusammen mit der Heckscheibe hochgeklappt wird.

Die Umbaumaßnahme, einen zusätzlichen Kofferraum anzusetzen, hat sich nicht bis in die Klasse der kleineren Hecktürmodelle fortgesetzt, und es ist äußerst unwahrscheinlich, daß es jemals eine Stufenheckversion des Metro, des Peugot 205 (der ja in dem etwas größeren 309 bereits einen Bruder mit Stufenheck hat) oder des Renault 5 geben wird. Letzterer wurde allerdings Anfang der achtziger Jahre schon einmal in Spanien mit Stufenheck gebaut; er hieß dort R7.

Kapitel 2
DAS LUXUSAUTO ÜBERLEBT

Die 70er waren schlechte Jahre für die automobile Oberklasse. Zu Beginn des Jahrzehnts stand man in vielen Ländern noch unter dem Einfluß der antikapitalistischen und konsumfeindlichen studentischen 68er Protestbewegung; zwar kam nur für die wenigsten unter den protestierenden Studenten jemals der Kauf eines Cadillac oder Rolls-Royce in Frage, aber das Gefühl der Zeit sprach insgesamt dagegen, auf einem solchen Gebiet das Außergewöhnliche zu fördern. Diese Einstellung begann gerade zu verblassen, als die westliche Welt von der Ölkrise erschüttert wurde, und jetzt erschien es nicht mehr nur unsozial, sondern auch wirtschaftlich völlig unvernünftig, ein Auto zu fahren, das auf 100 Kilometer 25 Liter Benzin verbrauchte.

Bei manchen Firmen ließ das Niveau der Qualitätskontrolle nach; besonders Jaguar verlor in diesem Zusammenhang seinen Ruf. Aber anders als in den 60er Jahren, in denen mit Alvis, Armstrong-Siddeley, Borgward, Facel Vega und Riley mehrere bekannte und berühmte Markennamen von der Bildfläche verschwanden, traf es in den unruhigen 70ern nicht viele prominente Hersteller – mit Ausnahme von Jensen, das aber im nächsten Jahrzehnt einen bescheidenen Wiederaufschwung erlebte.

An der Spitze finden sich 1990 noch die gleichen Namen wie 1970: Rolls-Royce und Jaguar in Großbritannien, BMW, Mercedes-Benz und Porsche in der Bundesrepublik, Ferrari und Lamborghini in Italien, Cadillac und Lincoln in den Vereinigten Staaten.

Ein französischer Name fehlte in dieser automobilen Oberliga, nachdem die *grand routiers* dem Steuersystem zum Opfer gefallen waren; der Citroën SM war allerdings ein ausgezeichnetes Geschäftsfahrzeug. Ende der 80er Jahre spielten der Citroën XM und der Peugeot 605 die Rolle des Hechts im Karpfenteich unmittelbar unterhalb der Luxusklasse.

Ford Scorpio gegen BMW 730i

1970 war das Spitzenmodell von Ford für einen Engländer der Zodiac V6 und für einen Deutschen der 26M. Beide hatten V6-Motoren, wobei der aus Dagenham mit 2994 cm³ etwas größer geriet als der aus Köln mit 2550 cm³. Die Spitzengeschwindigkeiten betrugen 160 beziehungsweise 180 km/h, mit Automatik jeweils etwa fünf km/h weniger. Scheibenbremsen an allen vier Rädern und Servo-Lenkung waren Pluspunkte, doch der Zodiac zeigte ein unbefriedigendes Fahrverhalten und wirkte vom Styling her nach vielfach geäußerter Ansicht wie die schlechte Imitation eines amerikanischen Wagens aus Detroit.

Im Gegensatz dazu hatten der Granada oder Scorpio des Jahres 1989 (der einzige Unterschied zwischen den Fahrzeugen für den britischen und denen für den deutschen Markt bestand jetzt im Namen; sie wurden alle in Köln gebaut) eine Spitzengeschwindigkeit von 202 km/h, eine Beschleunigung von 0-100 km/h von 9,3 Sekunden, fünf Türen, einen 390-Liter-Kofferraum und eine umfangreiche Ausstattung mit ABS, Zentralverriegelung, elektrisch verstellbaren Spiegeln, elektrisch betätigtem Sonnendach, Klimaanlage und Sitzen mit

Eines der großartigsten GT-Fahrzeuge der 70er Jahre war der technisch komplexe und fortgeschrittene Citroën SM, der von einem Maserati-V6 mit vier Nockenwellen und 2670 cm³, später 2974 cm³ Hubraum angetrieben wurde. Er hatte die bekannte Hydropneumatik von Citroën und eine neue geschwindigkeitsabhängige Servolenkung. Mit 225 km/h war er der schnellste Fronttriebler der Welt. Bei Straßentests zeigten sich die Fahrer davon beeindruckt, daß er aufgrund der exzellenten Aerodynamik mit der Hälfte der Motorleistung des Jensen Interceptor fast genau so schnell war. Ab 1974 erfolgte die Fertigung bei Guy Ligier in Vichy. Doch der neue Citroën-Eigner Peugeot ließ den SM im Mai 1975 sterben, nachdem 12920 Exemplare hergestellt worden waren.

1970 war das Ford-Spitzenmodell der 26M für einen Deutschen und der Zodiac V6 für einen Engländer. Hier ein 26M aus dem Jahre 1971. Die Ausstattung des 26M war mit Halogen-Scheinwerfern, Vinyldach und Radio außergewöhnlich gut. Es gab ihn als Limousine und als zweitüriges Coupé.

Zu Beginn der 70er Jahre bot Opel – im Besitz von General Motors – zwei Luxusmodelle an. Der Admiral hatte einen Reihensechszylinder mit 2784 cm³ und 165 PS. Der Diplomat war mit der gleichen Maschine zu haben, aber auch mit einem Chevrolet-V8 mit 5,3 l Hubraum, der bei 4700 U/min 230 PS leistete. Von letzterer Version wurden 8953 Stück gebaut.

Der Peugeot 604 wurde von 1975 bis 1986 mit der gleichen PRV-Maschine wie der Volvo 260 gebaut. In der einzig angebotenen Form als viertürige Limousine war er kein besonders aufregendes Fahrzeug. Einige wenige Exemplare wurden von der Karosseriebaufirma Heuliez zu achtsitzigen Großlimousinen verlängert.

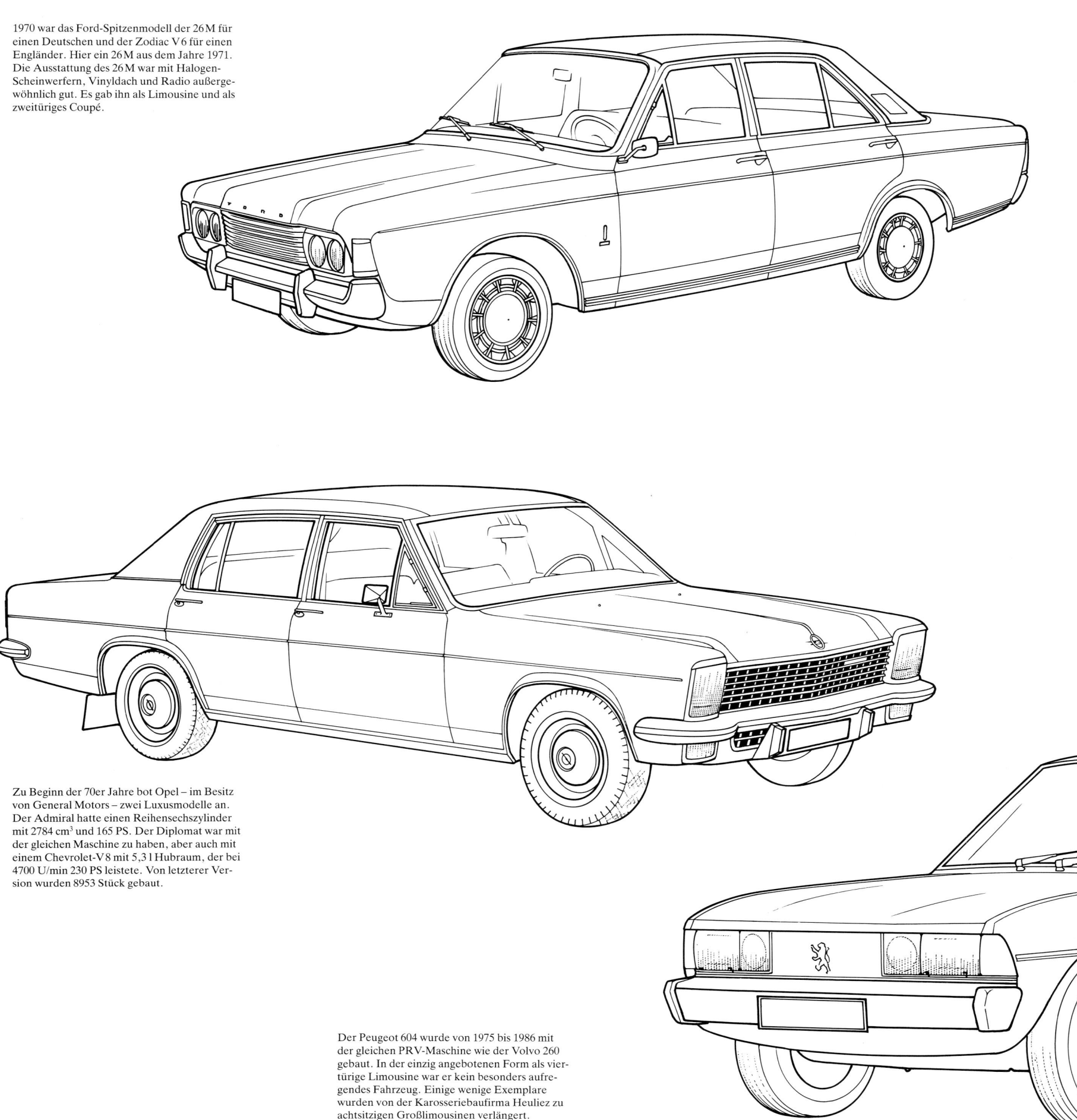

Die S-Klasse wurde im September 1972 auf dem Pariser Autosalon vorgestellt; vom 280S bis zum 450 SEL 6.9 ragten alle Modelle aus der Reihe gewöhnlicher Familienlimousinen heraus. Die Sechszylinder-Motoren reichten von 2,8 l bis zum sagenhaften 6,9-Liter, dem größten Motor, der seit dem Zweiten Weltkrieg in Europa gebaut worden war.

Der 450 SEL 6.9 war zu seiner Zeit ein Superauto. Bei einer Spitzengeschwindigkeit von 225 km/h und einer Beschleunigung von unter acht Sekunden von Null auf 100 km/h war er mit einem Bentley Turbo R aus dem Jahre 1989 zu vergleichen. Die Preisspanne reichte im Jahre 1979 von 34 200 DM für den 280S bis zu 81 300 DM für den 450 SEL 6.9. Von der S-Klasse wurden zwischen 1972 und 1980 28 634 Einheiten gebaut.

Der führende europäische Ford für das Jahr 1970 war der Granada, in der Bundesrepublik als Taunus bezeichnet. Er hatte ein besseres Handling und sah besser aus als seine Vorgänger Zephyr IV und Taunus 26 M.
Einen beträchtlichen Fortschritt stellte dann der Scorpio des Jahres 1985 dar, mit Zentralverriegelung, ABS, elektrisch verstellbaren Spiegeln, elektrisch betätigtem Sonnendach, Tempomat, Klimaanlage und, wahlweise, Allradantrieb.
Das machte ihn zu einem ernsthaften Konkurrenten für die 7er Reihe von BMW, etwas, an das Ford zu Anfang der 70er Jahre nicht mal im Traum denken konnte.

Die 7er von BMW waren die Hauptrivalen des Scorpio; die ersten Modelle kamen 1977 auf den Markt, nämlich der 728 mit 170 PS, der 730 mit 184 PS und der 733 mit 197 PS. 1980 brachte BMW den turbogeladenen 745i mit einer Höchstgeschwindigkeit von 217 km/h und einer Leistung von 252 PS heraus. 1986 wurde die 7er Reihe modifiziert, die neuen Modelle heißen 730i, 735iL und 735i. *Links* ein 735i.

Das Spitzenmodell der europäischen GM-Palette des Jahres 1989 war der Opel Senator *(rechts)*, ein ernsthafter Konkurrent für Ford Scorpio, 7er BMW und Rover 800 und mit einem Cw-Wert von 0,28 schneller als all seine Rivalen. Hier ein Carlton 3,0 GSI mit der stärksten Maschine aus dem Angebot, einem Sechszylinder mit 2969 cm^3, 177 PS und obenliegender Nockenwelle. 1990 soll ein noch leistungsstärkeres Modell herauskommen, der Omega Lotus mit zwei Turboladern und 360 PS.

Höhen-, Seiten- und Rückenlehnenverstellung. Er war ein echtes Geschäftsfahrzeug, das einen Vergleich mit der 7er-Reihe von BMW und dem Mercedes-Benz 300 E standhielt.

1987 führte die Zeitschrift *Motor* einen Vergleichstest zwischen dem Scorpio Executive und dem BMW 730i, dem billigsten Siebener, durch. Der BMW ging zwar besonders wegen des Getriebes, des Fahrverhaltens und der Bremsen insgesamt als Sieger aus diesem Test hervor, doch die Standardausstattung des Ford mit automatischer Geschwindigkeitsregelung und elektrisch betätigtem Sonnendach war bedeutend besser; letzteres kostete den BWM-Besitzer zusätzlich zu einem um fast 5000 Mark höheren Grundpreis noch einmal fast 2000 Mark.

Der Ford bot auch beträchtlich mehr Beinfreiheit auf den Rücksitzen; er war zwar in der Spitzengeschwindigkeit langsamer, beschleunigte aber besser (9,3 Sekunden zu 10,7 Sekunden). Außerdem war der Scorpio mit Allradantrieb zu haben, den es bislang bei keinem Siebener gibt. 1970 hätte es niemand gewagt, den Zodiac in eine Reihe mit dem BMW 2800 zu stellen.

Ähnliches zeigt sich bei einem Vergleich der GM-Töchter. 1970 war das Spitzenmodell von Vauxhall der Viscount mit Reihensechszylinder mit 124 PS und 3294 cm^3, während Opel mit dem Admiral einen größeren Wagen anbot, der von einem Chevrolet-V8 mit 230 PS und 5354 cm^3 angetrieben wurde. Die Spitzengeschwindigkeiten betrugen 160 km/h beziehungsweise 200 km/h; den Opel gab es nur mit Automatik, den Vauxhall hingegen auch mit Schaltgetriebe.

Der Admiral war eigentlich nicht repräsentativ, weil er nur in kleinen

Stückzahlen gebaut wurde und eine amerikanische Maschine hatte. Typischer war der Diplomat mit Sechszylinder und 2784 cm³. Scheibenbremsen vorn und Servo-Lenkung waren bei beiden Fahrzeugen serienmäßig.

Opel/Vauxhall Senator

Das entsprechende GM-Fahrzeug zu Ende der 80er Jahre war der Senator mit Drei-Liter-Motor, in Großbritannien unter den Namen Vauxhall und in der Bundesrepublik als Opel verkauft, beide jedoch in Rüsselsheim gebaut. Sein Sechszylinder mit obenliegender Nockenwelle und 2939 cm³ brachte 177 PS und bei einem Übersetzungsverhältnis von 0,69 eine bemerkenswerte Spitze von 214 km/h. Damit lag er ein gutes Stück vor seinen Konkurrenten in derselben Preisklasse, bespielsweise dem Mercedes-Benz 230 E, den Fünfern von BMW, dem Nissan Maxima und dem Rover 800.

Alles, was man von einer Luxuskarosse erwartete, gehörte zur Serienausstattung, darunter ABS, Klimaanlage, automatische Temporegelung, beheizbare Sitze, sowie beheizbare und elektrisch verstellbare Außenspiegel. Wie beim Scorpio galt die Innenausstattung des Senators im Vergleich zu dem zum Understatement neigenden BMW als zu opulent, aber er konnte als ernsthafte Alternative zu den Fahrzeugen aus München und Stuttgart betrachtet werden.

Allradantrieb gibt es für den Senator noch nicht, doch die Grundlage dafür ist im Cavalier mit Zweilitermaschine schon gelegt.

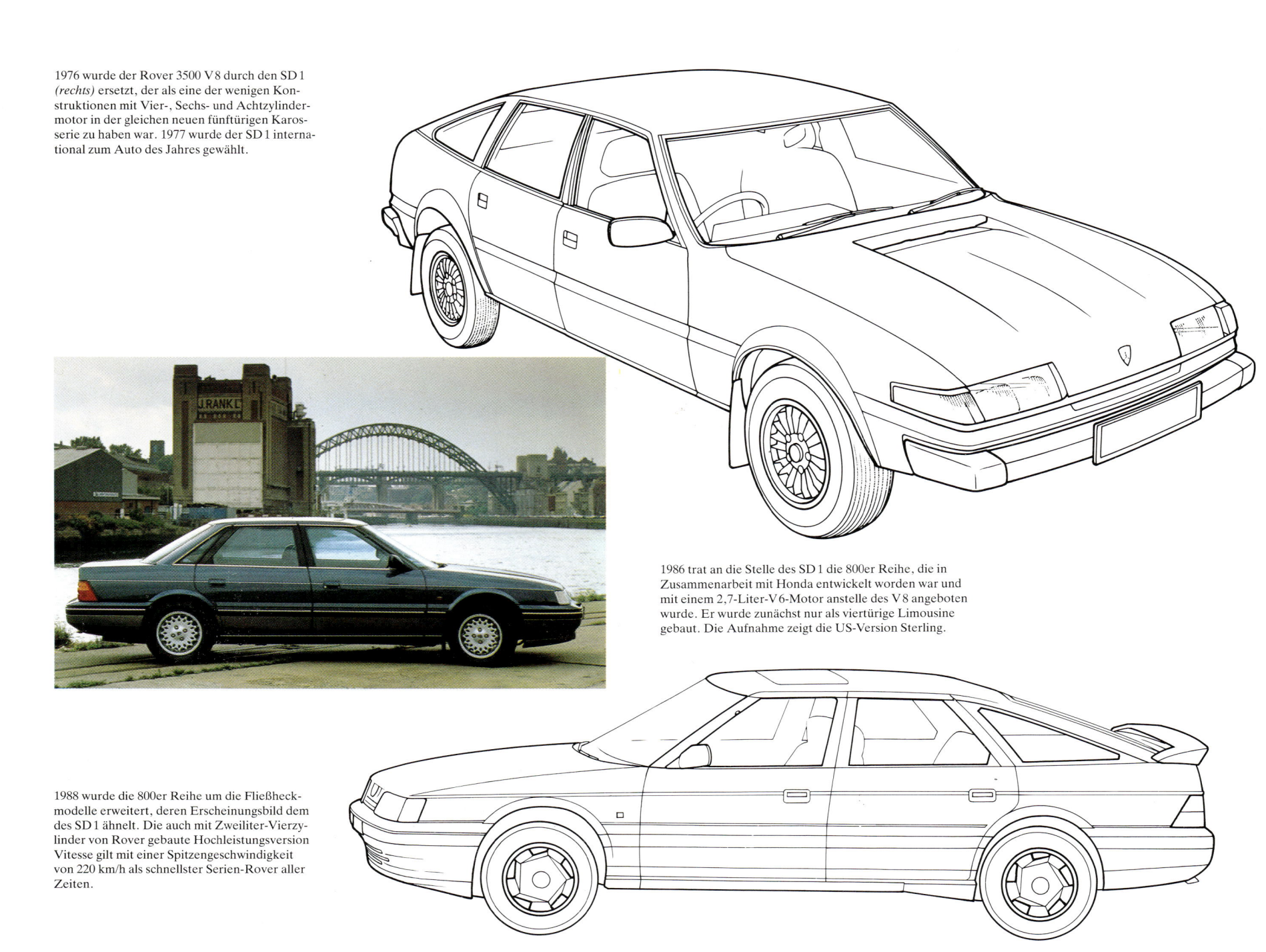

1976 wurde der Rover 3500 V8 durch den SD1 *(rechts)* ersetzt, der als eine der wenigen Konstruktionen mit Vier-, Sechs- und Achtzylindermotor in der gleichen neuen fünftürigen Karosserie zu haben war. 1977 wurde der SD1 international zum Auto des Jahres gewählt.

1986 trat an die Stelle des SD1 die 800er Reihe, die in Zusammenarbeit mit Honda entwickelt worden war und mit einem 2,7-Liter-V6-Motor anstelle des V8 angeboten wurde. Er wurde zunächst nur als viertürige Limousine gebaut. Die Aufnahme zeigt die US-Version Sterling.

1988 wurde die 800er Reihe um die Fließheckmodelle erweitert, deren Erscheinungsbild dem des SD1 ähnelt. Die auch mit Zweiliter-Vierzylinder von Rover gebaute Hochleistungsversion Vitesse gilt mit einer Spitzengeschwindigkeit von 220 km/h als schnellster Serien-Rover aller Zeiten.

Der Viererclub

Andere Marken, die auf die Klasse der gehobenen Geschäftsfahrzeuge abzielten, waren Rover, Renault, Volvo und der Viererclub aus Alfa Romeo, Fiat, Lancia und Saab, die im Grunde gleiche Autos mit leichten Abwandlungen bei Motoren und Styling herstellten.

Der von 1976 bis 1986 gebaute Rover SD1 war insofern eines der signifikantesten Fahrzeuge dieser Periode, als er ein Luxus-Fünftürer mit Fließheck war und mit seiner Motorenpalette einen breiten Markt abdeckte. Als eines der wenigen Autos war er als Vier-, Sechs- und Achtzylinder mit der gleichen Karosserie zu haben. In der Grundausführung hatte der SD1 einen Leyland-Motor der O-Serie mit 100 PS und 1994 cm³, der auch als Antrieb für den Austin Maestro und Montego diente. Die anderen Benzinmotoren waren Sechszylinder mit 2350 und 2597 cm³ und ein V8 mit 3528 cm³ Hubraum; die Leistung lag zwischen 155 und 190 PS.

Zusätzlich stand ein italienischer VM-Vierzylinder-Diesel mit 2393 cm³ zur Verfügung. Der V8 mit 190 PS diente als Kraftquelle für den Rover Vitesse, der eine Spitzengeschwindigkeit von 209 km/h erreichte und so durchaus mit den Konkurrenten von BMW, Ford, Mercedes-Benz, Renault und Opel/Vauxhall mithalten konnte.

1986 machte der SD1 der 800er-Reihe Platz, die in Zusammenarbeit mit Honda entstand und über einen V6 mit 2494 cm³ Hubraum verfügte, der später auf 2675 cm³ vergrößert wurde. Ursprünglich nur als viertürige Limousine gebaut, kam 1988 noch eine fünftürige Schrägheckversion hinzu.

Der dem SD1 recht ähnliche Vitesse war 220 km/h schnell. Die Werbung pries ihn als den »schnellsten Serien-Rover, der je gebaut wurde«. Das Wort, auf das es ankam, war »Serien«, denn im Hintergrund der Anzeige war ein gasturbinengetriebener Rover-BRM aus den 60ern zu sehen, der den Vitesse um mindestens 25 km/h schlagen konnte und seinerzeit in Le Mans gestartet war.

Die schnellen großen Rover verkaufen sich auf dem britischen Markt recht gut, erzielen aber auf dem europäischen Kontinent gegen Konkurrenten wie BMW und Mercedes-Benz keine nennenswerten Verkaufserfolge; die Amerika-Version unter der Bezeichnung Sterling hat seit der Einführung im November 1986 einen stetigen Absatzrückgang zu verzeichnen.

Alfa Romeo 6

Alfa Romeo hatte zwar in den 60er Jahren und davor größere Autos gebaut, in dem hier behandelten Zeitraum aber in dieser Klasse nichts vorzuweisen, bis Ende 1979 der Alfa Romeo 6 herauskam. Dieser hatte eine V6-Maschine mit 2492 cm³, die Türen, Fenster, das Dach und die um 48 Zentimeter verlängerte Karosserie des Alfetta.

Das Beste an dem Wagen war ohne Frage die 160 PS starke Maschine aus einer Leichtmetall-Legierung, deren Zylinderreihen V-förmig um 120 Grad gegeneinander abgewinkelt waren und so ein sehr niedriges Profil für die Motorhaube ermöglichten. Trotzdem war sie für Alfa-Fans eine Enttäuschung, denn sie bot nur eine Nockenwelle pro Zylinderreihe. Um den Motor ausreichend mit Luft zu versorgen, hatten die Alfa-Ingenieure ihn mit nicht weniger als sechs Vergasern bestückt, doch auch damit war die Leistung wegen des hohen Leergewichts nicht gerade berauschend.

Später trat eine Bosch-Einspritzanlage vom Typ L-Jetronic an die Stelle der Mehrfachvergaser, doch auch damit verkaufte sich der Wagen nicht gut; statt

Der erste große Alfa Romeo seit langer Zeit war der 1979 vorgestellte Alfa Romeo 6. Er war nicht ganz neu, denn Bodengruppe, Türen, Fenster und Dach stammten von der Alfetta. Die Karosserie war vorn und hinten verlängert worden. Neu war der V6-Motor mit 2,5 l Hubraum, wobei Alfa-Fans sich darüber enttäuscht zeigten, daß er nur eine Nockenwelle pro Zylinderreihe besaß. In Großbritannien war der Wagen nur mit Automatik, in Italien hingegen auch mit Fünfgang-Schaltgetriebe zu haben.

Zwei Mitglieder aus dem Viererclub, der Fiat Croma *(oben)* und der Saab 9000 *(rechts und unten)*.
Bei diesem ehrgeizigen Projekt wurden die Mittel der Unternehmen zusammengefaßt, um Autos mit vielen gemeinsamen Komponenten, darunter auch die Bodengruppe, zu bauen, während die Motoren jeweils aus dem eigenen Hause stammten.
Der Fiat Croma hatte die kleinste Maschine, einen Vierzylinder mit 83 PS und 1,6 l Hubraum, während der Saab mit einem Zweiliter-Vierzylinder mit zwei obenliegenden Nockenwellen zu haben war.

der geplanten 9000 Stück pro Jahr konnten in sieben Jahren nur ganze 6528 Exemplare abgesetzt werden. Die Maschine fand außerdem in dem von 1985 bis 1987 gebauten kleineren Alfa 90 Verwendung.

Alfa Romeo 164 – einer der Wagen im Viererclub

Als Ersatz für den Alfa 6 kam der rundum neue 164, die Alfa-Version des Viererclubs, die als letzte auf den Markt kam. Der Viererclub war ein ehrgeiziges Projekt, mit dem die Entwicklungskosten für ein neues Modell verringert werden sollten, indem sie zwischen den vier Herstellern Alfa Romeo, Fiat, Lancia und Saab geteilt wurden. Eigentlich handelte es sich hier nur um zwei eigenständige Firmen, denn Fiat hatte Lancia bei Projektbeginn bereits übernommen und kaufte Alfa Romeo, bevor der 164 auf den Markt kam.

Das Grundmodell war eine fünfsitzige Limousine als Vier- (Alfa, Lancia) beziehungsweise Fünftürer (Fiat, Saab) mit Einzelradaufhängung und Frontantrieb.

Ein sorgfältiges Styling speziell der Frontpartie verlieh jedem Wagen sein unverwechselbares Aussehen, und die Motorisierung unterschied sich beträchtlich. Der Alfa 164 hatte einen V6 mit 185 PS und 2959 cm³ Hubraum, während der Fiat Croma mit zwei Dieselmotoren und vier Benzinern angeboten wurde, der größte ein 155 PS starker Vierzylinder-Reihenmotor mit Turbolader, Einspritzanlage und 1995 cm³ Hubraum.

Der Lancia Thema hatte von den vieren die stärkste Maschine vorzuweisen, nämlich den von Ferrari gebauten V8 mit 2927 cm³, der bis zu 215 PS entwickelte. Diese Maschine mit vier Nockenwellen war die gleiche, die auch im Ferrari 308 montiert war und machte den Lancia Thema 8:32 (acht Zylinder, 32 Ventile) über 225 km/h schnell. Darunter gab es den Thema noch mit dem Vierzylinder des Fiat Croma mit 1995 cm³ in Normal- und Turbo-Ausführung sowie einem V6 mit 150 PS und 2849 cm³.

Der entsprechende Saab, der 9000, hatte einen aus der eigenen Fertigung stammenden Vierzylinder mit zwei obenliegenden Nockenwellen und 1985 cm³, der aber im Gegensatz zu anderen Saab-Modellen wie bei den Wagen aus dem Viererclub quer eingebaut war. Er kam zunächst als Fünftürer und 1989 dann auch als viertürige Limousine, um allen Kundenwünschen gerecht zu werden. Die stärkste Version, der 9000 SP mit Turbolader, leistete 192 PS.

Die beiden anderen Clubmitglieder waren der Lancia Thema (ganz oben) und der Alfa Romeo 164 (oben).
Der Lancia wurde mit Zweiliter-Vierzylinder, mit dem 2,9-Liter-PRV-Motor und mit dem Dreiliter-V8 von Ferrari angeboten. Alfa Romeo besaß einen eigenen Dreiliter-V-Sechszylinder. Am schnellsten war der 215 PS starke Lancia Thema 8:32 V8 mit über 225 km/h.
Alle Autos im Club besaßen Frontantrieb und im wesentlichen die gleiche Aufhängung.

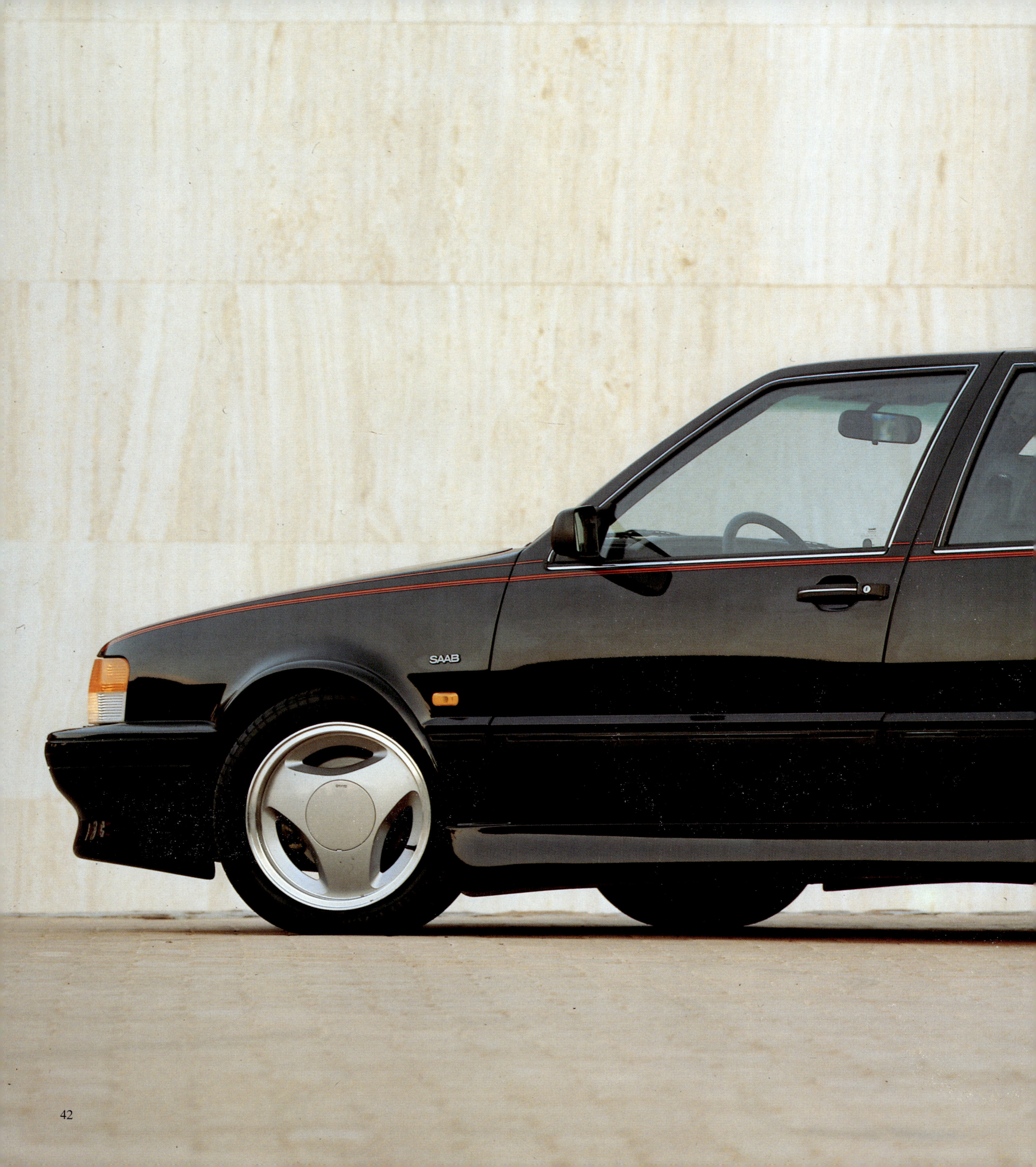
SAAB

Der Saab Talladega erhielt seinen Namen nach der Rennstrecke in den USA, wo Saab 1986 einen Ausdauer-Weltrekord aufgestellt hatte. Dabei fuhren drei Wagen jeweils 100 000 km in 20 Tagen mit einem Schnitt von 213,299 km/h. Hier ein Modell aus dem Jahre 1989 in schwedischer Aufmachung.

Zwei italienische Wettbewerber im Feld der schnellen Touring-Wagen. Der Lamborghini Espada *(oben)* war mit 251 km/h bei der Einführung im Jahre 1968 der schnellste Viersitzer der Welt. Sein Zwölfzylindermotor stammte aus dem berühmten Lamborghini Miura, das Design war von Bertone. Die Produktion wurde 1978 eingestellt.

Der Ferrari 365 GT 4 *(links)* war ein ruhigeres Gefährt als seine Geschwister als Maranello. Er bot Platz für vier, Servolenkung und Klimaanlage, bei seinem ähnlich aussehenden Nachfolger 400 GT war wahlweise auch ein Automatikgetriebe erhältlich.

Dieser GT4 aus dem Jahre 1975 hatte einen V 12 mit vier Nockenwellen, 4390 cm³ Hubraum und 320 PS, der aber als zu schwach angesehen und 1976 im 400 GT durch einen Zwölfzylinder mit 4823 cm³ und 340 PS ersetzt wurde. Der 400 GT machte 1985 dem sehr ähnlich aussehenden 412 Platz, der mit Zentralverriegelung und ABS ausgestattet war und bei dessen Maschine die Bohrung um einen Millimeter größer war, so daß bei gleicher Leistung der Hubraum jetzt 4942 cm³ betrug.

Das Höchste an Qualität

Im oberen Bereich der Luxusklasse konkurrierten nur fünf europäische Modelle um den Anspruch, das beste schnelle Transportmittel für fünf oder mehr Insassen zu sein, und zwar Aston Martin Lagonda, Jaguar und Rolls-Royce in Großbritannien und BMW und Mercedes Benz in der Bundesrepublik, wobei allerdings Audi im Jahre 1988 mit einer Limousine mit Achtzylinder in V-Anordnung, 3,6 Litern Hubraum und 32 Ventilen den Anschluß zu finden versuchte.

Etwas abseits nichts aus Gründen der Qualität, sondern weil sie nur Zweitürer mit eher begrenztem Platz auf den Rücksitzen boten, standen der Bristol aus England, die Porsches aus der Bundesrepublik und Ferrari, Iso, Maserati und Lamborghini aus Italien.

Die letzteren bewegten sich an der Grenze zwischen schnellem Tourenwagen und Sportwagen; Ferrari 365GT und 400GT, Iso Fidia und Lele, Maserati Indy, Khamsin, Kyalami und Quattroporte sowie Lamborghini Espada und Jarama boten Platz für vier Insassen (Fidia und Quattroporte waren zudem Viertürer), während Ferrari Berlinetta Boxer und Testarossa, Maserati Bora und Merak sowie Lamborghini Countach zweisitzige Sportwagen mit Mittelmotor waren und von daher ins nächste Kapitel gehören.

Das Motorangebot in der Klasse der Luxuslimousinen beschränkt sich auf drei Grundanordnungen, nämlich Reihensechszylinder, V8 und V12, wobei Jaguar und BMW sich auf Sechs- und Zwölfzylinder konzentrierten, während Lagonda, Rolls-Royce, Audi und Mercedes-Benz V8-Motoren bevorzugten. Jaguar ging die 70er Jahre mit dem bewährten Sechszylinder mit zwei obenliegenden Nockenwellen und 4235 cm³ an, der für den Mark X des Jahres 1965 herausgekommen und von dem ursprünglichen Sechszylinder mit 3442 cm³ für den XK 120 aus dem Jahre 1948 abgeleitet war. Dieser wurde für den Sportwagen Jaguar E und die Limousinen 420G, XJ6 und Daimler verwendet. Der 420G war das letzte Modell aus der alten Mark-X-Reihe und wurde bis 1970 gebaut, doch der XJ6 war ein neues Modell, eine Verbesserung der kompakten Einheitsbauweise.

Ein klassischer Maserati war der zwischen 1963 und 1988 gebaute Quattroporte. Als Antrieb diente eine verkleinerte Version des V-Achtzylinders mit vier obenliegenden Nockenwellen und einer Leistung von 260 PS. Er erreichte nur kleine Stückzahlen und war außerhalb Italiens nicht sehr populär.
1988 kam als Nachfolger der Royale *(oben)*, bei dem es sich um exakt das gleiche Fahrzeug wie den Quattroporte III mit einer von 270 auf 300 PS gesteigerten Leistung handelte. Ein bekannter Käufer war der italienische Staatspräsident, der den Wagen täglich fuhr. Man darf annehmen, daß er schwer gepanzert war.

Der BMW-V-Zwölfzylinder wurde 1986 präsentiert, war aber erst 1987 erhältlich, und zwar im neuen Spitzenmodell 750i. Die technischen Daten waren 84 x 75 mm für Bohrung x Hub, 4988 cm Hubraum und 200 PS Leistung bei 5200 U/min. Jede Zylinderreihe verfügte über zwei obenliegende Nockenwellen.

Mercedes stattete seine Spitzenmodelle seit dem 300 SEL in den späten 60ern mit V-Achtzylindern aus. Hier die Fünfliter-Version des 500 SL aus dem Jahre 1989. Die Daten lauteten 96,5 x 85 mm für Bohrung x Hub, 4973 cm³ Hubraum und 326 PS Höchstleistung bei 5500 U/min.

Um auf einer Ebene mit Mercedes und BMW zu bleiben, präsentierte Audi 1989 einen neuen V8. Die Abmessungen fielen mit 81,1 x 84,4 mm für Bohrung x Hub, 3562 cm³ Hubraum und bescheidenen 250 PS bei 5800 U/min kleiner als bei Mercedes aus.

Der V 12 von Jaguar fand zum ersten Mal Verwendung im E-Typ des Jahres 1971 und ein Jahr später dann im neuen Jaguar XJ12. Hier die 89er Version mit 90 x 70 mm für Bohrung x Hub, 5345 cm³ Hubraum und 295 PS bei 5500 U/min.

Jaguar XJ6 – ein Erfolgsmodell

Die Karosserie der neuen Jaguar-Limousinen war völlig neu gestylt, der Motorraum breit genug, um eine V-Maschine aufzunehmen (die dann auch bald folgte). Es gab eine neue Aufhängung mit Schraubenfedern und Querlenkern anstelle der Torsionsstäbe, eine servounterstützte Zahnstangenlenkung und eine Girling-Servoscheibenbremsanlage aus dem E-Typ der Serie 11. Wie schon seine Vorgänger hatte der XJ6 rundum Scheibenbremsen; auf die Bauweise der weniger noblen Marken mit Scheibenbremsen vorn und Trommelbremsen hinten hatte Jaguar sich nie eingelassen.

Drei Getriebe standen zur Wahl: Schaltgetriebe (nur selten bestellt), Schaltgetriebe mit Overdrive und dreistufiges Borg-Warner-Automatikgetriebe. Gurtverankerungen waren vorhanden, doch die Gurte selbst mußten – etwas überraschend angesichts der Entwicklungen wenige Jahre danach – extra bestellt werden.

Wie so viele andere Jaguars wurde der XJ6 begeistert aufgenommen und später als das herausragende Auto der 70er Jahre bezeichnet. Seine Leistung stand der des XK120 kaum nach: 0-80 km/h in 7 Sekunden und eine Höchstgeschwindigkeit von 193 km/h auch mit dem Automatikgetriebe. Doch es sollte noch besser kommen. 1971 erhielt der Jaguar E einen nagelneuen V12-Motor mit 5343 cm³, der dann im Juni 1972 seinen Weg in die Limousine fand und damit den XJ12 ergab. Jetzt war der Grund für die breite Motorhaube klar; auch wußte man jetzt, warum Jaguar sein Motorenwerk vergrößert hatte, denn allein der Sportwagenmarkt wäre nie in der Lage gewesen, eine große Anzahl von V12-Maschinen aufzunehmen.

Technisch liegen Welten zwischen dem ersten und dem letzten XJ6. Das 69er Modell *(oben)* ersetzte zwar den großen 420G an der Spitze der Jaguar-Palette, war aber in Wirklichkeit eine modernisierte Version der kompakten Mark-2-Limousine in Einheitsbauweise. Kleiner als der 420G, bot es mehr Platz und hatte für seine Zeit glänzende Leistungsmerkmale: 193 km/h Spitzengeschwindigkeit und Beschleunigung von Null auf 80 in 7,5 sec, nicht viel langsamer als der Sportwagen XK120 aus der Zeit vor 20 Jahren. Diese Zahlen gelten für die 4,2-Liter-Maschine; es gab außerdem noch einen 2,8-Liter-Motor, der aber schnell zu heiß wurde und nicht viele Käufer fand.

Der Motor war ein klassischer V12 in Leichtmetallbauweise mit einer obenliegenden Nockenwelle pro Zylinderreihe und – zum ersten Mal bei einem Serienmotor – Transistorzündung. Die Leistung betrug 272 PS, die der 1778 kg schweren Limousine zu einer Spitzengeschwindigkeit von 235 km/h verhalfen.

Auf der Negativseite stand ein unstillbarer Durst von 25 l auf 100 km, doch der schreckte die Käufer nicht ab; für sie zählte der moderate Preis von 3725 Pfund Sterling, nur 714 Pfund mehr als für den XJ6 mit Automatik. Dafür erhielten sie einen ausgezeichneten Gegenwert im Vergleich zum Mercedes-Benz 300 SEL für 6696 Pfund Sterling oder zum Rolls-Royce Silver Shadow für 9877 Pfund Sterling, die beide vier Zylinder weniger hatten.

Eine unter dem Namen Daimler verkaufte Version erhielt zum Gedenken an den im Jahre 1926 vorgestellten V12 die Bezeichnung Double Six. Sie kostete mit 3849 Pfund etwas mehr als der Jaguar; dabei ist allerdings zu berücksichtigen, daß die Modelle mit langem Radstand sowohl als Jaguar als auch als Daimler beträchtlich teurer waren, und zwar besonders der Double Six Vanden Plas, der 1973 auf 5439 Pfund Sterling kam.

Der neue Jaguar XJ6, auch als XJ40 bezeichnet, kam 1986 heraus und ähnelte seinem Vorgänger äußerlich sehr stark. »Warum sollte man ein erfolgreiches Auto ändern?« lautete wohl die Philosophie des Hauses. Am auffälligsten waren die neu gestalteten Frontpartie und die neuen C-Säulen. Der Wagen war mit einem neuen 24-Ventiler mit 3,6 l Hubraum bzw. einem Zwölfventiler mit 2,9 l sowie Schalt- und Automatikgetriebe zu haben. Die Spitzengeschwindigkeit lag je nach Maschine zwischen 193 und 225 km/h. Hier ein 89er Sovereign, wie die stärkeren Modelle bei Jaguar hießen.

Jaguar XJ 12, der bestverkaufte V 12 seit dem Krieg

Der XJ12 war ein Markstein in der Automobilgeschichte, denn er wurde in größeren Stückzahlen gebaut als alle anderen V12-Motoren nach dem Kriege. Nachdem Lincoln seinen V12 1948 aus der Produktion genommen hatte, gab es Zwölfzylinder nur noch bei Exoten wie Ferrari und Lamborghini, die jährlich weniger als tausend Stück bauten. Bei Jaguar liefen hingegen schon bald 170 Zwölfzylinder pro Woche vom Band. Bis 1984 wurden sie in nahezu 40000 Jaguar- und 12000 Daimler-Modelle eingebaut, und zwar in die Limousinen, die zweitürigen Coupés mit kurzem Radstand, die XJ-S-Coupés und die E-Modelle.

Allein die achtsitzige Daimler-Limousine erhielt nie einen V12. In seiner Jaguar-Geschichte von 1982 beklagte sich Lord Montagu von Beaulieu, daß der XJ12 mit seinem Verbrauch von 25 Litern durchaus die traurige Ehre haben könnte, der letzte Serien-Zwölfzylinder zu sein. Er konnte natürlich nicht wissen, daß noch vor dem Ende des Jahrzehnts ein V12 von BMW auf dem Markt sein, einer von Mercedes angekündigt und gerüchteweise ein dritter von Cadillac kommen sollte.

Die Sechs- und Zwölfzylinder von Jaguar wurden in den 70er und 80er Jahren ständig verbessert; sie erhielten Einspritzer (XJ 12 im Jahre 1975, XJ-6 1979) und wurden 1973 und dann wieder 1979 äußerlich leicht überarbeitet. Mitte der 80er Jahre leistete der Sechser 205 PS, der Zwölfer 300 PS. 1983 wurde der völlig neue AJ6-Motor eingeführt, der zunächst den XJ-S und drei Jahre später auch die Limousine antrieb, die die Bezeichnung XJ6 beibehielt.

Mit 3590 cm³ war der AJ6 etwas kleiner als sein Vorgänger, brachte aber mit 225 PS mehr Leistung und war aufgrund seines Leichtmetall-Motorblocks, des weltweit ersten bei einem Sechszylinder, leichter.

Die zwei obenliegenden Nockenwellen waren beibehalten worden, doch hatte die Maschine jetzt vier Ventile pro Zylinder. Zunächst erfolgte der Nockenwellenantrieb im Interesse eines leiseren Motorlaufs über Riemen. Doch dafür waren größere Scheiben erforderlich, die den Motor höher machten; der Serien-AJ6 bekam deshalb Steuerketten wie die alten Sechs- und Zwölfzylinder, war jedoch im Unterschied zu diesen um 15 Grad geneigt eingebaut, damit er unter die Motorhaube paßte.

Jaguar XJ40 – der neue XJ6

Im Herbst 1986 kam die lang ersehnte neue Jaguar-Limousine, die natürlich die AJ6-Maschine besaß (es stand jetzt auch eine Version mit 2919 cm³ zur Verfügung). Bevor er auf den Markt kam, lief der neue Wagen unter der Bezeichnung XJ40, die jedoch zugunsten von XJ6 wieder aufgegeben wurde, um die Kontinuität zu betonen. Und er sah seinem Vorgänger wirklich recht ähnlich, wenn er auch aerodynamisch etwas günstiger geschnitten war und dank der neuen Hinterradaufhängung ein besseres Fahrverhalten zeigte. Bei gleichem Radstand war die Bein- und Schulterfreiheit vorn verbessert und der Kofferraum zehn Prozent größer geworden.

Beide Modelle gab es mit Schalt- und mit Automatikgetriebe, hinzu kamen der leistungsgesteigerte Sovereign und der Daimler 3.6. Die V12-Version lief weiter, allerdings mit der alten Karosserie. Im Vergleich zum ursprünglichen XJ6 war das neue Modell mit 212 km/h Spitzengeschwindigkeit um 13 km/h schneller und mit 8,5 Sekunden um 0,4 Sekunden eher auf 100 km/h. Für eine fast 20jährige Entwicklung mögen diese Zahlen nicht viel sein, doch sie sind nur ein Beweis dafür, welch hohen Standard Jaguar schon 1968 erreicht hatte. Beeindruckender war die Verbesserung beim Spritverbrauch, der von 14 auf elf l/100 km gesunken war.

Konkurrent aus München

Die Jaguar-Konkurrenz nahm den gleichen Weg allmählicher Verbesserungen anstelle drastischer Neuerungen. Speziell BMW ergänzte seinen großen Sechszylinder um ein V12-Modell, das allerdings erst zwölf Jahre später erschien, nämlich 1987. BMW war natürlich mit einer Jahresproduktion von 158618 Wagen im Jahre 1970 und etwa 500000 Autos im Jahre 1988 viel größer als Jaguar mit seinen 30423 beziehungsweise 52000 Exemplaren. Die Masse der Produktion machten die kleineren BMW aus, doch auch die 7er-Reihe kam 1988 auf 58138 Fahrzeuge.

Die Wagen aus München wurden in den beiden Jahrzehnten nach und nach größer. Bis 1977 war die größte Maschine der Sechszylinder mit obenliegender Nockenwelle und 2788 cm³ Hubraum aus der 2800er-Limousine, die eher als Konkurrenz für den kleineren Mercedes als für Jaguar gedacht war. Sie hatte viele Eigenschaften, die man von einem Luxusauto erwartet, darunter servounterstützte Scheibenbremsen an allen vier Rädern und wahlweise Automatikgetriebe und Servolenkung. Größere Maschinen wurden mit Einführung der 7er-Reihe im Jahre 1977 angeboten; in einer neuen Karosserie gab es den alten Motor mit 2788 cm³ und dazu neue Motoren mit 3210, 3430 und 3453 cm³ Hubraum. Am stärksten war die Maschine mit 3210 cm³ und Turbolader; sie hatte 252 PS und trieb den 745i an.

Mit der 7er-Reihe stieg BMW jetzt endgültig in die Mercedes-Klasse auf, in der die Münchner in den 50er Jahren mit ihren Sechs- und Achtzylinderlimousinen 501 und 502 nur kurz vertreten gewesen waren. Die Untertürkheimer bauten in der ganzen Zeit Limousinen mit Dreiliter-Sechszylindern und brachten 1969 für den 300 SEL einen V8 mit 3499 cm³ als Anfang einer Reihe von

Ende der 80er Jahre gehörten die BMW-Spitzenmodelle zu den besten Autos der Welt; sie boten einen Komfort und einen technischen Leistungsstandard, der von den Konkurrenten nur sehr schwer zu übertreffen sein dürfte. Der 750iL hat den gleichen Aufbau wie die 7er mit Sechszylindermotoren, wird aber von einem V12 mit 4988 cm³ und 300 PS angetrieben. Jede Zylinderreihe verfügt über eine eigene Motronic, so daß man im Notfall auch mit nur sechs Zylindern zur nächsten Werkstatt fahren kann. Ein derartiger Luxus ist natürlich nicht billig.

V8-Limousinen, die Rolls-Royce den Titel bestes Auto der Welt streitig machen sollten.

Für kurze Zeit wurde der 6332 cm³ große V8 aus dem 600er in den 300SEL eingebaut, was in einer geräumigen Limousine resultierte, die 220 km/h schnell war – das hatte es bis 1970 noch nicht gegeben. Von diesen luxuriösen heißen Öfen wurden nur 6526 Stück hergestellt (immerhin fast das Dreifache des 600ers, für den die Maschine eigentlich konstruiert worden war), doch der spätere 450SE und 450SEL mit 4520 cm³ kam auf weitaus höhere Stückzahlen (41604 beziehungsweise 59575 zwischen 1972 und 1980).

Die S-Klasse, wie diese Spitzenmodelle von Mercedes heißen, wurde in den 80er Jahren erweitert; es kamen neue Karosserien und eine Reihe von Sechs- und Achtzylindern bis zu einem V8 mit 300 PS und 5547 cm³ Hubraum, der für den 560SEL bestimmt war. Dieser hatte serienmäßig ABS und Automatikgetriebe und beschleunigte seine fünf Insassen in allergrößtem Luxus und Komfort auf bis zu 236 km/h. Trotz aller Verbesserungen an der 7er-Reihe hatte BMW nichts Vergleichbares zu bieten und brachte deshalb einen nagelneuen V12 mit 4988 cm³ Hubraum heraus, der die 7er Reihe beflügeln sollte.

Diese wurde im Herbst 1986 vorgestellt, wobei allerdings die V12-Maschine erst im folgenden Jahr verfügbar war. Sie entwickelte 300 PS, die gleiche Leistung wie der größere V12 von Jaguar, wog aber mit 240 Kilogramm 30 Kilogramm weniger. Die Spitzengeschwindigkeit betrug 250 km/h, ein Wert, den keine andere viertürige Limousine erreichte, dem aber zumindest der Jaguar XJ12 HE aus dem Jahr 1981 mit 242 km/h recht nahe kam. Der BMW-V12 galt als der erste wartungsfreie Motor, bei dem nur noch die Zündkerzen und das Öl gewechselt werden mußten. Er war insofern ungewöhnlich, als jede einzelne Zylinderreihe über eine eigene Motronic verfügte, so daß man bei einem Ausfall noch auf sechs Zylindern zur nächsten Werkstatt fahren konnte – und das immerhin noch mit 200 km/h!

Die Spitzenmodelle bei Mercedes waren die 560er, hier der 560 SEL *(unten)* und der 560 SEC *(rechts)*. Angetrieben wurden sie von einem V8 mit 5547 cm³ und 300 PS. Obwohl nach den gleichen hohen Normen wie die BMW gebaut, hatten sie darunter zu leiden, daß das Design schon neun Jahre alt war und daß ihnen der Glanz eines Zwölfzylinders fehlte.

Zwei Generationen Aston Martin: Der DBS V 8 *(oben)* war der Urahn aller Aston Martins für die nächsten 20 Jahre. Er bekam 1969 einen 5340 cm³-V 8 mit vier obenliegenden Nockenwellen in der Karosserie, die Bill Towens für den DBS mit Sechszylinder-Motor entworfen hatte. Bei der 81er V 8-Limousine *(links)* handelte es sich im wesentlichen um das gleiche Fahrzeug mit anders gestalteter Frontpartie und vier Weber-Vergasern anstelle der Einspritzanlage. Im Vantage (zu erkennen am Kühlergrill) leistete die Maschine etwa 400 PS, die für eine Spitzengeschwindigkeit von knapp 275 km/h sorgten; abgebildet ist hier die bescheidenere Serienausführung mit etwa 300 PS. Sie wurde 1989 durch den neu gestalteten Virage mit 32-Ventiler abgelöst.

Volle 2245 kg solider britischer Tradition: Der Rolls-Royce Silver Spirit. 1980 vorgestellt, besaß er einen 6,7-Liter-V8 mit geschätzten 240 PS. Rolls-Royce legte, wie üblich, keinen Wert darauf, daß die Zahlen bekannt wurden. Allein die Klimaanlage produzierte 9 kW, so viel wie 30 Kühlschränke.

Aston Martin Lagonda und Rolls-Royce Silver Shadow

Die beiden britischen Wettbewerber in diesem Feld standen an entgegengesetzten Enden des Spektrum der Rolls-Royce ganz im Zeichen der Tradition, der Lagonda als futuristisches High-Tech-Modell. Beide verfügten über einen V8-Motor, die Ventile beim Rolls-Royce wurden jedoch auf amerikanische Weise durch eine einzelne zentral montierte Nockenwelle gesteuert, während der Lagonda die gleiche Maschine mit vier obenliegenden Nockenwelle wie die Aston-Martin-Coupés hatte. Die Kraftquelle des Rolls war mit 6750 cm^3 beträchtlich größer als die des Lagonda mit 5340 cm^3. Bei beiden wurde die Leistung im Verlauf der Zeit erhöht, beim Rolls von geschätzten 200 PS (genaue Zahlen werden nie angegeben) im Jahre 1970 auf 330 PS beim 89er Bentley mit Turbolader und beim Lagonda von 300 PS im Jahre 1976 auf heute 309 PS.

Der Rolls-Royce Silver Shadow war eine Konstruktion aus den 60er Jahren, die insofern bemerkenswert war, als sie die erste selbsttragende Karosserie aus Crewe war und über einen automatischen Niveauausgleich und ein Dreikreisbremssystem verfügte. Kritisiert wurde die schlecht ansprechende Kugelumlauflenkung, an deren Stelle dann 1977 beim Silver Shadow 2 auch eine Zahnstangenlenkung kam. Zum gleichen Zeitpunkt wurde die geteilte Klimaanlage eingeführt, die man zum ersten Mal zwei Jahre zuvor in dem superteuren zweitürigen Camargue ausprobiert hatte. Neue Karosserieformen erschienen mit dem Silver Spirit, der im Herbst 1980 vorgestellt wurde. Dieses Modell hatte eine um dreißig Prozent größere Fensterfläche und war sechs Zentimeter breiter, 7 Zentimeter länger und gut sieben Zentimeter niedriger.

Bentley Mulsanne Turbo übertrifft Rolls-Royce-Verkaufszahlen

Die neuen Rolls-Royce brachten auch ein besseres Image für die Bentley-Modelle mit sich, die in den 70er Jahren nur wenig mehr als zehn Prozent aller Verkäufe ausgemacht hatten. Die Bentley-Version des Silver Spirit hieß Mulsanne und, ab Frühjahr 1982, Mulsanne Turbo mit einem Garrett-AiResearch-Turbolader, der für eine 50prozentige Leistungssteigerung auf 300 PS sorgte.

1985 kam der Turbo R hinzu, dem die Ingenieure im Interesse eines besseren Fahrverhaltens im oberen Geschwindigkeitsbereich eine geänderte Aufhängung und größere Reifen verpaßt hatten. Die Stabilisatoren waren um 100 Prozent steifer, und die hintere Rollsteifigkeit wurde durch eine hydraulische Begrenzung zwischen den Niveauausgleichvorrichtungen verbessert. Die Leistung betrug jetzt 330 PS mit einer Spitzengeschwindigkeit von 230 km/h.

Rolls-Royce hatte jetzt einen Wagen vorzuweisen, der es mit den besten deutschen Modellen aufnehmen konnte, aber kam dieser Wagen früh genug? Nach den Maßstäben der späten 80er Jahre waren die Fahrzeuge aus Crewe sperrig und schwer; der Turbo R brachte 2420 kg auf die Waage, der BMW 750i und der Mercedes 560 SEL im Vergleich dazu nur 1860 beziehungsweise 1700 Kilogramm.

Auch die Anschaffungs- und Unterhaltskosten waren sehr hoch. In der Schweiz, also auf einem einigermaßen neutralen Markt, lagen im Jahre 1989 die Bentley-Preise zwischen 166 000 SFr für den billigsten Eight und 274 000 für den Turbo R, während der BMW 750i für gerade mal 107 000 SFr und der Spitzen-Mercedes für 137 200 SFr zu haben waren. Andere vergleichbare viertürige Limousinen waren der Lagonda zum stolzen Preis von 315 000 SFr und der Jaguar Sovereign V12 für 96 400 SFr, was wieder einmal zeigte, wie preiswert die Fahrzeuge aus Coventry waren. Die Verbrauchswerte betrugen 18,5 l/100 km beim Turbo R, 13,3 l beim BMW und 13,5 l beim Mercedes.

Ein starker Wettbewerber auf dem Markt der leistungsstarken Luxusautos war der Bentley Turbo R. Der 1985 vorgestellte Wagen war eine nach und nach verbesserte Version des 80er Mulsanne, deren Straßenlage der massigen Kraftentfaltung des größten turbogeladenen Pkw-Motors der Welt angepaßt worden war. Es handelte sich dabei um einen 6,75-Liter V8 mit zentraler Nockenwelle und einer Leistung von 330 PS bei 4500 U/min. Die Spitzengeschwindigkeit betrug 217 km/h.

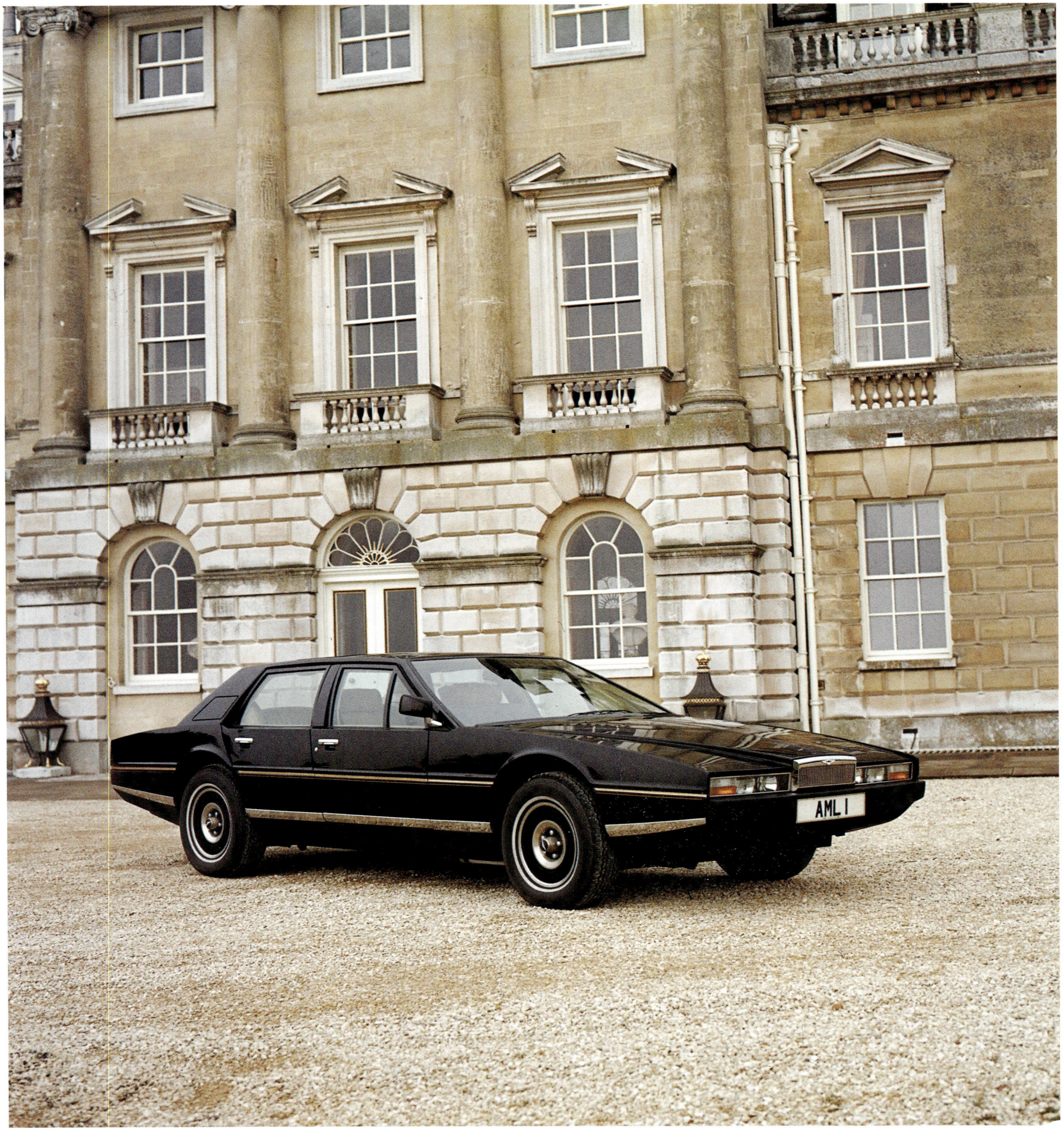
AML 1

Lagonda – Wirklichkeit gewordener Wahnsinn

Der von William Towns entworfene keilförmige Lagonda war die Antwort auf die Nachfrage der Aston-Martin-Kundschaft nach einem viertürigen Fahrzeug. Er war 60 cm länger als das V8-Coupé, dafür aber um 5 cm schmaler. Abgesehen von seinem Styling war das Bemerkenswerte an ihm das Armaturenbrett mit auf Berührung ansprechenden Bedienelementen und elektronisch geregelten Instrumenten mit Graphik- und Digitalanzeige.

Sobald der gelegentlich als Wahnsinn bezeichnete Wagen in Produktion ging, ließen seine Verkaufszahlen die der zweitürigen Aston-Martin-Modelle hinter sich, und zwar trotz eines Preisanstiegs von 24 570 Pfund Sterling bei der Einführung im Jahre 1976 auf 49 933 Pfund im Jahre 1980. Das Instrumenten-Mäusekino wurde bei den Serienfahrzeugen durch konventionelle Instrumente ersetzt, und ab 1987 zeigte das Design rundere Formen. 1988 betrug die Spitzengeschwindigkeit 233 km/h, doch bei einem Vergleichstest mit dem Bentley Turbo R bescheinigte die Zeitschrift *Motor* dem Lagonda schlechtere Straßenlage, schlechtere Bremsen und auch geringeren Bedienungskomfort.

Ein weiterer Wettbewerber auf dem Markt der Hochleistungsfahrzeuge war der futuristische Aston Martin Lagonda (gegenüber), eine Konstruktion aus dem Jahre 1976, die aber erst ab 1978 ausgeliefert wurde.
Auf dem Papier schien der Lagonda ein wünschenswerteres Auto als der Bentley Turbo R zu sein, dem er aber in Beschleunigung und Spitzengeschwindigkeit unterlegen war. Der 5,3-Liter V8 leistete 309 PS bei 5500 U/min und brachte den Wagen auf 225 km/h.

Der Jaguar XJ-S wurde zu einer schlechten Zeit geboren, nämlich unmittelbar nach der Energiekrise, hielt aber durch und überlebte trotz aller Qualitätsprobleme auch die 80er Jahre. Hier ein 79er Modell mit V12-Motor; ab 1983 stand auch der neue Sechszylinder mit 24 Ventilen und 3,6 l Hubraum zur Verfügung. 1985 kam eine Version mit Faltverdeck und 1988 ein Vollkabrio. Mit der 3,6-Liter-Maschine betrug die Spitzengeschwindigkeit etwa 235 km/h.

Jaguar XJ-S

Der Aston Martin hatte viele Rivalen. In Großbritannien war das an erster Stelle der Jaguar XJ-S mit 5,3-Liter-V12-Maschine, der seit seiner Einführung im Jahre 1975 eine wechselvolle Laufbahn hinter sich gebracht hatte. Die Einführung hatte unglücklicherweise während der Ölkrise stattgefunden, also in einer Zeit, in die die Konzeption eines leistungsstarken 2+2-Sitzers mit einem Verbrauch von 20 l auf 100 km überhaupt nicht paßte. Außerdem entsprach der Wagen nicht dem Jaguar-Image, da er weder als Nachfolger des E-Typs gelten konnte, noch so geräumig wie die Limousinen war. Auch die Tatsache, daß in den ersten fünf Jahren die Qualität zu wünschen übrig ließ, war dem Verkauf nicht gerade zuträglich, so daß die Produktion des XJ-S im Jahre 1980 sogar für ein paar Monate eingestellt wurde.

Der neue Jaguar-Chef John Egan hielt jedoch an dem Fahrzeug fest, und das neue Modell HE mit hoher Verdichtung und verbesserten Brennräumen zeigte dann auch einen viel besseren Verbrauchswert von 14 l auf 100 km. Die Verkaufsziffern stiegen sprunghaft von einem Tief von 1199 Stück im Jahre 1981 auf 4808 zwei Jahre danach und 9537 Exemplare im Jahre 1987. Das Angebot wurde 1983 um den 3,6-Liter-Sechszylinder und Targa-Versionen mit beiden Maschinen erweitert. Letztere wurden 1988 durch ein Vollkabrio ersetzt, das nur mit der V12-Maschine zu haben war.

Zwei Newcomer auf dem Markt der schnellen Geschäftsfahrzeuge waren der Maserati Biturbo Spyder *(oben)* und der Porsche 944S. Der Biturbo erschien 1984 und war insofern ungewöhnlich, als er zwei Turbolader hatte, was man eher im Rennsport findet. Der V 6 mit 1996 cm³ Hubraum und den beiden japanischen IHI-Turbos besaß zwei Einlaßventile pro Zylinder und leistete 180 PS. Der bestverkaufte Maserati aller Zeiten fand 1983 6000 Käufer, fast zehnmal so viel wie je ein Maserati zuvor. Der Porsche 944S war eines der vielen neuen Modelle, die die Zuffenhausener in den späten 80er Jahren herausbrachten, um den Absatz anzukurbeln, der speziell in Amerika stark zurückgegangen war. Der einzige Porsche, der in diesem Jahrzehnt nicht offen zu haben war, war der 928. Es liefen jedoch Gerüchte um, daß er 1991 als Kabrio und als Viertürer kommen sollte.

Die Wiedergeburt des Kabrios

Die Coupé-Reihe um ein Kabrio zu ergänzen war ein Trend der 80er Jahre. Offene Wagen, die noch wenige Jahre zuvor aus Sicherheitsgründen zum Untergang verdammt zu sein schienen, tauchten überall wieder auf – vom populären Peugeot 205 und VW Golf bis hin zu den großen amerikanischen Marken, bei denen nach 1976 kein einziges Kabrio mehr zu finden gewesen war.

Auf dem Markt der gehobenen Geschäftsfahrzeuge bekamen Aston Martin und Jaguar Konkurrenz von Maserati, dessen Biturbo Spyder 1984 erschien, und von Porsche mit einer Kabrio-Version des 944S, die 1989 vorgestellt wurde. Den 928 mit V8-Maschine boten die Zuffenhausener nicht als Kabrio an, doch wer bereit war, auf den Preis des Coupés noch rund 80000 DM draufzulegen, konnte von dem Karosseriebauer Herbert Jurinek ein von Vittorio Strosek entworfenes Kabrio bekommen. Auch den Ferrari 400i/412 gab es ab Werk nur als zweitürige Limousine; als Kabrio war er bei Peter Lorenz zu bekommen, der auch den Ferrari 308, 512 und Testarossa zum Kabrio umbaute.

Eine Reihe von Serienkabrios ging auf die Arbeit werksfremder Karosseriebauer zurück. Das auf dem XJ-S beruhende Kabrio der Firma Lynx Engineering war mehrere Jahre vor der Jaguar-eigenen Kabrioversion des XJ-S auf dem Markt, und die Wiedergeburt des amerikanischen Kabrios wurde durch die Privatinitiative von Firmen wie A.C. Coachworks, Bradford, Global, Solaire u.a. ausgelöst, die sich mit dem Cadillac Seville, der K-Serie von Chrysler und anderen beschäftigten.

Weniger amerikanische Maschinen

Wie wir gesehen haben, ging der Anteil amerikanischer Motoren in leistungsstarken europäischen Autos im Verlauf der Jahre nach und nach zurück. Die Produktion des von Chevrolet- oder Fordmotoren angetriebenen Iso ließ in den 70er Jahren stetig nach und wurde 1979 schließlich ganz eingestellt. Das gleiche Schicksal ereilte den mit einem Chrysler-Motor bestückten Jensen Interceptor drei Jahre früher; dieser Wagen erlebte allerdings in Form eines verbesserten Interceptor, aber nach wie vor mit Chrysler-Maschine, in den 80er Jahren einen sehr bescheidenen Wiederaufschwung mit einer Handvoll Exemplaren im Jahr.

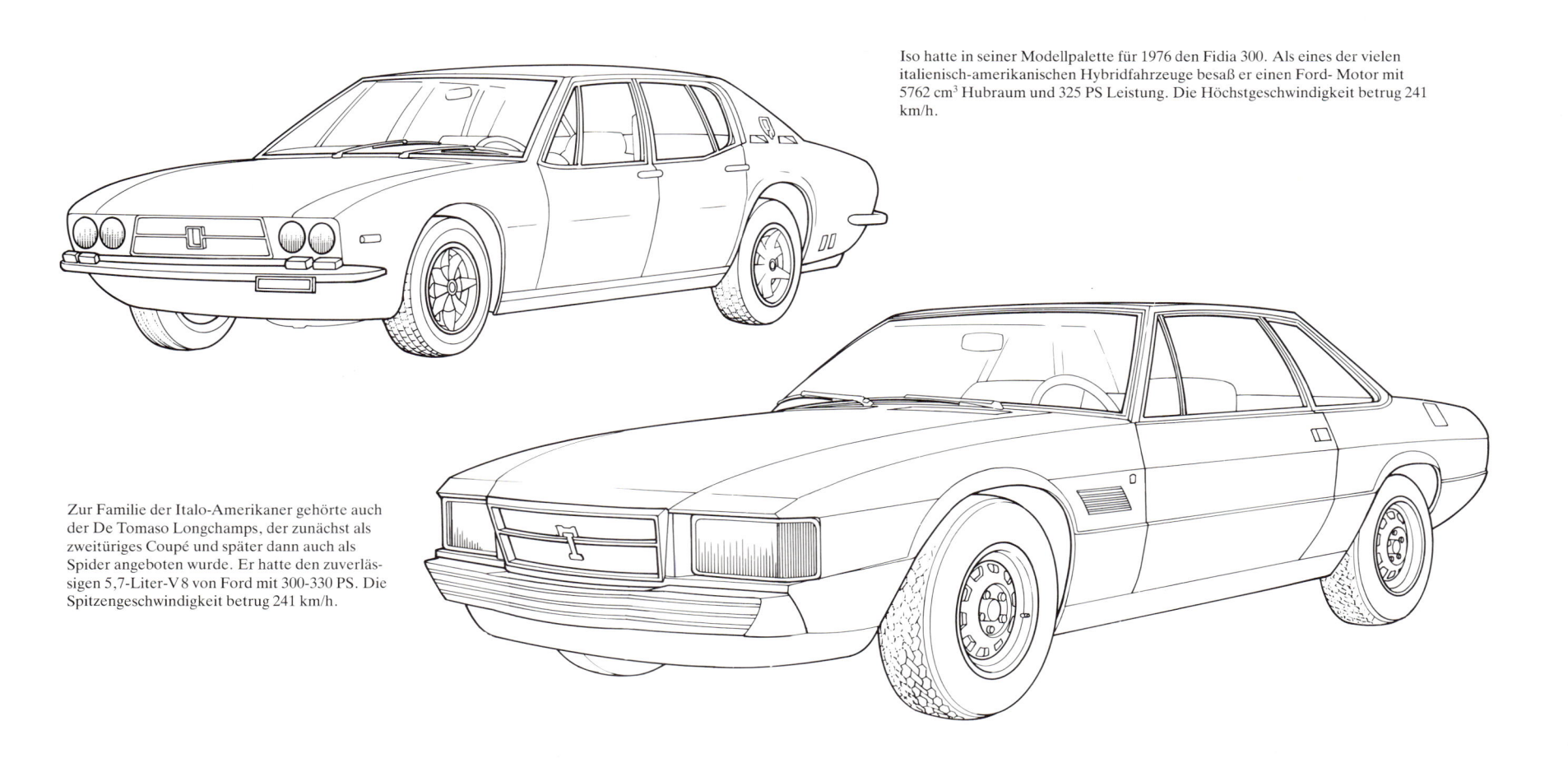

Iso hatte in seiner Modellpalette für 1976 den Fidia 300. Als eines der vielen italienisch-amerikanischen Hybridfahrzeuge besaß er einen Ford-Motor mit 5762 cm³ Hubraum und 325 PS Leistung. Die Höchstgeschwindigkeit betrug 241 km/h.

Zur Familie der Italo-Amerikaner gehörte auch der De Tomaso Longchamps, der zunächst als zweitüriges Coupé und später dann auch als Spider angeboten wurde. Er hatte den zuverlässigen 5,7-Liter-V8 von Ford mit 300-330 PS. Die Spitzengeschwindigkeit betrug 241 km/h.

Auch der Bristol bleibt dem Chrysler-V8 treu, bei dem es sich aber aufgrund der Tatsache, daß kein Chrysler eine Maschine mit mehr als 5,2 Liter Hubraum und 140 PS hat, in Wirklichkeit um die 5,9-Liter-Maschine aus dem Dodge Ramcharger handelt.

Die einzigen anderen Euro-Amerikaner, die bis Ende der 80er Jahre überlebten, waren der De Tomaso, das Longchamp-Coupé und -Kabrio und der Pantera mit Mittelmotor, in denen sich der 5,8-Liter-V8 von Ford mit 270 oder 300 PS fand. Sie waren zwar billiger als die Konkurrenten von Ferrari, Maserati und Lamborghini, doch fehlte ihnen das Charisma der mit einem Motor aus heimischer Produktion bestückten Modelle, so daß die Verkaufszahlen stark zurückgingen. Der Pantera hatte allerdings in Amerika viele Freunde gefunden, bevor sich die Auswirkungen der Ölkrise bemerkbar machten.

Das europäisch-amerikanische Hybridfahrzeug war eigentlich eine Entwicklung aus den 60er Jahren und durchaus beliebt, wenn man aus der Verbindung der massigen Kraftentfaltung amerikanischer Motoren mit europäischen Fahrwerken und Aufbauten sehr attraktive GT-Fahrzeuge schuf.
Eines der bekanntesten Beispiele aus Großbritannien stammte von der Firma Bristol, die auch im Jahre 1990 noch ihre Anziehungskraft für Kenner und Genießer besaß, die nicht mit ihrem Geld protzen wollten. V-Achtzylinder von Chrysler sorgten wie schon 1962 für die nötige Leistung. Trotz eines neuen Kabrios im Jahre 1975 und der neugestalteten Limousine 603 im Jahre 1976 änderte sich der Charakter der Fahrzeuge insgesamt nicht.
Hier der Brigand *(unten links)* und der Beaufighter mit Turbo, beide aus der Mitte der 80er Jahre.

Der amerikanische Luxusmarkt

Zu Anfang der 70er Jahre erzielte die amerikanische Industrie Rekordzahlen (9,3 Millionen produzierte Autos im Jahre 1973), und die unangefochtenen Marktführer – Cadillac von General Motors, Imperial von Chrysler und Lincoln von Ford – standen größen- und leistungsmäßig auf einem Höhepunkt. Der 8,2-Liter-Achtzylinder des Cadillac Eldorado war die größte Maschine, die je in ein amerikanisches Auto der Nachkriegszeit eingebaut worden war, und gehörte mit 400 PS auch zu den stärksten. Der Cadillac 75 brachte 2554 kg auf die Waage und legte in den nächsten sechs Jahren sogar noch zu, bis im Jahre 1976 mit 2671 kg der Höhepunkt erreicht war. Mit Platz für neun Insassen war der 75 6,22 Meter lang, aber auch die normalgroßen Cadillacs und Lincolns erreichten 5,79 m.

Mit serienmäßigen Annehmlichkeiten wie Automatikgetriebe, Servolenkung, Klimaanlage und elektrischen Fensterhebern boten die Monster (wie auch ihre kleineren Brüder Buick, Chrysler, Oldsmobile und Pontiac) einen ausgezeichneten Gegenwert für ihren Preis; wenn sie mit ihren Abmessungen und der niedrig übersetzten Lenkung für europäische Straßen auch alles andere als ideal waren, eigneten sie sich doch perfekt für ihre heimischen Gefilde. Der Spritverbrauch von 23-28 l auf 100 km schien besonders für vermögende Besitzer eines Cadillac, Imperial oder Lincoln kein großer Nachteil zu sein, zumal das Benzin nur wenige Cent pro Gallone (3,8 l) kostete.

Dunkle Wolken am Horizont

Schon vor der Ölkrise wurde dieses Paradies für Autofahrer von strengeren Umweltschutzgesetzen bedroht, die allerdings zunächst nur dazu führten, daß die Maschinen größer wurden, um die Gesamtleistung bei verringerter Literleistung halten zu können. Um auch den Spritverbrauch zu senken, wurden ab 1977 die meisten amerikanischen Wagen dann auch kleiner, was sich besonders in der Luxusklasse bemerkbar machte.

Der Cadillac De Ville verlor zwischen 1976 und 1977 21,5 cm an Radstand und 408 kg an Gewicht; 1981 war er um weitere 90 kg abgespeckt, und die 85er Modelle waren noch einmal 27 cm kürzer. Außer dem traditionellen Fleetwood Brougham hatten alle Cadillacs jetzt Frontantrieb. Der letzte 8,2-Liter-Achtzylinder wurde 1976 mit mageren 215 PS anstelle der früheren 400 PS gebaut, und 1985 war die stärkste Cadillac-Maschine ein V8 mit 4,1 Litern und nur 135 PS.

Ähnliches spielte sich bei Chrysler und Ford ab. Der Imperial von Chrysler wurde nach 1975 als eigene Marke fallengelassen, sechs Jahre später aber als Modellbezeichnung für ein Coupé mit 5,2 Litern Hubraum und 140 PS wiederbelebt. Der Lincoln Continental schrumpfte von 365 PS und über sieben Liter Hubraum im Jahre 1971 auf 155 PS und 4,9 l im Jahre 1984. Das führte dazu, daß sich die Unterschiede zwischen der Luxusklasse und den unmittelbar darunter angesiedelten Modelle verwischten, und zwar besonders, weil die letzteren oft die gleichen Motoren und Karosserien wie die Spitzenausführungen besaßen. Besonders Cadillac wurde schwer getroffen: Der Name fand sich sogar auf einem Wagen der J-Serie, dem Cimarron, der zur gleichen Familie gehörte wie der Chevrolet Cavalier, der Buick Skyhawk und der Pontiac J2000.

Um das Image des Exklusiven wiederzugewinnen, brachte Cadillac in begrenzter Auflage den Allante, ein zweisitziges Kabrio auf einem verkürzten Eldorado-Chassis, dessen 4,1-Liter-Maschine die Vorderräder antrieb. Die Karosserie wurde in Turin bei Pininfarina hergestellt und auch dort auf das Chassis gesetzt, das zu diesem Zweck eigens mit Boeing-Jumbos von Detroit herangeschafft wurde. Dieses längste Fertigungsband der Welt spiegelte sich natürlich im Preis wider: Anstelle der 23740 Dollar für einen Eldorado kostete der Allante 54700 Dollar, doch das sollte nach dem Willen des Herstellers das Image der Exklusivität noch verstärken. Unglücklicherweise war der Wagen wohl zu exklusiv, denn 1987 fanden sich statt der erhofften viertausend nur ganze 1651 Kunden. Im Gegensatz zum 500er Mercedes-Roadster, gegen den er antreten sollte, erlitt der Allante in dem Augenblick, in dem er den Verkaufsraum verließ, einen 33prozentigen Wertverlust. 1989 erhielt der Allante zusammen mit größeren Rädern und einem einfacheren Verdeck einen neuen Vierlitermotor mit 200 PS.

Typisch für die amerikanische Autoindustrie vor dem Zwang zur Verkleinerung war der 74er Lincoln Continental *(oben)*. Er hatte einen riesigen V8 mit 7,5 l Hubraum, dessen Leistung allerdings aufgrund der Immissionsschutzgesetze schon ein paar Jahre zuvor auf 220 PS gedrosselt worden war.
Eine weitere typisch amerikanische Luxuslimousine mit Heckantrieb war der Chrysler New Yorker *(darunter)*. Er verkaufte sich gut an eine Kundschaft, die dem Frontantrieb mißtraute. Mit 5,2-Liter-V8 mit 130 PS kostete dieses Modell erschwingliche 13990 Dollar. Chrysler konnte die Preise niedrig halten, weil sich die Einrichtungskosten für die Fertigung dieses Modells längst amortisiert hatten. 1984 war der Cadillac Eldorado nicht mehr das, was er einst gewesen war. Die Maschine hatte nur noch 4087 cm³ Hubraum und 137 PS. Der Wagen war immer noch beeindruckende 5,2 m lang, doch als der Eldorado noch ein richtiger Eldorado war, hatte sie über 6 m betragen.

Der Cadillac Eldorado war ein Teil des amerikanischen Traums. Wer Erfolg haben will, kauft Cadillac, war ein Slogan der 50er Jahre gewesen, der auch in den 70ern noch Gültigkeit hatte, obwohl die Marke sich im Niedergang befand. Hier ein 72er Eldorado *(oben)*, mit seinem Frontantrieb ungewöhnlich für einen amerikanischen Wagen aus der damaligen Zeit. Der Motor war ein V 8 mit 8193 cm³ Hubraum.
Ein neuer Anfang für Cadillac war der Seville *(oben links)*, gleichzeitig kleiner und teurer als der Rest der Modellpalette. Mit dem Standard-V 8 mit 5,7 l Hubraum in einer stark veränderten Version der X-Karosserie von GM zielte er auf den von Mercedes-Benz beherrschten Markt der qualitativ hochwertigen Fahrzeuge der unteren Oberklasse ab. 1975 vorgestellt, machte er bald 15 Prozent aller Cadillac-Verkäufe aus, was angesichts des hohen Preises nicht schlecht war. Hier ein Seville der zweiten Generation aus dem Jahre 1980 mit Frontantrieb und dem rasierklingenscharfen Styling, das an ein Hooper-Design aus den 50er Jahren erinnerte. Die Standardmaschine war ein 5,7-Liter-Diesel. Die Karosserieform wurde bis 1986 beibehalten.

Die Modellbezeichnung bei Lincoln war etwas verwirrend: Der Continental war ursprünglich ein zweitüriges Coupé; ab 1984 galt die Bezeichnung für eine viertürige Limousine *(oben rechts)*, während das Coupé schlicht als Mark VII bezeichnet wurde. Mit dem gleichen Chassis wie der Continental hatte es einen Aufbau aus der gleichen Familie wie Ford Thunderbird und Mercury Cougar – eine unverwechselbare und glatte Form, die auf jüngere als die traditionellen Lincoln-Käufer abzielte. Der Wagen war sehr erfolgreich und erzielte Einbrüche in den Markt der Käufer der 6er BMWs und Mercedes-Benz SEC.

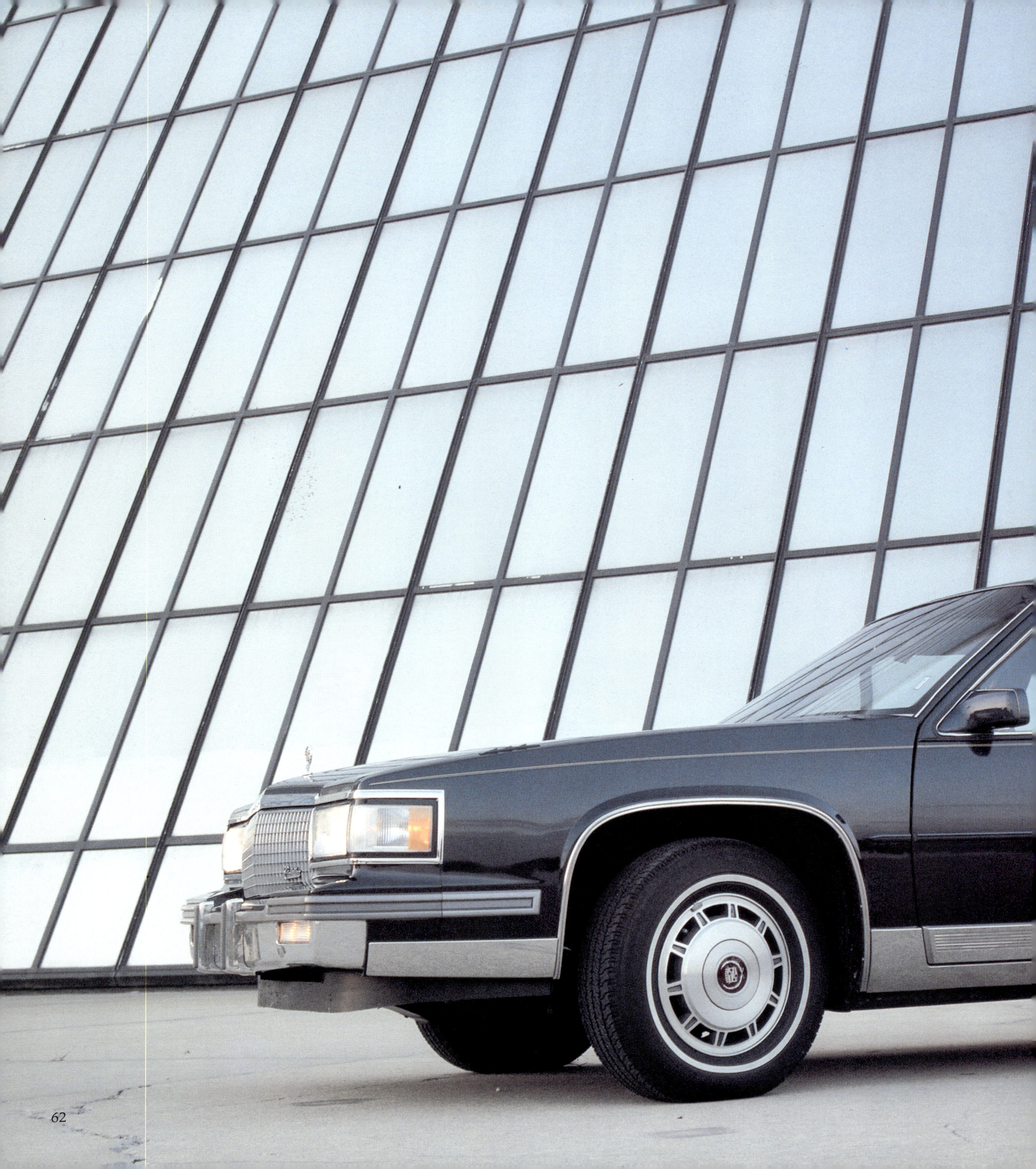

Auch Cadillacs wurden immer kleiner. Ende der 70er Jahre waren sie auf im Vergleich zu den 5,9 m im Jahre 1972 bescheidene 4,9 m geschrumpft. Auch der Hubraum hatte sich von 8,2 auf 4,1 l verringert.

Zwei amerikanische Wagen aus der BMW/Mercedes-Klasse. Links der Ford Thunderbird, ein heckgetriebenes Luxus- Coupé mit 4,9-Liter-V8, 3,8-Liter-V6 oder turbogeladenem 2,3-Liter- Vierzylinder.
Cadillac forderte Mercedes dann wieder mit dem Allante-Kabrio des Jahres 1987 *(unten links)* heraus, das auf die SL- Modelle abzielte. Als erster zweisitziger Cadillac seit 1941 hatte der Allante einen 4,1-Liter-V8, der mittels Mehrfacheinspritzung und auf hohen Durchsatz ausgelegten Zylinderköpfen auf 170 PS gesteigert worden war.

Die japanische Herausforderung

Bis 1989 hatten sich die Japaner kaum um den internationalen Markt für Luxusfahrzeuge gekümmert. Ihre größten Wagen wie etwa der Nissan President und der Toyota Century, beide mit V8-Maschinen über vier Liter, waren altmodische Fahrzeuge, die in kleinen Stückzahlen hergestellt wurden und sich außerhalb Japans kaum verkaufen ließen. 1985 zeigte Nissan mit dem Ausstellungsfahrzeug CUE-X zum ersten Mal Interesse an einem breiteren Markt; vier Jahre danach gab die Firma gleichzeitig mit Toyota die Herausforderung für BMW und Jaguar bekannt: Nissan Infiniti Q45 und Toyota Lexus. Diese viertürigen Limousinen waren sich von der Grundkonzeption her recht ähnlich, beide etwas länger als die 7er von BMW und angetrieben von V8-Maschinen mit vier obenliegenden Nockenwellen und vier Ventilen pro Zylinder.

Der Toyota-Motor holte 250 PS aus vier Litern, der Nissan 284 PS aus etwas über vier Litern. Das reichte aus, um die 1790 kg schweren Fahrzeuge auf über 240 km/h zu beschleunigen, wobei der Nissan bei diesem Wert abgeregelt wurde. Beide hatten an allen vier Rädern Scheibenbremsen, ABS und natürlich Servolenkung und Automatik. Unterschiede gab es beim Fahrwerk: Toyota hatte sich für untere und obere Querlenker entschieden, während Nissan auf ein Mehrfacharm-System setzte. Als Sonderausführung wurde beim Lexus eine pneumatische Aufhängung und beim Infiniti eine hydraulisch geregelte Aktivaufhängung angeboten. Letztere sollte erst 1990 kommen, und zwar zu einem Aufschlag von weniger als zehn Prozent des Gesamtpreises. Der Infiniti war auch mit Allradlenkung zu haben.

Beide Modelle sollten zwar in Japan und später in Europa verkauft werden, doch der Hauptstoß richtete sich auf den amerikanischen Markt. Da bei Nissan und Toyota niemand an Luxus denken würde, wurden die beiden Namen in der Werbung unterschlagen; dort war nur von Infiniti und Lexus die Rede (Honda ging mit dem Integra und dem Legend unter der Bezeichnung Acura ähnlich vor).

Die Werbeagentur Saatchi & Saatchi rief für die Vermarktung eine eigene Abteilung ins Leben. Die Preise betrugen etwa 35000 Dollar für den Lexus und 38000 bis 40000 Dollar für den Infiniti – nicht schlecht im Vergleich zu den etwa 50000 Dollar für einen Jaguar XJ6 und den über 70000 Dollar für den BMW 750iL. Beide Firmen boten außerdem kleinere Versionen an, nämlich den Lexus ES250 mit dem Zweiliter-V6 des Toyota Camry und den Infiniti M30 als Coupé und Kabrio in der Honda-Legend-Klasse.

Sieben Sitze und elektrisch betätigte Trennscheibe

Die einsamen Höhen im Bereich der Luxusautos werden von der traditionellen Großlimousine besetzt gehalten, gewöhnlich schwarz und fast immer mit Chauffeur. Ehedem das klassische Transportmittel für würdevolle ältere Damen und Industriemagnaten, ist diese Großlimousine von den leistungsstarken gehobenen Geschäftsfahrzeugen an den Rand gedrängt worden, spielt aber nach wie vor eine bedeutende Rolle bei Mietwagenunternehmen und Bestattungsunternehmern.

Rolls-Royce Phantom

Ganz wie es sich für ihre gesetzte Natur gehört, haben sich die Großlimousinen in den 20 Jahren zwischen 1970 und 1990 kaum verändert. In Großbritannien beschränkte sich das Feld auf Rolls-Royce, Daimler und die verlängerten Ford- und Rover-Modelle von Coleman-Milne. Der Rolls-Royce Phantom VI war ein Dinosaurier aus den 50er Jahren; er war von dem 59er Phantom V abgeleitet und hatte noch das getrennte Chassis, das bei den anderen Rolls- Royce 1965 zugunsten einer selbsttragenden Konstruktion aufgegeben wurde. Trotz eines Gewichts von 2740 kg hatte er auch 1989 noch Trommelbremsen, die allerdings schon 1978 einen Bremskraftverstärker erhalten hatten. 1978 war auch das Jahr, in dem der Hubraum von 6230 auf 6750 cm³ vergrößert wurde.

Der Phantom hatte mehr als jeder andere Wagen unter der Inflation zu leiden. Bei der Einführung im Oktober 1959 kostete der Phantom V mit der Karosserie von Park Ward 8905 Pfund Sterling und mit der Karosserie von James Young 9394 Pfund Sterling. Anfang der 80er Jahre wurden zwar offiziell

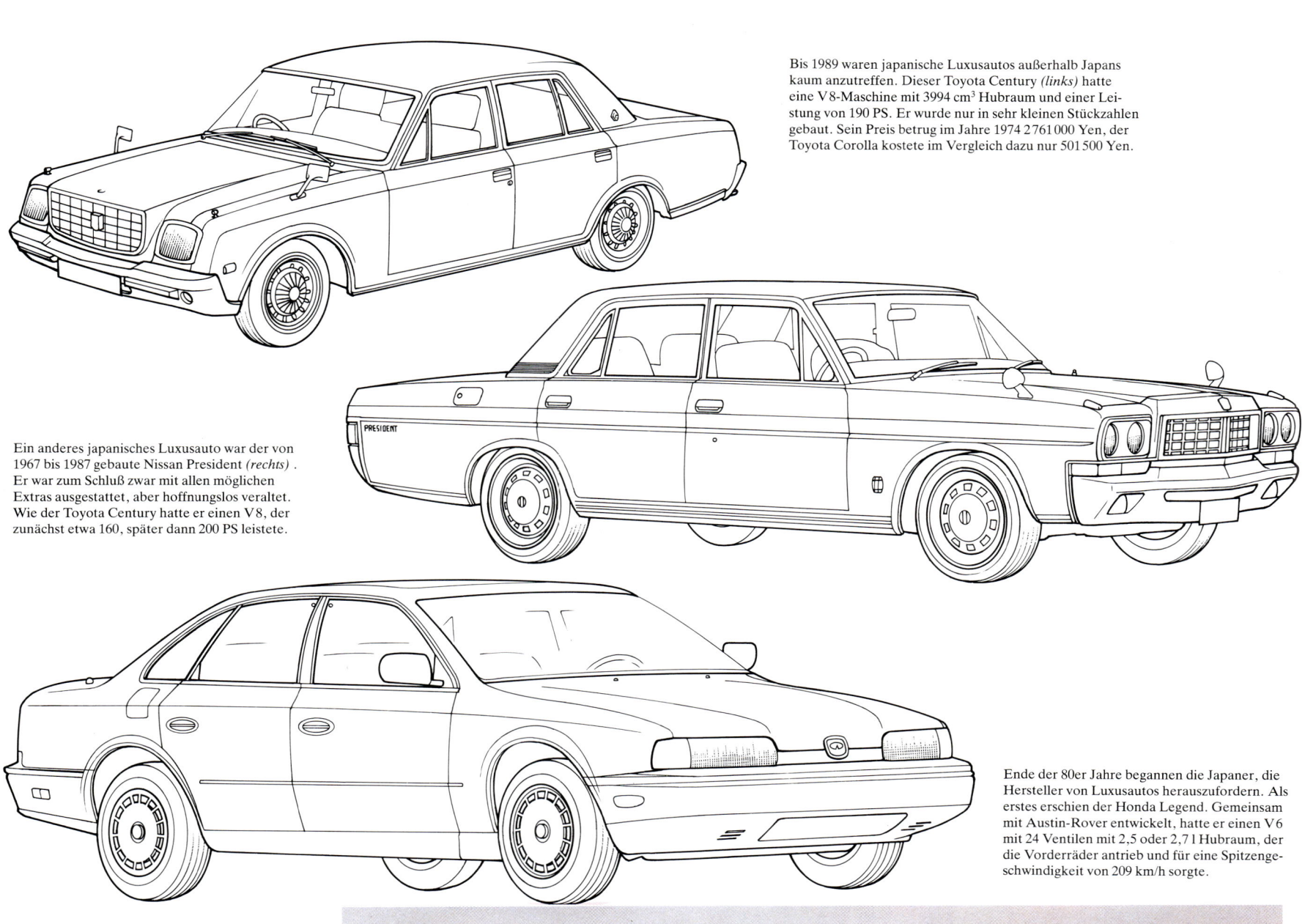

Bis 1989 waren japanische Luxusautos außerhalb Japans kaum anzutreffen. Dieser Toyota Century *(links)* hatte eine V8-Maschine mit 3994 cm³ Hubraum und einer Leistung von 190 PS. Er wurde nur in sehr kleinen Stückzahlen gebaut. Sein Preis betrug im Jahre 1974 2 761 000 Yen, der Toyota Corolla kostete im Vergleich dazu nur 501 500 Yen.

Ein anderes japanisches Luxusauto war der von 1967 bis 1987 gebaute Nissan President *(rechts)*. Er war zum Schluß zwar mit allen möglichen Extras ausgestattet, aber hoffnungslos veraltet. Wie der Toyota Century hatte er einen V8, der zunächst etwa 160, später dann 200 PS leistete.

Ende der 80er Jahre begannen die Japaner, die Hersteller von Luxusautos herauszufordern. Als erstes erschien der Honda Legend. Gemeinsam mit Austin-Rover entwickelt, hatte er einen V6 mit 24 Ventilen mit 2,5 oder 2,7 l Hubraum, der die Vorderräder antrieb und für eine Spitzengeschwindigkeit von 209 km/h sorgte.

Wenn der Legend auf den Markt der Spitzenmodelle von Ford oder der mittleren BMW abzielte, so erlebte das Jahr 1989 zwei Japaner, die es mit dem Besten aufnehmen wollten, das Jaguar, BMW und Mercedes zu bieten hatten: Nissan Infinity *(oben)* und Toyota Lexus *(rechts)*. Beide hatten V-Achtzylinder mit 32 Ventilen und vier obenliegenden Nockenwellen, die 284 beziehungsweise 250 PS leisteten und die Hinterräder antrieben. Der Infinity wurde für 1990 mit Allradlenkung und hydraulisch gesteuerter aktiver Aufhängung angeboten. Der Lexus verkaufte sich in den USA in den ersten drei Monaten besser als erwartet, so daß die Produktion im November 1989 von 4500 auf 5000 Exemplare im Monat erhöht wurde.

Wie der Rolls-Royce Phantom VI war der Mercedes-Benz 600 Pullman *(oben)* ein Überlebender aus den 60ern, der als Vier- oder, wie hier, als Sechstürer zu haben war. Eine Spitzengeschwindigkeit von 201 km/h war für einen so schweren Wagen, der 2,63 t wog, durchaus bemerkenswert. Einige wenige Exemplare wurden als Landaulet gebaut, darunter einer für Papst Paul VI. Zu den Politikern, die sich in einem 600 fahren ließen, gehörten Mao Tse-Tung, Idi Amin und Nicolae Ceausescu.
Die Daimler-Limousine *(rechts)*, die seit 1968 gebaut, aber Anfang der 90er Jahre aus der Produktion genommen werden soll, hatte eine Karosserie von Motor Panels, die bei Vanden Plas auf das verlängerte Chassis eines Jaguar 420G montiert wurde. Ein 4,2-Liter-Jaguarmotor verlieh ihr eine angesichts der Masse überraschende Leistung, die anders als beim Phantom VI von Scheibenbremsen gezügelt wurde. Die meisten Daimler waren schwarz lackiert, so daß dieses burgunderfarbene Exemplare durchaus ungewöhnlich ist.

keine Preise mehr genannt, doch die Limousine kostete mindestens 125000 Pfund, und in Landaulette-Form mit offenem Fahrersitz war unter 160000 Pfund nichts zu machen. 1988 wurde ein Preis von ungefähr 350000 Pfund angegeben, bei dem angeblich noch kein Gewinn gemacht wurde. Mit steigenden Preisen sanken die Fertigungszahlen.

In den neun Jahren von 1959 bis 1968 wurden 832 Phantom V hergestellt und den den folgenden 21 Jahren nur etwa 400 Stück. Ende der 80er Jahre entstanden jährlich nicht einmal fünf Fahrzeuge, und es ist nicht sehr wahrscheinlich, daß das Modell noch lange gebaut wird. An seine Stelle trat der verlängerte Silver Spur von RJD (Robert Jankel Design) beziehungsweise Hooper. Diese Fahrzeuge waren niedriger und weniger imposant als der Phantom VI und wurden von Rolls-Royce offiziell nicht anerkannt. Die Preise reichten von 195000 Pfund für den billigsten RJD über 275000 Pfund für die Grundausführung des Hooper bis zu über 400000 Pfund für die gepanzerte Hooper-Limousine mit Kevlar-Karosserie und ballistischem Vollschutz.

Daimler 420 G – für Hochzeiten und Beerdigungen

Eine praktischere Großlimousine mit einem Preisschild von 4 424 Pfund im Jahre 1970 und 45 000 Pfund im Jahre 1988 war der Daimler auf dem verlängerten Chassis des Jaguar 420 G mit Sechszylindermotor mit 4235 cm³ Hubraum und einer von Motor Panels gebauten Vanden-Plas-Karosserie. Mit Einzelradaufhängung und Scheibenbremsen für alle vier Räder war der Daimler technisch moderner als der Phantom VI und erfreute sich großer Beliebtheit als Mietwagen mit Chauffeur sowie im Bestattungsgewerbe, für das eine eigene Leichenwagenversion gebaut wurde. Bis heute wurden über 4200 Exemplare gebaut, und wenn die Produktion Anfang der 90er Jahre ausläuft, bedeutet das auch das traurige Ende für die Jaguar-XK-Maschine mit zwei Nockenwellen.

Mercedes 600 Pullman – Liebling der Ölscheichs

Ein weiterer Überlebender aus den 60er Jahren war der Mercedes-Benz 600, der in der Version mit langem Radstand auf 6,25 m Länge kam und mit 2630 kg fast so viel wog wie der Phantom VI. Er hatte eine pneumatische Aufhängung und eine 6,3-Liter-V8-Maschine mit 250 PS, die dem massigen Wagen eine Spitzengeschwindigkeit von 201 km/h verliehen. Anders als bei den meisten anderen siebensitzigen Großlimousinen saß man beim 600er auf den mittleren Sitzen mit dem Rücken zur Fahrtrichtung und genoß den gleichen Komfort wie auf den Rücksitzen. Der Pullman war nicht viel teurer als die kürzere 600er Limousine (165000 DM zu 144100 DM im Jahre 1979, dem letzten Jahr, aus

Der stattliche Dinosaurier Rolls-Royce Phantom VI *(oben)* wurde mit nur kleinen Änderungen und in immer geringeren Stückzahlen in den gesamten 70er und 80er Jahren gebaut. Trotz seines getrennten Chassis' gibt es ihn nur mit einem Aufbau als siebensitzige Großlimousine. Eine Landaulet-Version wurde angeboten, fand aber jetzt schon mehrere Jahre lang keinen Käufer. Der Bau der Karosserie erfordert 800 Arbeitsstunden, was erklärt, daß die Firma selbst bei einem Preis von 350000 Pfund Sterling mit dem Phantom keine Gewinne erzielt.

Coleman-Milne ist Europas größte Karosseriebaufirma für Stretch-Limousinen und bietet vier- und sechstürige Versionen des Ford Scorpio *(links)* und des Mercedes-Benz 300 an, deren Radstand um bis zu 90 cm verlängert ist.

dem offizielle Preisangaben vorliegen). Als der 600er 1981 vom Markt genommen wurde, waren von insgesamt 2677 Exemplaren 487 in der Pullman-Version (teils auch mit offenem Fahrersitz) hergestellt worden.

»Stretch«-Limousinen

An die Stelle echter Großlimousinen, deren Zahl im Verlauf der in diesem Buch behandelten 20 Jahre immer kleiner wurde, traten gestreckte Versionen normaler Limousinen. Der Marktführer in Großbritannien war auf diesem Gebiet die Firma Coleman-Milne, die ihren ersten verlängerten Ford Zephir im Jahre 1966 präsentierte. In den 80er Jahren reichte ihr Angebot an Umbauten von einer Limousinen-Version des Austin Montego bis zu einem verlängerten viertürigen Rover Sterling und vier- oder sechstürigen Ausführungen des Ford Scorpio und Mercedes-Benz 300 mit um 88 cm verlängertem Radstand. Die auf Ford-Basis gebauten Limousinen mit der passenden Bezeichnung Minster (Münster, Kathedrale) wurden unter anderem von den Erzbischöfen von Canterbury und York gekauft. 1989 reichte die Preispalette bis zu 40800 Pfund Sterling für den sechstürigen Grosvenor auf der Basis des Ford Scorpio.

Hauptsächlich seit 1980 sind viele weitere Firmen in das Umbaugeschäft eingestiegen. RJD arbeitet nicht nur mit Rolls-Royce, sondern baute auch den Le Marquis als sechstürige Version des Jaguar XJ6 und der S-Klasse von Mercedes-Benz. In Frankreich verlängerten Heuliez den Peugeot 604 und Lebrun den Renault 20, gleichzeitig boten einige Hersteller ihre eigenen, etwas bescheideneren Umbauten an. Der Renault 25 wies als Großlimousine einen 23 cm längeren Radstand auf als die Normalausführung, war luxuriös ausgestattet und kostete etwa 40000 Franc mehr. Er verkaufte sich jedoch nicht besonders gut und wurde 1986 eingestellt, nachdem etwa 800 Stück gebaut worden waren. In der Bundesrepublik boten A.B.C. eine sechstürige Version der Mercedes-S-Klasse, Trasco einen ähnlichen Umbau des Mercedes-Benz 190 und Treser den Largo auf der Grundlage des Audi 200 Quattro an. All diese Fahrzeuge wurden jedoch nur in sehr kleinen Stückzahlen hergestellt und kamen nie an die Jahresproduktion von dreihundert Exemplaren wie bei Coleman-Milne heran.

Amerika ist die eigentliche Heimat der Stretch-Limousine, die dort in den 80er Jahren in steigenden Stückzahlen gebaut wurde. Von einer Handvoll zu Beginn des Jahrzehnts stieg die Produktion auf 2500 im Jahre 1983 und 5000 im Jahre 1984 und hat sich seit diesem Zeitpunkt bei etwa 6000 Stück im Jahr eingependelt. Mindestens 20 amerikanische und kanadische Firmen versorgen diesen Markt, der zunächst größtenteils auf Hollywood und Florida beschränkt war, sich mittlerweile aber auf das Mietwagengewerbe in vielen Großstädten ausgedehnt hat.

Die traditionelle Stretch-Limousine basiert auf einem Cadillac oder Lincoln mit Heckantrieb, doch man verwendet auch zunehmend Wagen mit Frontantrieb, die den kostensparenden Vorteil bieten, daß die Kardanwelle nicht verlängert zu werden braucht. Cadillac und Chrysler führen eigene Großlimousinen im Programm, doch die meisten werden von Spezialfirmen wie American Custom Coach, Armbruster, Hess & Eisenhardt, Moloney und O'Gara gebaut. O'Gara liefert auch die Präsidentenlimousinen und hat sich auf gepanzerte Fahrzeuge spezialisiert.

Der Radstand wird um drei bis fünf Meter verlängert, wobei manche Exemplare dreiachsig sind und eine Länge von bis zu zwölf Metern erreichen. Das sind dann überwiegend Werbefahrzeuge wie etwa die Mickey-Mouse-»liMOUSEine« oder Phantasiefahrzeuge mit Mikrowellenherd und Swimmingpool; in New York kann man sechsrädrige Fahrzeuge allerdings auch bei einigen Firmen mieten. Die häufiger anzutreffenden vierrädrigen Versionen bieten im Fond Platz für fünf Personen und allen erdenklichen Luxus von der gut bestückten Bar über Tonbandgerät, Radio und Fernseher bis hin zum Telefon oder Telefax. All diesen Luxus kann man für wenig mehr als das Doppelte des Fahrpreises in einem normalen New Yorker Taxi mieten, und die wachsende Zahl von Kunden, die sich das leisten können, ist sicherlich mit ein Grund dafür, daß immer mehr solche Fahrzeuge gebaut werden.

Der 83er Cadillac mit der Karosserie von Moloney *(oben)* ist mit seinen dunklen Fenstern und der Abtrennung zwischen Fahrer- und Passagierraum ein typisches Beispiel für die amerikanische Stretch-Limousine. Sie ist zwar lang genug für sechs Türen, hat sie aber nur selten, weil das den Luxus des Passagierraumes mit gegenüberliegenden Sitzen, Bar, Fernseher und Telephon nicht vergrößern würde.

Die klassische Großlimousine hat auch in den kommunistischen Ländern ihren Markt. Das russische Flaggschiff, der SIL-4104 *(links)*, wurde mit wenigen Änderungen seit 1978 gebaut. Er hat einen 7,7-Liter-V8 und eine Aufhängung, wie sie in den 50ern üblich war. Dier hier abgebildete Limousine ist ein 4104-4; zusätzlich gab es den 4104-5, eine Version mit Faltdach.

Auch Kommunisten fahren Großlimousinen

Limousinen gedeihen auch in kommunistischen Ländern, wo beispielsweise der SIL in der Sowjetunion und der Hong-Ki in China einer kleinen Gruppe von Parteispitzen als fahrbare Untersätze zur Verfügung stehen. Wie der Phantom VI hat sich der SIL in den vergangenen zwanzig Jahren nur wenig verändert; er verfügt über eine große V8-Maschine mit hängenden Ventilen und Stößelstangen, ein separates Chassis und die typische Aufhängung der 50er Jahre mit Schraubenfedern und Querlenkern vorn und halbelliptischen Blattfedern hinten. Bis 1978 hatte der Motor einen Hubraum von 6982 cm³, der dann beim SIL-4104 auf 7695 cm³ und 315 PS gesteigert wurde. Der SIL-4104 erhielt zudem ein neues Gesicht mit großem rechteckigem Kühlergrill. Er wurde auch 1989 noch gebaut, und zwar als Limousine und als offene Version für Paraden und ähnliches.

Der chinesische Hong-Ki 770 mit seiner V8-Maschine mit 5655 cm³, dem zweistufigen Automatikgetriebe und der ähnlich überholten Aufhängung entsprach in etwa dem SIL. Wie der Phantom VI und im Unterschied zum scheibengebremsten SIL mußte er sich auf Trommelbremsen an allen vier Rädern verlassen, um aus seiner Höchstgeschwindigkeit von 169 km/h heruntergebremst zu werden. Die Produktion war nicht sehr umfangreich; wahrscheinlich wurden wie vom SIL auch nur 45 bis 50 Stück im Jahr gebaut.

Kapitel 3
DER SPORTWAGEN:
NIEDERGANG UND WIEDERAUFSTIEG

Wenn das Luxusauto durch die Ölkrise bedroht war, so gab es für diese Art von Fahrzeug doch zumindest die Ausrede, daß es Geschäftsleute bequem von einer wichtigen Konferenz zur nächsten transportierte, und in der Praxis sogar die Rechtfertigung, daß es zum Wirtschaftswachstum beitrug. Vom Sportwagen ließ sich das absolut nicht behaupten. Er diente im wesentlichen dem Spaß am Fahren und brauchte meist bedeutend mehr Sprit als die eher zweckdienlich ausgerichteten Fahrzeuge. Pessimisten sagten seinen Untergang voraus, und in der Tat verschwanden einige der bekannten Namen aus den 70er Jahren noch vor dem Ende des Jahrzehnts. Aber die Gattung Sportwagen erwies sich als außerordentlich überlebenstüchtig, und schon zehn Jahre danach stand sie wieder in voller Blüte vom erschwinglichen offenen Zweisitzer bis zu superteuren Technologieträgern mit Spitzengeschwindigkeiten von 320 km/h und darüber.

In vielen Ländern galten in den 70er Jahren bereits Geschwindigkeitsbeschränkungen. Es heißt zwar, daß derartige Einschränkungen für den Sportwagen tödlich sind, doch für dessen Niedergang in den 70ern spielten sie keine große Rolle. Schließlich waren die heißen Öfen mit Hecktür mindestens ebenso anfällig für Geschwindigkeitslimitierungen, und bei ihnen stiegen die Verkaufszahlen in dem Maße an, wie sie beim Sportwagen in den Keller fielen. Eine weitaus bedeutendere Rolle spielte der Leistungsverlust aufgrund der Immissionsschutzgesetze in den Vereinigten Staaten. Ein amerikanisierter MGB aus dem Jahr 1976 war nicht schneller als ein MGA von 1956, und die hochgezüchteten europäischen Sportwagen verschwanden fast völlig vom amerikanischen Markt.

Das war ein tödlicher Schlag, da die in Massen produzierten britischen Sportwagen vom amerikanischen Markt abhängig waren, wenn sie überleben wollten. Er traf all die beliebten Modelle wie MGB und Midget, Triumph Spitfire und TR7. Kleine Hersteller wie Ginetta in Großbritannien und Alpine in Frankreich konnten mit 1000 oder weniger verkauften Autos im Jahr leben, aber MG und Triumph mußten 50 Prozent ihrer jährlichen Produktion in den USA verkaufen, wenn weiterhin Gewinne gemacht werden sollten. Auch die allgemeine Firmenpolitik spielte speziell beim Untergang von MG eine gewichtige Rolle (siehe Kap.6).

Der MG Midget und sein Bruder Austin-Healey Sprite waren zu Beginn der 70er Jahre hoffnungslos veraltet. Die meisten Leute sahen für den offenen Sportwagen aufgrund der Energiekrise und des wachsenden Sicherheitsbewußtseins das Ende kommen. Doch mit so interessanten Fahrzeugen wie dem neuen Lotus Elan und dem Mazda Miata erlebte er zum Ende der 80er Jahre eine Art Wiedergeburt.

Frontantrieb und Wind in den Haaren

In den 70er Jahren erreichte der traditionelle Sportwagen beträchtliche Verkaufszahlen. Die meisten Modelle waren jedoch Konstruktionen aus den Sechzigern, die zwar verbessert, aber nie von Grund auf erneuert worden waren und durch Vernachlässigung seitens der Hersteller sowie finanzielle Aushungerung dahinschieden. In den späten 80ern allerdings erlebte die Gattung, nach der immer eine gewisse Nachfrage bestanden hat, einen bemerkenswerten Wiederaufschwung.

MG und Triumph – die Erzrivalen

1970 waren die meisten britischen Sportwagen bereits recht betagte Konstruktionen. Der MG Midget und sein Bruder Austin-Healey Sprite, dessen Fertigung nach 1970 eingestellt wurde, stammten aus dem Jahre 1961; sie hatten immer noch die 1098 cm³-Maschine mit hängenden Ventilen aus der A-Serie, inzwischen aber vorn Scheibenbremsen bekommen. Die Vorderräder waren traditionell an Schraubenfedern und Querlenkern aufgehängt, die Hinterräder an halbelliptischen Blattfedern. Der Triumph Spitfire, der große Rivale des Midget, verfügte über eine Einzelradaufhängung mit Schwingachse hinten, was den verstorbenen Michael Sedgwick zu der Bemerkung veranlaßte: Nur gut, daß man sich in scharf gefahrenen Kurven nicht selbst beobachten kann!

Zwei Überlebende aus den 60er Jahren, die sich auch im folgenden Jahrzehnt eines anhaltenden Erfolges erfreuten, waren der MG B GT *(links)* und der Triumph TR 6 (links unten). Der MG B ist eigentlich ein Wagen der 70er, weil er den Rover-V 8 mit 3528 cm³ hatte, der ihn mit 201 km/h zum schnellsten MG aller Zeiten machte. Obwohl er ein ausgezeichnetes Auto war, wurden wegen des hohen Preises nur 2591 Stück verkauft, und zwar alles Coupés. Die wenigen Roadster, die heute anzutreffen sind, sind sämtlich Umbauten. Der Triumph TR 6 war ein echter Sportwagen des Typs, mit dem die britische Autoindustrie so viel Geld verdient hat, und hätte in den 70er und 80er Jahren konsequent weiterentwickelt werden sollen. Über die Hälfte der 94619 TR 6 wurde in den USA verkauft, wo der Wagen einen 105-PS-Vergasermotor anstelle des 150-PS-Einspritzers für den europäischen Markt hatte.

Ab 1974 bekam der Midget die 1500er Maschine des Spitfire, mit der er zum ersten Mal eine Höchstgeschwindigkeit von 160 km/h erreichte. Leider erhielt er gleichzeitig auch die häßlichen schwarzen Kunststoff-Stoßfänger (aufgrund der US-Sicherheitsbestimmungen), wurde 90 kg schwerer und zeigte stärkere Schlingereigenschaften als seine Vorgänger. Midget und Spitfire taten ihre Pflicht noch bis zum Ende des Jahrzehnt, bekamen aber keinerlei Entwicklungsgelder mehr und wurden schließlich aus dem Programm genommen, der Midget im Herbst 1979 und der Spitfire 1980.

MGB und MGC

Rivalen waren MG und Triumph auch bei den größeren Sportwagen, obgleich beide Marken zum British-Leyland-Imperium gehörten. Der MGB war ein weiterer Wagen aus den 60ern, bei dem nur minimale Änderungen vorgenommen wurden, weil es an Geld fehlte. Als Antrieb blieb der 1798 cm³-Vierzylinder mit hängenden Ventilen erhalten, der allerdings wegen strengerer Immissionsschutzgesetze kontinuierlich an Kraft verlor. Die äußere Erscheinung litt unter den schwarzen Kunststoff-Stoßfängern und der größeren Bodenfreiheit, die ab 1974 durch die US-Vorschriften erzwungen wurden.

Der von einem Austin-Healey-Motor angetriebene MGC schaffte es nicht bis in die 70er Jahre; er wurde 1969 aufgegeben. Eine attraktivere Variante war der MGB GT V 8, der die Rover-Maschine mit 3528 cm³ hatte. Mit einer Höchstgeschwindigkeit von 201 km/h war er der schnellste MG aller Zeiten. Es gab ihn nur als GT Coupé, wobei allerdings ein paar Exemplare zu offenen Zweisitzern umgebaut wurden. In Amerika wurde er nicht verkauft, obwohl die auf einem Buick-Motor basierende Maschine problemlos auf die US-Spezifikationen hätte umgerüstet werden können, und acht Wagen dort auch getestet wurden.

Möglicherweise machte ihn die Tatsache, daß er mit dem Triumph Stag einen anderen V8 von British Leyland ausstach, beim Management, das bekantermaßen Triumph bevorzugte, unbeliebt. Von 1973 bis 1976 wurden nur 2591 Exemplare gebaut. Der MGB mit Vierzylinder hielt sich bis 1980 und war das letzte Modell, das das Werk in Abingdon verließ.

Triumph TR6 und TR7

Triumph läutete die Dekade mit dem TR6 ein, wie der MG ein klassischer Sportwagen mit 2498 cm³-Motor mit obenliegender Nockenwelle, der zu Beginn des Jahrzehnts als Einspritzer 150 PS leistete, später auf 124 PS gedrosselt wurde und in der US-Ausführung mit Vergaser nie mehr als 105 PS erreichte. Der TR6 hatte eine straffe Rundum-Einzelradaufhängung und kam in der Europa-Ausführung auf eine Höchstgeschwindigkeit von gut 190 km/h.

Er mußte 1975/76 dem neuen und umstrittenen TR7 weichen, mit dem er sich in der Produktion allerdings etwas überschnitt, da der TR6 in Coventry und der TR7 in Speke bei Liverpool hergestellt wurde. Der TR7 hatte eine kleinere Maschine, einen schräg eingebauten Vierzylinder mit obenliegender Nockenwelle und 1998 cm³, der auch im Dolomite Sprint Verwendung fand. Als weicheres Fahrzeug, das zunächst nur als Hardtop-Coupé geplant war, später aber auch in offener Form zu haben war, unterschied er sich beträchtlich von seinem Vorgänger.

Einer der umstrittensten britischen Sportwagen war der Triumph TR7, dessen Keilform nur wenige Freunde fand und dessen Zweiliter-Vierzylinder nicht genügend Leistung entwickelte. Der angekündigte Sechzehnventiler hätte die Dinge verbessert, kam aber nie auf den Markt, und der TR8 mit V-Achtzylinder von Rover erschien zu spät. Trotzdem wurden zwischen 1975 und 1981 vom TR7 112368 Einheiten verkauft, mehr als von jedem anderen Triumph-Sportwagen. Als offenen Roadster gab es ihn erst ab 1979.
Abgebildet ist hier ein 77er Coupé mit V8 für das Werks-Rallyeteam. Der TR7 mit V8 erschien drei Jahre früher als der TR8 mit serienmäßigem V-Achtzylinder.

Das Styling, das vom Austin-Morris-Studio in Longbridge stammte, wurde mit den Bezeichnungen keilförmig, gedrungen oder auch untersetzt belegt. Es fanden sich nur wenige Bewunderer. Die Produktion des TR7 war von Arbeitskämpfen überschattet, die zu einer zweimaligen Verlegung der Produktion von Speke nach Coventry und von dort nach Solihull führten. Obwohl der TR7 angesichts der für einen Zweiliter-Sportwagen nicht gerade berauschenden Höchstgeschwindigkeit von 175 km/h in den USA nur mäßig ankam, verkaufte er sich mit 112368 Stück zwischen 1975 und 1981 besser als jeder vorhergehende Sportwagen von Triumph.

Zu den klassischsten britischen Sportwagen, die sich in den 20 Jahren nur wenig veränderten, gehörte der Morgan Plus 8 *(oben)*. Er hatte zwar ein ausgezeichnetes spezifisches Leistungsgewicht, aber seine Spitzengeschwindigkeit litt unter der Aerodynamik. Ein Großteil seiner Anziehungskraft ginge allerdings verloren, wenn er eine stromlinienförmige Karosserie erhielte. Der Morgan hatte einen Rover-V8 mit bis zu 190 PS.

1980 machte British Leyland mit dem 3528 cm³-Rover-Achtzylinder aus dem TR7 den TR8, einen besseren Wagen mit 193 km/h Höchstgeschwindigkeit, der aber zu spät kam. Die Führung von BL verlor das Interesse an Sportwagen, und die Produktion des TR8 wurde 1981 eingestellt, nachdem 2722 Fahrzeuge gebaut worden waren, die fast alle nach Amerika gegangen waren.

Morgan Plus Eight

Der Rover-Achtzylinder fand auch im Morgan Verwendung, der eine Klasse für sich darstellte. Abgesehen von seinen Antriebsaggregaten war er ein Relikt aus den 30er Jahren mit Gleitsäulen-Vorderradaufhängung, Holzrahmenkarosserie und Z-Chassis. Motorjournalisten mögen sich vielleicht über das fürchterlich harte Fahrwerk und den engen Innenraum beklagen, doch die Jahresproduktion von 500 Stück ist nach wie vor auf mehrere Jahre ausverkauft.

Außer dem Plus Eight, der mit der 190-PS-Maschine des Rover Vitesse 196 km/h erreicht, gab und gibt es den Morgan mit 1600er Fordmotor, 1600er Fiatmotor mit zwei Nockenwellen und – seit kurzem – dem Zweiliter-Sechzehnventiler des Austin Rover.

Eine andere Firma, die an ihren Produkten nur wenig veränderte, weil sie sich gut verkaufen, ist Caterham. 1973 übernahm sie die Herstellung des Lotus Seven, eines offenen Zweisitzers, der hinsichtlich Komfort noch weniger bot als der Morgan. In der Zeitschrift *Autocar & Motor* etwas ungalant als Wagen für Leute, die glauben, Autofahren müsse Leiden bedeuten, beschrieben, hat der Caterham Seven überall auf der Welt begeisterte Anhänger. Recht genaue Imitationen sind der als Bausatz gelieferte Westfield aus Großbritannien, der französische Martin, der Donkervoort aus den Niederlanden und der in Südafrika gebaute Status Seven.

Der Erfolg von Morgan und Caterham führte dazu, daß andere Firmen in den Markt mit Nostalgie-Autos einstiegen. Bis auf den Panther und den Naylor handelte es sich dabei überwiegend um Bausatzfahrzeuge. Bob Jankels erster Panther war der J72, ein Nachbau des SS100 aus der Vorkriegszeit mit modernen Sechs- oder Zwölfzylindern von Jaguar. 1976 kam der billigere Lima hinzu, ein offener Zweisitzer in Morgangröße auf der Bodengruppe und mit dem Getriebe und dem 2279 cm³-Motor des Vauxhall Magnum. Er war ganz im Styling der 30er Jahre gehalten, ohne jedoch einem bestimmten Wagen nachempfunden zu sein. Viele Morgan-Käufer konnte der Lima nicht zu sich herüberziehen; er galt bei ihnen als Nachahmung eines Kunstwerks. Doch unter den Käufern, die sich für das Styling der Vorkriegszeit begeisterten, auf die Mechanik der Vorkriegszeit aber gern verzichteten, fand er seine Abnehmer.

Jankel verkaufte 897 Exemplare, bevor er aufgrund einer zu weitgehenden Expansion aufgeben mußte. Gerettet wurde die Firma von der Familie Kim aus Korea, die den Lima unter der Bezeichnung Kallista wieder in Produktion gehen ließ, jetzt mit Ford-XR3- oder Granada-V6-Maschine. Er bietet mit Kurbelfenstern und Heizung mehr Komfort als der Morgan, fährt sich aber sehr hart. Seit 1982 erreichte die Kallista-Jahresproduktion über 800 Fahrzeuge, wobei allerdings 1988 nur 229 Stück gebaut wurden.

Der Naylor war schon eher ein direkter Nachbau und unterschied sich

Während der Morgan ein direkter Nachkomme älterer Konstruktionen war, boten andere Hersteller Nostalgie mit Nachbauten, die eine vergangene Ära mit Komponenten auf dem Stand der Technik vereinten. Der erste in Großbritannien war der Panther J 72 von Bob Jankel *(rechts)* aus dem Jahre 1972. Er lehnte sich an den SS 100 an, war aber keine exakte Kopie. Es gab ihn mit Sechs- und mit Zwölfzylindermotor. Ein genauerer Nachbau war der Healey 3500 Mark IV *(unten)* mit V8 von Rover. Seine Spitzengeschwindigkeit betrug 225 km/h, gut 30 km/h mehr als beim 3000, auf dem er basierte. Zur modernen Ausstattung gehörten rundum Scheibenbremsen, Fünfganggetriebe, Einzelradaufhängung und elektrisch betätigte Fensterheber.

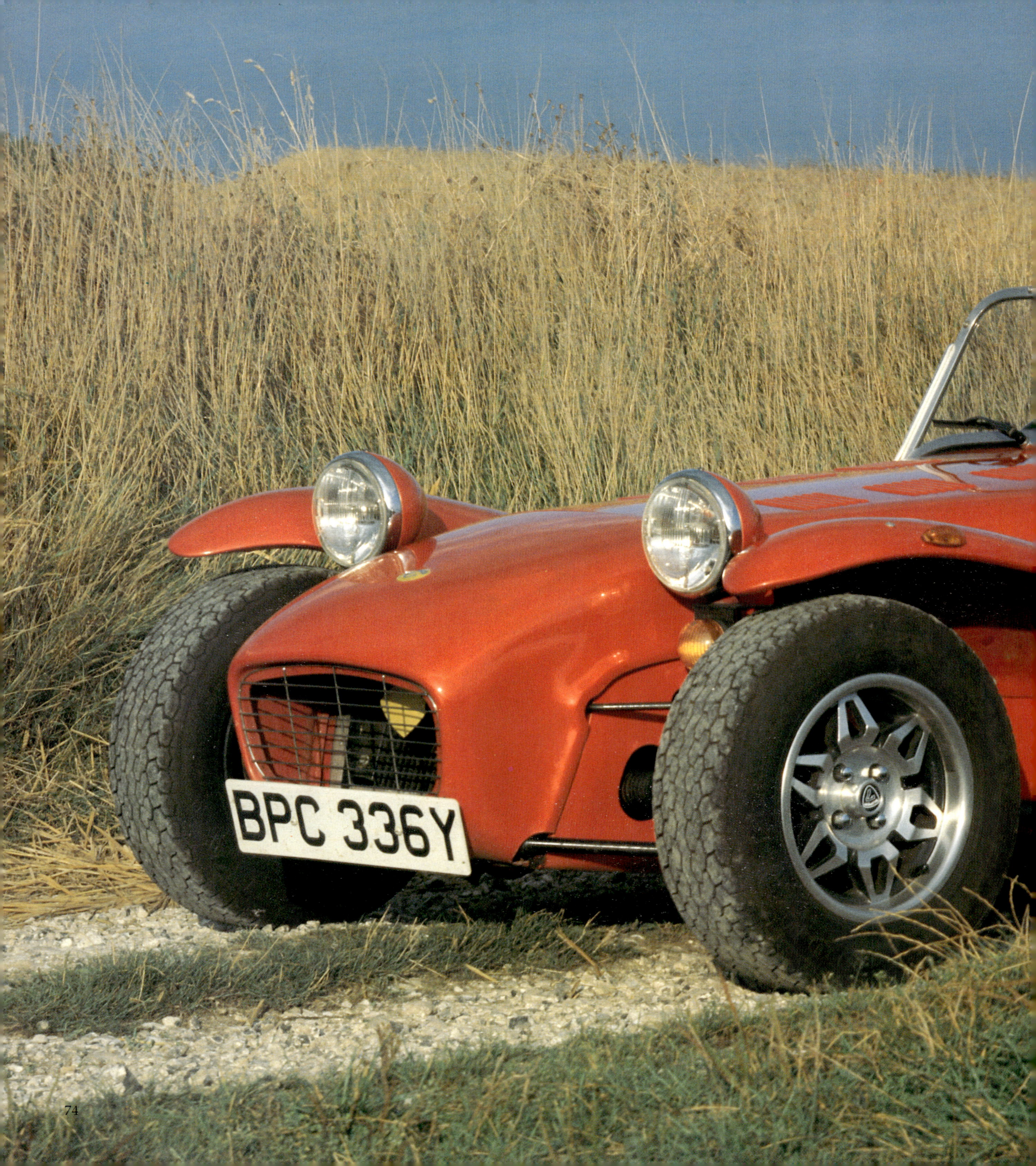
BPC 336Y

Auch der Caterham Super Seven war eine dieser älteren Konstruktionen, die blühten und gediehen. Es gab ihn mit verschiedenen Ford-Motoren bis hin zum 170 PS starken Cosworth BDA. Die Käufer, die sich für diesen Motor entschieden, mußten einen Fahrkursus für Hochleistungsfahrzeuge absolvieren, bevor ihnen das Fahrzeug übergeben wurde.

Der Alfa Romeo Veloce, der zu den langlebigsten Sportwagen zählt, hatte eine Form, die auf das Jahr 1966 zurückging. Er wurde zu jener Zeit von einem Motor mit 1290 oder 1570 cm³ Hubraum angetrieben und erhielt 1970 sein gegenwärtiges Aggregat mit 1962 cm³, einen Vierzylinder mit zwei Nockenwellen wie bei seinen Vorgängern. Äußerlich veränderte er sich kaum.

äußerlich fast nicht vom MG TF. Er hatte eine 1700er Austin-Rover-Maschine aus der O-Serie, hinten Schraubenfedern statt der Blattfedern und vorn Scheibenbremsen. Die von MG-Restaurator Alastair Naylor stammende Konstruktion wurde später von der Hutson Motor Co. übernommen.

Alfa Romeo Spider und Fiat 124 Spyder

Der klassische offene Sportwagen gedieh auch in Italien, wo zwei Überlebende aus den 60er Jahren, der Alfa Romeo Spider Veloce und der Fiat 124 Spyder, ihre britischen Konkurrenten überdauerten – der Alfa wurde auch 1989 noch gebaut, der Fiat zwei Jahre davor aus der Produktion genommen. Beide hatten Motoren mit zwei obenliegenden Nockenwellen und Fünfganggetriebe und waren von Pininfarina geschneidert worden. Anders als die britischen Fahrzeuge, die unter firmeninternen Auseinandersetzungen litten, durften der Alfa und der Fiat auf dem Markt bleiben, solange sie sich finanziell lohnten und bis sie ihre Entwicklungskosten längst wieder hereingeholt hatten wie beim Mini in Großbritannien. Als bei Fiat kein Platz mehr für den 124 war, wurde die Produktion an Pininfarina übergeben, wo der Wagen als eigene Marke weitergebaut wurde. Dasselbe geschah mit Bertone und dem X1/9 mit Mittelmotor.

Der offene Sportwagen stirbt aus

Anfang der 80er Jahre schien sich der einfache offene Zweisitzer dem Aussterben zu nähern: Die überlebenden Italiener hatten eindeutig nur noch eine begrenzte Lebensspanne, und Wagen wie der Morgan und der Panther waren Außenseiter und wurden nur in kleinen Stückzahlen hergestellt.

Es hieß, daß einerseits die heißen Öfen mit Hecktür und andererseits die technisch anspruchsvolleren Mittelmotorautos wie Fiat X1/9 und Toyota MR2 der Klasse um den MG Midget des Garaus gemacht habe. Doch eine gewisse Nachfrage bestand nach wie vor, und diese Nachfrage wurde in Großbritannien zu einem gewissen Grad durch Bausatzautos befriedigt. Zwar nicht alle, aber doch die meisten Bausatzautos waren Sportwagen, und nirgendwo gab es so viele Anbieter wie in Großbritannien.

Bausätze für den Fan

Die Bausatzbewegung hatte gewisse Ähnlichkeit mit den Kleinstwagen aus der Zeit vor dem Ersten Weltkrieg. Von der klassischen Motorpresse größtenteils ignoriert, wurden (und werden) Bausatzfans von Spezialzeitschriften versorgt, die mit glühender Begeisterung über einen Randbereich der automobilen Welt berichten. 1985 wurden nicht mehr als 3000 Bausätze produziert, und dabei gab es allein in Großbritannien erstaunliche 150 Hersteller auf dem Markt.

Die Idee, die hinter dem Bausatzauto steckt, hat insofern etwas für sich, als sie es ermöglicht, Motoren und Getriebe, die noch eine jahrelange Lebenserwartung haben, wiederzuverwenden, wenn die ursprüngliche Karosserie schon längst dem Rostfraß anheim gefallen ist.

Das Design richtet sich im wesentlichen an zwei Themen aus, nämlich Nachbauten klassischer Konstruktionen wie Cobra, Ford GT40, Ferrari GTO und Lamborghini Countach (wobei Ferrari rechtliche Schritte gegen Nachbauten eingeleitet hat) und individuellere Konstruktionen wie Burlington, Marlin,

NG, Moss, Pilgrim und Pike, die entfernt mit Wagen aus den 30er Jahren verwandt sind. Zu den erfolgreichsten Bausätzen gehören einfache offene Zweisitzer wie der Caterham (der auch fertig montiert zu haben ist), der Westfield und der Dutton Phaeton.

Die beliebtesten Ausgangsfahrzeuge (von denen die mechanischen Bauteile stammen) sind Ford Escort und Cortina, Mini, Triumph Herald und Vitesse und der VW Käfer; Jaguar-Modelle bilden die Grundlage für einige der teureren Bausätze wie Kougar, Ram und Ronart.

Bausätze eignen sich hervorragend für den begeisterten Autobastler mit dem nötigen Geschick und der entsprechenden Zeit. Für alle, denen es an dem einem oder dem anderen fehlt, sproß eine Reihe von Firmen aus dem Boden, die den Zusammenbau ganz oder teilweise übernahmen. Trotzdem blieb eine gewisse Nachfrage nach fertigen kleinen Sportwagen bestehen. Die Firma Reliant brachte in dem Versuch, diese Nachfrage zu befriedigen, ihren Scimitar SS-1 heraus, einen offenen, wahlweise auch mit Hardtop erhältlichen Zweisitzer mit 1300er und 1600er Fordmaschine mit 69 oder 96 PS. Das Styling der Glasfaserkarosserie stammte von Michelotti und wurde von jemandem, dem es nicht gefiel, als umstritten bezeichnet; dem Verfasser erschien es jedoch immer als erfrischend anders.

Dem SS-1 war kein großer Erfolg beschieden, und zwar wegen der für einen Sportwagen unzureichenden Leistung (auch mit der großen Maschine nur 179 km/h Spitze und Beschleunigung von Null auf 100 km/h in 10,3 Sekunden). Außerdem war er nicht ausreichend gegen Spritzwasser abgedichtet. 1986 verbesserte sich die Fahrleistung mit einer 1800er Nissan-Maschine mit Turbolader auf 206 km/h Spitze und 6,8 Sekunden von Null auf 100 km/h, doch durchgesetzt hat sich der SS-1 immer noch nicht richtig. 1988 wurden nur 206 Exemplare gebaut, weniger als vom Aston Martin und Panther. Für 1989 wurde die Karosserie völlig überarbeitet.

Bausatzautos erlebten in den 20 Jahren zwischen 1970 und 1990 eine Blütezeit wie nie zuvor. Hier eines der bekannteren, ein 83er NG TD 2+2, der von einem MG B-Motor angetrieben wurde, wobei notfalls auch ein Rover-V 8 im Motorraum Platz fand.

Das Ende der 80er Jahre erlebte die Wiedergeburt des preislich erschwinglichen offenen Zweisitzers wie Lotus Elan *(links)* und Mazda MX-5 Miata *(links unten)*. Die Maschinen der beiden waren mit 1588 und 1597 cm³ fast gleich groß. Beide hatten zwei obenliegenden Nockenwellen und 16 Ventile. Doch der Isuzu-Motor des frontgetriebenen Elan hatte zusätzlich Turbolader und Ladeluftkühler und kam auf 165 PS im Vergleich zu den 116 PS des Mazda. Dazu kam seine hervorragende Straßenlage. »Verkaufen Sie Ihre Großmutter und den Rest der Familie, Ihren Hund, Ihre Katze und was sonst noch verfügbar ist und holen Sie sich den neuen Elan«, schwärmte die Zeitschrift Autocar & Motor. Der schlichtere Miata war für den US-Markt bestimmt, wo er weniger als die Hälfte des Elan kostete.

Der neue Lotus Elan

Im Jahre 1989 zeigten drei größere Hersteller genügend Vertrauen in den preislich erschwinglichen Sportwagen, um nagelneue Modelle auf den Markt zu bringen: Lotus, Mazda und Ford; letzterer setzte dabei auf den in Australien entwickelten Capri. Für Lotus war diese Sparte kein unbekanntes Terrain mehr, nachdem die Firma von 1962 bis 1973 schon den überaus erfolgreichen Elan im Programm gehabt hatte, nach vielfach geäußerter Ansicht ein Wagen, der von der Straßenlage her zu den besten Autos aller Zeiten gehörte. Das neue Modell, das ebenfalls die Bezeichnung Elan erhielt, hatte einen Isuzu-Einspritzer mit 1,6 l Hubraum und zwei obenliegenden Nockenwellen, der 135 PS brachte; eine stärkere Turboversion sollte folgen. Für Lotus war der Wagen insofern etwas Neues, als er Vorderradantrieb hatte und die 135 PS mit Hilfe einer patentierten interaktiven Querlenkeraufhängung auf der Straße gehalten wurden.

Die Karosserie aus Glasfaser wie beim ersten Elan war genau das, was man von einem verbesserten Elan erwarten konnte, nämlich einfach und zweckdienlich, ohne jede Platzvergeudung; die Überhänge vorn und hinten gerieten kleiner als beim Vorgänger. Mit einer Spitzengeschwindigkeit von 209 km/h war der Elan ein ernstzunehmender Herausforderer im Feld, der sein Potential sicher in den 90er Jahren zeigen wird.

Ford Capri – in Australien gebaut

Wie Lotus ließ auch Ford einen alten Namen – Capri – wiederauferstehen und ging zu Vorderradantrieb und einem von japanischen Autos abgeleiteten Antriebsstrang über. Der im australischen Ford-Werk – wo der Mazda 323 unter der Bezeichnung Laser gefertigt wird – entwickelte Capri hatte den Motor, das Getriebe und die Bodengruppe des Mazda 323 in Verbindung mit einem einfachen 2+2-Aufbau von Ghia (einer Ford-Tochter) mit einklappbaren Scheinwerfern; das Design des Innenraums stammte von Italdesign. Die Mazda-Maschine wird für den Capri in zwei Versionen angeboten, mit einer und mit zwei obenliegenden Nockenwellen. Wenn zu der letzteren Version noch ein Turbolader kommt, dürfte der Wagen von der Leistung her dem Lotus ebenbürtig sein.

Mazda MX 5 und BMW Z 1

Zwei weitere Teilnehmer im Feld der Zweisitzer, der Mazda MX5 und der teurere BMW Z1, verfügen über einen Hinterradantrieb, eine Konzeption, von der man annimmt, daß sie die Motorleistung eines Sportwagens wirkungsvoller auf die Straße bringt. Nicht daß der Mazda besonders leistungsstark wäre: Er besitzt die turbolose Serienmaschine des 323 mit zwei obenliegenden Nockenwellen und 116 PS. Der Aufbau ist ein Stahl-Monocoque (Schalenbauweise), und obwohl das Design als Rückbesinnung auf das Wesentliche gilt, bedeuten die Anforderungen des amerikanischen Marktes, daß er über elektrische Fensterheber, Klimaanlage, Tempomat und Servolenkung verfügt. Die Strafe dafür ist eine Spitzengeschwindigkeit von nur 188 km/h, 21 km/h weniger als beim Lotus. Das Fahrverhalten, bei einem Fahrzeug dieses Typs wichtiger als die reine Geschwindigkeit, ist jedoch ausgezeichnet, und der Preis liegt mit 13 000 Dollar bemerkenswert niedrig. Der Lotus sollte in Großbritannien 17 000 Pfund kosten und dürfte unter Berücksichtigung des Transports in den USA bei über 30 000 Dollar liegen.

Der andere Newcomer der späten 80er Jahre, der BMW Z1, gehört in eine andere Klasse, und zwar sowohl von der Leistung als auch vom Preis her. Der von der Zeitschrift *Autocar & Motor* als radikalste Neuerung der neueren Zeit im Sportwagenbereich bezeichnete Wagen hat den Sechszylindereinspritzer mit 2494 cm³ und das Fünfganggetriebe des 325i, ist aber ansonsten völlig neu. Das Chassis ist ein Stahlmonocoque mit einer Bodengruppe auf Verbundwerkstoffen in Sandwich-Bauweise, und der Aufbau besteht aus Glasfaserteilen, die innerhalb von 30 Minuten ausgewechselt werden können.

Am unkonventionellsten sind die Türen. Statt sich normal zu öffnen, lassen sie sich elektrisch zwischen Türschweller und Außenhaut versenken. Die Spitzengeschwindigkeit des Z1 liegt bei knapp 220 km/h, also nicht viel höher als beim 325i Kabrio, aber das Fahrverhalten ist exzellent und verhilft dem Wagen auf kurvigen Straßen zu einer unschlagbaren Leistung.

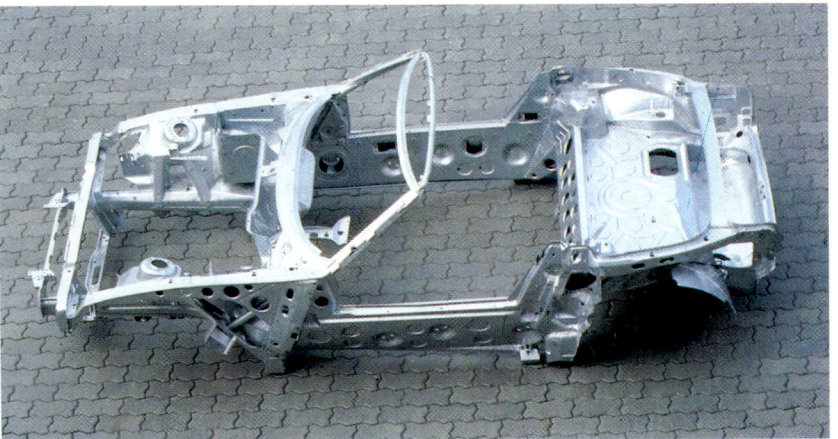

Der 1989 auf den Markt gebrachte BMW Z1 wurde als »Resultat des radikalsten Umdenkens der letzten Zeit auf dem Gebiet des Sportwagens« beschrieben. Angetrieben wurde die Entwicklung der BMW Technik GmbH von dem 2,5-Liter-Einspritzer mit 170 PS aus dem 325i. Die Karosserie bestand ganz aus Glasfaserteilen, die sich in 30 Minuten austauschen ließen. Die Türen ließen sich mittels Elektromotor und Zahnriemen zwischen Türschwellern und Außenverkleidung versenken. Die Spitzengeschwindigkeit betrug 219 km/h.

Sportwagen mit Dach

Der offene Sportwagen hat zwar eine loyale Gefolgschaft, wird aber zahlenmäßig von geschlossenen Modellen, den etwas lax so genannten GT-Coupés, weit übertroffen. Diese gibt es seit den 30er Jahren, als französische Wagen wie Delahaye und der Talbot Lago hübsche, wenn auch manchmal katastrophal enge zweisitzige Coupé-Aufbauten präsentierten. In den 60er Jahren fanden sich viele Beispiele für diesen Typ, darunter Jaguar E, Ferrari GTB und Daytona, Lotus Elan +2 und verschiedene Maseratis. Ein Teil davon wie etwa Jaguar E und Lotus Elan schafften den Sprung in die 70er Jahre; doch das Auto, das in größeren Stückzahlen produziert wurde und ein breiteres Publikum als je zuvor mit dem GT-Fahren bekannt machte, waren der Datsun 240Z und seine Nachfolger.

Datsun 240 Z – der erste echte Sportwagen aus Japan

Im Jahre 1969 vorgestellt, war der 240Z ein konventionelles Fahrzeug mit Sechszylinder-Frontmotor mit obenliegender Nockenwelle und 2393 cm³, Fünfganggetriebe und Rundum-Einzelradaufhängung. Ungewöhnlich für ein japanisches Auto aus dieser Zeit hatte er eine Zahnstangenlenkung. Das Bemerkenswerte am 240Z war die Tatsache, daß er als erster Japaner speziell auf einen ausländischen Markt abzielte, in diesem Fall die USA.

Der Datsun-Leitung war aufgefallen, wie gut sich in den Vereinigten Staaten der Austin-Healey verkaufte, dessen Produktion jedoch 1968 eingestellt wurde, weil die US-Sicherheitsvorschriften und Immissionsschutzbestimmungen nicht einzuhalten waren. Beim Abgas wäre es, wenn auch mit Leistungsverlust, noch zu machen gewesen, doch um die Sicherheitsbestimmungen hinsichtlich Größe und Höhe der Stoßfänger, Höhe der Scheinwerfer und so weiter zu erfüllen, hätte der Healey radikal umgestaltet werden müssen, und das ließ sich für eine so alte Konstruktion nicht rechtfertigen. Datsun beschloß, die dadurch entstandene Lücke mit einem Wagen zu schließen, gegen den die Bürokratie in Washington keine Einwände erheben konnte.

Der 240Z erzielte auf dem US-Markt immense Verkaufserfolge – weit mehr als der alte Healey. Um die Immissionsschutzbestimmungen zu erfüllen, wurde beim 260Z (1973–1978) der Hubraum auf 2565 cm³ vergrößert. Die Tatsache, daß die Leistung von 170 PS auf 126 PS reduziert wurde, tat dem Verkauf keinen Abbruch. Bis 1978 wurden von 240Z und 260Z zusammen 622 649 Exemplare verkauft, mehr als von jedem anderen Sportwagen. Ihr Nachfolger, der größere und schwerere 280ZX, trug mit 70 000 Stück pro Jahr bis 1983 weitere 414 358 verkaufte Exemplare auf dem amerikanischen Markt bei.

Nach ihm kam der 300ZX, beträchtlich umgestaltet, mit einer V6-Maschine mit 2960 cm³ und 168 PS oder 225 PS mit Turbolader. Dieser wiederum machte im Frühjahr 1989 einem neuen 300ZX Platz, dessen V6-Maschine mit vier obenliegenden Nockenwellen, 24 Ventilen und zwei Turboladern 300 PS leistete. Ein weiteres Charakteristikum dieses Abkömmlings des guten alten 240Z war die Allradlenkung.

Der Erfolg des 240Z rief unweigerlich die Konkurrenz auf den Plan, und zwar speziell die japanische. Als erstes kam Mazda, die einzige Firma, die einen wirtschaftlichen Erfolg aus dem Wankel-Kreiskolbenmotor gemacht hat. Ihr erster Sportwagen war der 110S, ein gutaussehender Zweisitzer mit Hardtop,

Der erfolgreichste Sportwagen der 70er Jahre war der Datsun 240Z *(oben)*, eine robuste und einfache Konstruktion, die auf dem US-Markt die Lücke füllen sollte, die der Austin-Healey aufgrund von Immissionsschutzbestimmungen und Sicherheitsvorschriften zwangsweise hinterlassen hatte. Von 1969 an verkaufte Datsun vom 240Z und seinem Nachfolger 260Z in zehn Jahren 622 649 Stück. Wegen der zunehmend schärferen Immissionsschutzbestimmungen wurde der Hubraum vergrößert und die Leistung verringert: Während der 240Z mit 2,4 l Hubraum 170 PS leistete, kam der 260Z mit 2,6 Litern nur noch auf 124 PS.

Die 89er Version, jetzt unter der Bezeichnung Nissan, gab es in drei Ausführungen, nämlich als 180SX mit 1,8-Liter-Motor (nur für den japanischen Markt), als 200SX mit Zweilitermaschine *(links)* und als 300SX mit 3-Liter-V6 mit 300 PS und Allradlenkung. Der 200SX hatte einen bemerkenswerten Wert: Er kostete nur etwa halb so viel wie der Porsche 944, war aber mit einer Spitzengeschwindigkeit von 225 km/h leistungsmäßig mit diesem vergleichbar.

dessen Zweikolbenmotor ihm eine Spitzengeschwindigkeit von 186 km/h verlieh. Der von 1967 bis 1972 gebaute Wagen diente eigentlich nur als fahrbarer Erprobungsstand für den Wankelmotor, der später in den Limousinen Verwendung finden sollte. Trotzdem kam er auf 1176 verkaufte Exemplare und erhielt von William Boddy, dem Herausgeber der Zeitschrift *Motor Sport*, den Ehrentitel eines Lotus Elan aus Japan.

Mazda RX7

Im Jahr 1978 brachte Mazda den RX7 heraus, mit Wankelmotor, ansonsten aber in konventioneller Technik mit Hinterradantrieb. Er bezog aus 115 PS eine Spitzengeschwindigkeit von fast 195 km/h, die Maschine machte problemlos 7000 U/min. Damit kein teurer Motorschaden auftrat, ertönte bei 6800 U/min ein Summton. Wer noch mehr Kraft wollte, konnte sich bei verschiedenen Firmen Turbolader einbauen lassen, mit denen die Leistung auf bis zu 200 PS bei einer Spitzengeschwindigkeit von 233 km/h stieg.

Wie die Z-Reihe von Datsun erzielte der RX7 diesseits und jenseits des Atlantiks zahlreiche Rennerfolge. Das trug dazu bei, daß in acht Jahren bemerkenswerte 446426 Exemplare verkauft wurden, bis 1985 ein neues Modell mit größerer Maschine, Rundum-Einzelradaufhängung und einem Styling kam, das dem des Porsche 944, eines seiner Konkurrenten, sehr ähnelte. Seit 1987 gibt es den RX7 auch als Kabrio.

Toyota Supra und Celica

Der Mitsubishi Starion von 1982 war als 2+2-Sitzer mit Zweiliter- Vierzylindermotor mit obenliegender Nockenwelle und konventionellem Hinterradantrieb nach einem ganz ähnlichen Konzept wie der Datsun Z gebaut. Seine Maschine brachte in der Urform mit Turbolader 133 PS, die 1985 mit einem zusätzlichen Ladeluftkühler auf 177 PS gesteigert wurden.

Toyotas Beitrag zu dieser Klasse war der Supra, im Prinzip ein Fahrzeug wie der Starion, doch mit größerer und stärkerer Maschine (bis 1986 2759 cm³ und 168 PS, danach 2954 cm³ und 201 PS), die außerdem zwei obenliegende Nockenwellen und, bei den jüngsten Modellen, vier Ventile pro Zylinder bot. Rundum-Einzelradaufhängung und Scheibenbremsen für alle vier Räder waren Mitte der 80er Jahre in dieser Klasse eine Selbstverständlichkeit; der Supra hatte zudem eine Klimaanlage.

Toyota baute außerdem ein kleineres GT Coupé, den Celica, der 1970 als viersitziges Coupé auf der Bodengruppe des Carina das Licht der Welt erblickte. Es gab ihn in den 70er Jahren mit Stufen- und Fließheck; die Motoren, darunter ab 1977 in der zweiten Generation auch ein Sechszylinder, hatten eine oder zwei obenliegende Nockenwellen. 1985 kam ein völlig neuer Celica mit quer eingebautem Sechzehnventiler mit 1998 cm³ und zwei obenliegenden Nockenwellen, der die Vorderräder antrieb. Er war mit einer Spitzengeschwindigkeit von 209 km/h weitaus schneller und aerodynamischer gebaut als seine Vorgänger. Wie der Mazda RX7 war der Celica auch als Kabrio zu haben.

Der am längsten überlebende Wagen mit Kreiskolbenmotor, der Mazda RX7, nahm diese Form zwischen 1978 und 1985 an. Dann wurde er durch eine überarbeitete Version ersetzt, die seinem Konkurrenten Porsche 944 sehr ähnlich sah. Hier ein 82er RX7 mit Turbolader von Vic Elford, der die Leistung von 115 auf 160 PS und die Spitzengeschwindigkeit auf 225 km/h steigerte.

Zwei Beiträge von Toyota zum Sportwagenmarkt: Celica und Supra. Abgebildet sind ein Celica Twin Cam *(links)* und ein Supra V6, beide aus dem Jahr 1988. Letzterer hatte einen Dreiliter-24-Ventiler mit Turbolader, der 235 PS leistete und für eine Spitze von 222 km/h sorgte.

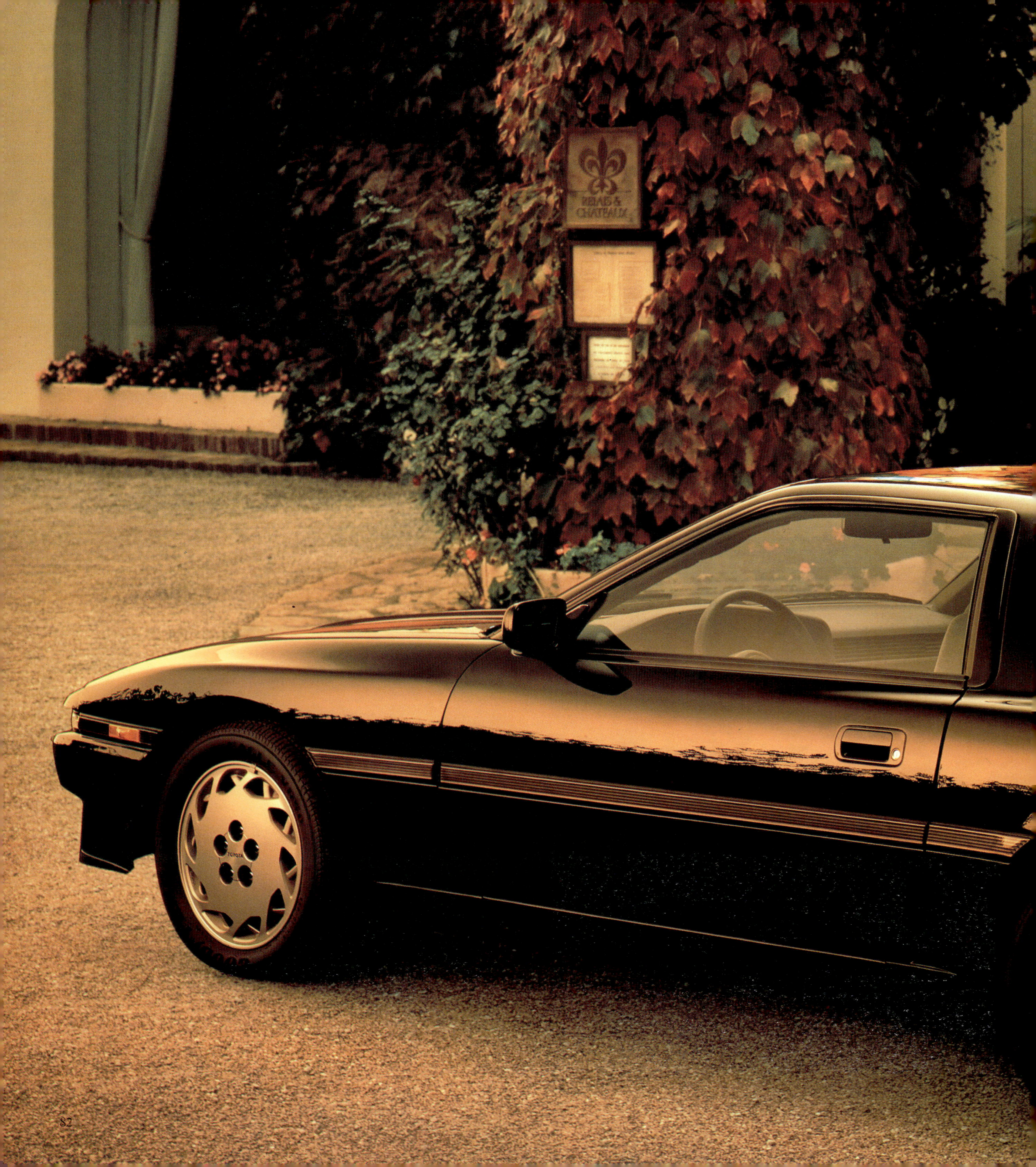

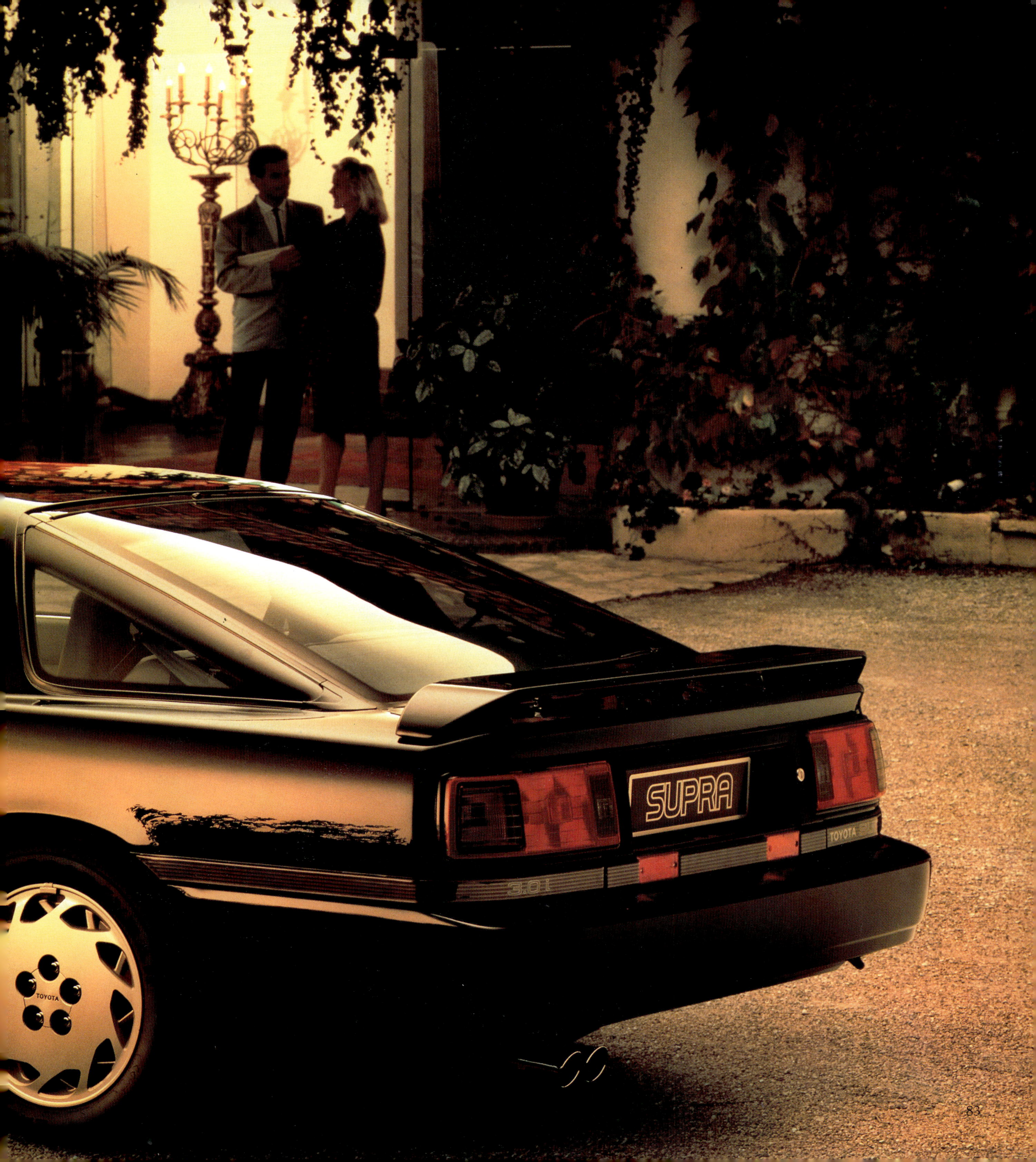
SUPRA
3.0i
TOYOTA

Der ab 1969 in Großbritannien und der Bundesrepublik gebaute Capri *(links)* glich dem Mustang insofern, als es eine Vielzahl von Versionen von zahm bis sportlich gab.
Allen gemeinsam waren die viersitzige Coupé-Form, McPherson-Federbeine vorn, Zahnstangenlenkung und Scheibenbremsen vorne. Bei der ersten Serie von 1969 bis 1974 reichte das Motorangebot von einem Vierzylinder mit 1298 cm³ und 61 PS, wie er auch im Escort Verwendung fand, bis zu einem V6 mit 2994 cm³ und 150 PS, der den 3000GT auf 193 km/h beschleunigte. Noch stärker motorisiert waren die RS-Versionen, Homologationsmodelle mit bis zu 3,4 l Hubraum und 400 PS.
Der Capri Mark II (1974-1978) hatte eine neu gestaltete Karosserie mit Heckklappe. Beim anschließenden Mark III wurde nur die Frontpartie etwas gefälliger gestaltet. Hier ein 78er Dreiliter-V6 in Ghia-Ausführung. Der letzte Capri lief 1987 vom Band.

Der VW Scirocco *(links)* war ein sportliches Coupé auf der Bodengruppe des Golf, dessen Urversion 1974 sogar ein paar Monate vor dem Golf erschien. Hier ein Scirocco aus dem Jahre 1984, den es mit einer Vielzahl von Motoren zwischen 70 und 116 PS gab. Ab 1987 stand auch der Sechzehnventiler mit 139 PS aus dem GTI für den Scirocco zur Verfügung, der 1989 dem Corrado *(unten)* weichen mußte, für den es nur eine 1,8-Liter-Maschine mit G-Lader gab, die 160 PS leistete.

Der Mercedes-Benz-Roadster SL änderte sein Aussehen zwischen 1979 und 1989 nur wenig. Er erhielt jedoch im Laufe der Jahre verschiedene Maschinen vom 2,7-Liter-Sechszylinder mit 185 PS bis hin zum Fünfliter-V8 mit 245 PS. Hier ein 500SL aus dem Jahre 1985 *(links)*. 1989 kam eine neue SL- Reihe mit Dreiliter- Sechszylinder oder Fünfliter-V8, der für eine Spitzengeschwindigkeit von 250 km/h sorgte. Die breite Palette von sicherheitstechnischen Einrichtungen umfaßte einen Überrollbügel, der sich automatisch aufrichtete, wenn der Neigungswinkel einen bevorstehenden Überschlag vermuten ließ, und Gurtstrammer.

Der Porsche 924 bedeutete für die Zuffenhausener mit seinem wassergekühlten Frontmotor und seiner Preisklasse unterhalb der des heckgetriebenen 911 einen völligen Bruch mit der Tradition des Hauses. Der ursprüngliche 924 hatte eine VW/Audi- Maschine mit 1984 cm³ Hubraum, während der von 1985 bis 1988 gebaute 924S *(oben)* mit einem 2,5-Liter- Porschemotor ausgestattet war, der auch beim 944 Verwendung fand. Mit Turbolader brachte er den Wagen auf 241 km/h. Ab 1989 gab es auch ein Kabrio, allerdings ohne Turbo.

Porsche 924/944 und Audi Quattro

Die beiden anderen bedeutsamen Coupés mit Frontmotor kamen aus der Bundesrepublik, nämlich Porsche 924/944 und Audi Quattro. Mit dem 924 und dem 944 begaben sich die Zuffenhausener auf ein völlig neues Terrain, indem sie zum ersten Mal Wagen mit wassergekühlten Frontmotoren bauten. Die 1984 cm³-Maschinen stammten aus dem Volkswagen LT, die Vorderradaufhängung ähnelte der des VW Golf und die Bremsen lieferte der VW K70. Das Getriebe saß über der Hinterachse; abgesehen von ein paar Grundmodellen mit vier Gängen und einigen wenigen Automatikausführungen hatte es meist fünf Gänge. Mit seiner aerodynamisch günstigen Form kam der Porsche 924 mit 125 PS auf eine Spitzengeschwindigkeit von 201 km/h.

Er verkaufte sich sehr gut und brachte Porsche bei vielen Autofahrern ins Geschäft, die sich bislang durch den Preis und die Fahreigenschaften der Heckmotormodelle hatten abschrecken lassen. Mehr Leistung kam mit dem 170-PS-Turbo von 1978; die Produktion belief sich auf 124000 Porsche 924 und 12115 Porsche 924 Turbo. 1982 kam der 944 mit schräg eingebautem Vierzylinder mit 2479 cm³ und 173 PS, die für eine Spitzengeschwindigkeit von 220 km/h sorgten. Bei Einbau eines Turboladers stieg die Leistung auf 220 PS und 254 km/h. 1989 erfolgte eine weitere Leistungssteigerung auf 250 PS.

Obwohl seine Verwandtschaft mit dem 924 von 1975 noch zu erkennen war, war der 944 des Jahres 1989 ein unermeßlich besseres Auto – viel schneller, viel bessere Fahreigenschaften und viel luxuriösere Ausstattung. 1989 kam zudem eine Kabrio-Version des 944S (ohne Turbo).

Der Audi Quattro war einer der bedeutendsten Wagen der 80er Jahre, wenn nicht sogar der bedeutendste, und zwar nicht nur, weil er ein äußerst erfolgreiches Rallyefahrzeug war, das auch von normalen Fahrern gern gekauft wurde, sondern auch, weil er vielen anderen Herstellern den entscheidenden Anstoß gab, ebenfalls allradgetriebene Fahrzeuge für den normalen Straßenbetrieb zu bauen. Die Entwicklungsarbeit begann im Jahre 1977, nachdem Tests in Skandinavien gezeigt hatten, daß ein VW Iltis 4x4, also ein Nutzfahrzeug, den leistungsstärkeren Audi-Limousinen mit Frontantrieb unter gewissen Umständen überlegen war.

Der Ingenieur Jörg Bensinger und sein Chef Ferdinand Piëch, ein Enkel von Dr. Ferdinand Porsche, planten ein allradgetriebenes Straßenfahrzeug mit einem zweitürigen Coupé-Aufbau auf der Bodengruppe des Audi 80 und einem 2144 cm³-Fünfzylinder, der mit Turbolader 170 PS leistete. Die Maschine saß vor, das Fünfganggetriebe unmittelbar hinter der Vorderachse; sie trieb die Vorderräder wie bei den frontgetriebenen Audi-Limousinen über ein Integral-

Der ultimative Porsche mit Frontmotor war der 928, der 1977 eingeführt und in weiterentwickelter Form auch 1989 noch gebaut wurde. Er hatte einen V-Achtzylinder mit 4474 cm^3 Hubraum und einer Nockenwelle pro Zylinderreihe und war mit im Heck montiertem Fünfgang-Schaltgetriebe oder einer von Mercedes-Benz gekauften Dreigang-Automatik zu haben. Im Laufe der Jahre wurden die Maschinen größer und stärker: 4664 cm^3 und 300 PS beim 80er 928S, 310 PS beim 82er 928S2 und 330 PS beim 86er 928S4 mit 4957 cm^3 und 32 Ventilen mit vier Nockenwellen. Zu dieser Zeit gehörte eine Viergangautomatik schon zur Serienausstattung; hinzu kamen unter anderem ABS und Klimaanlage. Die Spitzengeschwindigkeit betrug 270 km/h. Die Abbildung zeigt einen 928S4 aus dem Jahre 1989.

differential an, während eine zweiteilige Antriebswelle Kraft auf eine vom Iltis abgeleitete Hinterachse übertrug. Weitere Merkmale waren Scheibenbremsanlage für alle vier Räder und Servolenkung, beide aus einem Hochdruck-Hydraulikspeicher gespeist, der durch eine Pumpe am Motor den nötigen Druck erhielt.

Der Quattro wurde 1980 auf dem Genfer Automobilsalon zusammen mit einem ähnlich aussehenden Coupé mit Frontantrieb vorgestellt. Seine äußere Erscheinung änderte sich in den folgenden neun Jahren kaum; 1987 wurde der Hubraum auf 2226 cm^3 vergrößert, die Leistung stieg auf 200 PS. Hinzu kam ABS.

1984 kam der Quattro Sport mit 31 cm kürzerem Radstand und 300 PS, ein Homologationsmodell für Rallyes, von dem nur 200 Stück hergestellt wurden. Der Preis konnte sich sehen lassen: Bei 24340 DM für ein frontgetriebenes Coupé und 75915 DM für einen Quattro kam der Quattro Sport auf stolze 198000 DM. Trotz der Tatsache, daß er ausdrücklich auf den Rallyesport zugeschnitten war, erzielte der Quattro Sport nicht so viele Erfolge wie der normale Quattro. Er konnte nur zwei Siege bei Weltmeisterschaftsläufen verbuchen, während der längere Wagen auf 21 Rallyesiege kam.

Zu den bedeutsamsten Wagen der 80er Jahre zählte der Audi Quattro, der ein gutes Beispiel für die Vorteile des Allradantriebs war, und zwar nicht nur bei Rallyes, von denen er 23 Weltmeisterschaftsläufe gewann, sondern auch im normalen Straßenverkehr. Hier ein Seriencoupé aus dem Einführungsjahr 1980 *(oben)* und ein weitaus seltener Quattro Sport *(links)* mit um 32 cm kürzerem Radstand, 300-PS- 20-Ventiler und 248 km/h Spitze. Von ihm wurden in den Jahren 1984/85 nur 200 Stück gebaut, überwiegend für die Gruppe B, wobei allerdings auch Straßenversionen verkauft wurden.

Das Jahr 1975 sah den letzten offenen Chevrolet Corvette für elf Jahre *(oben)*. Für dieses Modell standen nur zwei Maschinen mit 165 beziehungsweise 205 PS und jeweils 3500 cm³ Hubraum zur Auswahl.
Der bislang stärkste Corvette war der ZR1 aus dem Jahr 1989 *(links)*, der eine ganz andere Maschine als die Normalmodelle hatte, eine Lotus- Entwicklung mit 5,7 l Hubraum, jedoch größerer Bohrung und kürzerem Hub als beim entsprechenden Lotus-Motor, dazu vier obenliegende Nockenwellen und 32 Ventile.
Die Leistung betrug 385 PS. Weitere Merkmale waren ein Sechsganggetriebe und eine computerunterstützte Schaltung.

Chevrolet Corvette – eine amerikanische Legende

Während all diese neuen Modelle auf den Markt kamen, wurde ein Wagen aus den 60er Jahren ständig weiter gebaut und dabei nach und nach verbessert, so daß er auf seinem ureigenen Markt wettbewerbsfähig blieb: der Chevrolet Corvette. 1970 war er mit dem 1968 eingeführten Styling als Coupé und offen erhältlich, und es standen zwei V8-Maschinen zur Auswahl, nämlich mit 5735 cm³ (270 oder 330 PS) und mit massigen 7440 cm³ und 365 oder 425 PS, die für eine Spitzengeschwindigkeit von 225 km/h gut waren. Die große Maschine wurde nach 1974 nicht mehr gebaut, und das Kabrio fiel nach 1975 der sinkenden Nachfrage zum Opfer, sollte aber elf Jahre später wiederbelebt werden.

1976 leistete die kleinere Maschine aufgrund der schärferen Immissionsschutzgesetze nur noch 180 beziehungweise 210 PS. Doch obwohl sich der Charakter des Corvette änderte, fand er nach wie vor jede Menge Käufer. Um es mit den Worten des amerikanischen Autopapstes Richard Langworth zu sagen: Der Corvette wurde ausgeglichener, weniger exotisch und insgesamt, was allerdings bestreitbar ist, erfreulicher – mehr schnelles Gefährt als blickehaschendes Ungetüm.

1983 erhielt der Corvette ein völlig neues Design mit einer nach vorn öffnenden Haube, gefälligeren Linien und einem hochklappbaren Heckfenster, Girling-Scheibenbremsen an allen vier Rädern und einer Karosserie, die nach wie vor aus GFK bestand. Der Hubraum blieb bei 5,7 Litern, doch gab es jetzt nur noch eine Version mit 205 PS. In den späten 80ern stieg die Leistung allmählich wieder an, der Hubraum blieb jedoch unverändert.

1986 waren es 230 PS, 1988 ging es auf 245 PS hinauf, und 1989 kam der bemerkenswerte LT5 hinzu. Bei unverändert 5,7 Liter Hubraum hatte dieser Motor eine größere Bohrung und einen kürzeren Hub sowie vier obenliegende Nockenwellen und vier Ventile pro Zylinder. Von Lotus entwickelt, wurde er bei General Motors gebaut. Mit 385 PS beschleunigte er das Fahrzeug auf 290 km/h. Die Kraftübertragung erfolgte über ein ZF-Sechsganggetriebe mit computergestützter Gangwahl, das automatisch schaltete, wenn weniger als 75

Prozent der verfügbaren Kraft genutzt wurden. Bei harter Beschleunigung funktionierte die automatische Gangwahl nicht.

Äußerlich hob sich der ZR1, wie diese Hochleistungsversion genannt wurde, kaum von seinen kleineren Brüdern ab, obwohl die hinteren Radkästen 7,5 cm breiter waren. Eine Kabrio-Version wurde nicht angeboten. Die Anfangsproduktion sollte nicht über 1500 Stück liegen – von geschätzten 27000 Exemplaren für alle Corvette-Modelle.

Motor hinter dem Fahrer

Eines der charakteristischen Merkmale der 60er Jahre war das starke Aufkommen von Sportwagen mit dem Motor hinter dem Passagierraum, meist nach dem Muster der Formel 1-Rennwagen in der Wagenmitte vor der Hinterachse angeordnet, wobei allerdings Porsche seinem Heckmotorkonzept treu blieb. In den 70er Jahren setzte sich dieser Trend fort; zu den etablierten Superautos wie Ferrari Dino 206 und Lamborghini Miura kamen andere wie Ferrari Berlinetta Boxer, Lamborghini Countach, Maserati Bora und BMW M1. Es gab jedoch auch billigere Mittelmotorfahrzeuge wie den Fiat X1/9 und später den Toyota MR2 und den Pontiac Fiero.

Fiat X1/9 – ein kleiner Exot

Der erste dieser kleinen Exoten war der Fiat X1/9 mit einem Design von Bertone, der die Karosserie auch baute. Der 1972 vorgestellte Wagen war mit einem Vierzylinder mit 1290 cm³ und 75 PS bestückt, wie er auch in der 128er Limousine Verwendung fand. Er war quer hinter Fahrer und Beifahrer eingebaut und gab seine Leistung an ein Getriebe aus dem 128 ab. Der Aufbau war ein keilförmiges Monocoque mit zwei Kofferräumen unter der Haube und hinter dem Motor. Der Wagen hatte gute Fahreigenschaften, war aber mit einer Spitzengeschwindigkeit von nicht mehr als 160 km/h selbst nach den Maßstäben von 1972 nicht besonders schnell. Ab 1977 stieg die Geschwindigkeit mit einer Strada-Maschine mit 1498 cm³ auf 174 km/h, doch der Wagen war in den 80er Jahren immer weniger konkurrenzfähig, weil er den heißen Öfen mit Hecktür unterlegen war.

Das Mittelmotorkonzept, mit dem zunächst ein paar italienische Exoten auf den Markt gekommen waren, war auch bei einigen relativ preisgünstigen Sportwagen zu finden. Der Fiat X1/9 (unten) war der erste in Serie produzierte Sportwagen mit Mittelmotor; die Maschine mit 75 PS und 1290 cm³ Hubraum stammte aus dem Fiat 128 und war quer hinter dem Fahrer montiert. Bis 1988 wurden mehr als 150000 Einheiten gefertigt, ab 1978 mit einer 1498 cm³-Maschine aus dem Ritmo und ab 1982 unter dem Namen Bertone.

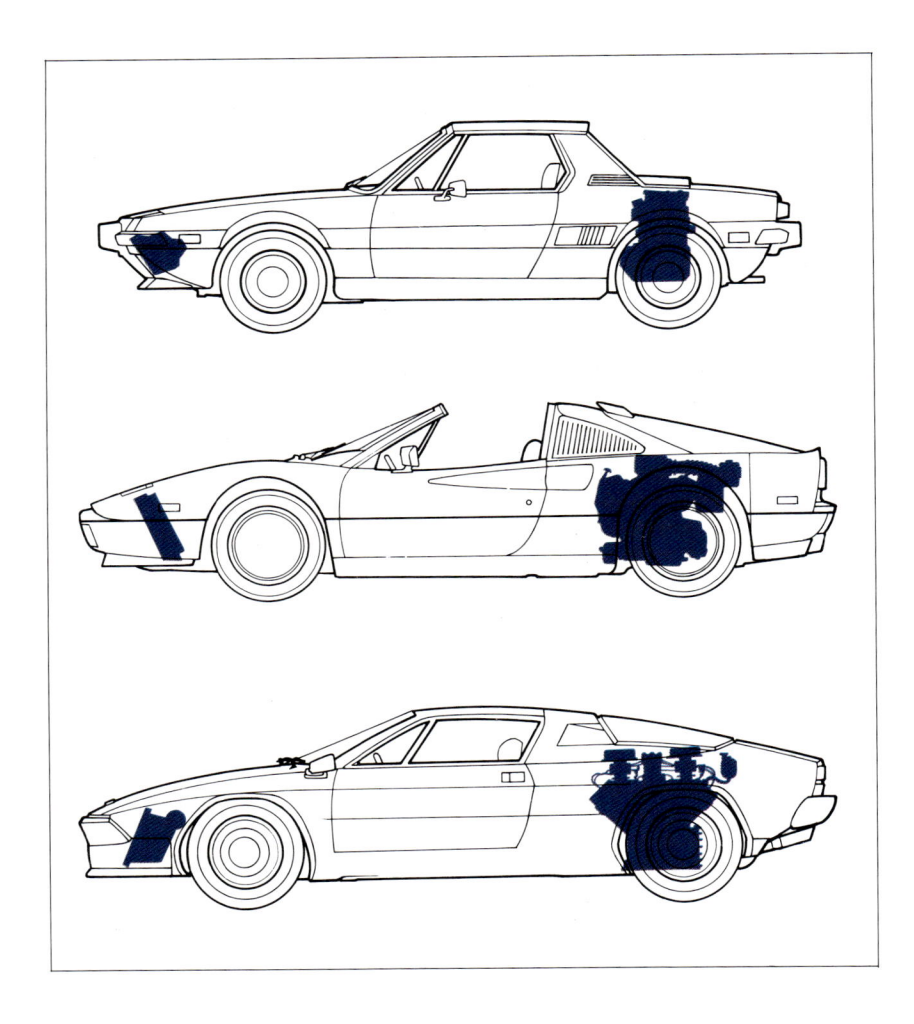

Die 70er Jahre erlebten eine Reihe von Sportwagen, bei denen der Motor hinter dem Fahrer, aber vor der Hinterachse saß. Diese Anordnung ermöglichte höhere Kurvengeschwindigkeiten, verkleinerte aber gleichzeitig den Kofferraum auf Zahnbürstengröße. Hier drei italienische Fahrzeuge mit Mittelmotor: Fiat X1/9 (oben), Ferrari 328 GTS (Mitte) und Lamborghini Jalpa (unten).

Die japanische Antwort auf den X 1/9 war der Toyota MR 2 *(links)*, der 1984 mit zwei Motoren zur Wahl angeboten wurde, einer 1,5-Liter-Maschine mit obenliegender Nockenwelle, die 83 PS leistete, und einem 1,6-Liter-Motor mit zwei obenliegenden Nockenwellen und 130 PS. Der MR 2 hatte wie der Fiat ein Fünfganggetriebe und rundum Scheibenbremsen, war aber mit der großen Maschine bedeutend schneller. Er kam auf 209 km/h.

Der amerikanische Beitrag zur Szene war der Pontiac Fiero *(unten)* mit dem 2475 cm^3-Motor mit hängenden Ventilen aus dem X-Modell von General Motors. Trotz eines V-Sechszylinders mit 2836 cm^3 in späteren Modellen sowie Fünfganggetriebe und einer neuen Karosserie mit Fließheck sanken die Verkaufszahlen derart, daß die Produktion des Fiero 1988 eingestellt wurde.

1982 wurde die Montage von Fiat in das Bertone-Werk verlegt, die Kataloge aber nach wie vor von Fiat herausgegeben. Die Produktionsziffern fielen von da ab steil nach unten, doch immerhin waren bis 1982 144650 X1/9 verkauft worden.

Toyota MR 2

Erstaunlicherweise fand der X1/9 in Europa keine Nachahmer, und das nächste Auto in dieser Klasse kam aus Japan, als Toyota im Jahre 1984 den MR 2 vorstellte, eine nagelneue Konstruktion, die dem Fiat allerdings insofern ähnelte, als sie einen quer eingebauten Vierzylinder hatte. Dieser wurde in zwei Ausführungen angeboten: Ein 83-PS-Motor mit obenliegender Nockenwelle und einem Liter Hubraum für den Fahrer, der sich sonst vielleicht einen der zahmeren Capris gekauft hätte, und eine 1,6-Liter-Maschine mit zwei obenliegenden Nockenwellen und 130 PS für den sportlicheren Fahrer. Sowohl der Fiat als auch der Toyota hatten Fünfganggetriebe, McPherson-Federbeinaufhängung und Scheibenbremsen an allen vier Rädern.

Der Toyota war beträchtlich schneller; mit der größeren Maschine kam er auf 193 km/h. Er war in vielerlei Hinsicht das, was der Fiat Mitte der 80er Jahre hätte sein können, wenn man etwas für seine Weiterentwicklung getan hätte. Mit 9499 Pfund Sterling kostete er 1985 in Großbritannien 2000 Pfund mehr als der X1/9. Der für Anfang der 90er Jahre erwartete Nachfolger des MR 2 wird vermutlich teurer sein und möglicherweise mit Allradantrieb und Allradlenkung auf den neuesten Stand der Technik gebracht werden. Somit sieht es so aus, als ob der relativ preisgünstige Zweisitzer mit Mittelmotor der Vergangenheit angehört.

Pontiac Fiero – eine Enttäuschung

Der dritte Wagen in dieser Klasse, mittlerweile ebenfalls verschieden, kam aus einer völlig unerwarteten Ecke, nämlich von der Pontiac-Abteilung von General Motors. Pontiac hatte zwar einige der besten »muscle cars« der 60er Jahre gebaut, aber im Unterschied zu Chevrolet keinerlei Tradition im Sportwagenbereich. Trotzdem fiel 1979 die Entscheidung, mit einem flotten Wagen in den Mustang-Markt einzubrechen. Da ein Frontmotor die Haube zu hoch gemacht hätte und deshalb nicht in Frage kam, folgte man dem Beispiel Fiats und montierte den Vierzylinder mit 2475 cm^3 quer hinter den Sitzen von Fahrer und Beifahrer.

Die Maschine mit der Bezeichnung Iron Duke war eine überholte Konstruktion mit hängenden Ventilen und Stößelstangen, die aus der frontgetriebenen X-Serie von GM stammte. Das Getriebe kam ebenfalls aus dieser X-Serie, während Vorderradaufhängung und Lenkung aus dem eher bescheidenen Chevrolet Chevette übernommen wurden. Obgleich der Raumrahmen mit Bodenfeldern aus nicht vorgespanntem Kunststoff den Stand der Technik darstellte, erkannte die Öffentlichkeit sehr schnell, daß der Fiero zu einem großen Teil aus Komponenten von in Massen gefertigten Serienfahrzeugen bestand. In Verbindung mit einer alles andere als glanzvollen Leistung (156 km/h Spitze) schlug das auf die Verkaufszahlen, die im ersten Jahr, 1984, noch 136840 Stück erreichten, 1987 aber auf magere 46581 Exemplare abfielen, und zwar trotz eines wahlweise angebotenen V6-Motors mit 2836 cm^3 (ebenfalls aus der X-Serie), der 140 PS leistete und die Spitzengeschwindigkeit auf akzeptablere 180 km/h steigerte.

Weitere Verbesserungen für 1987 und 1988 waren eine überarbeitete Aufhängung, ein Fünfganggetriebe und eine zusätzliche Version mit Fließheck. Doch eine Reihe von Motorbränden, von denen bis zu 20 Prozent der Fahrzeuge des

Baujahrs 1984 bedroht waren, erforderte eine umfangreiche Rückrufaktion. Gleichzeitig wurden die Versicherungsprämien für sportliche Zweisitzer kräftig angehoben, und das war in Verbindung mit dem Rückruf ein tödlicher Schlag für den Fiero. 1988 belief sich die Produktion auf enttäuschende 26402 Exemplare, und General Motors gab bekannt, daß 1989 keine weiteren Fieros mehr gebaut werden würden.

Autos mit Mittelmotor – ein beliebtes Thema

Das Thema Mittelmotor wurde in den 70er Jahren von zahlreichen Herstellern aufgegriffen. In Großbritannien versuchte die Firma AC über einen Zeitraum von elf Jahren unverdrossen, ihren ME3000 mit Ford-V6-Maschine in die Serienproduktion zu bringen, doch von 1973 bis 1984 kamen dabei ganze 82 Exemplare heraus; weitere 30 wurden allerdings von einer neuen Firma in Schottland gebaut. Sein Design lebt im Ecosse fort, der von wieder einer anderen Firma hergestellt wird, verwirrenderweise aber nicht in Schottland, sondern in Hertfordshire. Ein weiterer Wagen aus Schottland, der in Lochgilphead gefertigte Argyll war noch weniger erfolgreich. Trotz einer enthusiastischen Förderung durch den Herzog von Argyll wurden von dem GFK-Coupé mit Profilrohrrahmen und wahlweise Saab-, Rover-V8- oder Renault-V6-Maschine nicht einmal 20 Stück gefertigt.

Lotus Europa und Esprit

Lotus hatte seinen ersten Mittelmotorwagen für die Straße im Jahre 1966 gebaut; damals hatte Colin Chapman den Europa mit dem Motor des Renault 16 herausgebracht. Dieser war bis 1975 in der Produktion, zuletzt mit einem Lotus-Ford-Motor mit zwei Nockenwellen. Dann mußte er dem von Giugiaro entworfenen Esprit weichen, dessen Lotus-Sechzehnventiler mit zwei Nockenwellen und zwei Litern Hubraum 160 PS leistete und eine Spitzengeschwindigkeit von 201-217 km/h erreichte. Der Esprit und der Elite mit Frontmotor waren für Lotus der Einstieg in eine teurere Klasse. Denn Chapman war der Meinung, daß eine wirtschaftliche Rezession weniger den vermögenden Käufer mit seinen Kapitalreserven als den Gehaltsempfänger treffen würde, der dann möglicherweise arbeitslos werden würde.

Der Esprit wird seit 1976 gebaut; er überlebte die finanziellen Probleme der

Ein Mittelmotorfahrzeug in einer höheren Preisklasse war der AC ME3000 *(oben)*. Er hatte einen quer eingebauten Dreiliter-V6 von Ford. Bei der Ankündigung im Jahre 1973 war er eine vielversprechende und moderne Konstruktion, doch es machte viele Probleme, ihn in die Produktion zu bringen. Das erste Fahrzeug wurde 1979 ausgeliefert, der Preis hatte sich bis dahin fast verdreifacht.

Firma, den Tod Colin Chapmans im Jahre 1982 und die Übernahme durch General Motors im Jahre 1985. Zu den Verbesserungen gehörten ein Turbolader, der die Leistung auf 210 PS und die Spitzengeschwindigkeit auf 245 km/h steigerte, und 1987 ein überarbeiteter Aufbau mit runderen, weicheren Linien, der aus dem Hause Lotus stammte. Ende der 80er Jahre galt der Esprit als preiswerter Konkurrent für die kleineren Ferrari – er war 15000 Pfund Sterling billiger als ein 328 GTO, doch fehlte ihm natürlich der Image der Wagen aus Modena.

De Lorean – das irisch-amerikanische Fiasko

Ein weiteres Coupé mit Mittelmotor war der in Belfast gebaute De Lorean. Selbst unter Vernachlässigung der finanziellen und politischen Seite war er eine umstrittene Konstruktion, und zwar speziell die unlackierten Edelstahlteile, von denen sich Fingerabdrücke und sonstige Spuren nur sehr schwer entfernen ließen. Der Aufbau selbst bestand aus Kunststoff und war direkt mit dem Rahmen verschraubt. Die von Giugiaro entworfene Karosserie hatte Flügeltüren, seine Leistung bezog der Wagen aus einem 2,8-Liter-V6 von PRV (Peugeot-Renault-Volvo). Die Spitzengeschwindigleit wurde mit 209 km/h angegeben, ein Wert, den viele Testfahrer aber nicht erreichten.

Wenige Monate, nachdem der Wagen in Amerika in die Verkaufsräume gelangt war, begannen sich die Beschwerden zu häufen: Ausfall der Elektrik, so daß die Insassen gefangen waren, wenn die Türen sich nicht öffneten, schlecht

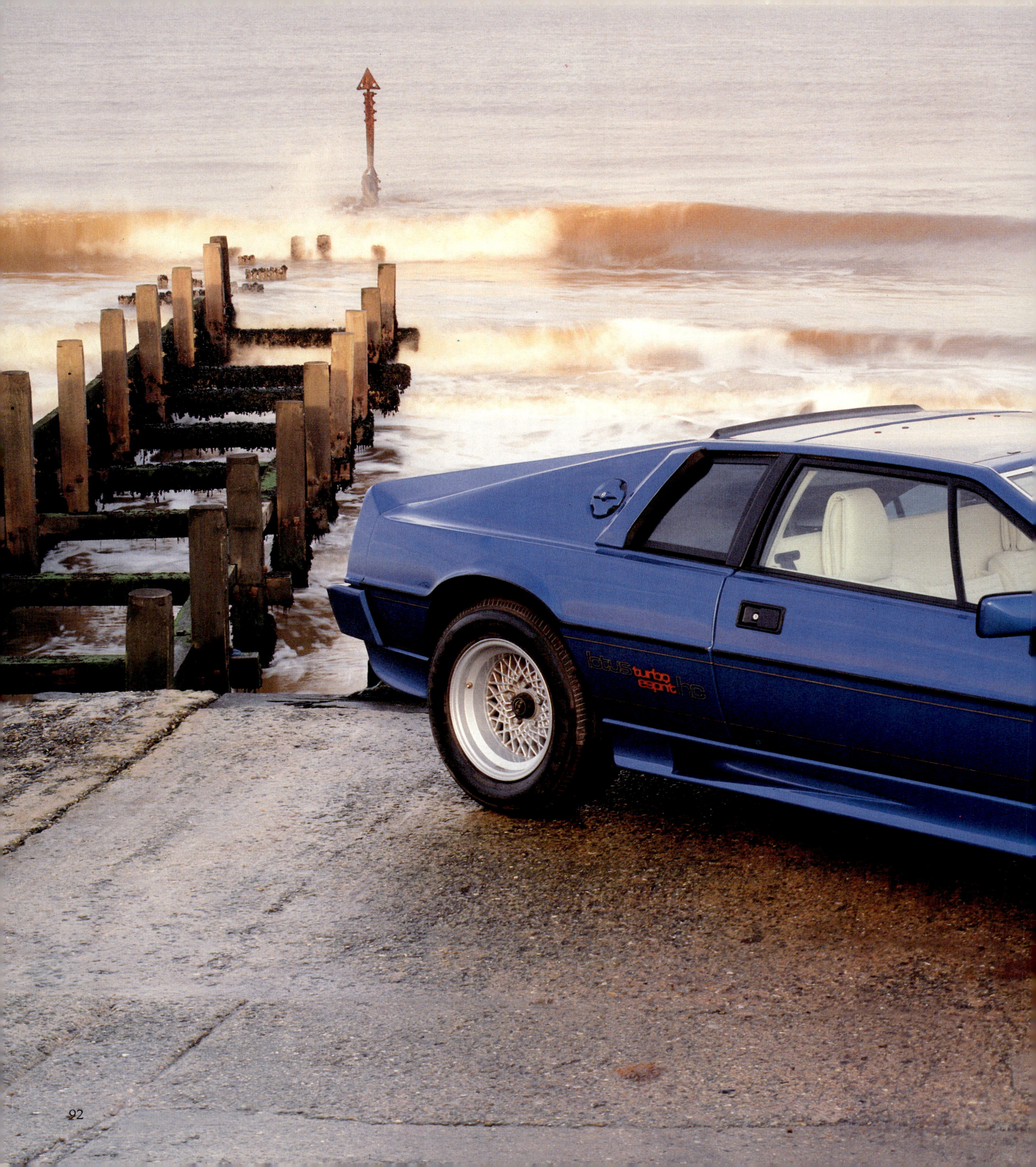
lotus turbo esprit hc

Der Lotus Esprit wurde ein ernster zu nehmender Wettbewerber, als er 1980 einen T3-Turbolader von Garrett AiResearch erhielt. Mit 210 PS aus seinem Sechzehnventiler mit 2174 cm³ Hubraum und zwei obenliegenden Nockenwelle schaffte der Esprit Turbo 245 km/h. Ab 1987 wurde die Karosserie etwas runder; der Lotus galt ab da als Alternative zum Ferrari 328.

Der De Lorean DMC 12 machte wegen der finanziellen Manipulationen seines Schöpfers John Zachary De Lorean mehr Schlagzeilen, als seiner Bedeutung zukam. Sein Layout richtete sich nach dem, was mittlerweile zur Norm der 80er geworden war: Quer hinter dem Fahrer eingebauter Motor, in diesem Falle ein 2,8-Liter-V6 von PRV in Verbindung mit einem Fünfgang-Getriebe von Renault. Die Spitzengeschwindigkeit betrug 209 km/h, nicht sehr aufregend im Vergleich zu einem Lotus Esprit Turbo – manche Tester kamen nicht einmal auf diese Zahl.

sitzende Bedienungsknöpfe, die häufig einfach abfielen, quietschende Karosserieteile und das Problem, die Edelstahlflächen sauber zu halten.

Wahrscheinlich wäre dem Wagen ohne verbesserte Qualitätskontrolle und eine Menge Entwicklungsarbeit auch dann kein Erfolg beschieden gewesen, wenn sein Schöpfer John Z. DeLorean sich nicht in finanzielle Probleme verstrickt hätte. So wurden etwa 4000 Stück in die USA verkauft, und nur eine Handvoll fand einen Käufer in Großbritannien, bevor die britische Regierung die Firma im Oktober 1982 unter Konkursverwaltung stellte.

Matra Bagheera und Ligier JS 2

Der französische Beitrag zum Thema Mittelmotor umfaßte den Bagheera und den Murena des Raketenbauers Matra und den JS2 des ehemaligen Rennfahrers Guy Ligier. Der Bagheera hatte den 1,3- oder 1,45-Liter-Motor aus dem frontgetriebenen Simca 1100 und machte weniger durch seine Leistung als durch die drei nebeneinander befindlichen Sitze auf sich aufmerksam. Er hatte rundum Scheibenbremsen.

Der Lancia Stratos begann sein Leben als Styling-Übung von Bertone für den Turiner Autosalon 1970 und endete als äußerst erfolgreiches Rallyefahrzeug. Der Ausstellungswagen hatte noch einen 1600er Motor aus dem Fulvia, doch sobald feststand, daß der Stratos im Rennsport eingesetzt werden sollte, griff man für die Serienfahrzeuge, die von 1972 bis 1975 gebaut wurden, auf den 2418 cm³ großen V6 aus dem Ferrari Dino zurück. Einzelradaufhängung und rundum Scheibenbremsen waren selbstverständlich. Nach den Homologationsregeln hätten 500 Stück gebaut werden müssen, die tatsächliche Produktion belief sich auf 492 Exemplare. Der Stratos gewann 14 Weltmeisterschaftsrallyes, womit sich Lancia 1974 bis 1976 die Meisterschaft sicherte.

Sein Nachfolger Murena war mit einem 1,6-Liter-Talbot-Motor schon sportlicher; er hatte in der stärksten Version 120 PS und kam auf 201 km/h. Er hatte zwei Sitze und, angesichts der höheren Leistung etwas merkwürdig, nur vorn Scheibenbremsen.

Der Ligier JS2 war mit der 2,7-Liter-V6-Maschine aus dem Citroën SM bestückt, was nicht verwunderlich ist, da dieser Wagen bei Ligier montiert wurde. Er folgte dem üblichen Schema mit Motor hinter dem zweisitzigen Innenraum, Fünfganggetriebe, Rundum-Einzelradaufhängung und Scheibenbremsen. Der Aufbau bestand aus Kunststoff, die Höchstgeschwindigkeit lag bei 240 km/h. Zwischen 1971 und 1977 wurden etwa 300 JS2 gebaut. Die Firma konzentriert sich heute auf Formel 1-Rennwagen und Minifahrzeuge mit 49 cm³ (siehe Kap. 6).

Lamborghini Miura – besser als Ferrari?

All die bislang erwähnten Fahrzeuge standen im Schatten der sogenannten Superautos, die nur auf Leistung gezüchtet und meist sehr teuer waren (und sind). Die Konzeption läßt sich praktisch bis zum Beginn des Automobilbaus zurückverfolgen. Der Alfa Romeo 8C 2900B und der Bugatti 57SC aus der Vorkriegszeit oder die Ferrari 275GTB und 500 Superfast aus den 60ern gehörten sicherlich schon in diese Klasse. Der 1966 vorgestellte Lamborghini Miura mit Mittelmotor wies den Weg in die Zukunft, und es wurde schon bald klar, daß jedes Superauto den Motor hinter dem Fahrer haben mußte. Der Evergreen Porsche 911 bildete eine Ausnahme.

Der Lamborghini Countach wurde der Öffentlichkeit zum ersten Mal 1971 in Genf präsentiert, ging aber erst 1974 in die Produktion. Sein V12 hatte zunächst 3929 cm³, dann 4754 cm³ und zum Schluß 5167 cm³ Hubraum. Die Abbildung zeigt einen 88er Countach QV zur Feier des 25jährigen Bestehens.

Der Countach greift an

Der Miura wurde bis 1972 gebaut, doch sein Nachfolger war schon im Jahr zuvor auf dem Genfer Automobilsalon vorgestellt worden. Als einer der Lamborghini-Angestellten den Prototyp zum ersten Mal zu Gesicht bekam, soll er »Countach!« gerufen haben, im Piedmonteser Dialekt das Wort für phantastisch oder unglaublich. Damit war der Name für den Wagen gefunden, und er ging Ende 1973 in die Produktion. Wie der Miura besaß er einen V12-Motor mit vier obenliegenden Nockenwellen, der beim Prototyp 4971 cm³, bei den ersten Serienfahrzeugen aber nur 3929 cm³ Hubraum hatte. Der wesentliche Unterschied zum Miura bestand darin, daß der Motor längs statt quer montiert war und das Getriebe an der Stirnseite zwischen den Sitzen saß; außerdem hatte der Countach einen Rohrrahmen anstelle einer Bodengruppe aus Stahlblech.

Der Ligier JS2 war ein französischer Versuch, auf den Sportwagenmarkt vorzudringen. Dieses Modell wurde von 1971 bis 1977 gebaut. Es hatte die gleiche V6-Maschine von Maserati wie der Citroën SM, deren Leistung aber von den 178 PS aus der Serie auf 195 PS gesteigert worden war. Die Spitzengeschwindigkeit lag bei über 240 km/h.

Rivalen auf dem Markt der Superautos waren der Lamborghini Countach (vorige Seite) und die großen Ferraris, zunächst der Berlinetta Boxer 512 *(links)* und dann der Testarossa *(rechts)*

Der Countach hatte einen längs eingebauten V12 mit 3929 cm³ Hubraum, der BB512 einen Zwölfzylinder-Boxer mit 4390 cm³, der von dem Dreiliter-Aggregat aus dem Formel 1-Rennwagen abgeleitet war. Beide leisteten etwa 380 PS. Im Laufe der Jahre stieg der Hubraum auf 4942 cm³ beim Ferrari und 5167 cm³ beim Lamborghini, der ab 1985 im 5000S QV auch mit vier Ventilen pro Zylinder aufwarten konnte. Beim Testarossa, der dem BB im Jahre 1984 folgte, bediente sich auch Ferrari der Vierventil-Technik; der Testarossa war allgemein ähnlich wie der BB konstruiert, hatte aber einen neu gestalteten Aufbau mit den charakteristischen Kühlluftschlitzen an den Seiten.

Der Aufbau – wie beim Miura von Bertone – sah weitaus dramatischer aus: Große Türen öffneten sich nach vorn oben, die Haube war viel kürzer als beim Miura und bildete von der Windschutzscheibe bis zum Bug eine gerade Linie. Die Spitzengeschwindigkeit war mit 305 km/h angegeben, was im Straßentest aber nie bestätigt wurde. 280-290 km/h scheinen eine realistischere Zahl zu sein.

Der Ferrari Berlinetta Boxer nimmt die Herausforderung an

Mit der Vorstellung seines Mittelmotor-Konkurrenten 512 Berlinetta Boxer (BB) im Jahre 1973 lieferte Ferrari den Zündfunken für eine Auseinandersetzung zwischen den beiden italienischen Herstellern, die bis heute andauert. Der Ferrari hatte einen V12-Flachmotor, der von den Rennmotoren aus der Formel 1 abgeleitet war und einen Hubraum von 4390 cm³ aufwies wie beim Daytona, dem letzten Ferrari mit Frontmotor. Seine Leistung lag mit 380 PS auf dem Niveau des Countach; gleiches galt für die Spitzengeschwindigkeit. Doch der Countach beschleunigte in 5,6 sec schneller als der Ferrari (6,5 sec) auf 100 km/h. Beide Wagen hatten Rohrrahmen und Einzelradaufhängung mit Schraubenfedern.

Nachdem 387 Berlinetta Boxer gebaut waren, vergrößerte Ferrari den Hubraum im Jahre 1976 auf 4924 cm³; mit dieser Vergrößerung ging allerdings keine Leistungssteigerung einher, da der Motor jetzt auf 6000 statt 7800 U/min gedrosselt war. An die Stelle der vier Weber-Vergaser trat im Oktober 1981 eine Bosch Jetronic, die Modellbezeichnung wurde in 512i geändert. Lamborghini vergrößerte den Hubraum des Countach im Oktober 1982 auf 4754 cm³ und drei Jahre später auf 5167 cm³; damit standen 455 PS zur Verfügung, die den Wagen in bemerkenswerten 4,8 sec auf 100 km/h beschleunigten. Außerdem erhielt die Maschine vier Ventile pro Zylinder, von daher die Bezeichnung LP 500 QV (quattro valvole). Zu diesem Zeitpunkt hatte Ferrari den BB schon durch den Testarossa ersetzt, ebenfalls mit Vierventil-Technik und 390 PS. Er war schlanker als der BB und zudem 73 kg leichter.

Testarossa gegen Countach – der Kampf der Giganten

Die Höchstgeschwindigkeit betrug nach Meßergebnissen der Zeitschrift *auto motor und sport* 291 km/h, doch der Testarossa war in der Beschleunigung auf 100 km/h langsamer als der Countach und der De Tomaso Pantera. Seine Maschine war jedoch elastischer, und der Wagen insgesamt als Straßenfahrzeug besser. Nach einem Test mit dem Testarossa und dem Countach in Donington bescheinigte Stirling Moss dem Ferrari im Jahre 1987 ein viel besseres Getriebe und eine leichtere Lenkung. Beide Fahrzeuge wurden auch 1989 noch gebaut, wobei als Ersatz für den Countach schon der allradgetriebene Diablo mit 5,7-Liter-Motor für 1990 angekündigt war.

Der GTO *(oben)* wurde in den Jahren 1984/85 in begrenzter Auflage von nur 272 Stück gebaut. Er war vom zweisitzigen 308GTB abgeleitet, mit dem er aber fast nichts gemeinsam hatte. Sein V8 entsprach in den Grundzügen dem des 308, doch der Hubraum konnte wegen des Turboladers auf 2855 cm³ verkleinert werden, weil der Wagen wegen des Multiplikators von 1,4 sonst nicht mehr in der Klasse der Vierliterfahrzeuge ohne Turbolader hätte fahren können. Die Maschine war längs eingebaut, um Platz für die beiden Turbolader zu schaffen. Das Chassis war völlig neu, und der Aufbau bestand aus Kohlefaser, Glasfaser und Kevlar.

Ebenfalls in begrenzter Auflage wurde der Ferrari F40 des Jahres 1987 *(links und S. 100/101)* gebaut, ein technisch auf den neuesten Stand gebrachter GTO mit etwas größerer Maschine (2936 cm³) und einem völlig neu gestalteten Aufbau mit integriertem Heckspoiler. Seine Leistung war von 400 auf 478 PS bei 7000 U/min gestiegen. Die geplanten 450 Exemplare waren schon verkauft, bevor die Fertigung begann. Hier ein 88er Prototyp aus der Vorserie.

Ferrari 288 GTO

So außergewöhnlich Countach und Testarossa auch waren, sie standen im Schatten zweier Ferraris mit begrenzter Auflage, die beide unter drei Liter Hubraum aufwiesen. Einen kleinen Ferrari hatte es schon in den 60er Jahren gegeben, als der Dino 206 mit Zweiliter-V6-Motor den Reigen der straßentauglichen Ferraris mit Mittelmotor eröffnete. Die Serie wurde fortgesetzt mit dem 246 mit 2418 cm³, dem 308 GT 4 als 2+2-Sitzer mit V8-Motor mit 2926 cm³ und dessen zweisitziger Version 308 GTB. Dieser erhielt 1982 eine Einspritzung und 1983 vier Ventile pro Zylinder, was ihm zu der Bezeichnung QV wie beim Lamborghini verhalf. 1984 kam der GTO, ein auf Enthusiasten abzielender Wagen mit begrenzter Auflage. Trotz seiner Ähnlichkeit mit dem 308GTB hatte er praktisch nur die Stahltüren mit ihm gemeinsam.

Das Chassis war völlig neu, und ein Großteil des Aufbaus bestand aus Kevlar, Kohlefasern und GFK. Der Motor mit vier obenliegenden Nockenwellen stammte in der Grundkonstruktion aus dem 308, war aber mit 2855 cm³ etwas kleiner und brachte mit Turbolader 400 PS bei 7000 U/min. Er war längs statt quer montiert, um Platz für die beiden Turbolader zu schaffen und besser an das Getriebe heranzukommen. Der GTO wurde von keiner Zeitschrift getestet, werksseitig aber mit etwa 300 km/h und 4,9 sec für 0-100 km/h angegeben. Für die Homologation mußten 200 Stück gebaut werden, und bei 272 war Schluß. Sämtliche Wagen waren verkauft, noch bevor sie gebaut waren, obwohl der Stückpreis bei etwa 240000 DM lag und ein BB 512i schon für 180000 DM zu haben war.

Ferrari F40

Im Sommer 1987 kam ein weiterer Ferrari mit begrenzter Auflage, der zur Feier des 40jährigen Bestehens der Firma die Bezeichnung F40 erhielt. Mit seinem großen integrierten Heckspoiler bot er eine aufregende Erscheinung und eine bessere Aerodynamik als der GTO. Mit derselben Motorkonstruktion, bei der aus einem etwas größeren Hubraum von 2936 cm³ mit zwei Turboladern 478 PS bei 7000 U/min zur Verfügung standen, war er mechanisch die logische Weiterentwicklung seines Vorgängers. Der Radstand war mit 245 cm gleich, die Gesamtlänge mit 4,42 m um knapp 13 cm gestiegen.

Obwohl bei Ferrari keine direkten Pläne bestanden, den F40 in den Renneinsatz zu schicken, konnte er ohne größeren Aufwand dafür hergerichtet werden. Er war beispielsweise das einzige Straßenfahrzeug mit Gummitanks, wie sie im Rennsport Pflicht sind, und seine Leistung ließ sich mit relativ einfachen Änderungen auf 600 PS steigern. Es war eine Serie von 450 Stück geplant, die wie beim GTO schon alle verkauft waren, bevor die Produktion begann. Die Käufer wurden nach Maranello gebeten, um sich die Sitze anpassen zu lassen. Der F40 kostete in Italien 270 Millionen Lire, in der Bundesrepublik rund 500 000 DM.

Neben den Superautos baute Ferrari eine Reihe kleinerer Sportwagen mit Mittelmotor, die bis auf den Dino 206 des Jahres 1968 zurückzuverfolgen sind. Dieser wurde mit einem auf 2,5 Liter vergrößerten V6 zum 246 *(rechts)*, einem sehr beliebten Fahrzeug, das geschlossen als GT und offen als GTS zu haben war. Zwischen 1969 und 1974 wurden 3761 Exemplare davon gebaut, mehr als von allen anderen Ferraris bis zu diesem Zeitpunkt.

1973 kamen die größeren 208 und 308 GT4 mit neuen V-Achtzylindern von zwei beziehungsweise drei Litern Hubraum, die aufgrund des gut 20 cm längeren Radstands als 2+2-Sitzer ausgelegt waren. Das Design stammte von Bertone, und der Bau der Karosserie erfolgte bei Scaglietti, während die früheren Dinos das Werk von Pininfarina gewesen waren. 1980 machte der 308 dem Mondial Platz, der wieder von Pininfarina gestaltet und ab 1984 auch als Kabrio zu haben war. Er bekam ab 1983 den Dreiliter-V8 aus dem 308 mit Vierventil-Technik. Der Hubraum stieg 1985 auf 3,2 Liter.

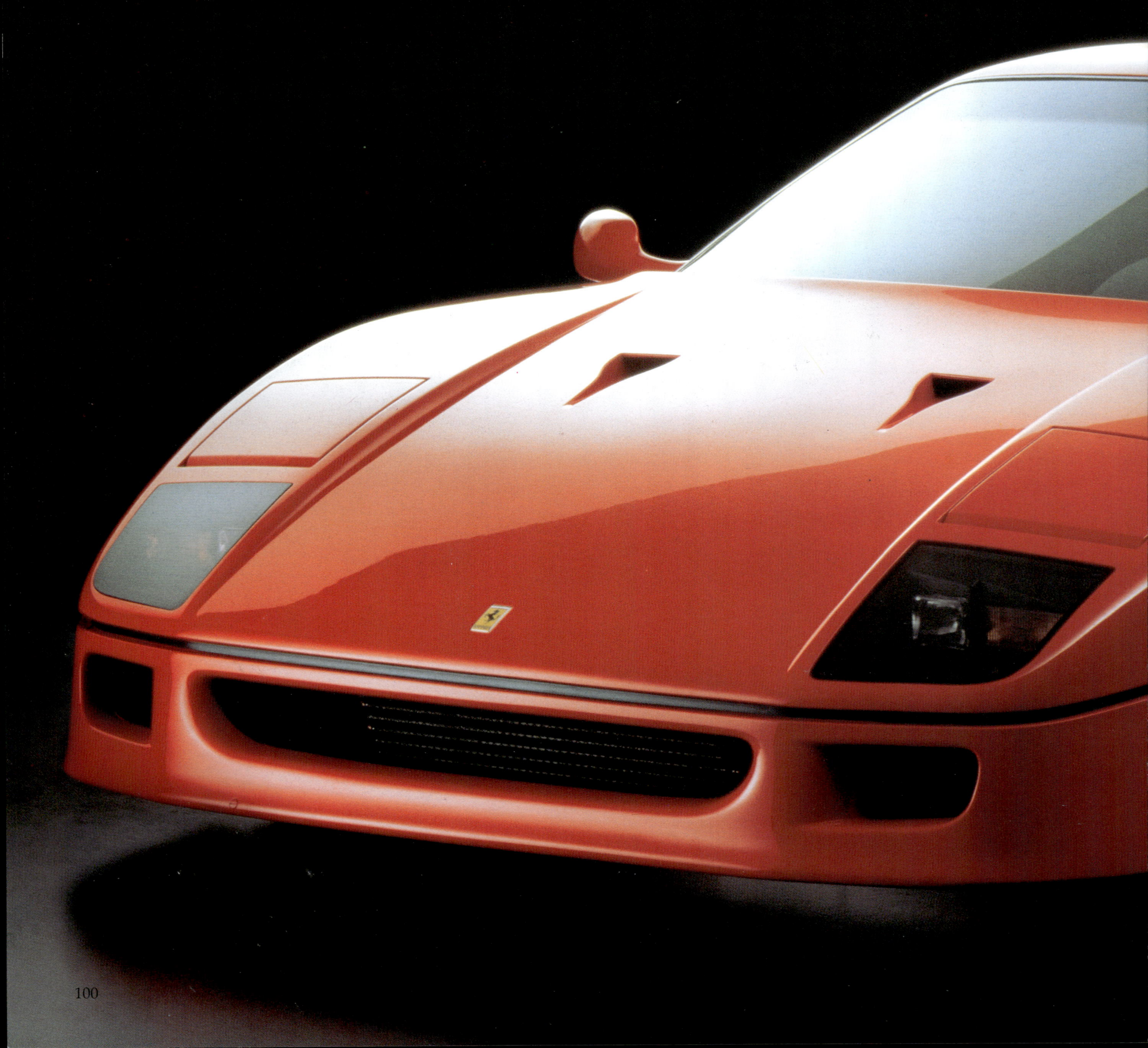

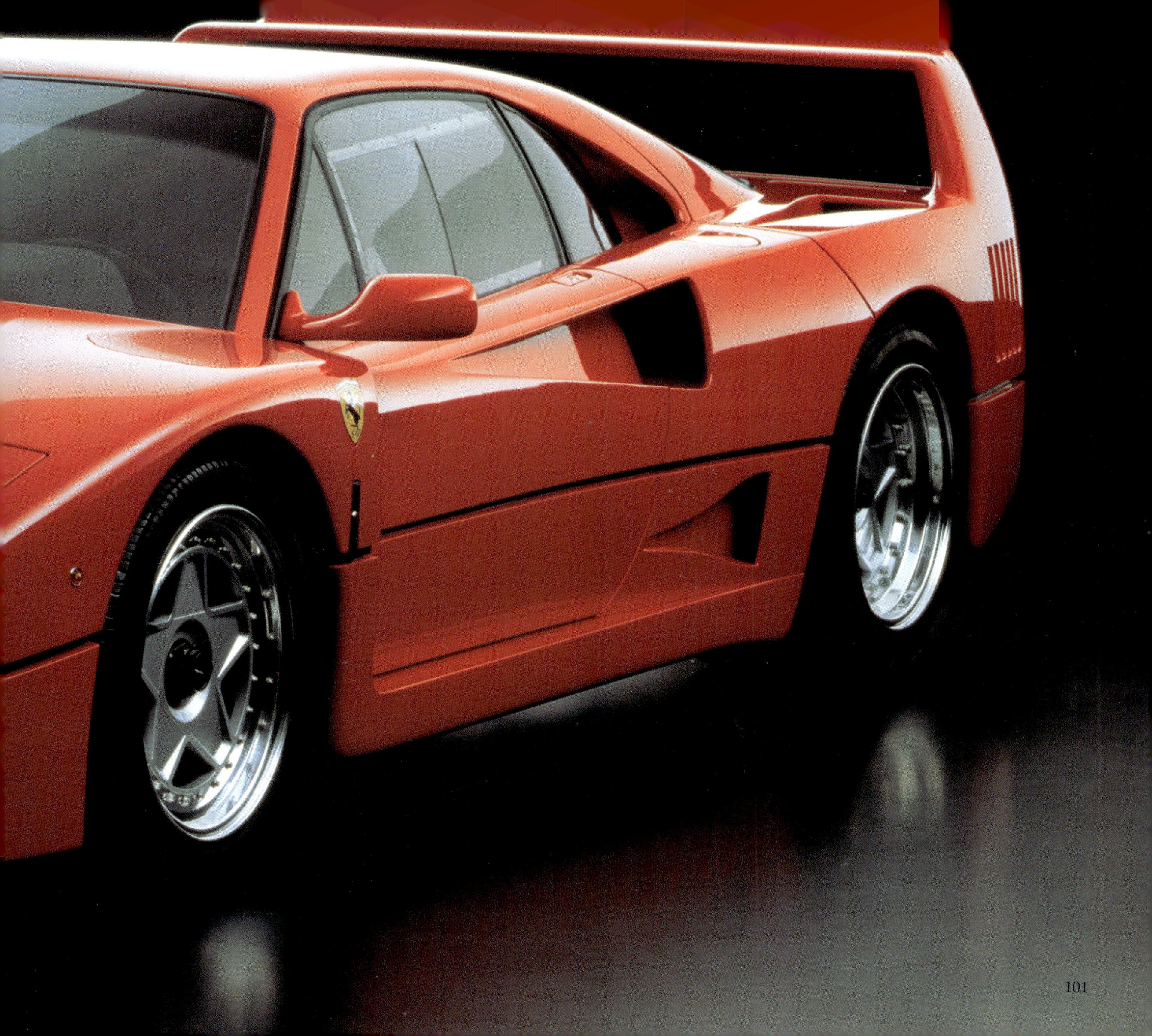

Zwei italienische Superautos, die aber weder die Leistung noch das Charisma der Ferraris und Lamborghinis erreichten, waren der De Tomaso Pantera *(oben)* und der Maserati Bora *(links)*. Ersterer zielte auf den US-Markt, wo er sich bis Mitte der 70er Jahre recht gut verkaufte und die Wartung des 5,8-Liter-Motors auch keine Probleme bereitete. Doch aufgrund der Energiekrise gingen die Verkaufszahlen dort fast auf Null zurück, und in Europa galt er wegen seines amerikanischen Motors nicht als echtes Vollblut. Trotzdem wurde er in geringen Stückzahlen noch bis 1989 gebaut.
Der Bora hatte einen hausgemachten 4,7-Liter-V8 mit vier obenliegenden Nockenwellen, der bereits zwölf Jahre alt war, als der Bora 1971 auf den Markt kam. Er war längs hinter dem Fahrer eingebaut (der Bora war der erste Maserati mit Mittelmotor) und brachte seine Kraft über ein Fünfganggetriebe von ZF auf die Hinterräder. Der Wagen lief 265 km/h und war so leise, daß man sich auch bei 240 km/h noch problemlos unterhalten konnte. Die Gesamtproduktion belief sich von 1971 bis 1978 auf 571 Stück.

De Tomaso Pantera und Maserati Bora – eigentlich keine Superautos

Mehrere andere Hersteller suchten mit Mittelmotorautos die Konkurrenz zu Ferrari und Lamborghini, doch keiner kam ihnen wirklich nahe. Der De Tomaso Pantera konnte wegen seines V8-Motors von Ford kein echtes Vollblut sein, und auch die Herstellungsqualität wurde bemängelt. Er war auf dem US-Markt dennoch recht erfolgreich, bis die Energiekrise Ford veranlaßte, das Marketing-Abkommen zu beenden. Die daraus resultierenden sinkenden Verkaufszahlen bedeuteten, daß der Pantera keine Entwicklungsgelder mehr erhielt; er wurde zwar auch 1989 noch angeboten, aber an der Konstruktion hat sich seit Mitte der 70er Jahre kaum etwas getan.

Der Maserati Bora hatte den 4,9-Liter-V8-Motor mit vier obenliegenden Nockenwellen und 310 PS, der auch für den Ghibli und andere Modelle Verwendung gefunden hatte. Er war längs montiert und trieb die Räder über eine ZF-Achseinheit mit fünf Gängen an. Der Bora hatte eine Einzelradaufhängung mit Schraubenfedern wie der Testarossa und der Countach. Bei seiner Spitzengeschwindigkeit von 265 km/h war er bemerkenswert leise, doch konnte er seinen Konkurrenten nie das Wasser reichen, möglicherweise, weil ihm der Rennhintergrund des Ferrari und das Protzige des Lamborghini fehlten. Der Hubraum stieg 1976 auf 4,9 Liter, und zwei Jahre später lief die Produktion aus, nachdem 571 Exemplare gebaut worden waren. Ein kleinerer Bruder des Bora war der Merak, der im Prinzip wie dieser gebaut, aber mit der 2,9-Liter-V6-Maschine des Citroën SM ausgerüstet war.

Im Unterschied zum Bora, der ein reiner Zweisitzer war, bot der Merak, ungewöhnlich für ein Fahrzeug mit Mittelmotor, Rücksitze, die aber zu klein waren, um sich in der Praxis als nützlich zu erweisen. Einige Exemplare wurden mit Zweiliter-Maschinen hergestellt, die in Italien steuerlich begünstigt wurden. Die Gesamtproduktion belief sich zwischen 1972 und 1983 auf 1634 Stück.

BMW M1 – heute bei Sammlern hoch geschätzt

Das einzige deutsche Superauto mit Mittelmotor war der BMW M1, der eine völlige Abkehr von der normalen Politik des Münchener Herstellers bedeutete. Er sollte den im Sport sehr erfolgreichen CSL mit Frontmotor ablösen und bekam dessen Sechszylinder mit gut drei Litern Hubraum längs hinter dem Innenraum eingebaut. Um für die Gruppe 4 zugelassen zu werden, mußten mindestens 400 Stück gebaut werden, und da eine derart kleine Serie für BMW unwirtschaftlich war, sollten die Fahrzeuge bei Lamborghini hergestellt werden.

Unglücklicherweise gerieten die Italiener in ein geschäftliches Tief und konnten den Vertrag nicht erfüllen. Daher wurden die Glasfaserkarosserie und der Stahlrahmen bei Italdesign in Turin gebaut und auf Lkw zur Karosseriefirma Baur in Stuttgart geschafft, wo dann die Endmontage und der Einbau der in München gefertigten Motoren erfolgte. Diese komplizierte Fertigung trug wesentlichen zu dem hohen Preis von 100000 DM bei. Insgesamt wurden 456 M1 gebaut, die sich zwar als Straßenfahrzeuge nicht gut verkauften, aber im Vorspann der Grand-Prix-Rennen des Jahres 1979 bei den Procar-Rennen Furore machten, bei denen die Formel 1-Fahrer identische M1 fuhren. Der M1 ist heute ein wertvolles Liebhaberstück.

Das deutsche Superauto mit Mittelmotor war der BMW M1 mit dem längs eingebauten 3,5-Liter-Sechszylinder, der auch unter der Haube des CSL saß. Der Wagen sollte eigentlich bei Lamborghini gebaut werden, wo es damals jedoch Probleme gab. So wurden der Stahlrahmen und der Glasfaseraufbau bei Ital Design in Turin hergestellt und zur Karosseriebaufirma Baur in Stuttgart verfrachtet, wo der Motoreinbau und die Endmontage erfolgten. Vom M1 wurden in den Jahren 1979/80 insgesamt 456 Exemplare gebaut.

Der BMW M1 Procar ist ein Siegertyp, und an dieser Schnittzeichnung sieht alles perfekt aus – sehr steifes Chassis, Mittelmotor, professionell konstruierte Aufhängung und aerodynamische Karosserie. Die Standard- und die Rennversion hatten den gleichen Reihen-Sechszylinder, dessen Leistung allerdings für die Procar-Serie von den serienmäßigen 277 PS drastisch auf 485 PS gesteigert war.

Die Porsche-Coupés waren insofern fast einzigartig, als der Motor hinter der Hinterachse saß und nicht davor wie bei den Mittelmotor-Fahrzeugen. Der leistungsstärkste 911 war der Turbo *(oben)*, der 1975 auf den Markt kam und auch am Ende des folgenden Jahrzehnts noch gebaut wurde. Vom Turbo sagte man, es sei leicht, ihn schnell, aber schwierig, ihn sehr schnell zu fahren. Mit der ab 1977 erhältlichen 3,3-Liter-Maschine errreichte er eine Spitzengeschwindigkeit von 260 km/h.

Ein weiteres Coupé mit Heckmotor war der Renault GTA *(links)*, der in Dieppe in dem von Jean Redele in den 50er Jahren errichteten Alpine-Werk gebaut wurde. Der 1985 neu herausgebrachte aerodynamische 2+2-Sitzer war mit und ohne Turbolader zu haben; die letztere Version war mit 2849 cm³ Hubraum (160 PS) etwas größer als der Turbo mit 2458 cm³ (200 PS).

Porsche 911 – 1964 geboren, jung wie eh und je

Außer dem Alpine aus Frankreich war der Porsche 911 mit Sechszylinder-Flachmotor das einzige Hochleistungsauto, das die Maschine im Heck behielt; geboren im Jahre 1964, scheint er fest entschlossen zu sein, noch ein gutes Stück in die 90er Jahre hinein am Leben zu bleiben. Trotz der Tatsache, daß eine Gewichtskonzentration im Heck das Unheil bei einem leistungsstarken Wagen geradezu heraufzubeschwören scheint, ist der Porsche mit seiner Kombination aus gut abgestimmter Aufhängung und Breitreifen ein voll straßentaugliches Fahrzeug, das dem Anfänger allerdings keine Fehler verzeiht.

In den 70er Jahren gab es eine Vielzahl von 911ern, vom relativ zahmen 911T mit 130 PS (nach 1971 eingestellt) über den 911S mit 2,4 Litern und 190 PS bis zu den Carreras mit 210 PS und 2,7 Liter Hubraum und später 230 PS und 3 Liter. Der Hubraum wurde nicht so sehr um der Leistung willen vergrößert, sondern mit dem Ziel, die Fahrzeuge durch ein hohes Drehmoment bei niedrigen Umdrehungszahlen besser auf Stadtfahrten abzustimmen und die amerikanischen Immissionsschutzvorschriften zu erfüllen.

Der stärkste 911er war der Turbo, der 1975 mit 260 PS und 2994 cm³ Hubraum vorgestellt und ab 1977 mit 300-330 PS und 3299 cm³ Hubraum geliefert wurde. Die breiteren Räder erforderten verbreiterte Kotflügel, doch die ursprüngliche Form des 911 blieb im wesentlichen erhalten, und dazu bot der Turbo im Gegensatz zu den Wagen mit Mittelmotor Platz für vier Personen. Mit der größeren Maschine erreichte er eine Spitzengeschwindigkeit von 260 km/h und brauchte 12 sec von Null auf 160 km/h. Besonders von Leuten, die nur mit frontgetriebenen heißen Öfen gefahren waren, kam die am 911 bekannte Kritik an den Fahreigenschaften. Erfahrene Fahrer hingegen hatten am Turbo kaum etwas auszusetzen. Problemlos schnell zu fahren, schwierig sehr schnell zu fahren, hieß es in der Zeitschrift *Autocar & Motor*.

Porsche 959 – Computer auf Rädern

Die ultimative Entwicklung zum Thema Porsche mit Heckmotor war der für die Homologation in der Gruppe B gebaute 959. Das Aus für die Gruppe B Ende 1986 bedeutete keineswegs das Aus für den 959, der als eines der bemerkenswertesten Fahrzeuge der 80er Jahre gilt. Der Sechszylinder-Flachmotor war von dem des 911 abgeleitet, mit 2850 cm^3 aber kleiner als beim Turbo. Zwei Turbolader verliehen ihm beträchtlich mehr Kraft, nämlich 450 PS. Wie beim Porsche 935 waren die Zylinderköpfe wassergekühlt und der Block luftgekühlt.

Die Kraftübertragung erfolgte über ein voll synchronisiertes Sechsganggetriebe und Allradantrieb. Dieser hatte eine variable Lastverteilung von 40:60 Prozent zwischen Vorder- und Hinterachse unter normalen Bedingungen und bis zu 20:80 Prozent bei starker Beschleunigung. Der 959 hatte weiterhin ABS, Servolenkung und eine variable Stoßdämpfereinstellung – weich, mittel und hart. Die Einstellung konnte vor dem Start gewählt werden, wobei bei hohen Geschwindigkeiten automatisch auf hart gestellt wurde.

Die Leistung des 959 war ebenfalls außergewöhnlich: 0-100 km/h in weniger als 5 sec und 320 km/h Spitze. Welche Beschleunigung dahintersteckte, zeigt sich daran, daß ein stehender 959 einen Wagen, der mit 160 km/h an ihm vorbeifuhr, nach weniger als einem Kilometer eingeholt hatte. Diese Leistung war natürlich nicht billig: Der 959 schlug mit 420000 DM zu Buche. Es hieß,

Einer der fortgeschrittensten Wagen der 80er Jahre war der in begrenzter Serie gebaute Porsche 959. Er besaß eine gewisse Ähnlichkeit mit dem 911, war diesem aber in jeder Hinsicht technisch überlegen. Die 2850 cm^3-Maschine mit zwei Turboladern leistete 450 PS, und die Kraftübertragung erfolgte über ein Sechsganggetriebe und Allradantrieb mit variabler Lastverteilung. Der zweite Turbolader trat nur in Aktion, wenn das Gaspedal voll durchgetreten wurde. Weitere Merkmale waren elektronisch gesteuerte Dämpfereinstellung, ABS und Servolenkung.

daß ein Mikroprozessor für den 959 mehr gekostet habe als ein ganzer VW Polo. Trotzdem waren die Käufer bereit, bis zu 700000 DM auf den Tisch zu legen, um einen der in den Jahren 1987 und 1988 gebauten 200 Porsche 959 zu erhalten.

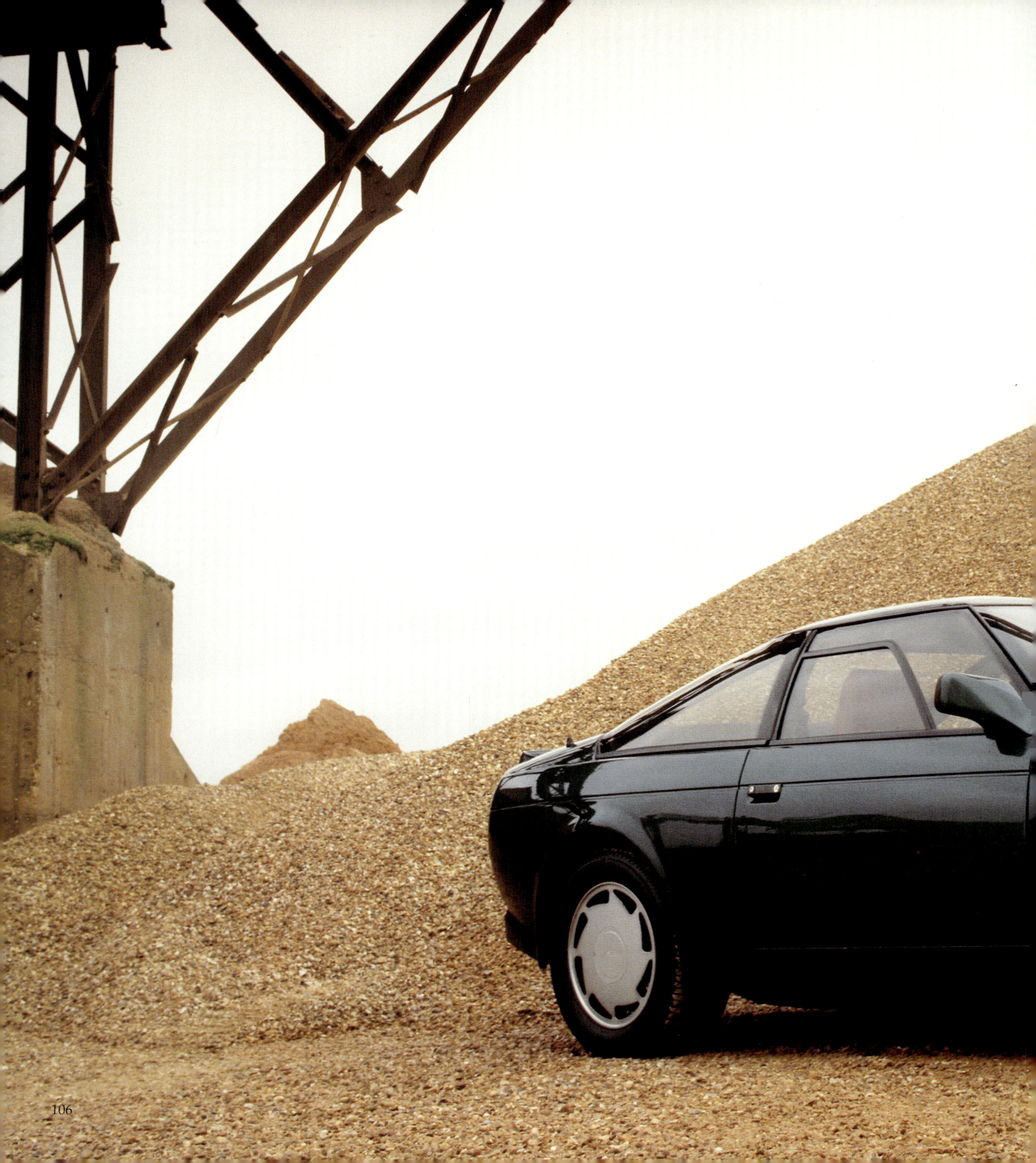

Der in begrenzter Stückzahl gebaute Vantage Zagato war ein wohlerwogener Glücksbringer, der sofort bei Erscheinen zum Sammlerobjekt wurde, da es insgesamt nur 50 Coupés und 25 Kabrios gab. Die umstrittene Karosserie saß auf der Bodengruppe des V8, doch der Wagen war etwa 180 kg leichter als dieser, bot innen weniger Platz und erreichte die ungeheure Spitzengeschwindigkeit von 290 km/h. Victor Gauntlett, der Vorstandsvorsitzende von Aston Martin, bezweifelte, daß Ford Interesse an einer Übernahme gezeigt hätte, wenn der Vantage Zagato nicht gebaut worden wäre.

Gegen Ende der 80er Jahre sprossen plötzlich Projekte für ultrakomplexe und ultrateure Superautos, von denen nur diese beiden in die Praxis umgesetzt wurden. Der Jaguar XJ220 hatte einen 6222 cm³ großen V 12 mit 48 Ventilen, der bei 7000 U/min über 500 PS entwickelte und über ein Fünfgang- Renngetriebe und ein zentrales Viscose- Differential alle vier Räder antrieb. Es wurde nur ein Exemplar gebaut; vorgesehen war jedoch eine Serie von 350 Stück mit Zweiradantrieb für den kolossalen Preis von 400000 Pfund Sterling.

Der Cizeta-Moroder 16T *(links)* war unter den Straßenautos nach dem Kriege insofern einzigartig, als er einen Sechzehnzylindermotor hatte, der bei 8000 U/min aus 5995 cm³ Hubraum 560 PS schöpfte. Er saß quer hinter dem Passagierraum und sollte den Wagen über ein Fünfganggetriebe auf 328 km/h beschleunigen. Bis Ende 1989 war erst ein einziges Exemplar fertiggestellt.

Cizeta Moroder V 16 und Jaguar XJ 200

Der Erfolg solcher in begrenzter Auflage gebauten Autos wie Porsche 959, Ferrari GTO und Aston Martin Vantage Zagato zog Ende der 80er Jahre eine wahre Flut von Projekten für ultrateure Superautos nach sich. Nur zwei davon erblickten am Ende des Jahrzehnts auch wirklich das Licht der Welt: der Cizeta-Moroder mit Sechsliter-V 16-Motor und der Jaguar XJ 200 mit 6,2-Liter-V 12-Maschine und Allradantrieb. Weiter geplant waren ein Bugatti mit Dreiliter-V 12-Motor mit 500 PS und 340 km/h Spitze, Straßenautos von den Rennwagenherstellern March und McLaren, ein mit einem Ford-Cosworth-V 8 mit drei Litern Hubraum bestückter Costin und, bislang der größte, ein Wagen mit V 18-Motor von der Firma Italian Life Racing Machines, der geschätzte 420000 Pfund Sterling kosten soll.

Aber es ist kaum anzunehmen, daß all diese Superautos wirklich auf den Markt kommen. Ende 1989 war das March-Projekt bereits gestrichen, und der Jaguar wird in der jetzigen Form wohl auch nicht kommen, obwohl eine kleinere und billigere Version in den 90er Jahren noch möglich erscheint. Trotzdem – der Sportwagen befindet sich heute wieder auf dem aufsteigenden Ast – vom einfachen Mazda MX 5 bis zu superschnellen Ferrari F 40.

Kapitel 4
ERHOLUNG AUF UND ABSEITS DER STRASSE

In den vergangenen 20 Jahren hat sich das Straßennetz überall auf der Welt ungeheuer verdichtet. Gleichzeitig aber ist die Zahl der Autofahrer gewachsen, die nicht mehr auf die Straße angewiesen sein wollen, sei es in Ausübung eines Sports oder einfach nur, um der großen Herde zu entfliehen. Und auf einen Fahrer, der wirklich ins Gelände auswich, kamen mindestens zwei, die sich gern das Image zulegten, sie täten es. So entstand ein sehr profitabler Markt für eine wachsende Zahl von Freizeitfahrzeugen, überwiegend mit Allradantrieb.

Bronco, Blazer, Wagoneer und Trail Duster

In den 60er Jahren entwickelte sich das spartanische Fahrzeug vom Typ Jeep oder Land Rover zu einem anspruchsvollen Pkw mit Allradantrieb. Doch erst mit dem Range Rover kam das Image der schicken Maschine, geeignet für die Oper wie für den Wochenmarkt. Den Anfang machte 1963 die Kaiser-Jeep Corporation mit dem Jeep Wagoneer, einem sechssitzigen, viertürigen 4x4-Kombi. Angetrieben wurde er von einem 3,8-Liter-Sechszylinder, übrigens dem ersten amerikanischen Serien-Sechszylinder mit obenliegender Nockenwelle.

Mehr Kraft erhielt der Wagoneer 1965 mit der 5,8-Liter-V8-Maschine. In den 70er Jahren kamen größere V-Achtzylinder mit 5,9 Litern und 6,6 Litern hinzu, alle von American Motors, dem neuen Besitzer der Jeep Corporation. Gesellschaft bekam der Wagoneer im Jahre 1965 vom Ford Bronco und 1969 vom Chevrolet Blazer, einem großen Kombi mit V8-Motor und Platz für neun Insassen in drei Reihen. Den Blazer gab es auch zweitürig mit kurzem Radstand.

Bald stieß auch der Dritte der Großen Drei in den Markt vor. Chrysler brachte 1974 den Dodge Ramcharger, der unter der Markenbezeichnung Plymouth auch als Trail Duster verkauft wurde. Es gab ihn mit einem 3,7-Liter-Sechszylinder und mit verschiedenen V-Achtzylindern bis hinauf zu 7,2 Litern. Auch die Firma International Harvester war mit dem viertürigen Kombi Travelall und dem Scout als zweitürigem Kombi und Pickup auf dem Markt. Der letzte Scout wurde 1980 gebaut und besaß den ersten Turbodiesel in einem 4x4-Sport-/Nutzfahrzeug. Alle anderen Modelle waren auch in den 80er Jahren noch zu haben, wenn auch mit kleineren Maschinen.

Der Trend zum Kleineren bei amerikanischen Pkw spiegelte sich auch bei den Geländefahrzeugen wider. 1982 brachte Chrysler den Blazer S-10, der 39 cm kürzer und 37,5 cm schmaler als der große Blazer war, aber nur einen halben Quadratmeter weniger Grundfläche bot. Als Motoren standen ein 1,9-Liter-Vierzylinder und ein 2,8-Liter-V6 zur Verfügung. Ford folgte mit einem kleineren Bronco II mit 2,9-Liter-V6 und Jeep mit dem Cherokee, einem drei-

Der Jeep aus dem Zweiten Weltkrieg war nicht das erste Allradfahrzeug in der Geschichte des Automobils. Schon im Ersten Weltkrieg hatte es den Ford T mit Allradantrieb gegeben. Doch der Willys-Jeep lieferte die Schlagzeilen – er konnte angeblich alles außer Bettenmachen. Nach dem Krieg gelangten große Stückzahlen überschüssiger Jeeps in private Hände und leisteten auch dort noch viele Jahre lang gute Dienste. Heute sind sie begehrte Sammelobjekte, und es gibt überall auf der Welt Jeep-Clubs.

Zwei frühe amerikanische Pkw mit Allradantrieb waren der 71er International Scout 800 *(oben links)* und der 74er Jeep Cherokee *(darunter).*
Der Scout war mit 3,8-Liter- Sechszylinder und mit Fünfliter-V 8 zu haben, der 182 PS leistete. Außerdem gab es ihn mit normalem Zweiradantrieb. Äußerlich veränderte er sich im Laufe der Jahre kaum. Allgemeine Ansicht: Praktisch, aber häßlich.
Der Jeep Cherokee sah besser aus, war aber größer und mit mehreren Maschinen vom 4,2-Liter-Sechszylinder bis zum 6,6-Liter-V 8 mit 195 PS zu haben, der den Wagen auf 180 km/h beschleunigte.

In den 80er Jahren griff der Verkleinerungstrend auch auf die amerikanischen Freizeitfahrzeuge über. Jeep brachte den Cherokee und dessen luxuriösere Version Wagoneer *(links)* heraus, die 53 cm kürzer war als der normale Jeep-Kombi, der daraufhin Grand Wagoneer hieß. Das Motorenangebot umfaßte Vier- und Sechszylinder, darunter auch ein 2,1-Liter- Turbodiesel von Renault. Der Cherokee wird in China als Beijing BJ213 Cherokee in Lizenz gebaut.

Einer der führenden Freizeit- und Geländewagen, der sich seit den 70er Jahren nur wenig verändert hat, ist der Ford Bronco *(oben)*. Er wurde mit V-Achtzylinder und wahlweise Sechszylinder angeboten und hatte permanenten Allradantrieb. Der hier abgebildete Bronco stammt aus Australien, ist seinem amerikanischen Gegenstück aber sehr ähnlich.
Der Dodge Ramcharger *(links)* wurde 1974 von Chrysler auf den Markt gebracht und auch als Plymouth Trailduster verkauft. Es gab ihn mit 3,7-Liter-Sechszylinder und mit verschiedenen V8 bis zu 7,2 Litern Hubraum. Hier ein 85er Modell.

Der Chevrolet Blazer erschien 1969 auf dem 4x4-Markt. Er wurde auch als GMC Jimmy verkauft und war auch als Zweitürer mit kurzem Radstand erhältlich. Hier ein Modell aus dem Jahr 1989.

oder fünftürigen Kombi in rahmenloser Bauweise mit Vier- und Sechszylindern, darunter auch ein Renault-Turbodiesel. Die besser ausgestattete Version des Cherokee bekam den Namen Wagoneer, während der große Wagoneer in Grand Wagoneer umbenannt wurde. Eine Neuerung bei den 83er Modellen war der zuschaltbare Allradantrieb mit der Bezeichnung Selec-Trac. Der permanente Allradantrieb bei den früheren Jeeps trug die Bezeichnung Quadra-Trac.

Jeep CJ 5

Neben den Kombis gab es einfachere 4x4-Fahrzeuge, unter denen der Jeep CJ 5 der bekannteste war. Dieser offensichtliche Abkömmling des Jeep Universal aus der Kriegszeit wurde in den 70er Jahren in einer zunehmenden Zahl von Varianten gefertigt, darunter auch solche, die direkt auf den Hobby-und Freizeit-Markt abzielten wie etwa der Renegade. Das war ein Hochleistungsfahrzeug mit Fünfliter-V8-Motor, Überrollbügel, Rallyestreifen und Vinyl-Innenauskleidung nach Kundenwunsch. Jeeps waren sehr beliebt bei Querfeldeinrennen wie dem Baja 500 und anderen.

Beim Renegade des Jahres 1975 waren die Sitze mit Levis-Jeans-Stoff bezogen, und das Radio saß in einem wetterfesten Gehäuse. 1976 kam der CJ7, ein CJ5 mit verlängertem Radstand, permanentem Allradantrieb und, zum ersten Mal bei einem CJ, wahlweise Automatikgetriebe. Nach 1983 wurde der CJ5 nicht mehr hergestellt, und drei Jahre später verabschiedete sich auch der CJ7 nach 40 Jahren ziviler Jeep-Produktion mit 1,6 Millionen Einheiten. Die Presse war voll von sentimentalen Abschiedsartikeln, doch der Nachfolger

Der klassische Jeep, je nach Radstand als CJ5 oder CJ7 bezeichnet, wurde von 1946 bis Mitte der 80er in ziviler Ausführung gebaut. Hier ein CJ5, der serienmäßig mit 3,8-Liter- Sechszylinder ausgestattet, aber auch mit 4,2-Liter-Sechszylinder und Fünfliter- V8 zu haben war. Das Aussehen des letzteren entsprach mit Überrollbügel, Rallyestreifen und Sportfelgen seiner Leistung.

Wrangler stand ganz in der Tradition des CJ; er war bei gleichem Radstand 7,5 cm breiter und hatte rechteckige Scheinwerfer und einen horizontalen V-Grill.

Die Produktion von Fahrzeugen für die Freizeit und Hobby-/Nutzfahrzeugen stieg in den 80er Jahren gewaltig an. Zusammen mit den Pickups, die zunehmend auch von Privatleuten gekauft wurden, übertrafen sie 1988 in den USA die Produktionszahlen für normale Pkw.

Der 89er Wrangler Islander kam als Nachfolger des CJ7. Er hatte einen 7,5 cm längeren Radstand, einen 2,5-Liter- Vier- beziehungsweise 4,2-Liter-Sechszylinder, ein Fünfgangschaltgetriebe und ein Faltdach. Seine Höchstgeschwindigkeit betrug etwa 140 km/h.

Diese Abbildung zeigt deutlich, wie robust das Chassis des Land Rover war. Sein Kastenprofil ist darauf ausgelegt, die dauernden Schläge beim Geländeeinsatz auszuhalten. Der innen und außen lackierte Rahmen ist über lange Zeit rostbeständig. Hier ein Chassis mit langem Radstand.

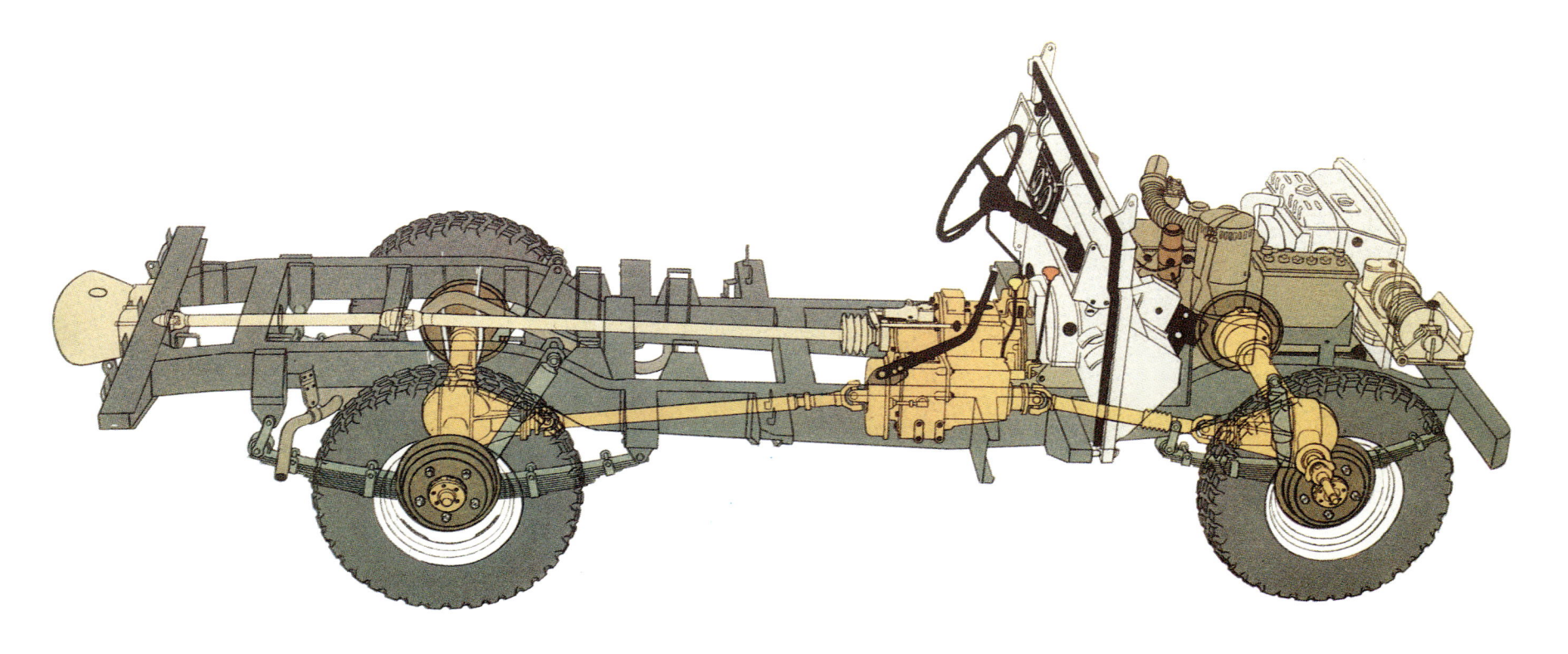

Land Rover, Range Rover und ihre Konkurrenten aus Japan und vom europäischen Kontinent

Die britische Antwort auf den Jeep, der Land Rover, war seit 1948 gebaut worden. Er machte in den 70er und 80er Jahren keine dramatischen Veränderungen durch, wenn man davon absieht, daß ab 1971 ein neues, voll synchronisiertes Getriebe zur Verfügung stand, daß ab 1979 ein V8 mit 3528 cm³ angeboten wurde und daß 1983 die harten Blattfedern einer Schraubenfederung weichen mußten. In der ganzen Zeit gab es den Land Rover, der ein großartiges Arbeitspferd war, mit zwei Radständen. Sein Design blieb hinter dem der Konkurrenz aus Japan zurück, und selbst die modernisierten Modelle Ninety und One-Ten konnten in der Sparte Eleganz nicht mithalten. Doch was seine Geländetauglichkeit und seine robuste Konstruktion angeht, ist er nach wie vor unschlagbar.

Schon in den 50er Jahren hatte die Firma an einen zivilisierteren Land Rover gedacht und mehrere Prototypen des Road Rover gebaut. Der Kauf der bei Buick konstruierten V8-Maschine mit gut drei Litern Hubraum gab den Konstrukteuren endlich die erforderliche Kraftquelle an die Hand, und ab 1966 konnte die Arbeit an dem Wagen weitergehen, der schließlich vier Jahre später als Range Rover auf den Markt kam. Er wurde überall begeistert aufgenommen, weil er eine gute Geländetauglichkeit mit einer Spitzengeschwindigkeit von 160 km/h verband, viel Platz in sich vereinte und gleichzeitig einen Eindruck von Stärke und Kraft vermittelte und sich zudem dank der Schraubenfedern bequem fahren ließ.

Letzteres war bei Fahrzeugen dieser Art etwas Neues, denn der Jeep Wagoneer hatte nur vorn Schraubenfedern, während der Ford Bronco normalerweise rundum Blattfedern hatte und nur gegen Aufpreis vorn mit Schraubenfedern geliefert wurde. Der einzige Nachteil des Range Rover war sein Verbrauch von 18-23 l/100 km, doch darüber machten sich die Käufer damals keine großen Gedanken, weil sie sowieso ziemlich vermögend sein mußten, um sich diesen Wagen zu leisten. Die Produktion stieg von zehn pro Woche im Jahre 1970 auf 100 Stück wöchentlich zwei Jahre danach; trotzdem übertraf die Nachfrage das Angebot derart, daß bei 18 Monaten Lieferfrist im Jahre 1973 gute Gebrauchte einen höheren Preis erzielten als Neufahrzeuge.

Der Land Rover hatte 1948 das Tageslicht erblickt und war damit fast so alt wie der Jeep. Als 1977 dieser Wagen mit kurzem Radstand gebaut wurde, hatte er schon über eine Million Brüder. Das sehr robuste Chassis und der rostbeständige Aluminiumaufbau machten ihn weltweit zu einem beliebten Arbeitspferd. Die beinharte Blattfederung wurde 1983 durch Schraubenfedern abgelöst.

Der jetzt im 20. Jahr gebaute Range Rover setzte neue Maßstäbe für Komfort und Leistung auf der Straße und im Gelände. Er fand eine Unmenge an Nachahmern, behauptete seine führende Rolle aber bis zum Ende der 80er Jahre. Hier ein 81er Modell in Polizeiausführung.

Der Range Rover wurde schnell zum Statussymbol: Ein Range Rover vor der Tür bedeutete, daß der Besitzer einen Pferdeanhänger zu transportieren hatte oder auf seinen umfangreichen Ländereien herumfahren mußte. Auf viele Käufer traf allerdings weder das eine noch das andere zu. Er war allerdings auch bei echten Landbesitzern beliebt, und für viele reiche Gutsbesitzer war er aufgrund seiner Kombination aus Stil und Nutzen akzeptabler als ein Rolls-Royce oder Jaguar. Aber er kam aber nicht nur in Großbritannien gut an: Es hieß, daß die wählerischen Prostituierten im Bois de Boulogne sich von einem Kunden mit Range Rover eher beeindrucken ließen als von einem Freier mit Ferrari. Und in den 80er Jahren, als die Verkaufsziffern britischer Autos auf dem Kontinent einen absoluten Tiefststand erreicht hatten, war das einzige Modell, das noch in nennenswerten Zahlen in den Alpenorten wie St. Moritz und Davos zu sehen war, der Range Rover mit deutschen, italienischen, französischen und schweizerischen Kennzeichen.

Der Range Rover hat sich in seinem 19jährigen Leben nicht groß verändert. Ab 1973 stand wahlweise eine Servolenkung und ab 1981 eine viertürige Version zur Verfügung; 1985 kam ein Einspritzer und 1986 ein 2,4-Liter-Turbodiesel hinzu. Letzterer wurde in Italien von der Firma VM gebaut, und die Kritiker waren teilweise der Meinung, der Leistungsverlust im Vergleich zum Benziner schade dem Image des Wagens. Wenn sich das Serienmodell auch wenig änderte, so gab es doch spektakuläre Umbauten. Bei einigen wurde der normale Radstand beibehalten, etwa beim Sheer Rover von Wood & Picket mit modifizierter Front und geneigtem Kühlergrill sowie Scheinwerferschutz, speziellen Rädern und luxuriöser Innenausstattung mit Armaturenbrett aus Walnußfurnier, Hochflorteppichen, Lederpolstern von Conolly und Klimaanlage.

Andere verlängerten den Radstand um bis zu 90 Zentimeter und bauten eine zusätzliche Achse ein, die ebenfalls angetrieben wurde. Dazu kamen offene Modelle mit normalem und verlängertem Radstand. Das Ungewöhnlichste war wohl der Glenfrome Facet. Er erhielt für die Zielgruppe der 17- bis 21jährigen Kinder reicher Araber einen völlig neuen Aufbau und wurde damit als Sportwagen für die Wüste vermarktet. Range-Rover dienten zudem als Basis für Feuerlöschfahrzeuge.

Der kleine Range Rover

Gegen den wachsenden Wettbewerbsdruck von Seiten der japanischen Allradfahrzeuge brachte Land Rover im Jahre 1989 einen kleinen Range Rover (Junior Range Rover) mit dem Namen Discovery. Klein war er eher vom Preis und von der Ausstattung her als von den Abmessungen, denn er besaß mit 254 cm den gleichen Radstand wie der große Range Rover und war insgesamt sogar 5 cm länger. Auch der Innenraum war etwas größer, da das Dach hinter den Vordersitzen höher und das Reserverad außen am Heck montiert war. Als Antrieb diente der normale V8 mit drei Litern Hubraum oder ein bei Land Rover gebauter Turbodiesel mit Direkteinspritzung und zwei Litern Hubraum.

Der Erfolg der japanischen Allradler brachte Land Rover dazu, im Herbst 1989 eine billigere Version des Range Rover unter der Bezeichnung Discovery auf den Markt zu bringen. Er hatte den gleichen Radstand von 2,54 m, war aber fünf Zentimeter länger und bot durch die Erhöhung im hinteren Dachbereich innen mehr Platz. Zum gleichen Preis konnte man zwischen dem TDi mit 2495 cm³-Turbodiesel und dem V 8 mit 3528 cm³-Benziner wählen.

Der Discovery zielte direkt auf den Markt der Japaner, der vom Mitsubishi Pajero und vom Isuzu Trooper beherrscht wurde. Zum Zeitpunkt der Drucklegung dieses Buches waren noch keine Preise bekannt, doch rechnete man damit, daß der Diesel in der Grundausstattung etwa 16000 Pfund Sterling kosten und damit zwischen dem drei- und dem fünftürigen Pajero liegen würde; das waren 6000 Pfund weniger als beim Range Rover. Als Zielgruppe galten diejenigen Käufer, die von einem kleinen 4x4 wie etwa dem Suzuki auf ein größeres Fahrzeug umsteigen wollten. Die Anfangsproduktion belief sich auf 200 Fahrzeuge pro Woche und lag damit um einiges höher als die zehn Exemplare in der Woche, mit denen der Range Rover seine Karriere begonnen hatte. Wenn der Discovery einschlug, erwartete man, daß von ihm mehr als die gegenwärtig 640 Range Rover pro Woche gebaut werden würden.

Als der Range Rover auf den Markt kam, hatte er unter den europäischen Marken keine Konkurrenz. Das änderte sich jedoch 1979 mit der Ankündigung der G-Reihe von Mercedes-Benz. Diese Reihe war ein paar Jahre vorher als Militärfahrzeug entwickelt, von der Bundeswehr jedoch zugunsten des VW Iltis zurückgewiesen worden und wurde später von Peugeot in Lizenz für die französischen Streitkräfte gebaut. Um sich weitere Märkte zu erschließen, bot Mercedes-Benz die G-Reihe in ziviler Ausführung an. Es gab sie mit vier Motorvarianten – zwei Benziner und zwei Diesel – und zwei Radständen als

Der Mercedes-Benz G lag irgendwo zwischen Land Rover und Range Rover. Er hatte eine bessere Leistung als ersterer, war aber mehr als Nutzfahrzeug ausgelegt als letzterer. Es gab ihn mit zwei Radständen und vier Motoren, nämlich 2,3- und 2,8-Liter-Benziner sowie 2,5- und Dreiliter-Fünfzylinder-Diesel. Die G-Reihe wurde bei Steyr-Daimler-Puch in Österreich gebaut und in Österreich, in der Schweiz und in Osteuropa als Puch verkauft.

116

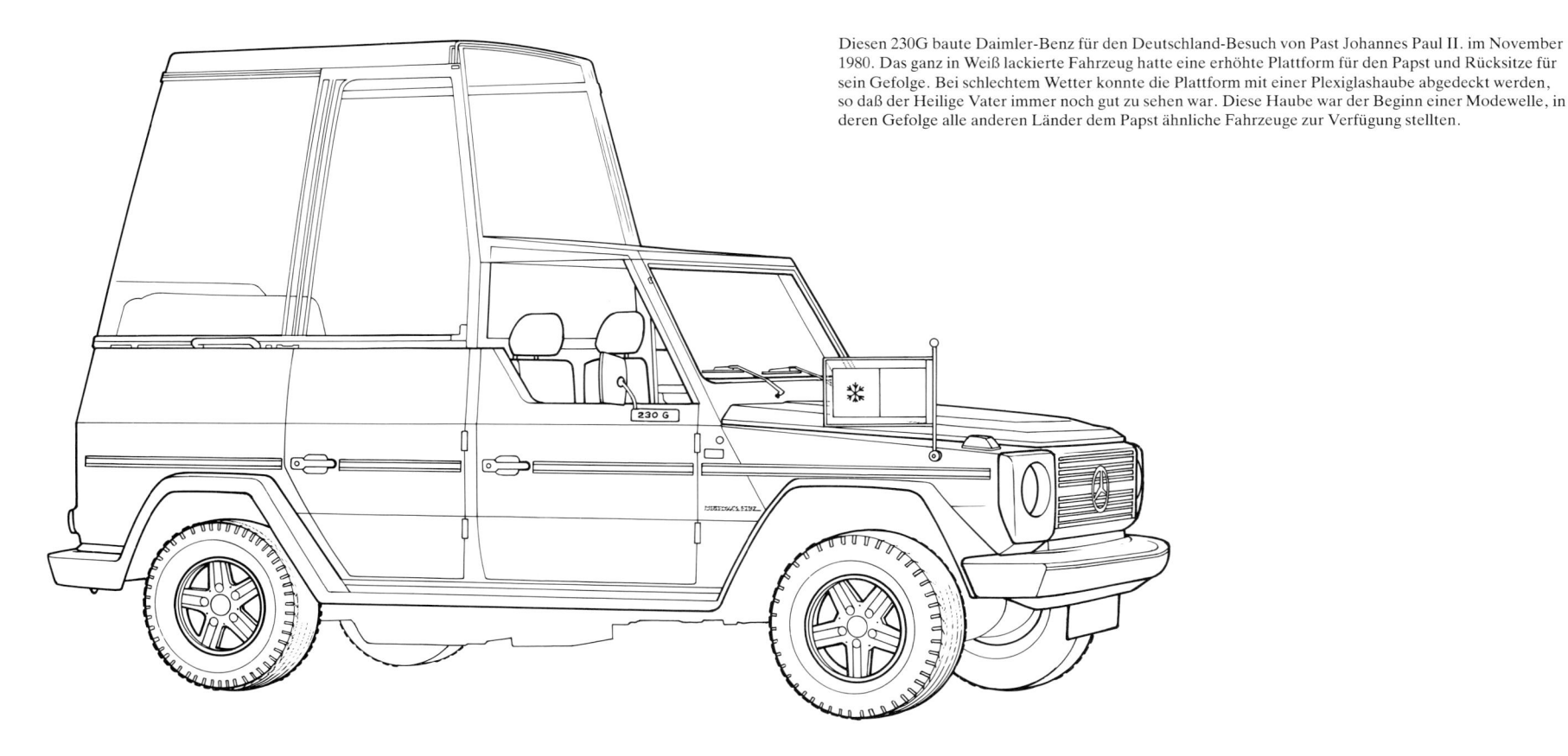

Diesen 230G baute Daimler-Benz für den Deutschland-Besuch von Past Johannes Paul II. im November 1980. Das ganz in Weiß lackierte Fahrzeug hatte eine erhöhte Plattform für den Papst und Rücksitze für sein Gefolge. Bei schlechtem Wetter konnte die Plattform mit einer Plexiglashaube abgedeckt werden, so daß der Heilige Vater immer noch gut zu sehen war. Diese Haube war der Beginn einer Modewelle, in deren Gefolge alle anderen Länder dem Papst ähnliche Fahrzeuge zur Verfügung stellten.

zwei- und viertürigen Kombi, Pickup und Lieferwagen.

Die Herstellung erfolgte bei Steyr-Daimler-Puch in Österreich, einem zu diesem Zweck gegründeten Gemeinschaftsunternehmen. Vom Typ her lag der G-Wagen zwischen dem Land Rover und dem Range Rover. Er war eckiger als der letztere, schwächer motorisiert und schwerer, da der Aufbau nicht aus Aluminium, sondern aus Stahl bestand. Auf dem europäischen Festland, wo er deutlich billiger als der Range Rover war, verkaufte er sich gut. In Großbritannien lagen die Preise jedoch dichter beieinander, obwohl auch dort der Mercedes noch günstiger war als das Spitzenmodell Range Rover Vogue SE.

Exoten von Franco Sbarro

Die Schweizer Automobilindustrie der Nachkriegszeit ist kaum der Rede wert, doch drei Firmen boten Fahrzeuge in der Klasse der luxuriösen Geländewagen an. Felber und Monteverdi bauten verschiedene Versionen des International Scout mit individueller Innenausstattung, wobei Monteverdi mit dem Safari noch ein eigenständigeres Fahrzeug anbot. Von der Konzeption her ähnelte der Safari dem Range Rover; er hatte jedoch wahlweise Allradantrieb und Chrysler-V8-Motoren mit 5,2 bzw. 5,9 Litern Hubraum. 1980 mußte er einer viertürigen Monteverdi-Version des Range Rover weichen, also mehr als ein Jahr früher, als es den Range Rover ab Werk mit vier Türen gab.

Die aufsehenerregendsten Schweizer Fahrzeuge stammten von Franco Sbarro, der den Genfer Automobilsalon regelmäßig mit ungewöhnlichen und manchmal außergewöhnlichen Kreationen belebte. Sein erster 4x4 war der Windhound, wahlweise mit zwei oder vier Türen und Motoren von Mercedes-Benz, BMW, Ford oder Jeep. Sein Cockpit war sehr gut ausgestattet: Zu den mehr oder weniger üblichen Instrumenten kamen noch Höhenmesser und

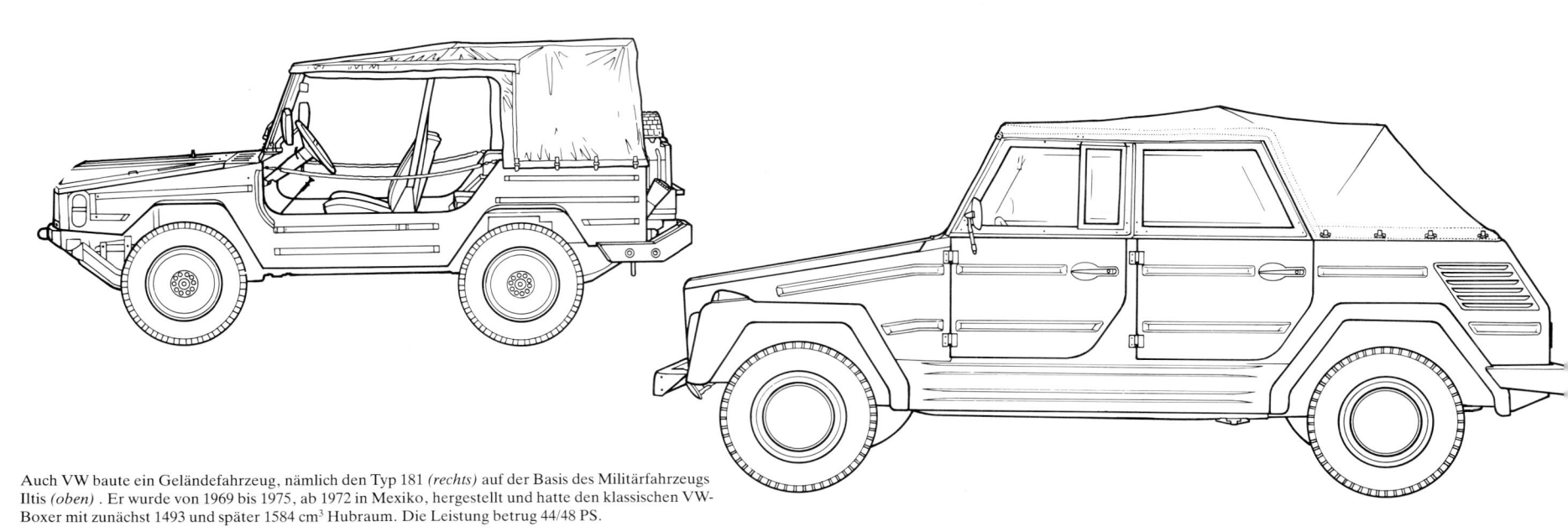

Auch VW baute ein Geländefahrzeug, nämlich den Typ 181 *(rechts)* auf der Basis des Militärfahrzeugs Iltis *(oben)*. Er wurde von 1969 bis 1975, ab 1972 in Mexiko, hergestellt und hatte den klassischen VW-Boxer mit zunächst 1493 und später 1584 cm³ Hubraum. Die Leistung betrug 44/48 PS.

Der Sbarro Windhound war ein in begrenzter Serie gebauter Schweizer Geländewagen, den es als Zwei- und Viertürer mit Motoren von BMW, Ford, Jeep und Mercedes-Benz in einer Vielzahl von Varianten gab, da praktisch jedes Fahrzeug für den Kunden maßgeschneidert wurde.

Lamborghini LM 002

Fast so exotisch wie der Windhawk, aber ein Serienfahrzeug war der Lamborghini LM 002. Wie die G-Reihe von Mercedes-Benz begann er als militärisches Projekt: Bei der US-Armee bezog er seine Leistung aus V-Achtzylindern von Chrysler und AMC im Heck. 1982 wurde er umkonstruiert und erhielt einen Lamborghini-V12-Frontmotor, wie er auch im Countach Verwendung fand. Das massige Fahrzeug stand auf 16-Zoll-Rädern, die ihm mehr als 18 cm Bodenfreiheit verliehen.

Statt der üblichen Kombiform hatte er einen viertürigen Limousinenaufbau mit angesetztem Kofferraum. Er wog 2950 kg – etwa 50 Prozent mehr als der Range Rover – und kam auf 201 km/h, sicherlich ein Rekord für Geländefahrzeuge. Bei Testfahrten bewies ein LM 002 in Militärversion mit 7,2-Liter-Maschine Steigfähigkeit noch bei 70prozentiger Steigung. Der LM 002 hatte wahlweise Allradantrieb und ein Fünfganggetriebe. Er kostete im Jahre 1988 310 000 DM und war damit nur wenig billiger als der Countach.

Kompaß. Der 1978 vorgestellte Windhound hatte eine Spitzengeschwindigkeit von über 193 km/h.

Zu den 20 gebauten Windhounds kam ein einziger Windhawk, ein allradgetriebener Dreiachser mit Mercedes-Benz-Motor, der für König Khaled von Saudi-Arabien für die Falkenjagd gebaut wurde. Er hatte eine Hydraulik, mit der die Sitze 75 cm über das Dach hinaus angehoben werden konnten (damit der König nicht auszusteigen brauchte, um die Falken von der Hand zu lassen), einen 420-l-Tank (für den Fall, daß dem Land das Öl ausging) und einen Kühlschrank für das Frischfleisch für die Falken. Eine Sbarro-Kuriosität auf dem Automobilsalon 1987 war der Monster G, der einem gigantischen Dünen-Buggy auf Goodyear-Reifen ähnelte und angeblich auf dem Fahrwerk einer Boeing 747 basierte. Als Antrieb dienten V-Achtzylinder von Mercedes-Benz mit 6,3 oder 6,9 Litern Hubraum. Mit an Bord war ein Honda-Moped mit 38 cm³.

Das wohl exotischste und teuerste Geländefahrzeug der 80er Jahre war der Lamborghini LM 002 mit 450-PS-V12-Frontmotor und dem Fünfganggetriebe des Countach. Der Wagen wog zwar 50 Prozent mehr als der Range Rover, lief aber rund 200 km/h.

Rayton Fissore Magnum

Ein etwas bescheidenerer italienischer 4x4 und direkter Konkurrent des Range Rover war der Rayton Fissore Magnum. Sein Erbauer war der Sohn des berühmten Karosseriebauers Fissore, der sein Geschäft darauf begründet hatte, daß er gepanzerte Versionen von Alfa-Romeo-Limousinen für die entführungsanfälligen Wirtschaftsbosse und Politiker Italiens baute. Der 1984 vorgestellte Magnum war ein großer 4x4-Kombi auf der Basis des Militärfahrzeugs Iveco PM40, der von einem Alfa-Romeo-Benziner mit 1995 cm^3 oder einem VM-Diesel mit 2445 cm^3 Hubraum angetrieben wurde. Seine militärische Herkunft zeigte sich in seinen Abmessungen: Er war zehn Zentimeter höher und zwanzig Zentimeter breiter als der Range Rover.

Bei einem Gewicht von 2132 kg war die Alfa-Maschine mit 135 PS eigentlich zu schwach. Für 1989 wurden dann auch BMW-Motoren für den Magnum angeboten, ein Benziner mit 3430 cm^3 und 211 PS und ein Diesel mit 2443 cm^3 und 115 PS. In Amerika wurde er unter dem Namen Laforza mit amerikanischen V-Achtzylindern verkauft. Es gab noch verschiedene andere italienische Allradfahrzeuge, die jedoch in eine kleinere Klasse gehörten – Konkurrenten für den Suzuki SJ und weniger für den Range Rover.

In Frankreich wurden eigentlich keine Allradfahrzeuge in dieser Klasse gebaut, denn der Cournil war mehr ein Gefährt vom Typ Land Rover. Zunächst in Frankreich mit Benzin- und Dieselmotoren von Peugeot und Saviem gebaut, wurde er später auch in Portugal als UMM hergestellt. Die in Frankreich gebauten Versionen heißen heute Auverland. Es gibt sie mit kurzem und mit langem Radstand und mit einfachem offenen und geschlossenen Aufbau. Die Produktion im Jahre 1988 belief sich auf 600 Fahrzeuge, kaum genug, um dem Land Rover ins Gehege zu kommen. Bei den anderen französischen Geländefahrzeugen handelte es sich überwiegend um Umbauten wie den Peugeot 504 und 504 4x4 von Dangel und die 6x6-Versionen der Mercedes-G-Reihe von De Leotard.

Aus Osteuropa kamen ein paar nützliche Allradfahrzeuge, die aber keinesfalls in die Klasse des Range Rover gehören. Der russische GAZ-69 stammte aus den 60er Jahren und wurde in Rumänien als Aro 240 in Lizenz gebaut. Er war ein zweitüriger Wagen mit kurzem Radstand und Segeltuch-Seiten oder Kombi-Aufbau aus Metall, der von einer Zweiliter-Wolgamaschine oder, aus rumänischer Produktion, von Peugeot- oder Perkins-Dieselmotoren angetrieben wurde. Ein weiterer Dieselmotor von Daihatsu kam hinzu, als das Fahrzeug auch in Portugal unter dem Namen Portaro gebaut wurde.

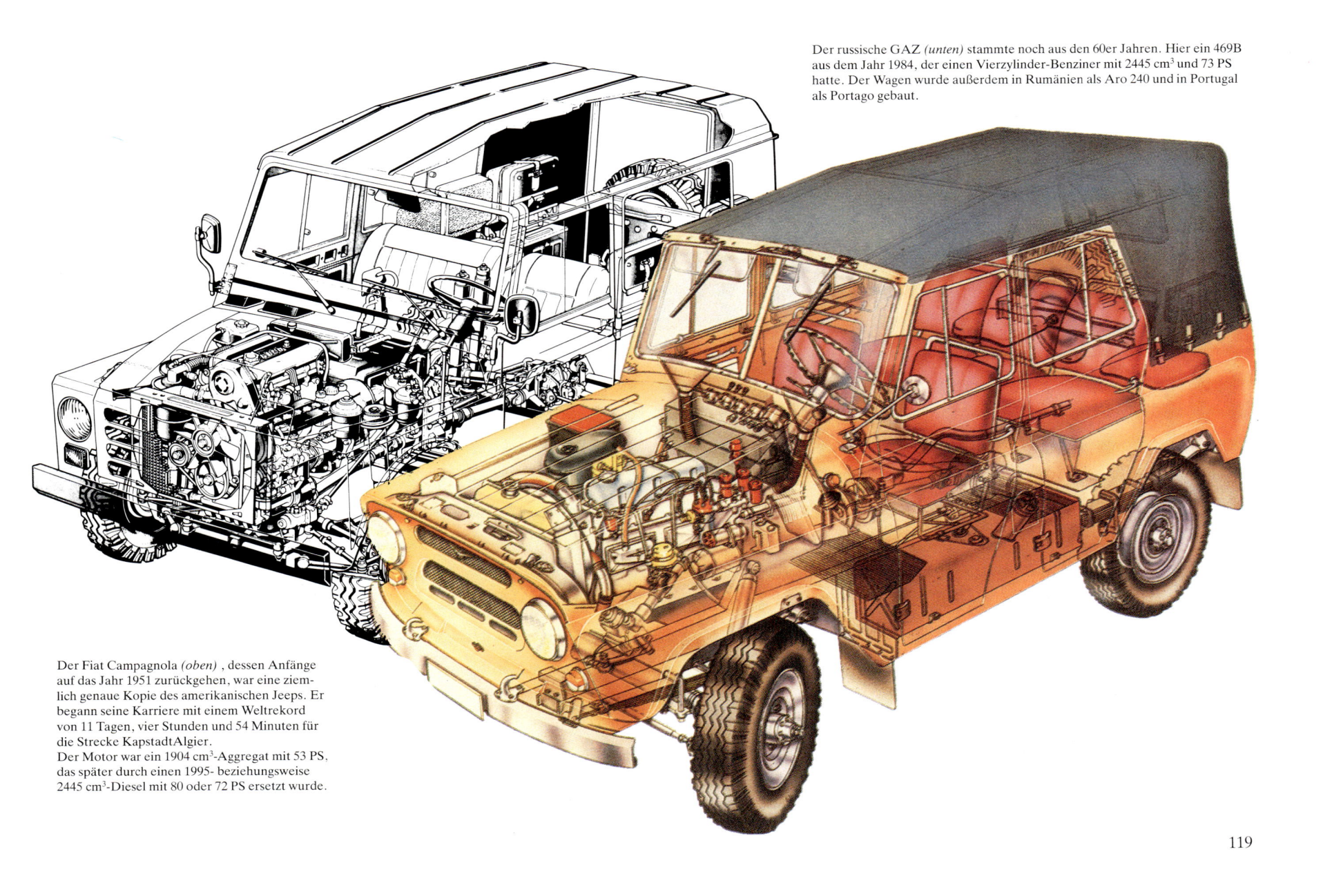

Der russische GAZ *(unten)* stammte noch aus den 60er Jahren. Hier ein 469B aus dem Jahr 1984, der einen Vierzylinder-Benziner mit 2445 cm^3 und 73 PS hatte. Der Wagen wurde außerdem in Rumänien als Aro 240 und in Portugal als Portago gebaut.

Der Fiat Campagnola *(oben)*, dessen Anfänge auf das Jahr 1951 zurückgehen, war eine ziemlich genaue Kopie des amerikanischen Jeeps. Er begann seine Karriere mit einem Weltrekord von 11 Tagen, vier Stunden und 54 Minuten für die Strecke Kapstadt-Algier.
Der Motor war ein 1904 cm^3-Aggregat mit 53 PS, das später durch einen 1995- beziehungsweise 2445 cm^3-Diesel mit 80 oder 72 PS ersetzt wurde.

Japanische Allradler sind fast so alt wie der Land Rover. Der Nissan Patrol und der Toyota Land Cruiser waren die führenden Modelle zu Beginn der 80er Jahre. Beide gab es mit kurzem und langem Radstand und verschiedenen Aufbauten. Dieser Land Cruiser mit kurzem Radstand *(rechts)* stammt aus der Mitte der 80er Jahre. Als Maschinen standen ein 3,4- und ein 4,2-Liter- Benziner sowie ein Dreiliter-Diesel zur Verfügung.

Ab 1988 wurde ein kleinerer Land Cruiser angeboten, um der wachsenden Konkurrenz durch Mitsubishi und Isuzu zu begegnen, deren Pajero *(unten links)* und Trooper *(ganz oben)* sehr beliebt waren. Beide gab es mit Benzin- und mit Dieselmotoren in zwei Radständen als Drei- und Fünftürer. 1988 erhielt der Pajero einen Dreiliter-Turbodiesel, der ihm die Leistung des Range Rover verlieh.

Allradler aus Japan

Japan besitzt im Bau von Allradfahrzeugen eine lange Tradition, die bis in die ersten Jahre nach dem Krieg zurückreicht, in denen bei Toyota und Nissan Militär- und Zivilfahrzeuge auf der Basis des Jeeps hergestellt wurden. Der Nissan Patrol und der Toyota Land Cruiser wurden unter diesen Bezeichnungen zum ersten Mal im Jahre 1948 beziehungsweise 1954 angeboten und seitdem ständig weiterentwickelt. Beide Modelle gab es mit kurzem und mit langem Radstand, letztere in den 70er Jahren mit viertürigem Kombi-Aufbau in der Größe des Range Rovers, wobei sie vom Charakter her dem Land Rover näherstanden. Wie der Land Rover aus der Zeit vor 1983 hatten sie vorn und hinten Blattfederung.

Insgesamt waren sie für den Käufer in Europa wohl zu groß und zu schwer, denn die Verkaufszahlen waren nicht gerade berauschend. Die Motorenpalette reichte von einem 2,7-Liter-Benziner im Patrol bis zum 4230 cm³-Benziner und 3980 cm³-Diesel im Land Cruiser. 1988 kam ein kleinerer Land Cruiser mit 42 cm kürzerem Radstand und Zweiliter-Turbodiesel. Er muß sein Geld auf dem europäischen Markt erst noch verdienen, obwohl der Land Cruiser weltweit seit 1954 bereits in 1,5 Millionen Exemplaren verkauft wurde.

Isuzu Trooper und Mitsubishi Pajero

Attraktiver waren für den europäischen Käufer die kleineren Fahrzeuge von Isuzu und Mitsubishi. Den 1981 vorgestellten Isuzu Trooper gab es offen und geschlossen mit zwei Radständen und einer Vielzahl von Benzin- und Dieselmotoren bis zu 2,8 Litern Hubraum. Trotz seines Allradantriebs eignete er sich wohl besser für die Straße als für richtig hartes Gelände. Aber er war billiger und sparsamer als der Range Rover und fand in vielen Ländern schnell seinen Käuferkreis. In Australien wurde der Trooper bei der Firma Holden (die wie Isuzu Verbindungen zu GM hat) gebaut und unter dem Namen Kangaroo verkauft.

Noch erfolgreicher, und zwar besonders in Europa, war der Mitsubishi Pajero, der in den USA Montero und in einigen Ländern Europas Shogun heißt. Es gab ihn wie den Trooper seit 1981 mit der gewohnten Vielfalt von Radständen und Motoren. Am beliebtesten war der viertürige Kombi, der etwa so groß wie der Land Rover, aber eleganter und komfortabler war. Für eine ausreichende Leistung sorgten Vierzylinder-Benziner und -Diesel. Mit der Einführung eines Dreiliter-V6-Turbodiesels im Jahre 1988 stieg die Spitzengeschwindigkeit auf 164 km/h; damit gelangte der Wagen in die Klasse des Range Rover, von dem er aber preislich noch runde 6000 Mark Abstand behielt. Bei vielen Kritikern gilt der Pajero V6 als bester japanischer 4x4, und sein Erfolg führte dazu, daß Land Rover in Form des Discovery einen direkten Konkurrenten auf den Markt brachte.

1989 kündigte Isuzu ein neues Geländefahrzeug an, das in Japan MU (Mysterious Utility) und in allen anderen Ländern Amigo hieß. Mit Motoren, Getrieben und vielen weiteren Komponenten aus dem Trooper ist der Amigo ein Freizeit- und Nutzfahrzeug in der Klasse des Suzuki Vitara, obwohl er von der Größe her näher am Trooper und am Pajero mit kurzem Radstand liegt. Er wird wahlweise mit Zweirad- und zuschaltbarem Allradantrieb angeboten. Vom Amigo für den europäischen Markt sollen ab 1991 jährlich 30000 bis 40000 Stück im ehemaligen Bedford-Lkw-Werk in Luton in Großbritannien gebaut werden.

Die 4x4-Minis

Einer der größten Wachstumsmärkte war in den vergangenen 20 Jahren jener der kleinen Geländewagen mit Allradantrieb. Der erste Hersteller und nach wie vor der Marktführer war Suzuki mit dem winzigen Jimny LJ-10 aus dem Jahre 1970. Er hatte einen Zweizylinder-Zweitakter mit 359 cm³ Hubraum und einen offenen zweisitzigen Aufbau mit einer kleinen Ladefläche dahinter, aber Allradantrieb und damit eine gewisse Geländegängigkeit. Es folgten größere Motoren mit 539 und 797 cm³ Hubraum und 1980 schließlich die SJ-Reihe mit Dreizylinder-Zweitakter und 539 cm³ Hubraum (nicht exportiert) oder Vierzylinder-Viertakter mit 970 cm³.

Suzuki SJ-410 – gefährlich und beliebt

Die Version mit Vierzylinder, der SJ-410, wurde in Europa sehr populär. Seit 1984 werden im Land-Rover-Santana-Werk in Spanien jedes Jahr etwa 10000 Stück gebaut. Allradantrieb war wahlweise zu haben, und das Fünfganggetriebe war mit einem Vorschaltgetriebe ausgestattet, das auf alle Gänge wirkte. Als Aufbauten gab es einen geschlossenen Minikombi und ein sportliches Off-Road-Modell mit Rallyestreifen und Überrollbügel.

Die Blattfederung sorgte für eine gewisse Härte, und die kleinen Suzuki wurden von dem britischen Verbrauchermagazin *Which* und verschiedenen Verbraucherverbänden in den Vereinigten Staaten wegen ihrer gefährlichen Fahreigenschaften heftig kritisiert. Das scheint dem Verkauf aber keinen Abbruch getan zu haben. 1984 kam der SJ-413 mit 1324 cm³-Maschine, und 1988 wurde die Reihe durch einen größeren Wagen mit 1,6-Liter-Motor und eleganterer Karosserie ergänzt, der in Japan Escudo, in den USA Geo Tracker und in Europa Vitara heißt. Der Vitara für den europäischen Markt wird gegenwärtig in Japan gefertigt, während das Werk in Spanien weiterhin den SJ-413 baut. Für den japanischen Markt gab es den SJ-410 auch mit einem Turbodiesel mit 539 cm³.

Suzuki spielte die Vorreiterrolle bei den 4x4-Kleinwagen, die heute so beliebt sind. Der erste war der Jimny des Jahres 1970 mit 359 cm³-Zweizylinder. Dieser hatte sich bis 1980 zur SJ-Reihe mit 539 cm³-Dreizylinder für den heimischen Markt und 970 cm³-Vierzylinder für den Export gemausert. Rechts ein SJ410, der seit 1984 in Spanien gebaut wird. Eine größere Version mit 1590 cm³-Motor und gefälligeren Linien kam 1988. Sie hieß Vitara in Europa, Geo Tracker in den USA und Escudo in Japan.

Der 1984 vorgestellte Daihatsu Fourtrak gehörte von der Größe her eher in die Klasse des Land Rover als in die der Suzukis. Er hatte einen 2765 cm³-Dieselmotor, der in der normal beatmeten Version 73 PS und in der Turboausführung 91 PS leistete. Es gab ihn mit kurzem und langem Radstand als Lieferwagen, Pickup und Kombi wie hier. Im Unterschied zum Land Rover war der Aufbau aus Stahl. Auf anderen Märkten hieß der Fourtrak Rocky oder Rugger. Weiterhin wurde er als Toyota Blizzard verkauft.

Daihatsu Rocky

Etwas größer waren die Allradler von Daihatsu, deren erster der Taft aus dem Jahre 1975 war. Sie hatten Vierzylinder-Motoren mit 958 oder 1587 cm³ Hubraum und sehr auf Nutzlast ausgelegte Kombi- oder Pickup-Aufbauten sowie Blattfederung. Vorn waren Scheibenbremsen als Sonderausstattung zu haben. 1978 kam ein Diesel mit 2539 cm³ Hubraum, der vier Jahre später auf 2769 cm³ vergrößert wurde. Dieses Modell machte 1984 dem Four Trak Platz, der eine völlig neu gestaltete Karosserie, dieselbe Dieselmaschine oder einen Benziner mit 1988 cm³ und ein Fünfganggetriebe aufweisen konnte. Der in einigen Ländern auch als Rocky oder Rugger verkaufte Four Trak lag größenmäßig eher in der Klasse des Land Rover. Es gab ihn außerdem als Toyota Blizzard, da Toyota die Daihatsu-Muttergesellschaft war und die Motoren für den Four Trak lieferte.

Lada Niva

Der härteste Konkurrent für den Suzuki auf dem europäischen Markt war der in Rußland gebaute Lada Niva. Der im Jahre 1978 von der Firma VAZ angekündigte Wagen hatte den gleichen 1,6-Liter-Motor mit obenliegender Nockenwelle wie die ebenfalls dort gebaute Lada-Limousine auf der Basis des Fiat 124, permanenten Allradantrieb und Schraubenfederung, vorn als Einzelradaufhängung. Ein Fünfganggetriebe stand ab 1985 zur Verfügung. Neben der zweitürigen Limousine wurde ab 1984 ein Kabrio angeboten. Die Preise der Spitzenmodelle lagen zwar etwas niedriger als bei seinem Gegenstück Suzuki SL-413, doch der Niva galt als schwächer im Gelände.

Ebenfalls aus Osteuropa kam der rumänische Dacia Duster, ein kleiner 4x4 mit einfachem Kombi-Aufbau, der aber auch als Lieferwagen und Pickup zu haben war und von einer 1397 cm³-Maschine angetrieben wurde. Andere Fahrzeuge in dieser Klasse waren der Teilhol Tangara und der Voisin aus Frankreich, beide auf der Basis des Citroën 2CV. Der Teilhol hatte einen neuen Aufbau als Nutzfahrzeug oder Kabrio, während der Voisin als Umbau

Aus Rußland kam der Lada Niva, ein 4x4 in Suzuki-Größe mit dem 1,6-Liter- Motor der Lada-Limousine. Er hatte rundum Schraubenfedern, vorn als Einzelradaufhängung, und war ab 1985 mit einem Fünfganggetriebe erhältlich. Neben einigen offenen Modellen gab es auch diesen Kombi.

aus der Karosserie des 2CV entstand. In Italien erschienen Ende der 80er Jahre zwei kleine Allradler, und zwar einer von Bertone mit Motor aus der 3er Reihe von BMW und Daihatsu-Chassis und ein zweiter von der neuen Firma IATO mit 1,6-Liter-Motor aus dem Fiat Regata, Zweiliter-Motor aus dem Croma oder 1,9-Liter-Turbodiesel aus dem Tipo. Das IATO-Werk lag weit abseits der italienischen Industriezentren in einem Dorf bei Neapel.

Die Raum-Fahrzeuge

Seit den 50er Jahren bildet der Kombi einen wichtigen Teil der Modellpalette der meisten Hersteller, da er die Transportkapazität eines Kleinlieferwagens und die Leistung der Limousine, auf der er beruht, in sich vereinigt. Es fehlt ihm jedoch an Kopffreiheit, und in den meisten Fällen hat er auch nur zwei Sitzreihen, das heißt, Platz für höchstens fünf oder sechs Passagiere.

Nissan Prairie

1982 brachte Nissan einen neuen Fahrzeugtyp heraus, der viel höher als ein herkömmlicher Kombi war und mehr Stauraum bot, aber auch nur zwei Sitzreihen hatte. Der Prairie, wie der neue Wagen hieß, hatte den Motor, das Getriebe und viele andere mechanische Komponenten von Stanza und vom Sunny – ursprünglich mit einer 1488 cm³-Maschine, zu der dann später ein Motor mit 1809 cm³ Hubraum trat, der die kleinere Maschine schließlich ganz ablöste.

Für die Passagiere gab es Schiebetüren wie beim Konkurrenten des Prairie, dem Toyota Space Cruiser. Dieser hatte im Gegensatz zum kurzhaubigen Prairie Frontlenker und bei kürzerem Radstand drei Sitzreihen. Der Antrieb aus den Motoren mit 1812 oder 1998 cm³ Hubraum erfolgte auf die Hinterräder. Seine Leistung mit einer Spitzengeschwindigkeit von 137 km/h war mit der des Prairie vergleichbar. Wegen des kurzen Radstands kam es jedoch auf schlechten Straßen zu heftigen Nickbewegungen.

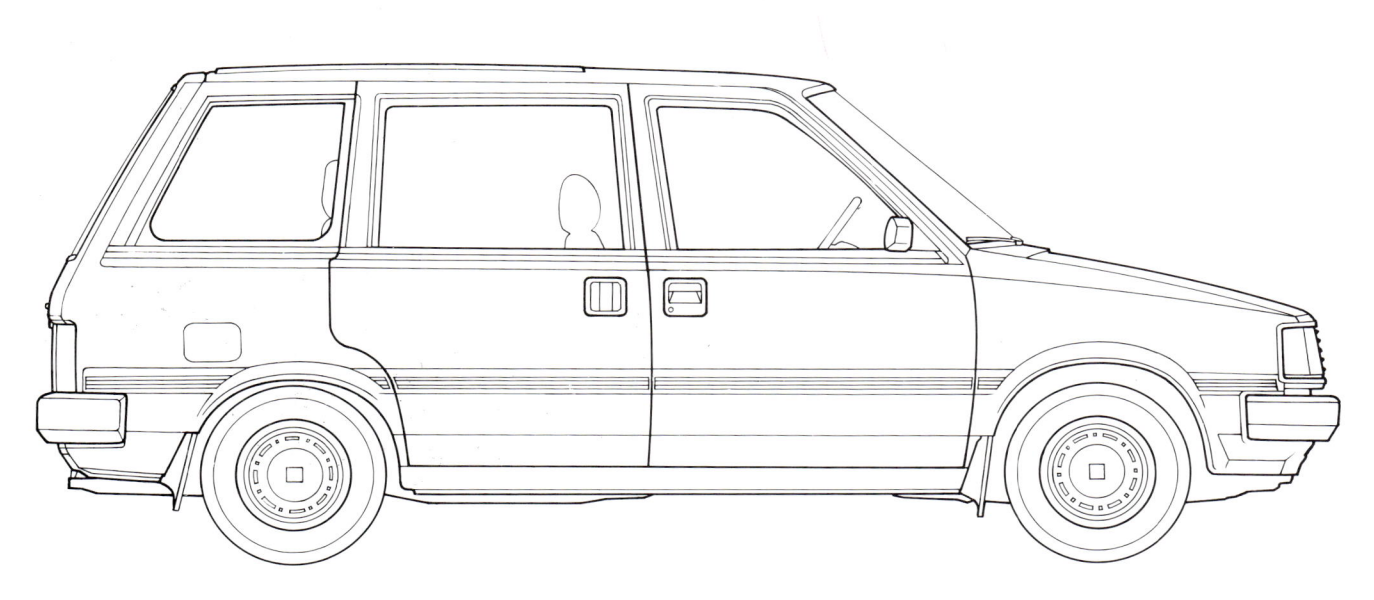

Der 1982 herausgebrachte fünftürige Nissan Prairie hatte hinten eine Schiebetür, wahlweise eine dritte Sitzreihe und Allradantrieb. Es gab ihn mit 1,5-Liter- und mit 1,8-Liter-Motor mit 85 beziehungsweise 100 PS. Hier ein 89er *(oben)*, der 170 km/h Spitze erreichte, und ein 85er *(links)*.

Die Innenaufnahme des 89er Nissan Prairie zeigt deutlich das Raumangebot, wobei allerdings ein leichter Weitwinkeleffekt zu berücksichtigen ist. Davon abgesehen stellte diese Art von Großraumfahrzeug Anfang der 80er Jahre etwas Neues dar.

Mitsubishi Space Wagon und Renault Espace

Schnell erschienen zwei weitere Wettbewerber auf der Bühne, der Mitsubishi Space Wagon (1983) und der Renault Espace (1984). Der Space Wagon hatte eine kurze Haube, unter der ein quer eingebauter Motor mit 1795 cm³ die Vorderräder antrieb. Der lieferwagenähnliche Aufbau war 1,52 m hoch und bot drei Sitzreihen; der Stauraum war jedoch kleiner als im Nissan Prairie.

Der Renault Espace hatte ebenfalls eine kurze Haube, die mit der Windschutzscheibe eine gerade Linie bis zum Kühlergrill bildete. Der bei Matra gebaute Wagen besaß wie die Limousinen R21 und R25 einen Reihenmotor mit 1995 cm³, der die Vorderräder antrieb. Unter allen Großlimousinen zeigte er trotz beträchtlicher Rollbewegungen mit einer Spitzengeschwindigkeit von 160 km/h und guten Fahreigenschaften die beste Leistung. Die drei Sitzreihen waren variabler zu gestalten als bei den Konkurrenten aus Japan, und die Vordersitze konnten für Besprechungen um 180 Grad gedreht werden.

Ab 1988 gab es den Espace mit Allradantrieb, der beim Prairie seit 1985 wahlweise und ab 1988 als Serienausstattung zu haben war. Der Prairie des Jahres 1988 zeigte Linien, die denen des Espace sehr nahe kamen. Letzterer war der teuerste unter all diesen Wagen, konnte dafür aber mit High-Tech aufwarten und errang 1989 die Marktführerposition. Zwei weitere Modelle, der

Eine andere Großraumlimousine war der Mitsubishi Space Wagon, dessen quer eingebauter 1795 cm³-Vierzylinder unter der kurzen Haube die Vorderräder antrieb. Die drei Sitzreihen boten acht Passagieren Platz. Spätere Modelle waren auch mit Allradantrieb zu haben.

Der Renault Espace *(oben)* hatte einen längs eingebauten Motor, der die Vorderräder antrieb. Er bot drei Sitzreihen, die Vordersitze konnten zu Besprechungen gedreht werden. Eine 4x4-Version war ebenfalls erhältlich.
Der Honda Shuttle *(rechts)* hatte die Bodengruppe, den Motor und das Fahrwerk des Civic sowie eine ganz ähnliche Vorderpartie. Hier eine Allradversion von 1987; 1988 bekam der Shuttle eine niedrigere Front und ein konventionelleres Heckfenster.

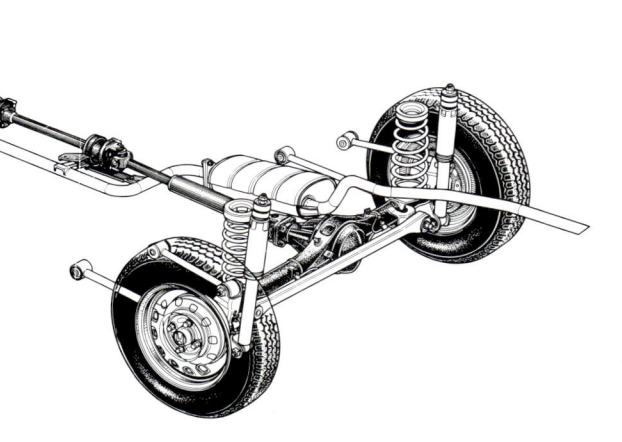

Der Honda Shuttle 4x4 zeigt eine einfache Bauweise mit Streben und Torsionsstäben an der Vorderachse und Schraubenfedern, Gasdämpfern und Panhardstab an der Hinterachse. Die Antriebswelle ist dreigeteilt, wobei der mittlere Teil gelagert ist, um Vibrationen zu verhindern und die Heckstabilität zu verbessern.

125

Amerika hinkte auf dem Feld der Großraumlimousinen hinterher. Die erste war der Dodge Caravan von 1984, dem 1985 der Chevrolet Astro und 1986 der Ford Aerostar folgten. Der Dodge hatte einen Quermotor, der die Vorderräder antrieb, während die beiden anderen längs eingebaute Motoren und Heckantrieb hatten. Alle drei waren als Lieferwagen und als Kombi erhältlich. Hier ein 88er Modell.
Die Produktionszahlen mit 175000 Astros und 209000 Aerostars im Jahre 1988 konnten sich sehen lassen. 1989 brachte GM mit dem Chevrolet Lumina *(links)*, dem Oldsmobile Silhouette und dem Pontiac Trans Sport technisch verbesserte Modelle heraus, die über einen quer eingebauten 3,1-Liter-V6 mit 120 PS und Frontantrieb verfügten.

Ford Aerostar, Dodge Caravan und Chevrolet Lumina

Auch die amerikanische Automobilindustrie baute Fahrzeuge in dieser Klasse, nämlich den Ford Aerostar und den Dodge Caravan, der auch als Plymouth Voyager verkauft wurde. Ford entschied sich für einen längs eingebauten Dreiliter-V6 und Hinterradantrieb, während beim Dodge ein quer eingebauter Zweiliter-Vierzylinder-Einspritzer auf die Vorderräder wirkte. Beide wurden seit Mitte der 80er Jahre hergestellt; General Motors hatte hingegen bis 1989 nicht Vergleichbares anzubieten.

Dann wurde der aerodynamisch ausgefeilte Chevrolet Lumina angekündigt, der aber wahrscheinlich erst 1990 in die Produktion gehen wird. Der auch als Oldsmobile Silhouette und Pontiac Trans Sport verkaufte Wagen hat einen V6-Einspritzer mit 120 PS und 3128 cm³ Hubraum, der quer unter einer Espace-ähnlichen kurzen Haube eingebaut ist und die Vorderräder antreibt. Die Glasfaserkarosserie hat zwei Türen auf der rechten und nur eine (für den Fahrer) auf der linken Seite.

VW Caravelle und der Bedford Midi, die beide von Nutzfahrzeugen abstammten, stellten den Fahrer weniger zufrieden.

Kapitel 5
FORTSCHRITTE IN DER TECHNIK

Ein Vergleich zwischen der Technik von 1970 und der von 1990 zeigt ungeheure Fortschritte auf den Gebieten Motor, Kraftübertragung, Lenkung und Aufhängung; der größte Teil dieser Fortschritte stammt dabei allerdings aus den vergangenen zehn Jahren. Das ist durchaus verständlich, wenn man daran denkt, daß die Automobilindustrie in den 70er Jahren weltweit in der Defensive war. Sparsamer Kraftstoffverbrauch war die Devise, und höhere Leistung schien irrelevant, wenn nicht sogar gesellschaftsfeindlich zu sein. Auch in den 80er Jahren steckte die Industrie noch in der Defensive, jetzt größtenteils wegen der Luftverschmutzung, und auch das führte zu bedeutenden Änderungen in den Bereichen Kraftstoffe und Motorkonstruktion.

Turbolader – einfach, aber wirksam!

Die einzeln betrachtet bedeutendste Entwicklung in der Motorkonstruktion war der Turbolader zusammen mit seinem Konkurrenten, dem Kompressor, der aber nur begrenzt wieder zum Leben erweckt wurde. Das Prinzip des Turboladers ist so einfach, daß man erstaunt sein muß, daß es nicht schon früher angewandt wurde. Nachdem der Schweizer Ingenieur Alfred Buchi schon 1905 ein Patent auf den Turbolader bekommen hatte, dauerte es bis zum Zweiten Weltkrieg, ehe er kommerziell für Motoren Verwendung fand. Damals bauten die Flugzeugmotorenhersteller Allison und Pratt & Whitney in ihre

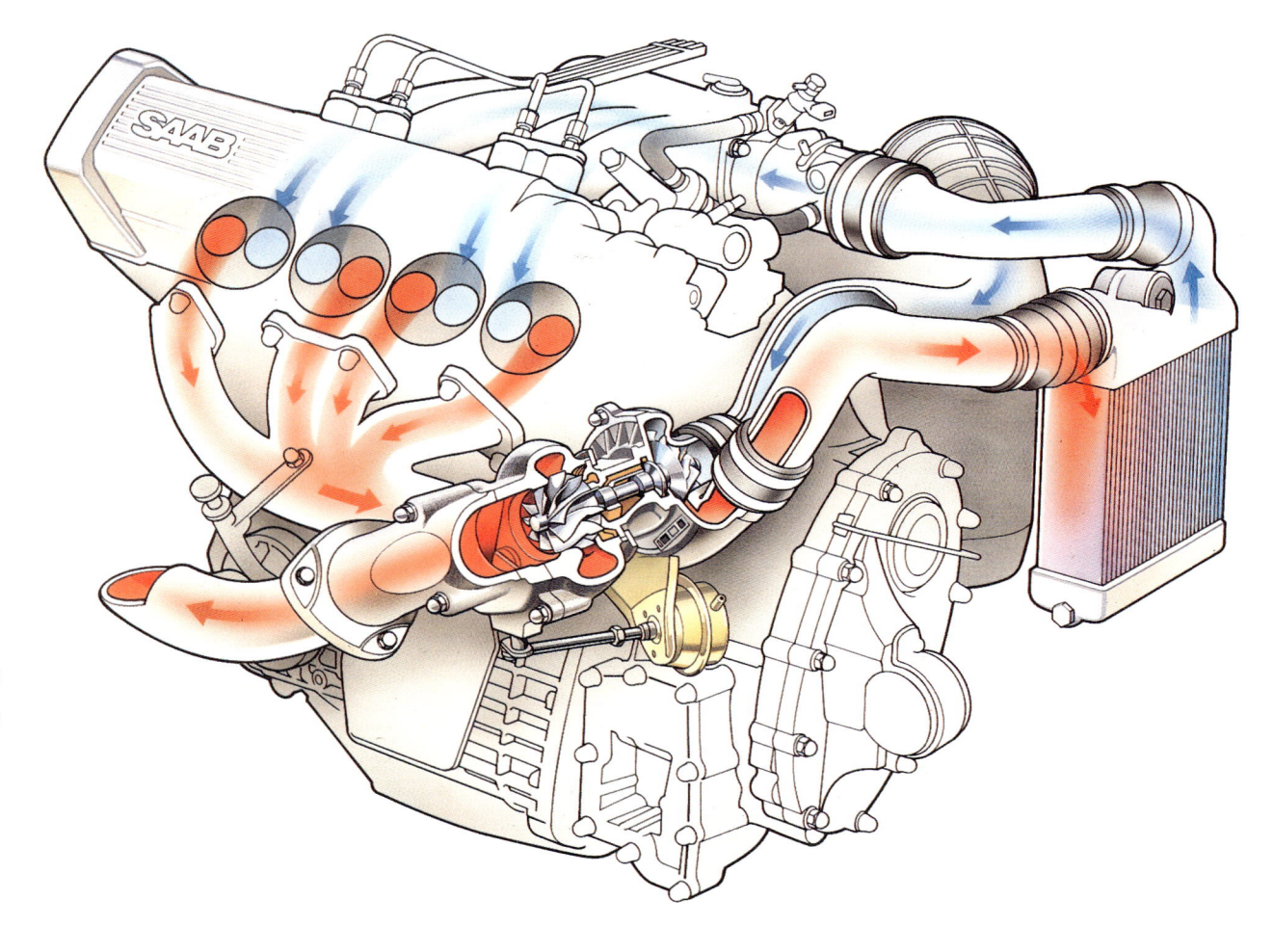

Hier die Maschine, mit der das Turbozeitalter erst richtig begann: Der Saab-2-Liter-Vierzylinder aus dem Jahre 1978. Saab war nicht der Pionier auf dem Gebiet, machte die Bezeichnung Turbo aber zu einem Synonym für den Firmennamen, unter dem sich der 99 Turbo und später der 900 Turbo in Amerika sehr gut verkauften. Die ursprüngliche Leistung von 145 PS stieg auf 175 PS beim Sechzehnventiler. Zu sehen ist hier der Ladeluftkühler (rechte Motorseite), der die heiße komprimierte Luft aus dem Turbolader abkühlt. Da kalte Luft weniger Raum einnimmt als warme Luft, kann mehr Luft und damit mehr Kraftstoff in die Zylinder gedrückt werden, so daß die Leistung steigt.

Maschinen Turbolader von Garrett AiResearch ein, einer Firma, die auch heute auf diesem Gebiet noch einen Namen hat.

Bei Buchi wurde eine Kolbenpumpe von den Auspuffgasen angetrieben, alle folgenden Turbolader bestanden aus einem kleinen Zentrifugalverdichter und einer Radialturbine, die auf einer gemeinsamen Axialwelle montiert waren. Die auf dem Auspuffkrümmer sitzende Turbine wird durch die Abgase in Bewegung gesetzt und treibt den Verdichter an, der Luft unter Überdruck in den Vergaser drückt. Auf diese Weise steigt die Leistung mit Hilfe der ansonsten verschwendeten Auspuffgase um bis zu 100 Prozent. Das ist ein in der Welt der Technik ansonsten seltenes Beispiel dafür, daß von nichts doch etwas kommt, denn im Gegensatz zum Kompressor, dessen Verdichter vom Motor angetrieben wird, schmälert der Turbolader die Motorleistung nicht.

Chevrolet Corvair Monza als erster mit Turbolader

In einem Automotor fand sich der Turbolader zum ersten Mal beim Chevrolet Corvair Monza Spyder des Jahres 1962. Mit seinem im Heck montierten luftgekühlten Sechszylinder-Flachmotor war der Corvair sowieso schon eine umstrittene Konstruktion, und den Turbolader gab es als Sonderausstattung in einem Paket für 317 Dollar mit zusätzlichen Chromleisten, leistungsfähigerem Fahrwerk und einem reichhaltig bestückten Armaturenbrett, zu dem auch ein Drehzahlmesser gehörte.

Der Turbolader unterschied sich von neueren Modellen insofern, als er zwischen Vergaser und Einlaßkrümmer saß und Luft durch den Vergaser ansaugte, während moderne Turbolader Luft in den Vergaser oder die Einspritzanlage blasen. So unausgereift er auch gewesen sein mag, er steigerte die Leistung des Corvair um mehr als 50 Prozent von 95 auf 150 PS. Daß der Corvair mit Turbolader aus der Produktion genommen wurde, lag nicht so sehr an irgendwelchen Mängeln des Turboladers, sondern an dem angeblich etwas sonderbaren Fahrverhalten des Wagens.

Bald nachdem der Corvair mit Turbo auf den Markt gekommen war, bot auch Oldsmobile für den F85 mit Dreiliter-V-Achtzylinder einen Turbolader an. Bei diesem Motor handelte es sich um die gleiche Konstruktion, die später an Rover verkauft wurde und im SD1, Range Rover und Morgan Plus 8 Verwendung fand. Der Turbo funktionierte ähnlich wie der des Corvair; er saß am Hals des V und saugte die Mischung durch den Carter-Vergaser über der linken Zylinderreihe an. Mit einem maximalen Druck von 0,4 atü steigerte er die Leistung des Motors von 155 auf 215 PS.

Aber bei bestimmten Benzinsorten bildeten sich Karbonablagerungen in den Zylindern. Die Oldsmobile-Ingenieure versuchten dem Problem dadurch beizukommen, daß sie zwischen Vergaser und Turbo eine 50prozentige Mischung von Methylalkohol und Wasser einspritzten, aber das funktionierte nicht zuverlässig, so daß der Turbo bald wieder fallengelassen wurde. Das Turbosystem des Oldsmobile hatte im Gegensatz zu dem des Corvair ein Sicherheitsventil, das sich öffnete, wenn der Druck zu hoch wurde und ein Motorschaden drohte. Heute haben alle Turbolader ein solches Ventil, das vielfach sogar je nach Umdrehungszahl des Motors bei unterschiedlichem Druck öffnet.

BMW 2002 – die Energiekrise war sein Ende

Im Jahre 1969 ließ BMW den 2002 mit Turbolader die europäische Tourenwagenmeisterschaft bestreiten und gewann die Zweiliter-Klasse. Das war das erste Mal, daß ein Wagen mit Turbolader bei Rennen an den Start ging, und vier Jahre später wurde der 2002 Turbo als Serienfahrzeug angeboten. Mit KKK-Turbolader und Kugelfischer-Einspritzanlage war der BMW für seine Zeit außergewöhnlich schnell. Die Spitzengeschwindigkeit von 209 km/h war für eine zweitürige Limousine mit weniger als zwei Litern Hubraum phänomenal, bildete aber eine ungetrübtes Vergnügen. Ständig drohte der größte Nachteil des Systems, das Turboloch, bei dem zwischen dem Niedertreten des Gaspedals und der Reaktion seitens der Maschine mehrere Sekunden verstrichen.

Der Turbo machte sich erst richtig bemerkbar, wenn 4000 Umdrehungen erreicht waren – dann aber gewaltig. Außerdem war das System nicht immer 100prozentig zuverlässig, und der Spritverbrauch mit 14,3 l/100 km auch nicht gerade gering. Obwohl die Käufer, denen das alles nichts ausmachte, in ihrem 2002 Turbo geradezu aufblühten, wurden in den Jahren 1973/74 nur 1672 Exemplare verkauft, und BMW hat seitdem keinen Wagen mit Turbolader mehr angeboten. Der 2002 Turbo hatte das Pech, gerade auf dem Höhepunkt der Energiekrise auf den Markt zu kommen. Bei den ersten Modellen stand die Modellbezeichnung in Spiegelschrift auf dem Frontspoiler, doch auf diesen Gag verzichtete man bald, weil sich andere Autofahrer davon erschrecken ließen. Vielleicht wäre dem BMW Turbo ein Jahrzehnt früher oder später ein besseres Schicksal beschieden gewesen.

Ein Jahr nach dem Hinscheiden des BMW rüstete Porsche den bereits sehr erfolgreichen 911 mit einem Turbolader auf. Weil bei einem Porsche jeder damit rechnete, daß er schnell war, war auch eine ähnliche Reaktion anderer Autofahrer wie auf den BMW nicht zu befürchten. Der KKK-Turbolader sorgte für einen maximalen Druck von 0,8 atü, höher als beim BMW, und steigerte die Leistung des 2994 cm³-Motors von 200 auf 260 PS.

Zwei Jahre später wurden der Hubraum auf 3229 cm³ und die Leistung auf 300 PS gesteigert. Die Leistungssteigerung ging nicht allein auf den größeren Hubraum zurück, sondern auch auf den zusätzlichen Ladeluftkühler. Dieser kühlte die verdichtete Luft ab, bevor sie in den Motor gelangte, so daß sie eine größere Dichte aufwies und der Maschine half, mehr Kraft zu entwickeln. Ladeluftkühler waren aus schweren Diesellastern schon seit Jahren bekannt, bei Porsche wurden sie zum ersten Mal in einem Pkw eingesetzt. Es gab drei Arten von Ladeluftkühler: Luft/Luft, Luft/Wasser und Luft/Öl.

Der BMW 2002 Turbo war für seine Zeit mit einer Leistungssteigerung von 100 auf 170 PS durch den Turbolader außergewöhnlich schnell. Leider war der Motor unzuverlässig und entsprach nicht den normalen BMW-Maßstäben. Außerdem hatte er mit dem typischen Problem aus der frühen Turbo-Zeit zu kämpfen: Beim Druck auf das Gaspedal passierte zunächst gar nichts – doch dann kam der Tritt ins Kreuz.
Die ersten Wagen hatten das Wort Turbo in Spiegelschrift auf dem Frontspoiler, damit der Vorausfahrende es im Rückspiegel lesen konnte und Platz machte.

Zwei Vertreter der frühen Turbo- Generation, die diese Neuerung auch unter normalen Autokäufern schnell bekannt werden ließen, waren der Porsche 911 Turbo *(rechts)* und der Saab 99 Turbo *(rechts unten)*.
Der Porsche hatte einen Sechszylinder- Boxer mit zunächst 2993 und später 3299 cm³ Hubraum. Die Leistung von 260-300 PS reichte für 257 km/h, mit denen der Saab mit seinen 201 km/h nicht mithalten konnte.

Porsche und Saab machen den Turbo zu ihrem Kennzeichen

Der Porsche Turbo strahlte eine solche Anziehungskraft aus, daß die meisten Leute eine Zeitlang automatisch an ihn dachten, wenn das Wort Turbo fiel.

Um trotz der Immissionsschutzbestimmungen die Leistung aufrecht erhalten zu können, entschied sich Saab für den Turbolader. Der ab 1977 gebaute 99 Turbo *(oben)* mit Turbolader von Garrett AiResearch holte aus der Zweitermaschine 145 PS anstelle der 118 PS des Saugmotors. Das in vier Versionen als Limousine und mit Hecktür gebaute Modell war das erste erfolgreiche Familienauto mit Turbolader und wurde von der Turboausführung des größeren Saab 900 abgelöst.
Ein weiterer Hersteller, der auf der Turbowelle ritt, war Ford, das 1984 mit dem Escort Turbo kam. Links eine Zeichnung des 1,6-Liter-Aggregats, das 130 PS bei 5500 U/min leistete.

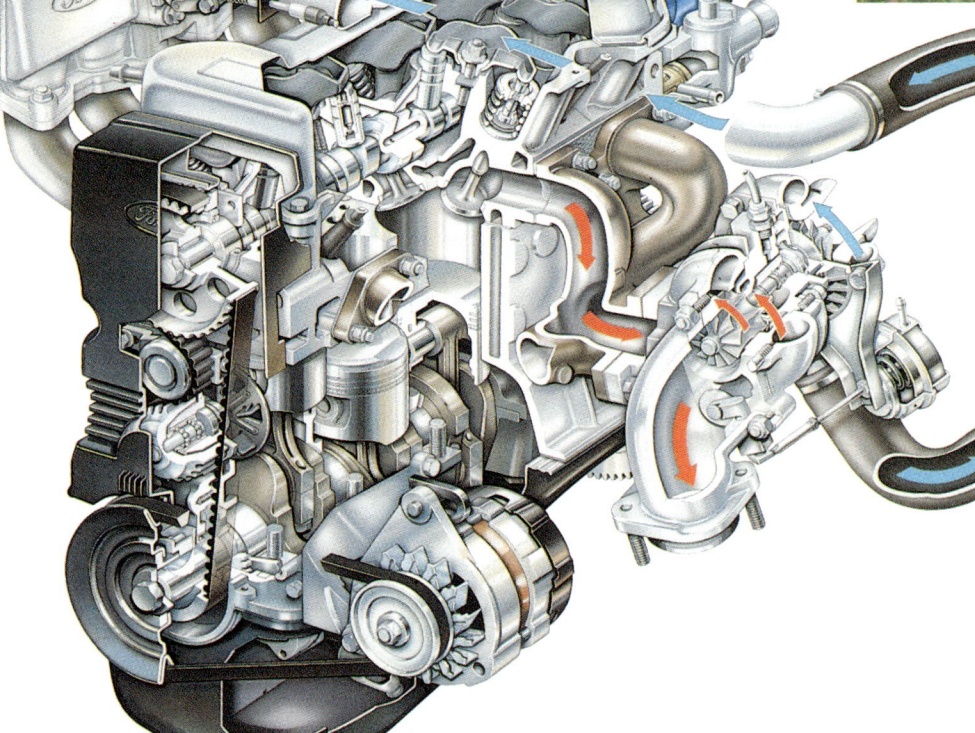

Aber schon bald tauchten andere auf. Der erste Hersteller, der eine ganz normale Limousine mit Turbolader herausbrachte, war Saab. Der Grund dafür war nicht so sehr in der Steigerung der Leistung zu sehen, sondern in ihrer Aufrechterhaltung angesichts der immer schärferen US-Abgasbestimmungen.

Die amerikanischen Hersteller hatten in den 70er Jahren darauf reagiert, indem sie den Hubraum vergrößerten, eine Möglichkeit, die es für Saab nicht gab.
Ein Vierzylinder mit mehr als den vorhandenen 1985 cm³ wäre zu hart gelaufen, und sechs Zylinder kamen aus Platz- und Verbrauchsgründen nicht in Frage. Eine Lösung dieses Problems bot der Turbolader, mit dem dann auch als erster der 99 Turbo des Jahres 1977 ausgestattet war. Er stammte von Garret AiResearch, dem führenden Turbohersteller in den USA und Europa, und saß in der Nähe der Auslaßöffnungen vor der um 45 geneigten Maschine, wobei Frischluft von der anderen Seite angesaugt und verdichtete Luft ebenfalls auf

Zum Ende der 80er Jahre hatte der Turbolader bei allen Motorengrößen Einzug gehalten, vom Mitsubishi Dangan ZZ *(unten)* mit 548 cm³ und 64 PS bis zum Bentley Mulsanne *(rechts)* mit 6750 cm³ und 330 PS. Der Dangan war ein bemerkenswertes Auto mit fünf Ventilen pro Zylinder, einer Literleistung von 116 PS und einer Spitzengeschwindigkeit von 160 km/h. Er war der stärkste unter den japanischen Kleinwagen, die per Gesetz auf eine Höchstleistung von 64 PS beschränkt sind.

Der Turbolader verhalf dem Namen Bentley wieder zu besserer Bekanntschaft. 1982 trugen nur 6 Prozent der von Rolls-Royce gebauten Fahrzeuge den Namen Bentley, 1985 waren es 17,9 Prozent und 1989 sogar 49 Prozent.

200 Turbo des Jahres 1981, dessen Cousin, der bemerkenswerte Audi Quattro, ebenfalls aufgeladen war. Außerdem sind Citroën CX 25, Ford Escort, Sierra, Sapphire und Capri, Lancia Delta, Lotus Esprit, Toyota Celica, TVR und Volvo 760 zu erwähnen. Der Maserati Biturbo hatte, wie der Name schon sagt, zwei Turbolader aus japanischer Fertigung, je einen für jede Reihe des V-Sechszylinders. Bei Renault waren viele Modelle vom R5 bis zum heckgetriebenen Alpine GT mit Turboladern ausgestattet.

Die Amerikaner hinken nach

Nach dem mißglückten Anfang mit dem Corvair und dem Oldsmobile in den 60ern besannen sich die amerikanischen Hersteller des Turboladers erst wieder mit dem Modelljahr 1978, in dem Buick eine Turboversion des Le Sabre Sport Coupé mit 3,8-Liter-V6-Motor herausbrachte. Diese entwickelte 165 PS im Vergleich zu 105 PS bei der gleichen Maschine ohne Turbolader. Sie wurde bei Buick bereits zwei Jahre später wieder aus dem Programm genommen, 1980 und 1981 aber von Chevrolet im Monte Carlo weiterverwendet. Pontiac bot einen aufgeladenen V8 für die 81er Modelle des Firebird Formula und des Trans Am an.

Bei Ford begann das Turbozeitalter mit dem 79er Mustang. Dieser hatte einen Vierzylinder mit obenliegender Nockenwelle, der mit den Zweilitermaschinen der europäischen Fordmodelle verwandt war. Der Garret-Turbolader, zu Anfang ohne Ladeluftkühler, ließ die Leistung von 88 auf 116 PS steigen. Nach diesem nicht gerade berauschenden Anfang erfolgte 1983 eine weitere Leistungssteigerung auf 140 PS und 1984 mit Ladeluftkühler schließlich auf 175 PS beim SVO.

diese andere Seite gedrückt wurde. Bei einem Maximaldruck von 0,7 atü stieg die Motorleistung von 82 auf 145 PS und später bei den Sechzehnventilern mit zwei Nockenwellen aus dem 900 Cabrio und dem 9000 der 80er Jahre dann auf 175 PS. Der 99 Turbo war insofern bemerkenswert, als er im Gegensatz zum mangelhaften BMW und zum in begrenter Auflage gebauten Porsche ein echtes und zudem erfolgreiches Serienauto war.

Die 80er Jahre erlebten geradezu eine Inflation des Turboladers, der heute eine der Standardmethoden zur Leistungssteigerung ist. Viele Fahrer brauchten das Wort Turbo auf dem Kofferraumdeckel genau so als Statussymbol wie das 16V ein paar Jahre später (wobei der Inbegriff aller Yuppie-Autos, der Golf GTI, ohne Turbolader auskam).

Turbolader gab es für eine breite Palette von Motoren, vom Mitsubishi Dangan ZZ mit 548 cm³ und 64 PS bis zum Bentley Turbo R mit 6750 cm³ und 330 PS. Der erste Wagen mit Turbolader und Automatikgetriebe war der Audi

Die stärkste Maschine aus dieser Motor/Turbolader-Kombination entwickelte 200 PS, wurde aber nach 1986 aus dem Programm gestrichen. Sie trieb ab 1982 den Ford Thunderbird an und brachte das schlanke Coupé 1987 auf eine Spitzengeschwindigkeit von 222 km/h, womit es schneller war als der gleiche Wagen mit einem normal beatmeten V8 mit 4,9 Litern Hubraum. Für 1989 wurde der Turbo durch einen V-Sechszylinder mit Kompressor ersetzt, der für eine gleichmäßigere und progressivere Leistungsabgabe sorgte.

Auch Chrysler ging in den 80er Jahren beim Chrysler Laser und Dodge Daytona mit quer eingebautem Motor und Frontantrieb zum Turbolader über.

Der Dodge Daytona *(oben)*, der auf der K-Reihe von Chrysler basierte, wurde in zwei Grundversionen ausgeliefert, als Serienausführung mit 2,2- oder 2,5-Litermaschine und als Turbo Z mit dem 2,2-Liter-Aggregat. Für den letzteren gab es zusätzlich ein sogenanntes CS-Paket, das für eine bessere Straßenlage sorgte. Das Kabrio Chrysler Maserati TC *(links)* basierte auf dem LeBaron und hatte den gleichen 2213 cm³-Vierzylinderturbo, aber mit dem Mehrventilkopf und zwei obenliegenden Nokkenwellen von Maserati, die die Leistung um 31 PS auf 205 PS steigerten.

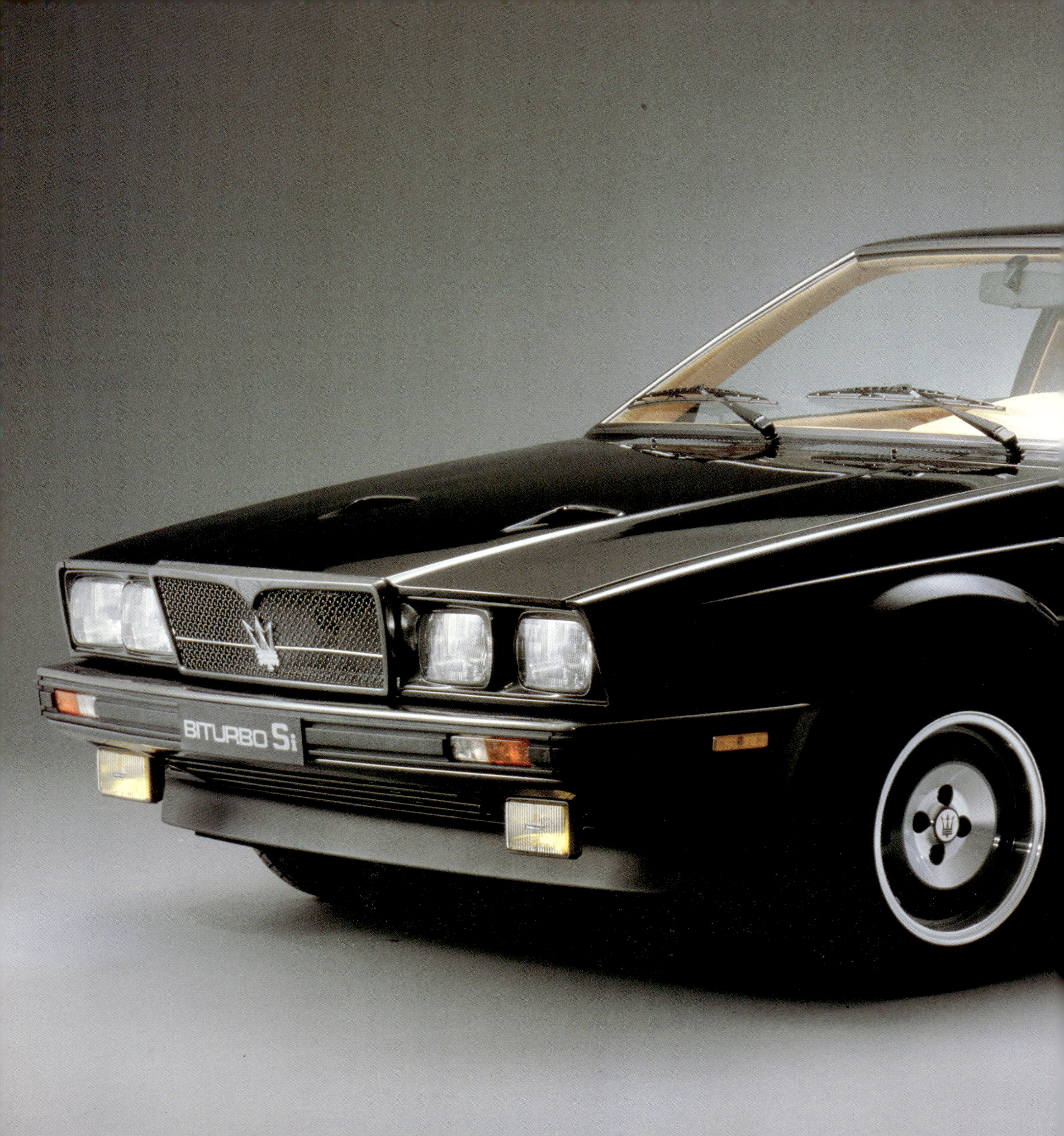
BITURBO Si

Der Maserati Biturbo war das erste Serienauto mit zwei Turboladern. Die 2,5-Liter-Maschine leistete mit den beiden IHI-Abgasturboladern 188 PS bei 5500 U/min.

Der Citroën CX *(links)* war als Turbobenziner und Turbodiesel erhältlich. Beim Diesel sorgte der Turbo für eine Leistungssteigerung von 75 PS auf 95 PS. Hier ein 85er Citroën CX GTi. Der CX wurde von 1874 bis 1989 gebaut, wobei es ihn als Kombi auch in den 90er Jahren noch gibt.

Die Maschine mit 2213 cm³ Hubraum leistete in der ursprünglichen Form des Jahres 1983 146 PS, die ab 1987 durch Verwendung eines Ladeluftkühlers auf 174 PS stiegen. Damit kam der Dodge Daytona auf 220 km/h. Ein Turbolader fand sich auch im Chrysler-Maserati von 1986. Dieser verfügte über den gleichen Block wie der Daytona, aber einen von Maserati konstruierten Kopf mit 16 Ventilen und zwei obenliegenden Nockenwellen, der für 205 PS sorgte.

Dieselmotoren mit Turbolader tauchten zum ersten Mal in den 60er Jahren bei schweren Lastkraftwagen auf. Als in den 70ern kleine Diesel für Pkw aufkamen, bot sich der Turbolader natürlich an, die spezifische Leistung auf einen Wert zu bringen, der den Vergleich mit einem Benziner nicht zu scheuen brauchte.

Eine typische Anwendung war der 2,4-Liter-Turbodiesel der italienischen Firma VM, der unter anderem auch in den Range Rover eingebaut wurde. Er hatte vier getrennte Zylinderköpfe, eine Verdichtung von sage und schreibe 22:1 und einen Ladedruck von maximal 0,8 atü aus dem KKK-Turbolader mit Ladeluftkühler. Seine Leistung von 112 PS machte sich nicht schlecht neben den 128 PS aus dem größeren V8-Benziner mit 3258 cm³, mit dem der Range Rover ebenfalls zu haben war. Ohne Turbo hätte ein 2,4-Liter-Diesel kaum 80 PS gebracht. Weitere Hersteller, die zum Ende des Jahrzehnts Dieselmodelle anboten, waren Citroën (BX und CX), Fiat (mit Direkteinspritzung beim Motor mit 2445 cm³), Mercedes-Benz, Peugeot (405 und 505), Renault (21 und 25), Toyota, VW (Golf und Jetta) und Volvo.

Diese Schnittzeichnung zeigt die Bauweise des Turbomotors aus dem Fiat Croma, der einen Hubraum von 2445 cm³ hatte. Die Leistung betrug 55 PS beim Standarddiesel beziehungsweise 74 PS mit Turbolader.

Das Jahr 1983 erlebte die Wiederkehr des Kompressors. Am schnellsten war Lancia mit dem neuen Trevi Volumex VX, einem Kompressormotor vom Roots-Typ. Er wurde in den Lancia Beta eingebaut, war aber teuer und wurde schon zwei Jahre später wieder aus der Produktion genommen. Bei 1995 cm³ Hubraum steigerte der Kompressor die Leistung von 122 auf 135 PS, was angesichts der Möglichkeiten eines Turboladers nicht gerade überwältigend war.

Rückkehr zum Kompressor

Der Turbo erzielte zwar in den 80ern einen durchschlagenden Erfolg, litt aber unter dem unvermeidbaren Nachteil, daß bei niedrigen Drehzahlen der Schub fehlte: Das berüchtigte Turboloch war bei allen Modellen mehr oder weniger zu spüren. Der Turbolader konnte erst in Aktion treten, wenn der Motor ausreichend Auspuffgase abgab. Er zeigte bei 10000 U/min keine, bei 40000 U/min wenig und erst bei über 80000 U/min richtig Wirkung (die höchste Umdrehungszahl eines modernen Turboladers wie etwa des Garrett T3 liegt bei 190000 U/min).

Der Kompressor hingegen, dessen Geschichte in die 20er Jahre zurückreicht, wurde direkt über Keilriemen, Kette oder Zahnräder vom Motor angetrieben, so daß der Ladedruck in direktem Verhältnis zur Motordrehzahl stand. Sein Reiz lag in der hohen Leistung, die aus wenig Hubraum gewonnen werden konnte; es gab allerdings auch große Kompressormotoren wie etwa den Vierliter des »Gebläse«-Bentley und den Siebenliter des Mercedes SS und SSK.

Verbesserte Verbrennung und Abkehr von der starken Konzentration auf kleine Motoren ließen den Kompressor jedoch gegen Ende der 50er in der Versendung verschwinden. Im Vergleich zum Turbolader hatte er den Nachteil, daß er bis zu zehn Prozent der Motorleistung verbrauchte und damit seinem eigentlichen Ziel teilweise entgegen wirkte. Jüngste Forschungsergebnisse haben aber gezeigt, daß auch der Turbolader den Wirkungsgrad weitaus stärker als angenommen reduziert, weil er den freien Strom der Auspuffgase behindert.

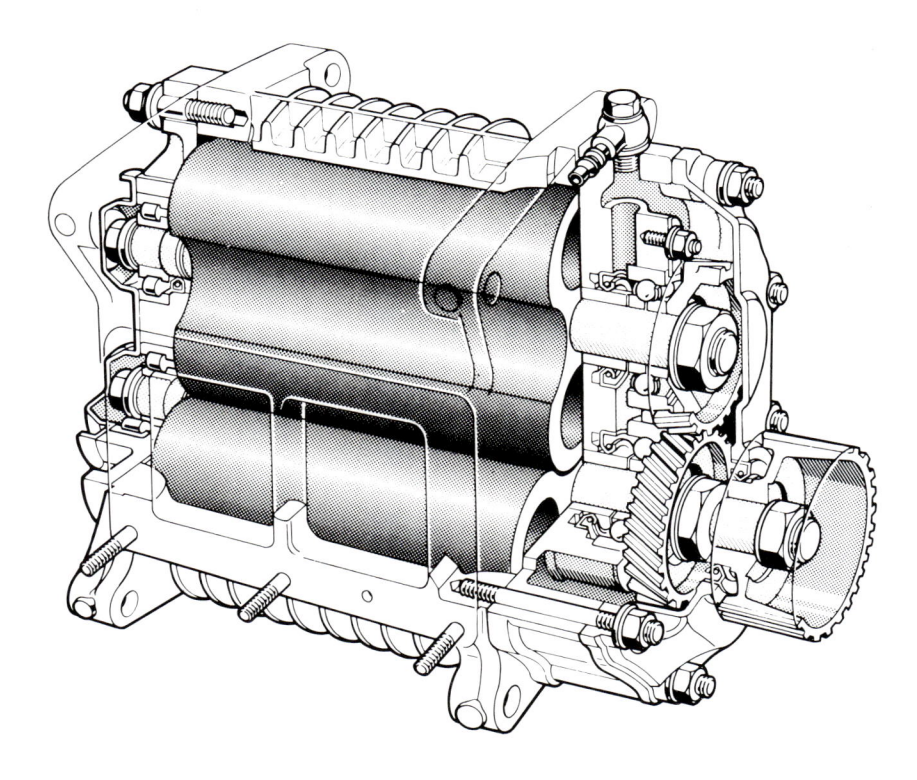

Das führte zum Wiedererwachen des Interesses am direkt angetriebenen Kompressor, der dann auch 1983 im Lancia Beta Volumex ausprobiert wurde. Die Zweiliter-Maschine leistete in der Normalausführung 122 PS und mit dem Roots-Kompressor 135 PS, ein Leistungszuwachs, der mit einem Turbolader größer ausgefallen wäre. Der Volumex war ein teures Auto und wurde schon zwei Jahre später aus der Produktion genommen.

Lancias nächster Schritt war eine Kombination aus Kompressor und Turbolader, hier im Motor aus dem 86er Lancia Delta S4. Sie leistete in der Rennausführung über 500 PS und war in einem in begrenzter Serie gebauten Modell mit bescheideneren 400 PS zu haben.
Dieses Aggregat hatte vier Zylinder und nur 1759 cm³ Hubraum, was einer Literleistung von 227 PS entsprach. Ein normaler Delta aus dem gleichen Jahr leistete 82 PS pro Liter.

Zu den technisch fortschrittlichsten Autos, die in den 70er und 80er Jahren gebaut wurden, gehörte der Fiat ECV, der dem Lancia Delta S4 entsprach. ECV steht für Experimental Composite Vehicle, einem Versuchsfahrzeug, mit dem Fiat zeigen wollte, was sich mit der neuen Verbundfasertechnik alles machen ließ.
Die wesentlichen Teile des Aufbaus, das Armaturenbrett und sogar Räder und Antriebswelle bestanden aus Kohlefaser, einem extrem festen Material, das in der Zukunft wohl weite Verbreitung finden wird. Dieser Lancia. der nie einen Renneinsatz bestritt, hatte einen 1759 cm^3-Vierzylinder mit zwei Turboladern, der über 600 PS leistete.

SPORTLINE
MARTINI
MARTINI
ECV
Experimental Composite Vehicle
PIRELLI
Savara
speedline
OLIO FIAT
brembo
Sabelt
FERODO
BILSTEIN

Unter anderem bei Ford und VW erlebte der vom Motor angetriebene Kompressor in den 80er Jahren ein Comeback. Dieser TVR 350i *(oben)* hat einen Schneckenkompressor Sprintex S, der bei Höchstgeschwindigkeit von 15 500 U/min 14 Kubikmeter Luft ansaugt. Der Sprintex, der dem 3,5-Liter-Motor des Rover V8 eine Leistung von 270 PS verlieh, war nicht ab Werk zu haben, sondern wurde von Haughins nachgerüstet.

Der G-Lader von VW

Als nächstes probierte es VW mit dem Kompressor und baute 1985 eine begrenzte Serie von 500 Polos mit dem G-Lader, der seinen Namen den G-förmigen Spiralen im Kompressor verdankte. Diese Spiralen wurden durch eine exzentrische Welle betätigt, die eine innere Kammer vergrößerte und gleichzeitig die Luft in einer äußeren Kammer komprimierte, von wo sie schließlich in den Motor gedrückt wurde. Ein derart ausgestatteter 1,3-Liter-Polo erfreute sich eines Leistungszuwachses von 75 auf 115 PS, also etwas mehr als beim normal beatmeten 1,8-Liter-Golfmotor.

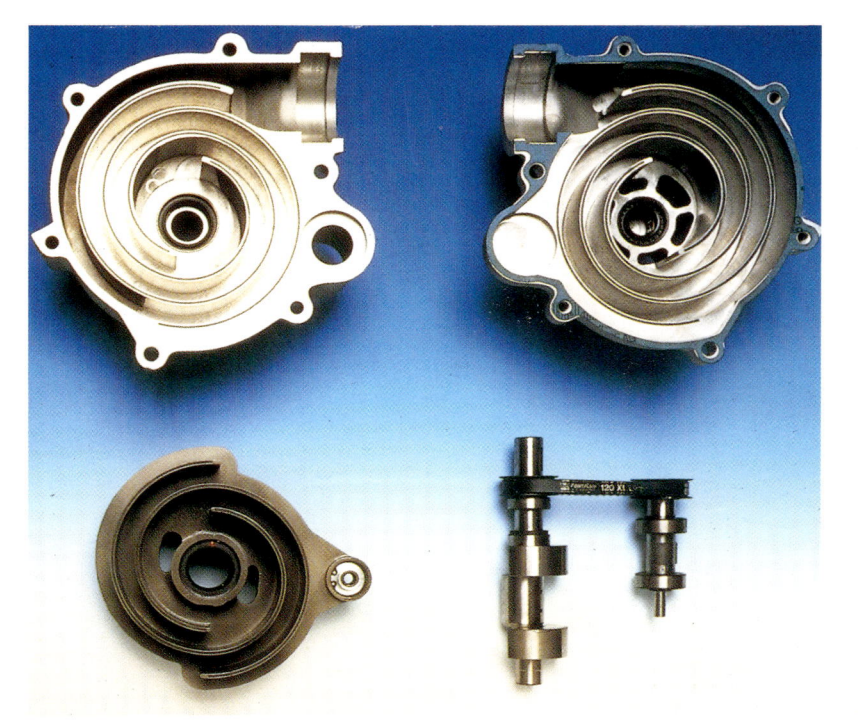

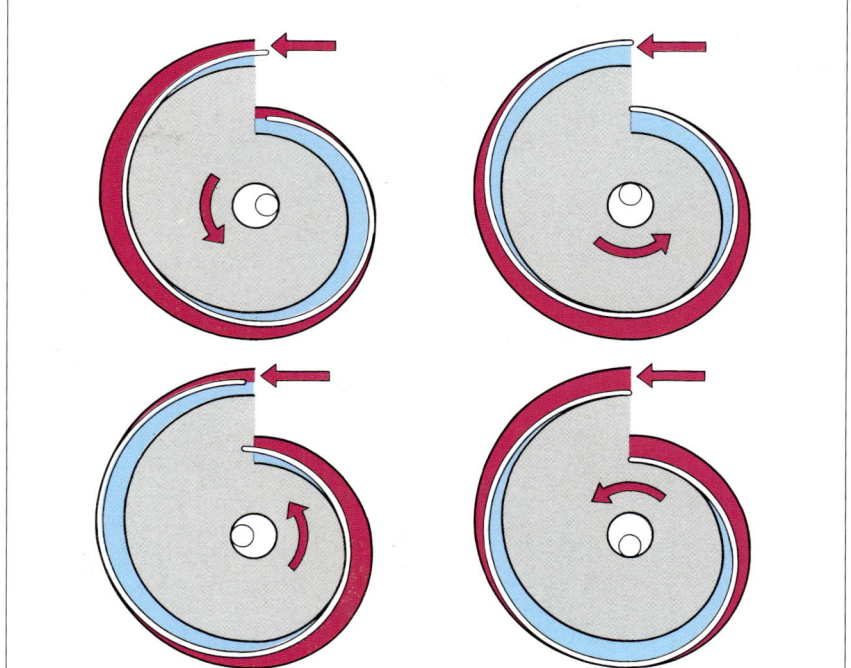

Weitere 1000 Polos mit G-Lader wurde 1987 gebaut und 1989 dann eine sehr kleine Serie von 70 Golf mit Kompressor und Allradantrieb. Den G-Lader gab es auch für ein 4x4-Sondermodell des Passat und als Serienausstattung beim Corrado. Der bekannte Turbo-Hersteller KKK arbeitet gegenwärtig an einem neuartigen Kompressor nach dem Prinzip des Wankel-Kreiskolbenmotors.

1985 baute VW eine begrenzte Serie von 500 Polos mit G-Lader *(oben)*. Beim G-Lader wird die Luft von zwei Spiralen in einem G-förmigen Vorverdichter angesaugt und komprimiert. Dieser Vorverdichter vollführt in dem zweiteiligen Aluminiumgehäuse eine kreisförmige Bewegung, wodurch der Kompressionsraum verkleinert und die Luft gleichmäßig zur Gehäusemitte hin komprimiert wird, von wo sie über einen Ladeluftkühler in die Zylinder gedrückt wird. Der Vorverdichter wird über einen Doppelkeilriemen von einer exzentrischen Hilfswelle angetrieben.

Zwei Nockenwellen und Mehrventiler

Wenn der Konstrukteur sich gegen einen Turbolader entschied, stand ihm als Alternative zu mehr Leistung die Vergrößerung der Ventilfläche der einzelnen Zylinder zur Verfügung. Vier kleinere Ventile ergeben eine größere Fläche als zwei große, da man eine gegebene Fläche mit einer großen Anzahl kleiner Objekte immer vollständiger abdecken kann als mit einer kleinen Anzahl großer Objekte. Ein weiterer Vorteil dieser Lösung besteht darin, daß man die Zündkerze in der idealen Position plazieren kann, nämlich in Zylindermitte.

Das Vierventil-Prinzip war schon von Ernest Henry bei seinen bemerkenswerten Grand-Prix-Peugeots aus dem Jahr 1912 ausprobiert worden und damit durchaus nichts Neues; doch in den 80ern kam es mehr und mehr in Mode. Bei den meisten Konstruktionen fanden sich zwei obenliegende Nockenwellen, die jeweils ein Ventilpaar betätigten. Der Motor des Triumph Dolomite Sprint aus dem Jahre 1973 kam jedoch mit einer Nockenwelle aus, an der sich nur die übliche Anzahl an Nocken befand. Jede Nocke betätigte direkt ein Einlaßventil und, über ein Kipphebellager auf der anderen Seite, indirekt ein Auslaßventil. Das funktionierte zwar recht gut, führte aber zu übermäßigem Verschleiß der Nockenwelle, so daß bald alle Motoren zwei Nockenwellen bekamen.

Ein weiterer Vorteil des Vierventilsystems besteht darin, daß die Ventile leichter und damit die Massenträgheitskräfte geringer sind, wie es auch bei

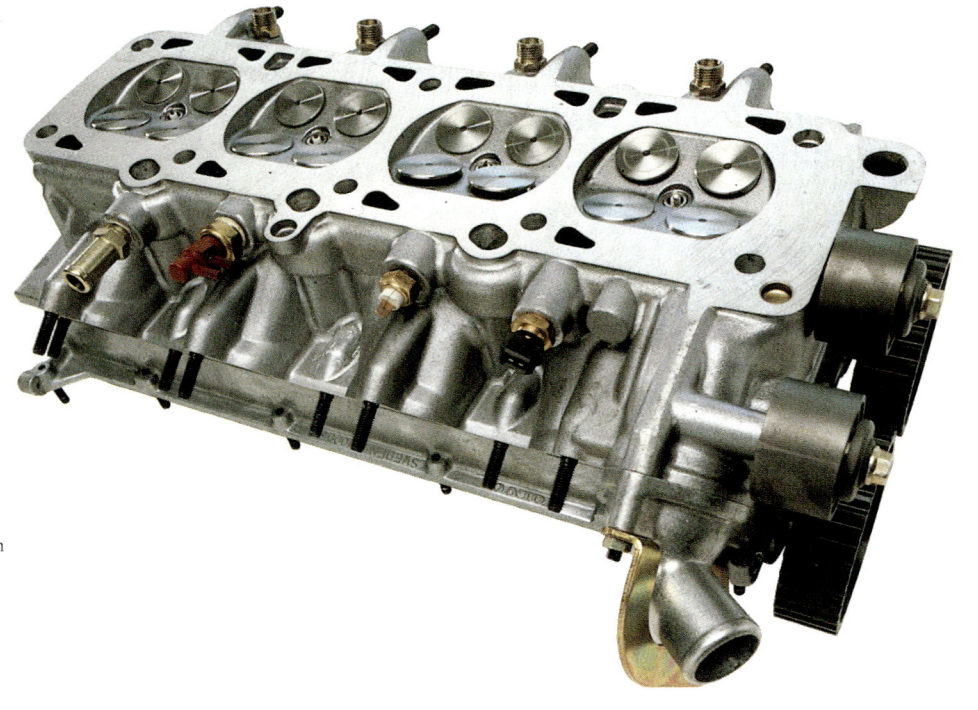

Zu Beginn der 80er Jahre kamen die ersten Motoren mit Mehrventil-Technik auf den Markt, zunächst in einigen wenigen Hochleistungs-Fahrzeugen, später dann auch in den meisten Serienautos. Rechts der Zylinderkopf eines Volvo 740 16V. Die Technik wird natürlich eingesetzt, weil mehr Ventile bessere Motoratmung bedeuten.

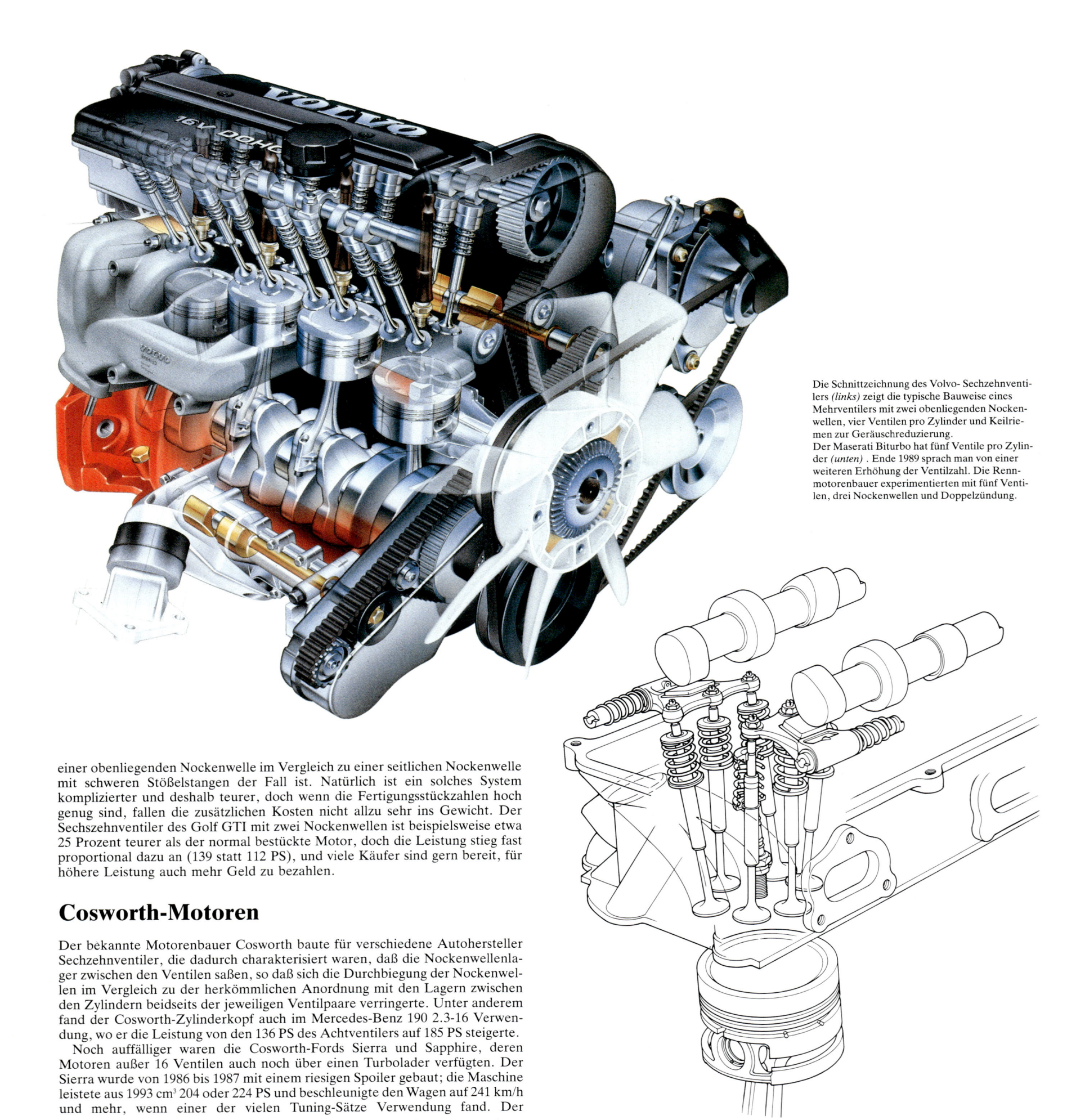

Die Schnittzeichnung des Volvo-Sechzehnventilers *(links)* zeigt die typische Bauweise eines Mehrventilers mit zwei obenliegenden Nockenwellen, vier Ventilen pro Zylinder und Keilriemen zur Geräuschreduzierung.
Der Maserati Biturbo hat fünf Ventile pro Zylinder *(unten)*. Ende 1989 sprach man von einer weiteren Erhöhung der Ventilzahl. Die Rennmotorenbauer experimentierten mit fünf Ventilen, drei Nockenwellen und Doppelzündung.

einer obenliegenden Nockenwelle im Vergleich zu einer seitlichen Nockenwelle mit schweren Stößelstangen der Fall ist. Natürlich ist ein solches System komplizierter und deshalb teurer, doch wenn die Fertigungsstückzahlen hoch genug sind, fallen die zusätzlichen Kosten nicht allzu sehr ins Gewicht. Der Sechzehnventiler des Golf GTI mit zwei Nockenwellen ist beispielsweise etwa 25 Prozent teurer als der normal bestückte Motor, doch die Leistung stieg fast proportional dazu an (139 statt 112 PS), und viele Käufer sind gern bereit, für höhere Leistung auch mehr Geld zu bezahlen.

Cosworth-Motoren

Der bekannte Motorenbauer Cosworth baute für verschiedene Autohersteller Sechzehnventiler, die dadurch charakterisiert waren, daß die Nockenwellenlager zwischen den Ventilen saßen, so daß sich die Durchbiegung der Nockenwellen im Vergleich zu der herkömmlichen Anordnung mit den Lagern zwischen den Zylindern beidseits der jeweiligen Ventilpaare verringerte. Unter anderem fand der Cosworth-Zylinderkopf auch im Mercedes-Benz 190 2.3-16 Verwendung, wo er die Leistung von den 136 PS des Achtventilers auf 185 PS steigerte.

Noch auffälliger waren die Cosworth-Fords Sierra und Sapphire, deren Motoren außer 16 Ventilen auch noch über einen Turbolader verfügten. Der Sierra wurde von 1986 bis 1987 mit einem riesigen Spoiler gebaut; die Maschine leistete aus 1993 cm^3 204 oder 224 PS und beschleunigte den Wagen auf 241 km/h und mehr, wenn einer der vielen Tuning-Sätze Verwendung fand. Der

Sapphire war eine zivilisiertere viertürige Limousine mit weniger auffälligem Spoiler, aber genau so schnell. Er kostete zwar mehr als das Doppelte eines normalen Sapphire, war sein Geld aber durchaus wert.

Seit 1989 gibt es den normalen Sierra und Sapphire ebenfalls mit zwei Nockenwellen, aber nur zwei Ventilen pro Zylinder. Diese Maschine zielt eher auf Sparsamkeit und niedrige Abgaswerte als auf Leistung ab.

Honda spielt den Vorreiter

Bei Honda begann das Zeitalter der Mehrventiltechnik mit dem sogenannten CVCC-Motor, einer Maschine mit drei Ventilen pro Zylinder (zwei Einlaß-, ein Auslaßventil). Es gab ihn zuerst für den Civic von 1972 und später dann in verschiedenen Größen von 1232 cm^3 im Jazz bis zu 1834 cm^3 im Accord und Prelude. 1985 kam ein Motor mit zwei obenliegenden Nockenwellen und vier Ventilen pro Zylinder für den CRX und die Limousinen Accord und Integra. Der V6 Legend hatte einen 24-Ventiler mit je einer Nockenwelle pro Zylinderreihe, der auch im Rover 800 Verwendung fand. Mitsubishi ging bei seinem bemerkenswerten Kleinwagen Dangan ZZ noch einen Schritt weiter und spendierte dem Dreizylinder mit 548 cm^3 Hubraum fünf Ventile pro Zylinder.

Konkurrenz für die leistungsstärkeren Wagen des Typs 4 waren die Hochleistungsversionen normaler Familienlimousinen, die sich ab Mitte der 80er Jahre großer Beliebtheit erfreuten. Der Peugeot 405 Mi 16 und der Citroën BX 19 GTi mit Sechzehnventiler waren in gewissem Sinne umgekehrte Typ-4-Fahrzeuge, da sie unter dem sehr unterschiedlichen Blechkleid die gleiche Maschine hatten, wie es auch bei ihren schwächeren Brüdern der Fall war.
Der Mercedes-Benz 190E 2.3 16V *(oben)* war ein ähnlicher Fall: Er besaß im wesentlichen die Karosserie des kleinen Mercedes mit einem Sechzehnventiler mit zwei obenliegenden Nockenwellen von Cosworth und einem Getrag-Getriebe. Der Aufbau war mit Front- und Heckspoiler sowie Seitenschürzen leicht verändert. Ab 1988 leistete die auf 2,5 Liter vergrößerte Maschine 185 PS.

Die interessante Maschine des Chevrolet Corvette ZR-7 wurde Ende der 80er Jahre bei dem in GM-Besitz befindlichen Lotus entwickelt. Sie hatte 32 Ventile und 5727 cm³ Hubraum und leistete 385 PS, doch am auffallendsten war das Ansaugsystem. Mit zwei Gruppen von Einlässen, Ventilen und Nocken hatte es einen »Oma-Schalter«, mit dem ein Ventil pro Zylinder außer Betrieb gesetzt werden konnte, so daß der Wagen entsprechend langsamer wurde für den Fall, daß der Besitzer nicht selbst fuhr.

Ventilwahl per Schlüssel

Die Mehrventiltechnik beschränkte sich natürlich nicht auf Vierzylindermotoren. Porsche brachte den 86er 928 S 4 als V8-32-Ventiler mit vier Nockenwellen heraus, zwei pro Zylinderreihe. Die meisten Ventile weist der Cizeta-Moroder auf: Der V 16 mit 5995 cm³ Hubraum kam auf 64.

Einer der interessantesten Motoren der späten 80er war der von Lotus für den Chevrolet Corvette ZR1 entwickelte V-Achtzylinder mit 32 Ventilen und vier Nockenwellen. Der Hubraum unterschied sich mit 5727 cm³ kaum von den 5733 cm³ in der Serien-Corvette, aber der ZR1 leistete 385 statt 245 PS.

Es gab zwei Gruppen von Einlaßöffnungen, Ventilen und Nocken, bei denen die Sekundärgruppe durch einen sogenannten Oma-Schalter außer Betrieb gesetzt werden konnte, so daß pro Zylinder nur drei Ventile arbeiteten. Das zweite Einlaßventil bewegte sich zwar, ließ aber kein Gemisch in den Zylinder. Der Schalter wurde mittels eines Schlüssels betätigt, den der Besitzer bei sich trug, um gegebenenfalls den ZR1 langsamer zu machen, wenn ein weniger erfahrener Fahrer am Lenkrad saß.

Der teure Katalysator

Eine der wesentlichen Sorgen in den 70ern und 80ern war die Luftverschmutzung durch Autoabgase. Es begann in Kalifornien und speziell in Los Angeles, wo die Kombination aus Sonnenschein und Auspuffgasen den berüchtigten Smog entstehen ließ, der die Stadt von dem Sonnenschein ausschloß, für den sie bekannt gewesen war, und eine derartige Bedrohung für die Gesundheit darstellte, daß im Jahre 1988 älteren Leuten und Kindern an insgesamt 75 Tagen dringend geraten wurde, das Haus nicht zu verlassen. Das weist darauf hin, daß 20 Jahre Immissionsschutzbestimmungen keine große Wirkung gezeigt haben; die Stadt denkt so mittlerweile auch über drastische Verkehrsbeschränkungen nach.

Die erste Antwort auf das Problem bestand darin, die Auspuffanlage mit einem Katalysator zu bestücken. Das war ein Behälter mit Platin, Rhodium, Palladium und anderen Elementen, die die schädlichen Kohlenwasserstoffe, Kohlenmonoxide und Stickoxide in Wasser, Kohlendioxid und Stickstoff umwandelten.

Die zum ersten Mal in den 60ern eingeführten Vorschriften wurden nach und nach verschärft, bis der Katalysator im Jahre 1989 96 Prozent aller Kohlenwasserstoffe und Kohlenmonoxide und 75 Prozent aller Stickoxide unschädlich machen mußte. Leider verloren die Katalysatoren im Dauereinsatz einen Teil ihrer Wirkung. Aus einem Bericht des amerikanischen Bundesamtes für Umweltschutz ging hervor, daß bei manchen Kats nach 80 000 km praktisch keine Reinigungswirkung mehr vorhanden war. Außerdem sagte man dem Kat nach, daß er die Leistung verringere und den Spritverbrauch erhöhe, was bei Messungen in Europa allerdings nicht bestätigt wurde.

Der Aspekt des Kraftstoffverbrauchs bereitete den Herstellern und der US-Regierung besondere Sorgen, da die Energieeinsparung für die Behörden fast genau so wichtig war wie die Reinhaltung der Luft.

Bis 1993 soll die US-Automobilindustrie nur noch Autos bauen, deren Verbrauch im Schnitt nicht über 7,2 l/100 km liegt im Vergleich zu den 8,5 l/100 km für das Jahr 1989. Mit dem derzeitigem Katalysator ist das nicht zu schaffen, so daß nach anderen Lösungen gesucht werden mußte.

Magermotoren

Die Konstrukteure in Europa konnten sich zunächst gar nicht mit dem Kat anfreunden, weil er die Leistung verringerte – wovon kleinere Motoren natürlich stärker betroffen waren – und weil er unter europäischen Verkehrsbedingungen mit niedrigeren Gängen und demzufolge höheren Drehzahlen noch schneller verschleißen würde.

Statt den Kraftstoff dreckig (und verschwenderisch) zu verbrennen und die

Der Katalysator ist ein recht simples Gerät aus wenigen Teilen. Das Edelstahlgehäuse (1) beinhaltet eine elastische Rückhaltevorrichtung (2) aus Stahldraht, die die chemischen Platten schützt. Die Säuberungselemente (3) sind extrem dünne Keramikscheiben, die mit Platin und Rhodium überzogen sind. Wenn das Abgas an ihnen vorbeiströmt, werden die meisten Schadstoffe in Wasser, Kohlendioxid und Stickstoff umgewandelt. Der Umwandlungsprozeß an sich ist jedoch recht kompliziert, und es wird viel in die Forschung zur Verbesserung dieser Geräte investiert.

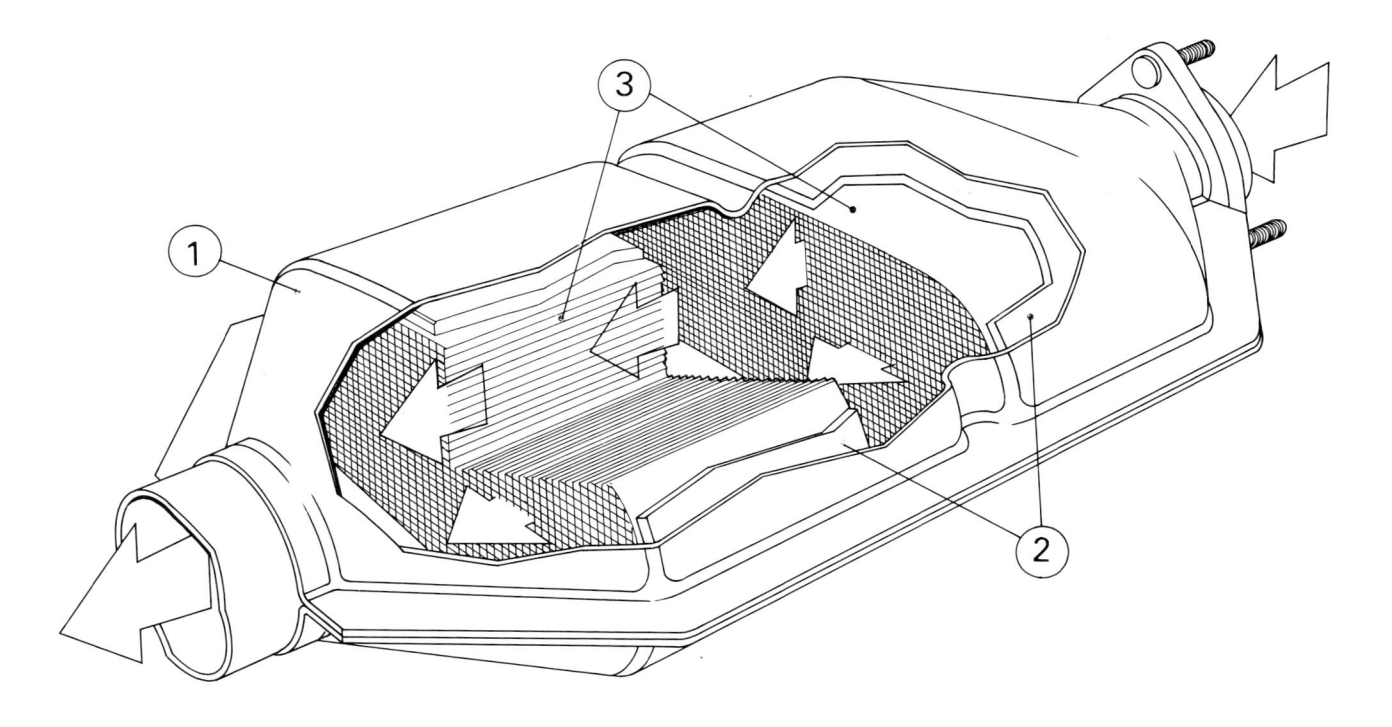

Auspuffgase anschließend zu reinigen, erschien es ihnen logischer, gleich für eine saubere Verbrennung zu sorgen. Die Überlegung führte zum sogenannten Magermotor, bei dem ein Gemisch aus weniger Kraftstoff und mehr Luft verbrannt wird.

Das durchschnittliche Luft/Kraftstoff-Verhältnis liegt nach Gewicht seit Jahren zwischen 12:1 und 14:1, wobei der Motor bei teilweise geöffneter Drosselklappe auch bei einem Verhältnis von 16:1 noch zufriedenstellend läuft. Bei diesem Verhältnis erreicht der Kohlenmonoxidanteil im Abgas einen Tiefpunkt, während der Stickoxidanteil seinen höchsten Wert aufweist. Das optimale Verhältnis liegt zwischen 18:1 und 20:1, da anschließend die Kohlenwasserstoffwerte wieder steigen, was sich aber durch weitere Entwicklungsarbeit möglicherweise noch eingrenzen ließe.

Ein herkömmlicher Motor läuft bei diesem optimalen Verhältnis nicht; wenn das Gemisch jedoch unmittelbar vor der Zündung verwirbelt wird, brennt es zufriedenstellend. Die entsprechenden Forschungs- und Entwicklungsingenieure konzentrieren sich deshalb auf die ideale Verwirbelung. Hier gibt es im wesentlichen zwei Systeme, nämlich zum einen die axiale Verwirbelung und zum anderen die Querverwirbelung. Die Verwirbelung beginnt beim Ansaugtakt, wird während des Verdichtungstakts aufrecht erhalten und erreicht unmittelbar vor der Zündung den Idealzustand. Erreicht wird sie durch eine entsprechende Form der Einlaßöffnung und des Brennraums.

Ford war der erste Hersteller, der mit Magermotoren in Serie ging. Das war im Jahre 1983, und Ende der 80er Jahre wurde die Palette der Fahrzeuge, die mit Magermotoren erhältlich waren, immer noch ausgeweitet. Bei der Magerverbrennung *(unten)* werden einströmende Gase durch spezielle Einlässe verwirbelt, wenn sie in den Verbrennungsraum eintreten.

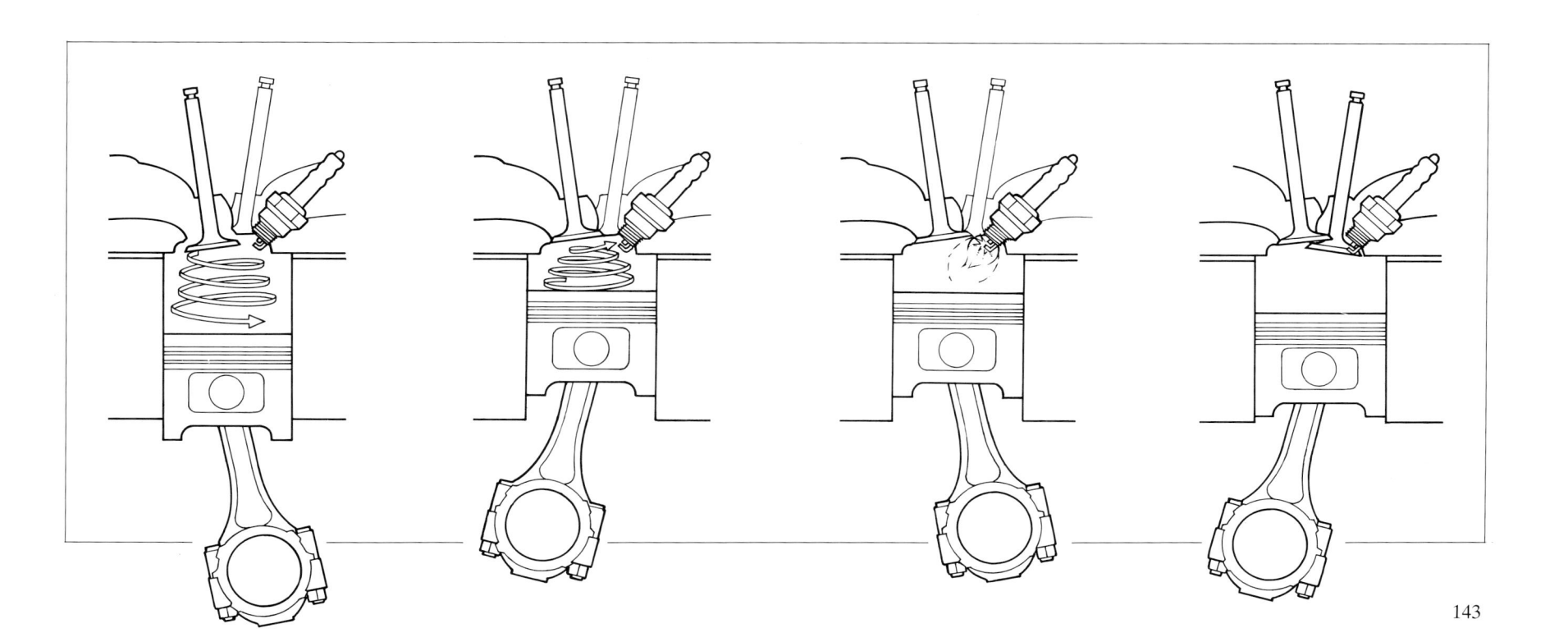

VERBRENNUNGSSYSTEME

- **Intermittierende Innenverbrennung**
  - Homogen
    - Kreiskolben
    - Kolbenmotor
      - Zweitakter
      - Viertakter
  - Inhomogen
    - Funkenzündung
      - Schichtladung
        - Vorkammer
        - Direkteinspritzung
    - Direktzündung
      - Diesel
        - Direkteinspritzung
          - Mehrfachstrahl
          - Einzel-/Doppelstrahl
- **Kontinuierliche Außenverbrennung**
  - Rankine (Dampf)
  - Stirling
  - Gasturbine

In der zweiten Hälfte der 80er Jahre arbeiteten die Motorenbauer an verschiedenen Verbrennungssystemen; dabei ging es immer um niedrigeren Benzinverbrauch und die Suche nach alternativen Motorkonstruktionen und Treibstoffen. Die Unternehmen verwandten enorme Summen darauf, das Autofahren der Zukunft billiger zu machen und – was noch wichtiger war – dem wachsenden Umweltbewußtsein Rechnung zu tragen. Die Abbildung zeigt deutlich, daß die Szene von normalen Verbrennungsmotoren beherrscht wurde, daß es aber auch vor langer Zeit schon Experimentalmotoren gebaut wurden *(links außen)*. Die Dampfmaschine ist sogar älter als die Autoindustrie, und Gasturbinen sind so alt wie das Düsenflugzeug.

Ford und Toyota bevorzugten die axiale Verwirbelung, während Gaydon Technology, eine Forschungs- und Entwicklungstochter der Rover-Gruppe, an der Querverwirbelung arbeitete. 1983 führte Ford den ersten, in Valencia gebauten CVH-Motor mit 1,4 und 1,6 Litern Hubraum vor, bei dem eine begrenzte Verwirbelung durch Abdeckung einer Teilfläche des Einlaßventils erreicht wurde. Das war der Magermotor der ersten Generation, der 1986 die zweite Generation mit 1,4-Liter- und V6-Motoren und 1989 die dritte Generation mit den I4-Zweilitermotoren mit zwei obenliegenden Nockenwellen für den Sierra und den Scorpio folgten. Diese arbeitet bei einem Luft/Kraftstoffverhältnis von 19:1.

»Ich fahre bleifrei«: die Suche nach alternativen Kraftstoffen

Die organische Verbindung Tetra-Aethylblei wurde dem Benzin schon in den 20ern zugesetzt, und zwar als Mittel gegen das Klopfen, das in den langen und flachen Brennkammern der damaligen Seitenventilmotoren auftrat. Diese Nutzung setzte sich ungestört bis in die 60er fort, in denen dann die zunehmende Verbreitung des Katalysators zuerst in Kalifornien und später überall in den USA dazu führte, daß das Blei aus dem Benzin verschwinden mußte. Denn der Kat funktioniert bei verbleitem Benzin nicht lange, weil es die darin enthaltenen Elemente verunreinigt.

Weiterhin zeigte die Forschung, daß Blei das pflanzliche Leben schädigte und das Hirnwachstum bei Kindern beeinträchtigte. Allmählich ging man überall in den Vereinigten Staaten zu bleifreiem Benzin über, und zusätzlich verordnete das US-Bundesumweltamt Höchstmengen für das Blei im verbleiten Benzin. Das begann bei 0,08 g/l, setzte sich fort über 0,04 g/l im Dezember 1986 und endete zumindest vorläufig bei unter 0,02 g/l im September 1988.

Es gab nach wie vor verbleites Benzin, aber in immer geringeren Mengen, und 1989 war in einigen Großstadtbereichen an keiner Tankstelle mehr verbleites Benzin zu bekommen. Das war ein Problem für Besitzer älterer Autos, die nicht ohne weiteres umgerüstet werden konnten; besonders traf es die Sammler von Hochleistungsfahrzeugen aus der Zeit zwischen 1950 und den 80ern. Die Motoren dieser Wagen brauchten das Blei zum Schutz der Ventilsitze.

Die Lösung bestand im Einbau gehärteter Ventilsitze und Auslaßventile, und es gab außerdem eine Reihe von Additiven, die meisten davon flüssig. Als weiteres Mittel war Carbonflo auf dem Markt, eine 22-mm-Patrone mit einer Verbindung auf Zinnbasis, die in den Tank kam. Sie sollte den Motorlauf und den Spritverbrauch verbessern und jeden Motor in die Lage versetzen, mit bleifreiem Benzin zu laufen. Anfängliche Befürchtungen, daß bleifreies Benzin die Leistung verringern würde, bestätigten sich nicht. Tests mit einem Ford Sierra XR4x4 ergaben eine Verringerung der Höchstgeschwindigkeit von 200 auf 199 km/h und eine Verschlechterung von 0,1 sec bei der Beschleunigung von Null auf 100 km/h. Im höchsten Gang war die Beschleunigung bei bestimmten Geschwindigkeiten mit bleifreiem Benzin sogar besser.

Waldsterben verlangt bleifreies Benzin

In Europa traten die ersten Bestimmungen über Abgaswerte und -untersuchungen 1971 in Kraft, doch dauerte es noch bis Mitte der 80er, bis wirklich strikte und umfassende Vorschriften erlassen wurden. Diese reduzierten das erlaubte Maß um fast ein Drittel bei Kohlenwasserstoffen und Stickoxiden und um 40 Prozent bei Kohlenmonoxid. Diese Werte ließen sich nur mit einem Katalysator einhalten, für den wiederum bleifreies Benzin erforderlich war.

Die Bundesrepublik, die sich durch das Waldsterben der Luftverschmutzung akut bewußt war, übernahm die Vorreiterrolle. Im Jahre 1988 machte bleifreies Benzin 52,7 Prozent der Gesamtverkäufe an Benzin aus und war an 75 Prozent aller Tankstellen erhältlich. Dänemark lag mit 90 Prozent noch weiter vorn, und in den Niederlanden gab es an jeder Tankstelle bleifreies Benzin. In Großbritannien ließ man sich Zeit; dort ging die erste Tankstelle, an der alle Sorten bleifrei zu haben waren, erst im Januar 1989 in Betrieb. Es wurde jedoch erwartet, daß bleifreies Benzin schon Ende 1989 20 Prozent aller Verkäufe ausmachen würde. Der grüne Sprit fand nicht überall Zuspruch: Anfang 1989 belief sich sein Anteil in Italien auf 1,3 Prozent und in Frankreich auf weniger als 1 Prozent; in Spanien war er überhaupt nicht zu bekommen.

Viele Länder in Europa führten Steuernachlässe für bleifreies Benzin ein, und in der Bundesrepublik gab es sogar Steuerbefreiungen für Autos mit Katalysator. Als Resultat kauften 1988 nur drei Prozent aller deutschen Autokäufer einen Wagen ohne Kat. Es wurden EG-Bestimmungen erlassen, nach denen bis Oktober 1990 alle Neuwagen mit bleifreiem Benzin laufen können, bis Januar 1992 Neuwagen über zwei Liter mit Katalysator ausgerüstet sein und bis Januar 1993 sämtliche Neuwagen über einen Kat verfügen müssen. 1989 war Skoda mit dem Favorit der erste Hersteller aus Osteuropa, der ein Katalysatorfahrzeug anbot.

Dieselmotoren

Die weitgehende Verwendung von bleifreiem Benzin und Katalysatoren verführte viele Optimisten zu der Annahme, daß die Gefahr für die Atmosphäre gebannt sei. Dem war leider nicht so. Es gab zwar weniger Blei, das kindliche Gehirne schädigen konnte, und weniger Kohlenwasserstoffe, die den für den Wald tödlichen sauren Regen verursachten. Aber der Katalysator wandelte das Kohlenmonoxid in Kohlendioxid um, das zu den wesentlichen Verursachern

Dieselmotoren waren in den 50er und 60er Jahren aus verschiedenen Gründen nicht sehr beliebt. Zwar zeigten die Motoren immense Laufleistungen und war Dieselkraftstoff billig, doch waren die Maschinen laut, produzierten stinkende Abgase und brachten weniger Leistung als ein entsprechender Benziner. Außerdem waren sie in der Anschaffung und Wartung teurer. Dadurch boten sie sich insgesamt für den kommerziellen Einsatz an, beispielsweise für Taxis und Ferntransporter. In den 80ern änderte sich diese Situation jedoch drastisch – fast alle Hersteller hatten ein Dieselmodell im Programm. Der Dieselmotor arbeitet nach dem gleichen Prinzip wie ein Viertakt-Benziner: Ansaugen, verdichten, ausdehnen und ausstoßen. Der wesentliche Unterschied besteht darin, daß der Kraftstoff erst in den Zylinder gelangt, wenn die darin befindliche Luft voll komprimiert ist. Die Verdichtung ist mit 22–24:1 im Vergleich zum Benziner mit 8–9:1 viel höher. Dadurch wird die Luft so heiß, daß sich der Dieselkraftstoff von selbst entzündet, wenn er in den Brennraum gelangt. Ein Dieselmotor hat daher keine Zündanlage, sondern nur Glühkerzen für den Kaltstart.
Hier ein Volvo TD 24 aus der 700er Reihe aus den späteren 80er Jahren.

des Treibhauseffekts gehört, der allmählichen Aufheizung der Atmosphäre, die unter anderem dazu führt, daß die Polkappen abschmelzen.

Der Magermotor war in dieser Hinsicht weniger schädlich, doch noch besser und vor allen Dingen noch weiter verbreitet war der Dieselmotor. Diesel hatten sich seit mehr als 50 Jahren in schweren Nutzfahrzeugen großer Beliebtheit erfreut. Schon im Jahre 1931 hatte die Zeitschrift *The Autocar* gefragt: Wann erreicht der Ölmotor den Privatwagen, nachdem er sich bei schweren Nutzfahrzeugen und Flugzeugen durchgesetzt hat?

Der erste Diesel-Pkw wurde im Jahre 1936 von Mercedes-Benz angeboten; Fiat schloß sich 1950 an. Die Nachteile waren der Bedarf an einer leistungsfähigen Batterie, mit deren Hilfe der Anlasser einen kalten Dieselmotor durchdrehen konnte, die starke Vibration, der Krach und die stinkenden Abgase. Doch gegen Ende der 70er Jahre gehörte der Diesel bei vielen europäischen Herstellern fest zum Programm und fand auch in Amerika, dem Land der großen, durstigen Benziner, plötzliche und völlig unerwartete Akzeptanz. Auch bei schweren Lkw stiegen die Amerikaner später als die Europäer auf Diesel um. Aber in der Energiekrise war Sparsamkeit angesagt und der Dieselmotor eine der möglichen Lösungen.

Unbeliebt in Amerika...

General Motors machte 1978 den Anfang, und zwar mit dem 5,7-Liter-V8 im Oldsmobile Delta und Oldsmobile 98. In der Folgezeit waren V6- und V8-Diesel auch für einige Buick-, Cadillac-, Chevrolet- und Pontiac-Modelle erhältlich, die jedoch alle aus dem Oldsmobile-Werk in Lansing kamen.

Noch bis vor kürzester Zeit lag die Anziehungskraft des Diesels in der Sparsamkeit und nicht im Umweltschutzaspekt begründet. Und als die Drohung einer Benzinknappheit Mitte der 80er nachzulassen begann, wandten sich die Amerikaner sofort wieder vom Diesel ab. Als Hauptgründe wurden dabei die niedrigere spezifische Leistung und das höhere Laufgeräusch genannt. So entwickelte beispielsweise der V6-Diesel des 84er Chevrolet Celebrity mit 4293 cm³ Hubraum nur 85 PS, während es der Benziner mit 3785 cm³ es auf 110 PS brachte.

General Motors nahm nach 1985 alle Diesel aus der Produktion, und nur Ford baute in den USA noch Dieselmotoren, und zwar von 1984 bis 1987 für den Escort und den Mercury Lynx und in den Jahren 1984/85 einen Turbodiesel für den Lincoln. 1989 waren auf dem amerikanischen Markt als einzige Diesel der nach zwei Jahren Abwesenheit wieder eingeführte VW Jetta und der Mercedes-Benz 190 zu haben.

...genau das Gegenteil in Europa

In Europa war der Diesel hingegen weit verbreitet. Angeboten wurde er für die Kleinwagen von Citroën, Fiat, Ford, Opel, Peugeot, Renault, Seat, Vauxhall und VW wie auch für größere Fahrzeuge wie Austin Montego, Citroën BX, CX und XM, Fiat Croma, Mercedes-Benz 190, 200 und 250, Opel Vectra, Peugeot 305, 309, 405 und 505, Renault 9, 11, 19, 21 und 25, Range Rover, VW Passat sowie Volvo 240 und 760.

Viele der leistungsstärkeren Modelle waren mit Turboladern ausgestattet, um die etwas behäbige Leistung eines normal beatmeten Diesels aufzubessern. Der Citroën XM brachte mit 2,1-Liter-Diesel mit Turbolader, Ladeluftkühler und drei Ventilen pro Zylinder etwa die gleiche Leistung wie mit dem Zweiliter-Benziner mit Katalysator. Er war sogar etwa 1,5 km/h schneller und brauchte gleichzeitig gut zwei Liter weniger auf 100 Kilometer.

Die meisten Dieselmotoren hatten eine indirekte Einspritzung, bei der das Kraftstoff/Luft-Gemisch in eine kleine Vorverbrennungskammer im Zylinderkopf gelangt, die über einen engen Kanal mit dem eigentlichen Brennraum verbunden ist. Der Kraftstoff wird in der Vorverbrennungskammer gezündet. Das teilweise brennende Gemisch dehnt sich aus und gelangt durch den Kanal in den Brennraum über dem Kolben.

Im Jahre 1988 entwickelte Fiat und kurz darauf auch Austin Rover einen Diesel mit Direkteinspritzung, der ohne Vorverbrennungskammer auskommt. Dieses Prinzip ist einfacher, benötigt aber eine gute Verwirbelung, um zum richtigen Kraftstoff/Luft-Gemisch zu gelangen. Deshalb kommt der Konstruktion des Zylinderkopfes große Bedeutung zu. Der Kraftstoff verbrennt effizienter, und es geht keine Wärme zwischen Vorverbrennungskammer und Brennraum verloren. Dadurch wird weniger Kraftstoff verbraucht: etwa 40 Prozent im Vergleich zu einem gleichgroßen Benziner und 25 Prozent im Vergleich zu einem Diesel mit indirekter Einspritzung. Auch die Wartungsintervalle verdoppeln sich gegenüber der indirekten Einspritzung, bei der das Öl durch Kohlerückstände verschmutzt wird.

Drastisches Wachstum

In Europa haben die Verkäufe von Dieselfahrzeugen seit 1979 ein drastisches Wachstum erlebt. Damals hatten sie nur einen geringen Anteil am gesamten Automarkt. Bis 1982 gab es allein in der Europäischen Gemeinschaft 1066820 Diesel-Pkw; fünf Jahre später belief sich die Zahl schon auf etwa 1,8 Millionen. Führend unter den Dieselfreunden waren die Bundesdeutschen, knapp vor den Italienern. Das ist angesichts des Desinteresses der Italiener an bleifreiem Benzin vielleicht etwas überraschend, doch muß man dabei berücksichtigen, daß der Reiz eines Diesels noch bis vor kurzem allein in der Sparsamkeit begründet war. Nachdem er jetzt auch als umweltfreundlich gilt, dürften die Verkäufe noch weiter zunehmen.

Die einzige Wolke am Horizont ist die Anschuldigung, daß die Kohlepartikel (Ruß) im Dieselabgas Krebs verursachen sollen. Das führte 1988 in der Bundesrepublik zu einem scharfen Rückgang der Verkaufszahlen, doch möglicherweise bekommt man das Rußproblem mit Hilfe der Direkteinspritzung und des Dieselkatalysators bald in den Griff. Der 1989 auf der Frankfurter Automobilausstellung gezeigte VW-Umwelt-Diesel hatte einen Oxidationskatalysator, der angeblich bis zu 50 Prozent aller aromatischen Kohlenwasserstoffe absorbiert. Audi zeigte auf derselben Ausstellung einen Zweiliter-Turbodiesel mit Direkteinspritzung, der ab Januar 1990 für den 100 TDi und Avant zu haben sein sollte.

Methanol und Alkohol

Zwei weitere Kraftstoffe, die in den vergangenen zwei Jahrzehnten zunehmend populär wurden, waren Methanol und Alkohol. Methanol ist ein hochoktaniger Kraftstoff aus Kohle oder Erdgas, der schon seit Jahrzehnten als Additiv im Rennsport verwendet wird. Sein Vorteil liegt darin, daß er nur wenig Kohlenwasserstoffe und Stickoxide produziert, also keinen Smog verursacht. Aber Methanol ergibt bei der Verbrennung doppelt so viel Kohlendioxid wie Benzin und trägt daher entscheidend zum Treibhauseffekt bei.

Trotzdem hat es in Südkalifornien Gnade vor den Augen des Staates gefunden. Dort müssen ab 1993 alle Dienstfahrzeuge, auch Busse und Mietwagen mit Methanol betrieben werden. Ab 2007 sollen, wenn alles nach Plan verläuft, alle Benzin- und Dieselmotoren verboten sein. Ford und General Motors bieten heute schon Motoren an, die mit Methanol, Benzin und einer Mischung aus beiden betrieben werden können. Ab 1993 sollen jährlich mindestens 100000 Fahrzeuge mit Mehrstoffmotoren gebaut werden. Die beiden Mineralölgesellschaften Arco und Chevron wollen ab 1990 Methanol an ihren Tankstellen anbieten.

Alkohol als Kraftstoff ist größtenteils auf Brasilien beschränkt, dort aber weit verbreitet. Von den 11,5 Millionen Fahrzeugen, die es dort gibt, fahren etwa 40 Prozent mit Alkohol, der aus Zuckerrohr gewonnen und von den Anbauern an die nationale Mineralölgesellschaft Petrobas verkauft wird. Der Preis wird bei 55 Prozent des Benzinpreises gehalten, um die Produktion nationaler Ressourcen zu fördern und den Absatz von Fahrzeugen zu steigern, deren potentielle Käufer sich sonst möglicherweise vom Benzinpreis abschrecken ließen.

Antriebssysteme

Die wichtigste Entwicklung im Bereich der Antriebssysteme war in den beiden vergangenen Jahrzehnten zweifellos der Allradantrieb. 1970 beschränkte er sich mehr oder weniger noch auf Mehrzweckfahrzeuge wie Jeep und Toyota Land Cruiser. Auch der komfortable Range Rover war keine normale Limousine. Die einzige Ausnahme bildete der Jensen FF, eine allradgetriebene Version des Interceptor GT, dessen Ferguson-Antrieb mit einem Hauptdifferential und zwei Freilauf-Kupplungen die Kraft permanent im Verhältnis 37:63 auf die Vorder- und Hinterräder verteilte.

Das war nach Angaben von Tony Sheldon, dem Vorstandsvorsitzenden von Harry Ferguson Research, etwa das gleiche Verhältnis wie bei einem Hund oder Pferd. Der FF besaß zudem als einziges Auto das Antiblockiersystem Dunlop Maxaret. Er war ein hervorragender Hochleistungswagen, der in bezug auf Traktion und Straßenhaftung neue Maßstäbe setzte, aber unter gewissen Kinderkrankheiten und seinem hohen Preis zu leiden hatte. Der normale

Interceptor war mit 5838 Pfund im Jahre 1970 schon nicht billig, doch für den FF mußte man noch einmal fast 2000 Pfund drauflegen. Von der äußeren Erscheinung her waren die beiden fast identisch, obwohl der FF zehn Zentimeter länger und und an den beiden Kühlschlitzen hinter den vorderen Kotflügeln leicht zu erkennen war. Es wurden nur 124 FF gebaut im Vergleich zu 4544 Interceptor.

Ein wichtiges Merkmal des Fergusonsystems war die Viscose-Kupplung, die den Schlupf im Zentraldifferential begrenzte. Dabei befanden sich zwei Sätze von Scheiben nahe beieinander in einer hoch viskosen Flüssigkeit auf Siliziumbasis. Die Viscosität der Flüssigkeit war so ausgelegt, daß sie bei niedriger Geschwindigkeit nur wenig Widerstand bot, so daß sich der eine Satz Scheiben im Verhältnis zum anderen relativ leicht drehen konnte; bei höherer Geschwindigkeit stieg die Flüssigkeitsreibung jedoch sehr steil an und sorgte für einen wirksamen Kraftschluß zwischen den Scheiben.

Das begrenzt den Schlupf bei durchdrehenden Rädern und ist im Vergleich zu mechanischen Differentialen mit Schlupfbegrenzung zudem verschleißfrei. Nachdem der Jensen FF 1971 aus der Produktion genommen wurde, kamen erst im Jahre 1980 wieder Fahrzeuge mit Viscosekupplung auf den Markt, als American Motors diese Technik beim neuen Eagle 4x4 in Limousinen-, Coupé- und Kombiform einsetzte. Hergestellt wurden die Viscose-Kupplungen in Lizenz bei der zu Chrysler gehörenden New Process Gear Company.

Der Jensen FF (Ferguson Formula) war ein Superauto, das seiner Zeit weit voraus war. Als Allradversion des Jensen Interceptor GT hatte er das Ferguson-System mit Hauptdifferential und zwei Einwegkupplungen. Doch er brachte das Unternehmen an den Rand des finanziellen Abgrunds: Für jeden FF mußte es vier Interceptor verkaufen, um die Verluste auszugleichen.

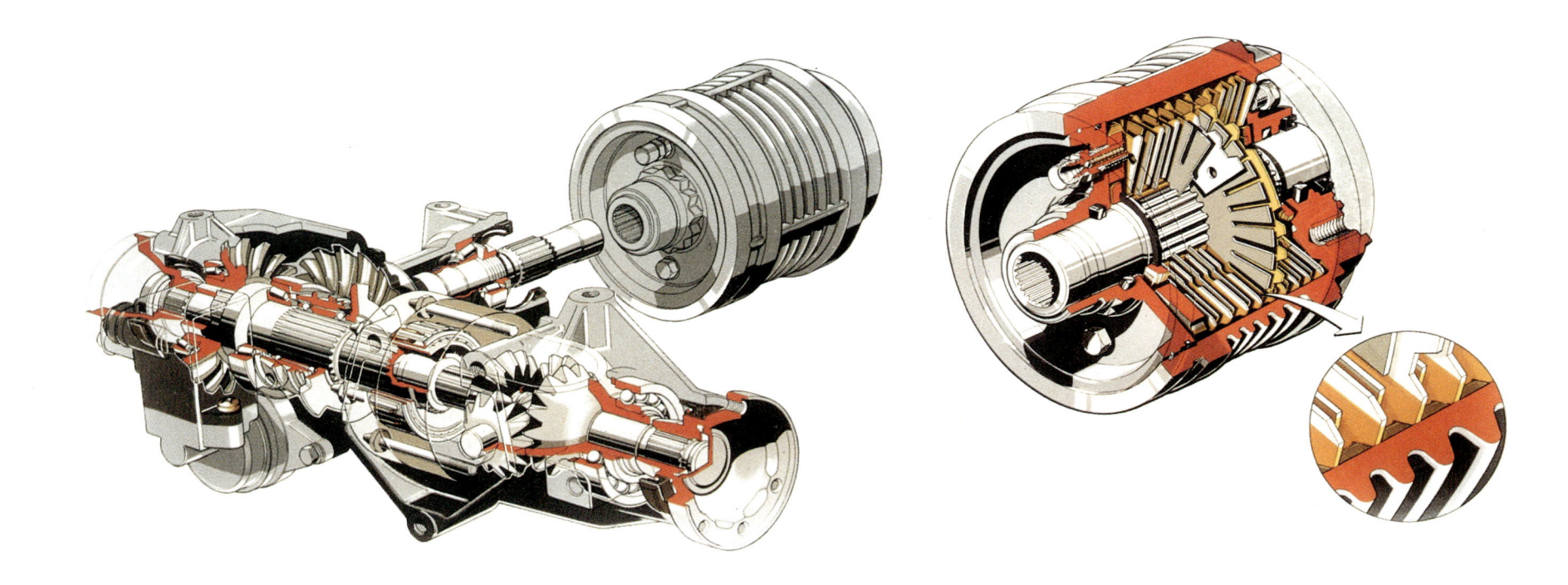

Allradantrieb immer beliebter

Die 80er Jahre erlebten ein steiles Anwachsen der Zulassungszahlen bei allradgetriebenen Pkw, die vielfach mit Viscose-Kupplung ausgestattet waren. Dazu gehörten Ford Sierra XR4x4 und Ford Scorpio, BMW 325iX, Lancia Prisma und Delta, Nissan Pulsar, Golf Synchro und der VW Transporter. Die 1986 eingeführten Synchro-Volkswagen hatten eine variable Kraftverteilung zwischen Vorder- und Hinterrädern, die sich nach den Straßenverhältnissen richtete. Sie reichte von 90:10 bei normaler Straße bis zu 0:100 bei extrem steilen und glatten Straßen.

Das wurde dadurch erreicht, daß die Vorderräder permanent angetrieben wurden wie beim frontgetriebenen Golf und die Hinterräder nur über eine Viscose-Kupplung. Wenn bei diesem Prinzip die Vorderräder die Haftung verlieren, verstärkt sich die Reibung in der Kupplung, so daß Kraft auf die Hinterräder übertragen wird. Auch bei Ford gab es ein paar Variationen zum

Die Schnittzeichnung einer Viscose-Kupplung *(links)* zeigt den Hinterachsantrieb zusammen mit Differential, Freilauf und der eigentlichen Kupplung. Der Behälter *(oben)* umfaßt ein Kupplungsgehäuse, dessen innere und äußere Kupplungsscheibe mit der Antriebswelle bzw. dem Hinterachsantrieb verbunden sind. Der Behälter ist mit einer Siliziumflüssigkeit gefüllt, deren Viscosität sich je nach Achsgeschwindigkeit ändert und somit die Kraft zwischen den Kupplungsscheiben überträgt.

Thema Viscosekupplung: Der Escort Turbo RS besaß eine für die Vorderräder, während das Rallyefahrzeug RS 200 mit Mittelmotor über drei derartige Kupplungen verfügte, eine je Achsdifferential und eine im Zentraldifferential. Der Fahrer konnte die Kraftverteilung zwischen 37:63 auf guten Straßen und etwa 50:50 für schlechtere Verhältnisse variieren.

Ein weiteres erfolgreiches Rallyefahrzeug mit Viscose-Kupplung für den Allradantrieb war der Peugeot 205T16. In der Saison 1984/85, in der der

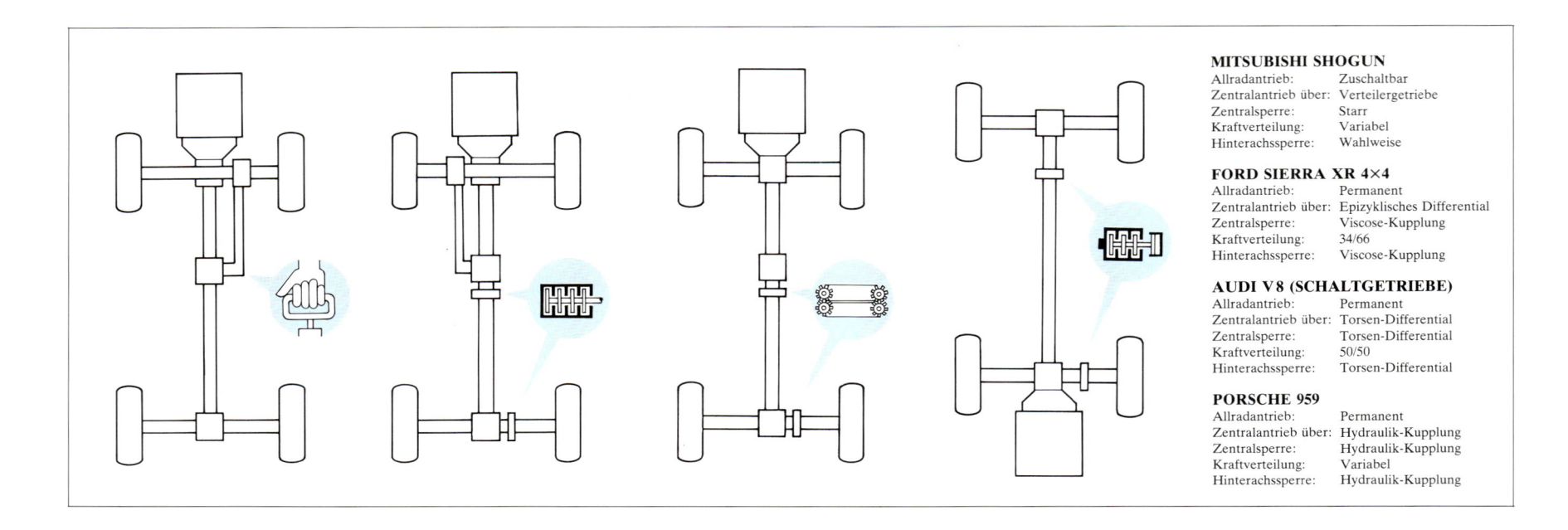

MITSUBISHI SHOGUN
Allradantrieb: Zuschaltbar
Zentralantrieb über: Verteilergetriebe
Zentralsperre: Starr
Kraftverteilung: Variabel
Hinterachssperre: Wahlweise

FORD SIERRA XR 4×4
Allradantrieb: Permanent
Zentralantrieb über: Epyzyklisches Differential
Zentralsperre: Viscose-Kupplung
Kraftverteilung: 34/66
Hinterachssperre: Viscose-Kupplung

AUDI V8 (SCHALTGETRIEBE)
Allradantrieb: Permanent
Zentralantrieb über: Torsen-Differential
Zentralsperre: Torsen-Differential
Kraftverteilung: 50/50
Hinterachssperre: Torsen-Differential

PORSCHE 959
Allradantrieb: Permanent
Zentralantrieb über: Hydraulik-Kupplung
Zentralsperre: Hydraulik-Kupplung
Kraftverteilung: Variabel
Hinterachssperre: Hydraulik-Kupplung

Der Ford RS 200 4x4 wurde für den Rallye-Einsatz in der Gruppe B gebaut, erreichte aber nie sein volles Potential, da die Gruppe B 1986 nach Ende der ersten Saison gestrichen wurde. Die Kraft der 1,8-Liter-Maschine des Typs Cosworth BDA wurde über ein Fünfganggetriebe und drei Viscose-Kupplungen übertragen. Genau 200 Stück wurden bei Reliant für Ford gebaut, sämtlich weiß lackiert.

Das Spitzenmodell in der Delta-Klasse war der HF Turbo 4WD, der nicht nur Rallyesieger wurde, sondern auch im Sommer und im Winter ein sehr beeindruckendes Straßenfahrzeug war. Das Allradantriebssystem hatte eine Ferguson-Viscose-Kupplung und ein Torsen-Differential. Aus den 200 PS der Serie wurden in der Rallyeversion 295 PS bei 7000 U/min.

Peugeot neun von zwölf Meisterschaftsläufen gewann, hatte er einen Mittelmotor und ein elliptisches Verteilergetriebe, das die Kraft im Verhältnis 34:66 verteilte. Auch Subaru bediente sich der Viscose-Kupplung, und zwar im Jahre 1987 beim Rex mit 544 cm³. Dieser hatte anstelle eines konventionellen Hinterachsdifferentials eine doppelte Viscose-Kupplung, die gleichzeitig als Zentral- und als Hinterachsdifferential diente.

Nicht alle Allradkonstrukteure bedienten sich der Viscose-Kupplung. Bei Subaru hatten die 1974 vorgestellten allradgetriebenen Limousinen, Kombis und Pickups permanenten Frontantrieb, der über ein Zentraldifferential zum Allradantrieb umgeschaltet werden konnte. Obgleich technisch weniger anspruchsvoll als die späteren Fahrzeuge, bildeten die Subarus die Vorhut für erschwingliche Allradfahrzeuge, die viele Käufer mit den Vorzügen dieses Antriebssystems bekannt machten.

Der nächste bedeutende Wagen war der Audi Quattro des Jahres 1980, bei dem ein Kegelrad-Zentraldifferential für eine permanente Kraftverteilung von 50:50 sorgte. Dieses einfache System hatte aber einen Nachteil: Wenn ein oder beide Räder einer Achse auf glatter Straße durchdrehten, leitete das Differential die gesamte Kraft auf die durchdrehenden Räder, machte also genau das Gegenteil von dem, was eigentlich erforderlich war.

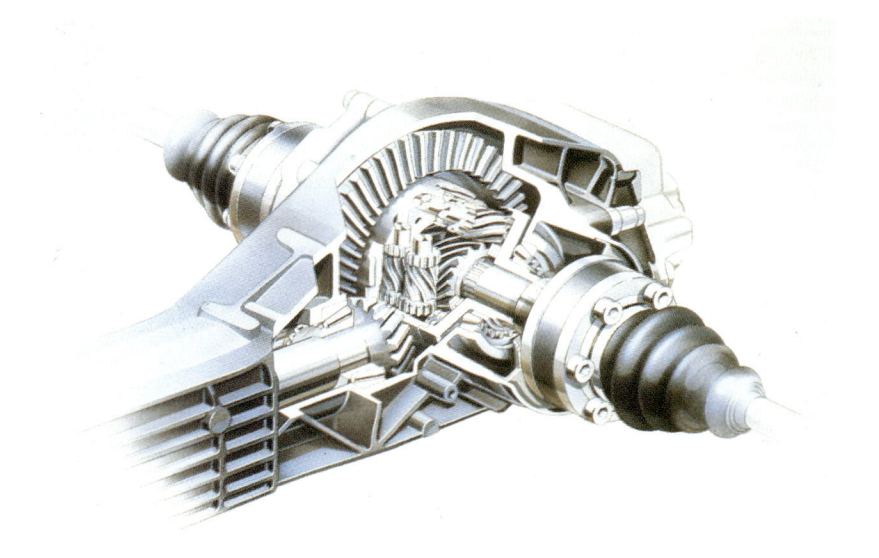

Das Torsen-Differential war eine Entwicklung der US-Luftwaffe für die Zugmaschinen für die großen Transportflugzeuge des Typs 5A. Es wurde dann von Audi für den Quattro übernommen. Hier das Torsen-Differential für das 89er Modell.

Bei einem Test der Zeitschrift *Motor* mit zwei Audi 80 Quattro, davon einer mit normalem und einer mit Torsen-Differential, stellte sich heraus, daß beim ersteren die Räder durchdrehten, wenn bei 4000 U/min auf nasser Straße eingekuppelt wurde. Beim Torsen-Differential passierte das nicht. Nach dem Erfolg mit dem ursprünglichen Quattro dehnte Audi den Allradantrieb auf die gesamte Palette aus – 80, 90, 100 und 200, V8 und den neuen Quattro Coupé, der nicht mit dem ursprünglichen Quattro verwechselt werden darf, der bis Ende der 80er in der Fertigung blieb.

Das 4x4-Prinzip fand bald bei einem breiten Spektrum von Autos Anwendung, vom Fiat Panda, dem billigsten und ersten Allradler mit Quermotor, über die Rallyesieger Lancia Delta und Mazda 323 bis hin zum Mitsubishi Galant, der außerdem noch Allradlenkung hatte. 1988 tauchten mit dem Nissan Prairie und dem Renault Espace die ersten 4x4-Großraumlimousinen auf, und

Das Torsen-Differential

Der Quattro der zweiten Generation ab 1984 hatte ein Torsen-Zentraldifferential. Bei diesem System macht man sich das Prinzip zunutze, daß ein Schneckenradgetriebe zunehmend richtungsgebunden arbeitet, je weiter sich der Winkel zwischen den Nuten der Schnecke und ihrer Längsachse 90° nähert. Die Schnecke kann das Rad treiben, aber nicht umgekehrt. Wenn also ein Radpaar die Haftung verliert, wird die Drehung der Antriebswelle über die Schnecke auf das Schneckenrad übertragen. Dieses Schneckenrad ist jedoch mit dem anderen verbunden, das seine Schnecke nicht antreiben kann, so daß das System quasi verriegelt wird und sämtliche verfügbare Kraft sofort auf die Räder mit der größten Haftung überträgt.

Bei Porsche gab es den Allradantrieb zum ersten Mal 1983 im 959. Im Jahre 1989 war er dann auch für den Carrera *(unten)* zu haben.

Zwei der vielen Allradler der 80er Jahre. Der Fiat Panda *(rechts)*, seit 1983 als 4x4 gebaut, hatte die größere Panda- Maschine mit 999 cm³ und eine Kraftübertragung von Steyr-Puch. Er war der billigste Allradler auf dem Markt, eng gefolgt vom Lada Niva und vom Subaru Justy, der einen 1,2-Liter-Dreizylinder hatte und wie der Panda wahlweise mit Allradantrieb zu haben war.

1980 brachte American Motors den neuen Eagle 4x4 als Limousine, Coupé und Kombi mit dem schlupfbegrenzenden Zentraldifferential mit Viscose-Kupplung, das auch der Jensen FF 4x4 hatte. Hier *(unten rechts)* ein Eagle-Kombi aus dem Jahre 1984. Der Eagle war zwar geländetauglich, wurde aber mehr als sicheres Fahrzeug für den Straßenbetrieb, speziell im Winter, verkauft. Er war bis 1987 auf dem Markt, es wurden mehr Kombis als Limousinen gebaut.

beliebte Familienautos wie Opel Vectra/Vauxhall Cavalier, Citroën BX und Renault 21, Toyota Camry und VW Jetta waren als Allradler mit Viscose-Kupplung zu haben. Porsche brachte 1988 im Carrera 4 ein epizyklisches Zentraldifferential mit einer Kraftverteilung von 31:69. In den USA bot Pontiac den 6000 gegen saftige 7200 Dollar Aufpreis gegenüber dem regulären Fronttriebler auch als Allradversion an.

Beträchtliche Fortschritte wurden bei Automatikgetrieben erzielt. Die ungeliebte Zweigangautomatik der 60er Jahre war selbst bei billigen amerikanischen Autos Anfang der 70er der Dreigangautomatik gewichen, die bei den kleineren Motoren der europäischen und japanischen Wagen ohnehin Pflicht war. Klein- und Kleinstwagen gab es mit Automatik, und für alles, was über dieser Klasse lag, stand zumindest wahlweise fast immer ein Automatikgetriebe zur Verfügung. Eine Ausnahme bildeten einige osteuropäische Fahrzeuge wie Skoda, Wartburg und Yugo. Auch für den neuen frontgetriebenen Skoda Favorit gab es keine Automatik, dafür aber immerhin ein Schaltgetriebe mit fünf Gängen.

Der Besitzer eines Superautos wollte nach wie vor selbst schalten; in der Kategorie Ferrari Testarossa, Lamborghini und Cizeta war deshalb kein Automatikgetriebe zu bekommen. Ferrari überraschte seine Kunden jedoch mit einem dreistufigen Hydramatic-Getriebe für den 76er 400 mit Frontantrieb und dessen Nachfolger, den 412.

Für den 86er Jaguar XJ6 wurde eine Viergangautomatik angeboten, und im Jahre 1989 brachte Nissan als erster Hersteller für den Cedric und den Gloria, große Limousinen, die hauptsächlich für den heimischen Markt bestimmt waren, eine Fünfgangautomatik. Der zusätzliche Gang wurde über zwei Planetengetriebe hinter dem Automatikgetriebe erreicht. Ein weiteres Merkmal des 5E-AT-Getriebes von Nissan war die automatische Neuprogrammierung, die auf Alter und Verschleiß zurückgehende Änderungen in der Kupplungsabstimmung ausglich.

Der Chevrolet Corvette ZR1 verfügte über eine Sechsgangautomatik, die in den ersten vier Stufen automatisch bei 75 Prozent Kraftausnutzung schaltete. Darüber wurde die computerunterstützte Gangwahl außer Betrieb gesetzt, so daß der Fahrer die Vorzüge beider System genoß – automatisch im Stadtverkehr, manuell bei schnellen Überlandfahrten. Porsche bot für den 89er Carrera etwas Ähnliches an, doch hier erfolgte die Umschaltung von automatisch auf manuell über einen Wahlhebel.

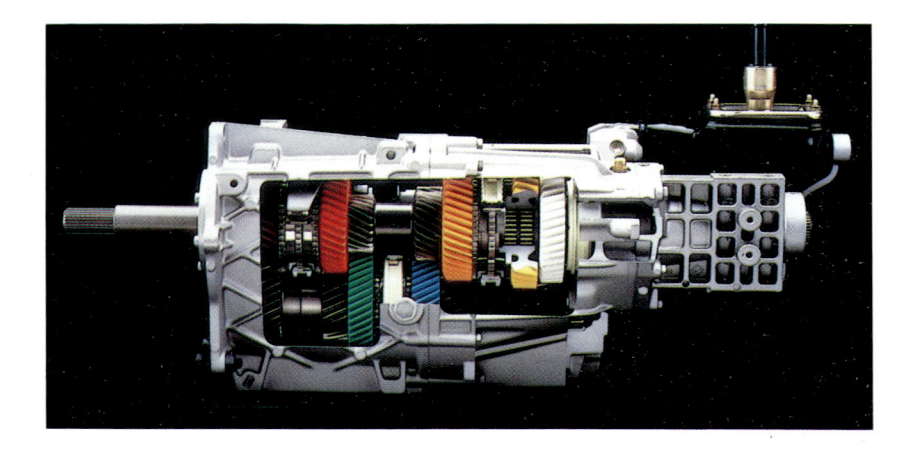

Dieses technisch fortgeschrittene Getriebe fand sich im Chevrolet Corvette ZR 1; es wurde vom ersten bis zum vierten Gang automatisch geschaltet, wenn nicht mehr als 75 Prozent der Motorleistung genutzt wurden. In den beiden höchsten Gängen und bei starker Beschleunigung funktionierte die computerunterstützte Gangwahl nicht. Der Fahrer hatte also die Wahl zwischen der Automatik für den normalen Verkehr und dem Schalten von Hand für schnelle Fahrten über Land.

CVT und CVS – Variationen von DAF

Eine völlig andere Art von Automatik war das als CVT (Fiat) bzw. CVS (Ford) bekannte stufenlose System. Von der niederländischen Firma Van Doorne, Hersteller der DAF-Personen- und -Lastwagen entwickelt, fand es ursprünglich bei den kleinen DAF-Autos zwischen 1958 und 1975 Verwendung. Die sogenannte Variomatic hatte gegenüber einer konventionellen Automatik mit Planetengetriebe den Vorteil, daß es mit den Gummiriemen und Spreizscheiben nicht auf zwei oder drei Übersetzungen beschränkt, sondern unendlich variabel war. Doch der Reibungsverlust durch die elastischen Keilriemen war so groß, daß das System nicht effizienter als ein Planetengetriebe arbeitete und sich für stärkere Motoren nicht eignete. Anwendung fand es beim von DAF gebauten Volvo 343 bis 1982; danach wurde es zugunsten eines herkömmlichen Schaltgetriebes aufgegeben.

Van Doorne arbeitete jedoch weiter an dem Prinzip und brachte 1987 eine stark verbesserte Version heraus, bei der anstelle der Gummi-Keilriemen Stahlriemen in V-förmigen Nuten liefen, die aus einer beweglichen Rolle gebildet wurden, die sich relativ zu einer festen Rolle bewegte. Wenn die beiden Rollen zusammen bewegt werden, zwingt dies den zwischen ihnen laufenden Keilriemen auf einen größeren Durchmesser, wenn die Rollen getrennt werden, läuft der Riemen über einen kleineren Durchmesser.

So ändert sich das Übersetzungsverhältnis, indem der effektive Durchmesser der einen Rolle vergrößert und der der anderen um den gleichen Betrag verkleinert wird. Der Keilriemen selbst ist dehnungsfrei und überträgt die Kraft nicht durch Zug (wie bei der Variomatic und anderen Riemensystemen), sondern durch Komprimierung.

Die Stahlriemen aus 300 trapezförmigen Plättchen auf einem Zweischichtenband wurden nur von Van Doorne hergestellt. Zunächst wurde dort auch das gesamte Getriebe zusammengebaut, doch ab 1989 übernahm Ford diese Aufgabe in einem für den eigenen Bedarf und für Fiat gebauten neuen Werk bei Bordeaux. Ursprünglich nur für den 1,1- und 1,4-Liter Fiesta und den Fiat Uno und Tipo zu haben, sollte das System 1990 auch für den Escort und Orion mit 1,6 Litern angeboten werden. Der Subaru Justy 4x4 war ebenfalls damit ausgestattet. Die Japaner bauten ihre eigenen CVT-Getriebe, allerdings mit Stahlriemen von Van Doorne.

Bei Schaltgetrieben hatte sich die Vollsynchronisierung durchgesetzt, selbst bei Primitivlingen wie dem Wartburg. In den 80er Jahren erhielten auch

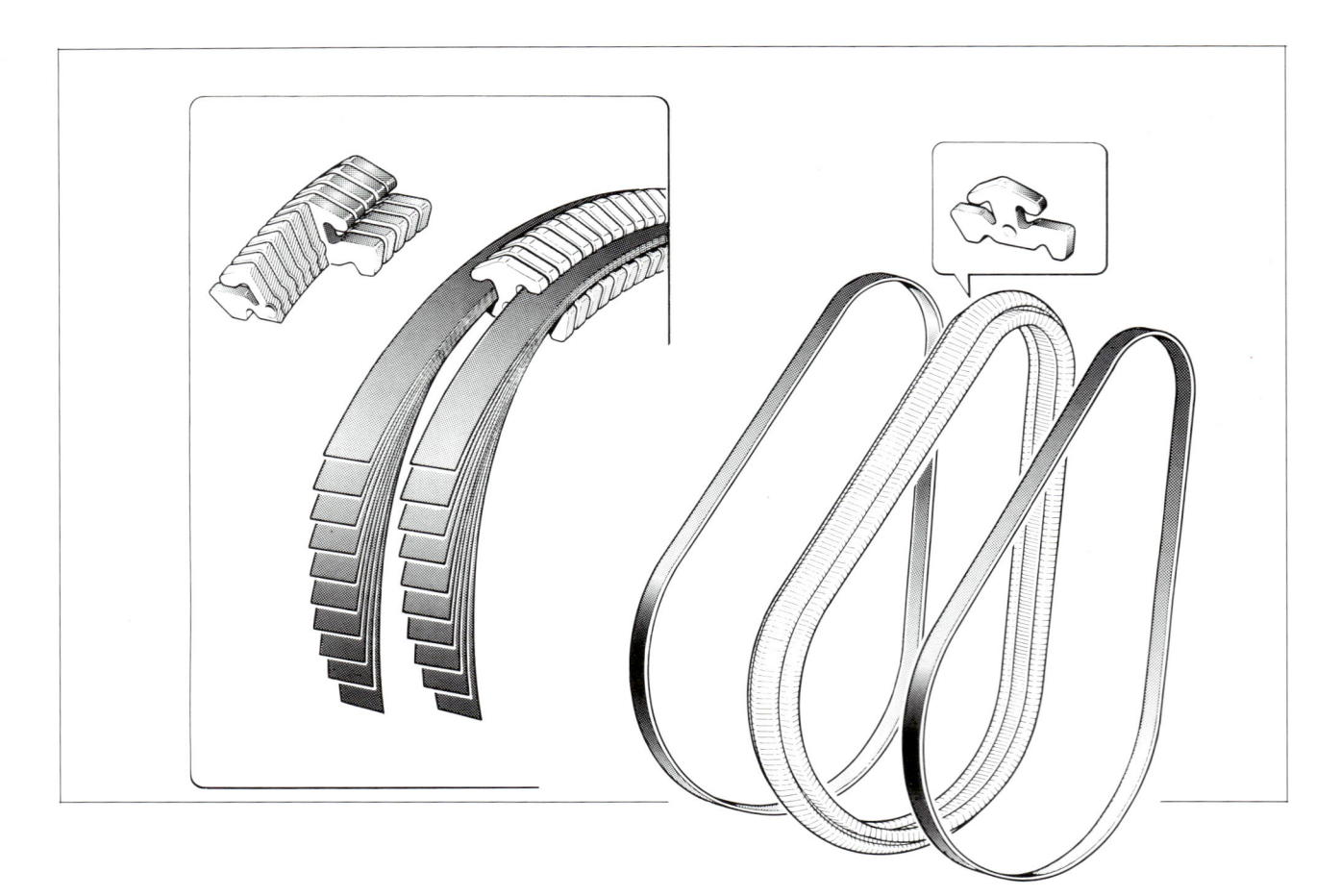

Simple und einfallsreich! Der gewöhnliche alte Keilriemen wird durch einen viel stärkeren modernen ersetzt. Eigentlich ein Stahlband, wird er von Van Doorne in Holland hergestellt, dem Vater der Variomatic und des berühmten DAF Daffodil. Er besteht aus Margarin-Stahl, einem Abfallprodukt der Raumfahrtindustrie. Der Riemen besteht aus 300 trapezförmigen Plättchen auf zweischichtigen Bändern aus einem anderen Spezialstahl. Eine Erhebung und eine entsprechende Vertiefung in den einzelnen Plättchen begrenzen die relative Bewegungsmöglichkeit und damit die Reibung.

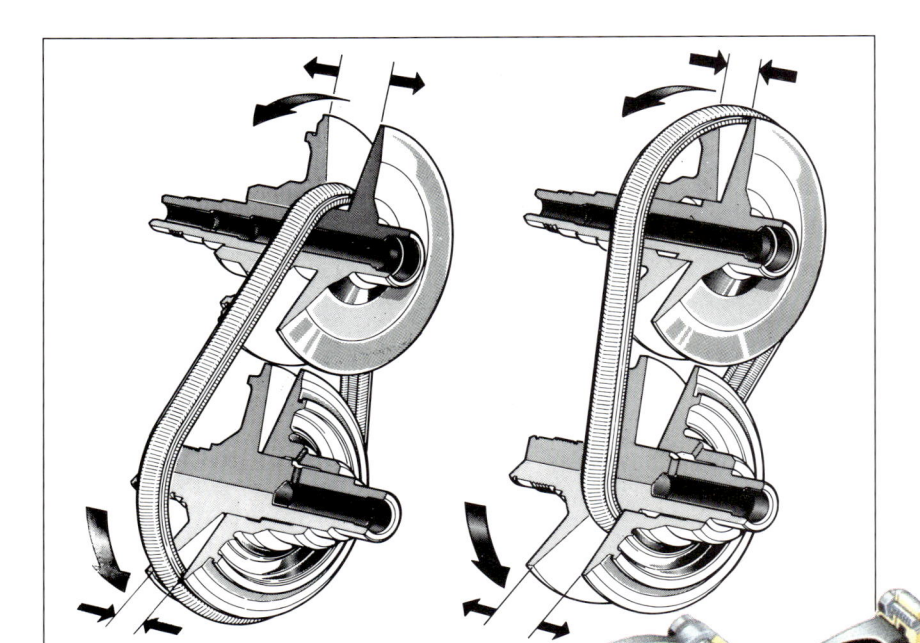

Kleinwagen zunehmend fünf Gänge, so daß der Austin Mini und Metro mit vieren ziemlich aus dem Rahmen fielen. Porsche beim 959 und BMW beim 850i boten Sechsganggetriebe an.

Allradlenkung

Abgesehen von der zunehmend verbreiteten Zahnstangenlenkung und der Servolenkung gab es im Bereich der Lenkung bis Ende der 80er Jahre nur wenige Neuentwicklungen. Der Rolls-Royce Silver Shadow 1 wurde wegen seiner Kugelumlauf-Lenkung kritisiert (als wenn man einen Reispudding fährt, sagte ein Besitzer), doch das änderte sich 1977, als der Silver Shadow Mark II eine Zahnstangenlenkung bekam. Der Rolls hatte wie alle größeren amerikanischen Wagen und ihre europäischen Konkurrenten von Jaguar, BMW und Mercedes Benz Servolenkung. Diese Lenkhilfe gab es zunehmend auch für kleinere Fahrzeuge wie etwa die Topmodelle des Peugeot 205 Automatik und des VW Golf.

(Oben) Das Grundprinzip beruht darauf, daß man den effektiven Durchmesser zweier Riemenscheiben ändern kann, indem man die beiden Scheiben näher zueinander oder weiter auseinander bewegt. Auf diese Weise ergibt sich ein weiter Übersetzungsbereich. Das hier gezeigte System stammt aus dem Fiat Uno Selecta, wo das Übersetzungsverhältnis zwischen 2,47:1 und 0,445:1 liegt.

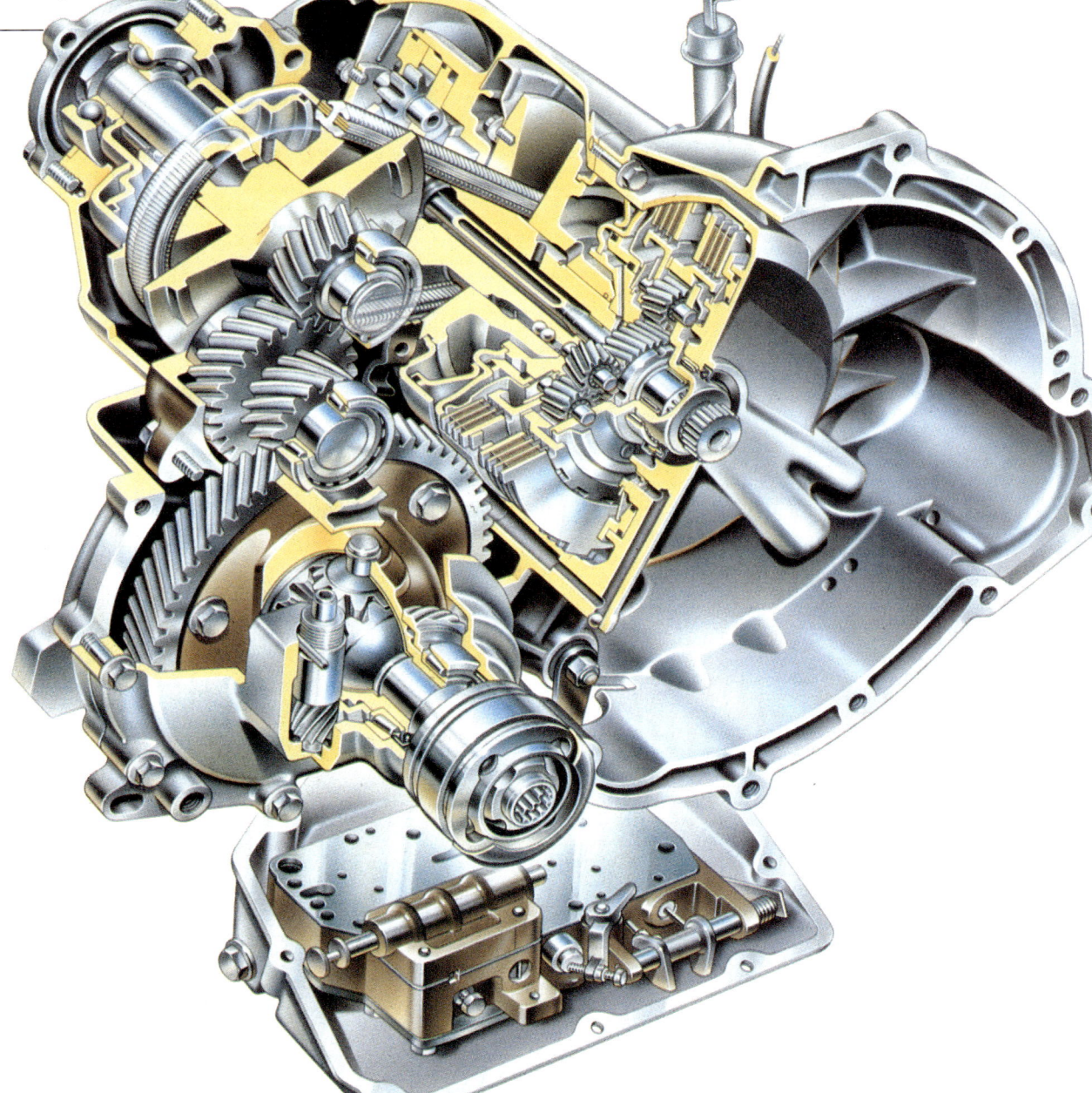

Nicht nur Fiat, sondern auch Ford hatte eine Automatik, nämlich die CTX (kontinuierlich variable Kraftübertragung). Sie war praktisch identisch mit der Fiat-Automatik. Da sie viel leichter als eine konventionelle Automatik war, lag der Benzinverbrauch nicht höher als bei einem Wagen mit Schaltgetriebe. Das Argument des höheren Verbrauch bei Automatik zog hier also nicht mehr.

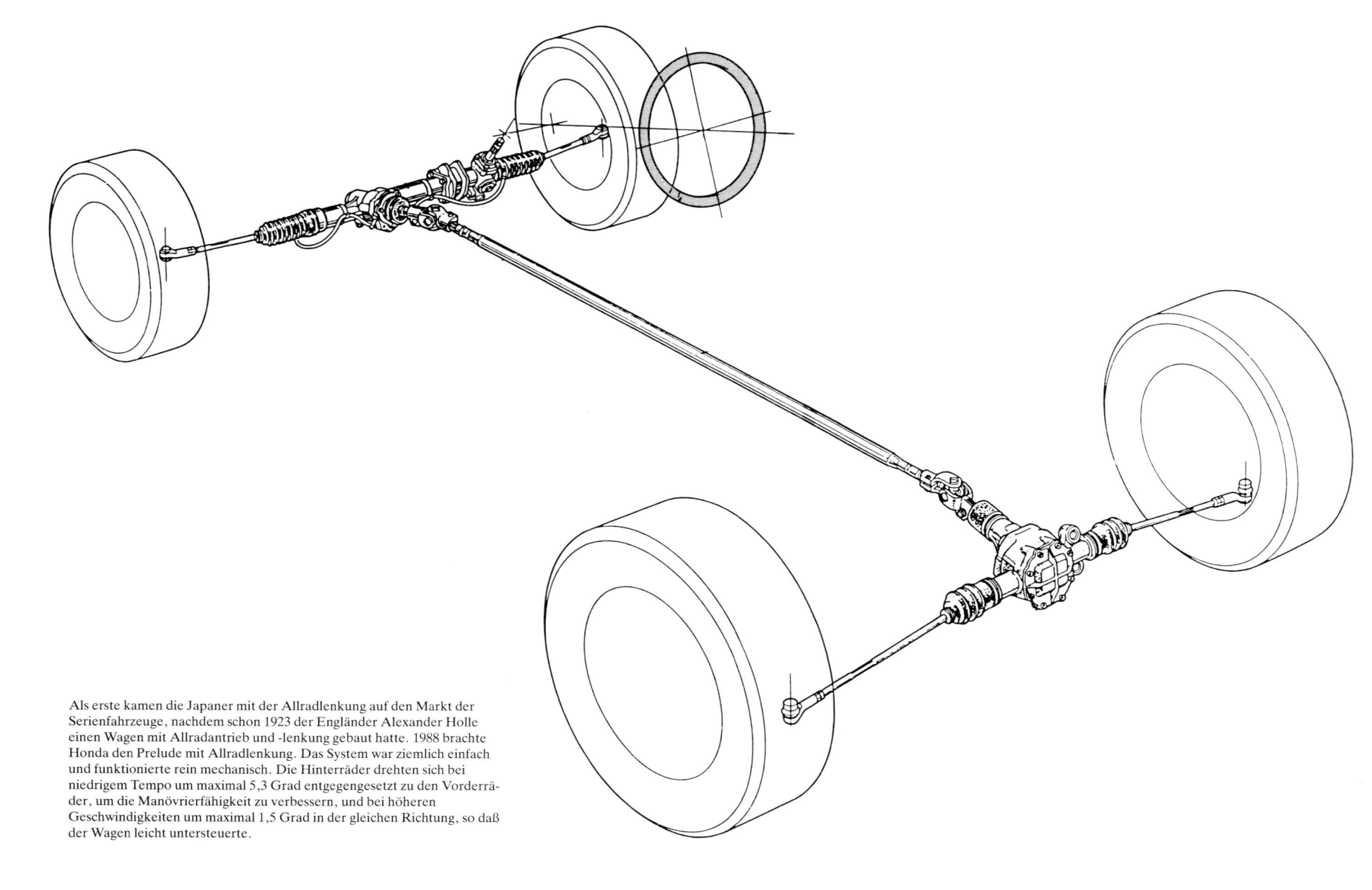

Als erste kamen die Japaner mit der Allradlenkung auf den Markt der Serienfahrzeuge, nachdem schon 1923 der Engländer Alexander Holle einen Wagen mit Allradantrieb und -lenkung gebaut hatte. 1988 brachte Honda den Prelude mit Allradlenkung. Das System war ziemlich einfach und funktionierte rein mechanisch. Die Hinterräder drehten sich bei niedrigem Tempo um maximal 5,3 Grad entgegengesetzt zu den Vorderräder, um die Manövrierfähigkeit zu verbessern, und bei höheren Geschwindigkeiten um maximal 1,5 Grad in der gleichen Richtung, so daß der Wagen leicht untersteuerte.

Die Japaner hatten es ganz besonders mit der Servolenkung; sie wurde sogar für Kleinwagen wie den 1,4-Liter Civic von Honda sowie für alle Nissan vom Bluebird und alle Toyota vom Carina aufwärts angeboten. Der Honda Ballade hatte Servolenkung, während dessen britische Version, der Rover 200, ohne auskommen mußte, obwohl sie ihm genau so gut getan hätte.

Das 4WS-System von Honda

Die bei weitem bedeutendste Entwicklung der 80er Jahre im Bereich der Lenkung war deren Erweiterung auf alle vier Räder. Wie so viele andere war auch diese Idee keineswegs neu. Allradlenkung hatte es schon bei den Elektrowagen der Firma Couple Gear Co. aus Grand Rapids im Jahre 1904, beim Jeffery-Quad-Lkw aus dem Ersten Weltkrieg (in Verbindung mit Allradantrieb) und bei den Latil-Traktoren in den 30er Jahren gegeben.

Einige Experimentalfahrzeuge wurden mit dem System ausgestattet, doch erst 1988 kam der erste Serienwagen mit Allradlenkung. Dabei handelte es sich um den Honda Prelude, dessen Hinterräder sich anfangs in dieselbe Richtung wie die Vorderräder drehten und bei einem Lenkradeinschlag von 127° einen maximalen Lenkwinkel von 1,5° erreichten. Bei weiterer Drehung des Lenkrades richteten sie sich wieder gerade, bis bei einem Einschlag von 232°, also nahezu einer Dreiviertelumdrehung, wieder die Geradeausposition erreicht war. Von dort bis zum Vollanschlag bei 450° bewegten sich die Hinterräder entgegengesetzt zu den Vorderrädern bis zu einem Ausschlag von 5,3°. Diese Gegen-Lenkung verbesserte die Wendigkeit und verkleinerte den Wendekreis von 10,6 m auf 9,6 m. Der richtungsgleiche Ausschlag bei geringem Lenkradeinschlag verbesserte die Stabilität bei hohen Geschwindigkeiten, indem er ein leichtes Untersteuern förderte.

Nach den Testberichten zu urteilen, wies das System bei niedrigem Tempo definitive Vorteile auf, die sich bei hoher Geschwindigkeit aber kaum noch bemerkbar machten und billiger durch Verbesserungen an Reifen und Fahrwerk zu erzielen waren.

Mitsubishi mit Allradlenkung und Allradantrieb

Die Bewegung der Hinterräder wurde beim Honda auf mechanische Weise mittels einer Welle zwischen der vorderen Zahnstange und einem epizyklischen Lenkgetriebe an der Hinterachse erreicht. Der nächste allradgelenkte Wagen auf dem Markt, der Mazda 626, verfügte über eine kompliziertere Hydraulik zur Bewegung der Hinterräder, die wie beim Honda bei geringem Tempo entgegengesetzt zu den Vorderräder ausschlugen und erst oberhalb von 35 km/h in dieselbe Richtung. Der dritte Wettbewerber im Feld war Mitsubishi, dessen Galant Dynamic Four vielfältige moderne Technik bot: Allradantrieb, Allradlenkung, automatische Fahrwerkabstimmung und ABS sowie den Sechzehnventiler aus dem normalen Galant.

Wie beim Mazda 626 wurden die Hinterräder auf hydraulischem Wege bewegt, aber nur in derselben Richtung wie die Vorderräder und nur oberhalb von 50 km/h. Die Mitsubishi-Ingenieure waren der Auffassung, daß der gegenläufige Ausschlag bei niedriger Geschwindigkeit den Fahrer nur nervös mache. Das technisch ausgeklügeltste System war die aktive Hochleistungsaufhängung des 89er Nissan 300ZX Turbo, bei der absichtlich ein gewisses Gieren (Bewegung des Wagens um eine senkrechte Achse) erzeugt wurde, das alle anderen Hersteller zu beseitigen suchten. Die Hinterräder reagierten mit einer Verzöge-

Die bessere Manövrierfähigkeit bei niedrigem Tempo war zweifellos eines der Argumente, die für die Allradlenkung sprachen. Hier zwei Beispiele *(unten links)* mit Allrad- (A) und Zweiradlenkung (B) von Mazda.
Bei gleichem Radstand *(unten rechts)* hat das allradgelenkte Fahrzeug A einen beträchtlich kleineren Wendekreis als Fahrzeug B mit Zweiradlenkung. Auch das Einparken wird mit Allradlenkung erleichtert.

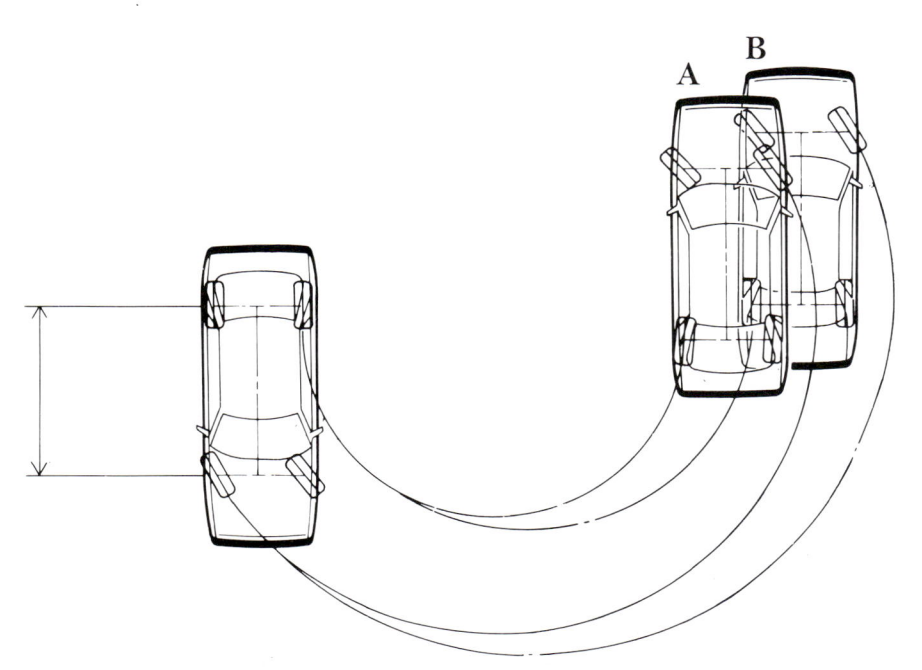

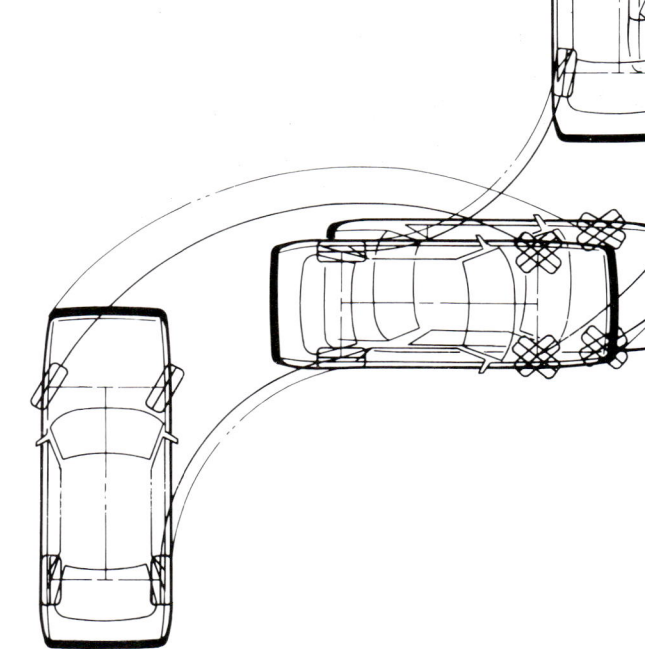

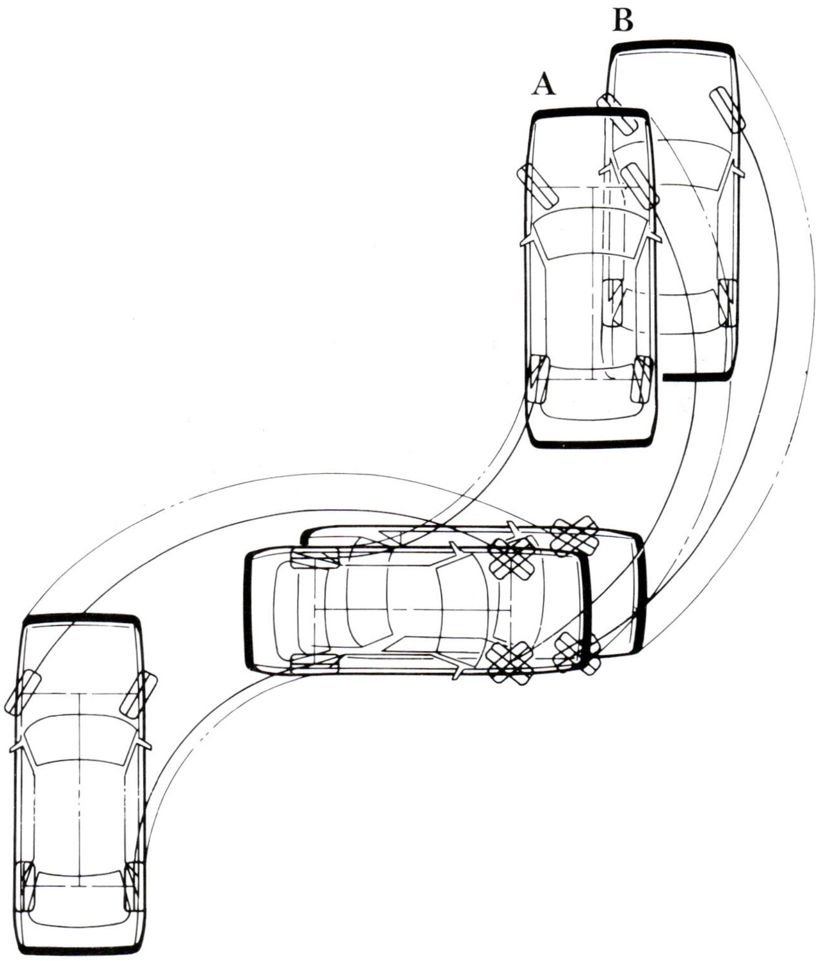

Die Mitsubishi-Ingenieure verzichteten auf die Technik der gegenläufigen Lenkung bei niedrigem Tempo. Ihr Galant 4wd+4ws hatte eine hydraulisch gesteuerte Hinterradlenkung, die erst oberhalb von 50 km/h wirksam wurde.
Für die Serienlimousine steht hier das erfolgreiche Rallyefahrzeug *(links)*, das 1989 bei der RAC-Rallye den ersten und den fünften Platz belegte.

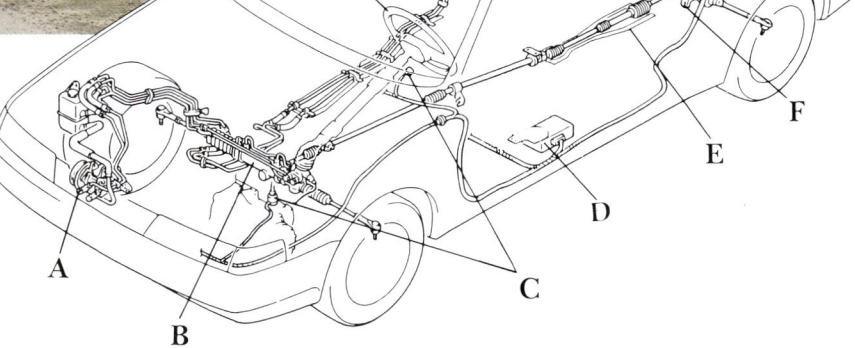

Die Allradlenkung des Mazda 126 *(rechts)* ist vorn und hinten servounterstützt: (A) Ölpumpe, (B) Vorderachsservo, (C) Geschwindigkeitssensoren, (D) Steuergerät, (E) Hinterachslenkwelle, (F) Hinterachsservo, (G) Lenkrad

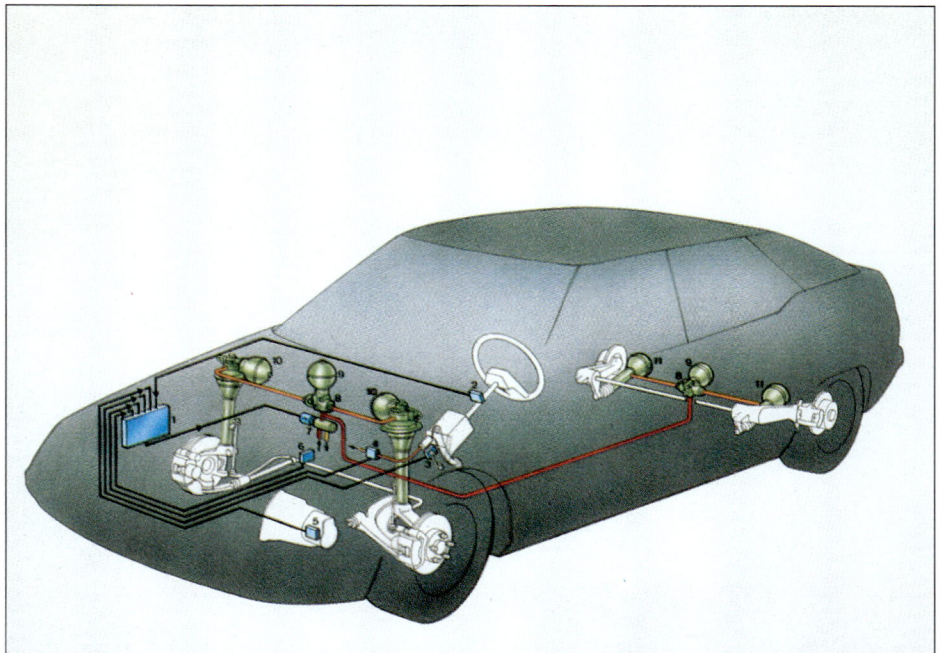

1989 ersetzte der Citroën XM den CX, und die berühmte Hydropneumatik machte einen weiteren Schritt nach vorn. Oben eine schematische Darstellung der Hydractive-Aufhängung, die ganz einfach funktioniert. Fünf Sensoren registrieren alles, was sich an Lenkung, Bremsen, Querstabilisatoren und Gaspedal abspielt und geben dann die entsprechenden Befehle für eine weiche oder harte Einstellung. Bei weicher Einstellung wird mehr Gas in die oleopneumatischen Dämpfer gedrückt. Wenn die harte Einstellung erforderlich ist, werden die Verbindungen zu den beiden zentralen Gasbehältern geschlossen.
Die Vorderradaufhängung verfügt über drei Gasbehälter. Man beachte die Verbindung zwischen den Streben und dem Querstabilisator.

rung von 50 Millisekunden auf die Lenkradbewegung, indem sie kurz in die entgegengesetzte Richtung lenkten, bevor sie auf die stabilitätsfördernde Parallellenkung umschwenkten.

Aufhängung und Bremsen

Im Jahre 1970 hatte sich die Einzelaufhängung der Vorderräder außer bei Geländewagen wie Jeep, Land Rover und Toyota Land Cruiser bei allen Personenwagen durchgesetzt. Am häufigsten fanden sich Schraubenfedern und Dreieckslenker, und zwar besonders in Amerika, meist in Verbindung mit den überholten Blattfedern an der Hinterachse. Eine Abwandlung dieses Prinzips war das McPherson-Federbein, bei dem die Schraubenfeder zusammen mit einem Stoßdämpfer vertikal auf einem starren Achsschenkel saß.

Benannt nach seinem Erfinder, dem Ford-Ingenieur Earle McPherson, fand es sich zum ersten Mal bei französischen Fords des Jahres 1948 und wurde 1950 für den britischen Ford Consul und Ford Zephyr und 1952 für die deutschen Fords übernommen. Lotus verwendete McPherson-Federbeine für die Hinterachse der 57er Elite, doch erst in den 70er Jahren fand das System weitverbreitet Anwendung bei einer Vielzahl von Fahrzeugen.

Die meisten der in den 70ern anzutreffenden Aufhängungen stammten aus früheren Jahren, beispielsweise die Hydrolastic-Aufhängung von British Leyland mit verbundenen Vorder- und Hinterachsfedern, die verbundenen Schraubenfedern des Citroën 2CV aus dem Jahre 1948 und die technisch viel aufwendigere Hydropneumatik der Citroën-DS-Reihe.

Citroën verwendete vier Öldruckdämpfer, bei denen komprimiertes Gas die Metallfedern ersetzte; die Steuerung erfolgte durch Hydraulikflüssigkeit, die von einem pumpengetriebenen Regler an der Maschine mit Druck beaufschlagt wurde. Wenn der Regler auf hoch gestellt war, wurde der Wagen beim Anlassen innerhalb weniger Sekunden mehrere Zentimeter angehoben. Diese Entwicklung aus den 50ern fand sich noch beim DS bis Baujahr 1975, bei dessen Nachfolger CX, beim kleineren GS und beim SM.

1989 wurde der CX durch den XM ersetzt, bei dem die Hydropneumatik noch einen Schritt weiter ging. Das sogenannte Hydractive-System, das es nur für den leistungsstärkeren XM gab, verfügte über einen dritten Öldruckbehälter in der Mitte zwischen den beiden für die Vorder- und die Hinterachse. Das ermöglichte eine variable Federeinstellung: Bei weich floß Öl von den beiden Hauptbehältern in den dritten Behälter, so daß Federung und Dämpfung weicher wurden. Das Öl konnte bei Rollbewegungen außerdem von einer Seite zur anderen fließen und reduzierte dadurch die Rollsteifigkeit.

Bei Einstellung auf fest wurde der dritte Behälter mit Druck beaufschlagt, so daß kein Öl fließen konnte und die Radbewegungen jeweils nur auf die zugehörigen Behälter wirkten. Dadurch wurden Federung und Dämpfung fester. Der Wechsel zwischen weich und fest vollzog sich völlig automatisch unter Steuerung durch einen Computer, der seine Informationen von Sensoren an Lenkung, Bremsen und Aufhängung erhielt und im Bruchteil einer Sekunde reagierte.

Lotus stand an führender Stelle, als in den späten 80er Jahren aktive Aufhängungen entwickelt wurden. Die als erstes in den Formel 1-Rennwagen verwirklichte Idee wurde später von mehreren Herstellern aufgenommen.
Bei dem sehr komplizierten Active Ride-System *(unten)* übernimmt ein zentrales Steuergerät die Kontrolle über die Servos an den vier Rädern.

Elektronik:
1 Lastzelle
2 Verlagerungssensor
3 Naben-Beschleunigungsmesser
4 Massen-Beschleunigungsmesser
5 Längsbeschleunigungsmesser
6 Querbeschleunigungsmesser
7 Giermoment-Gyro
8 Geschwindigkeitsanzeige
9 Lenkwinkelsensor
10 Hydraulikdruck
11 Computer

Hydraulik:
A Speicher
B Kühler
C Pumpe
D Filter
E Schalter
F Speicher

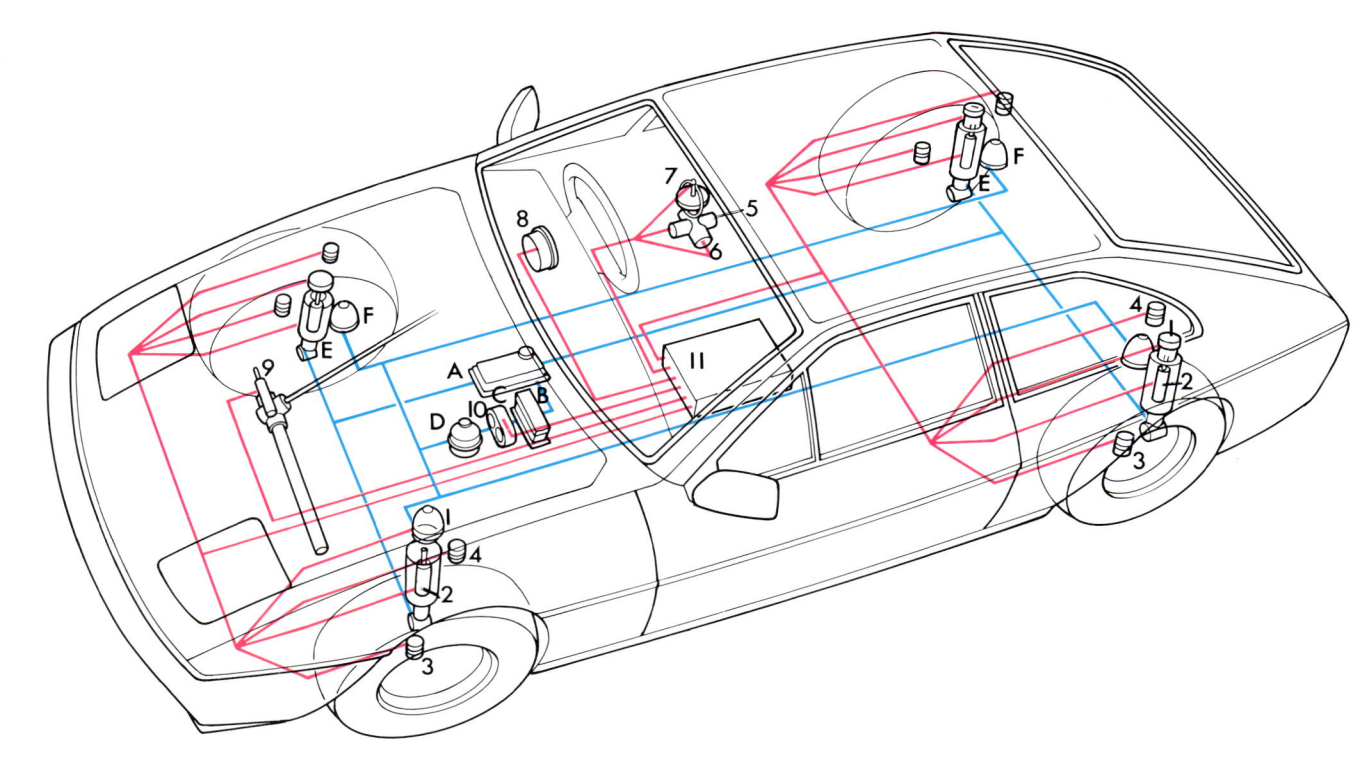

Aktive Aufhängung von Lotus

Die Reaktion auf Informationen über den Straßenzustand wurde noch einen Schritt weiter geführt in der aktiven Aufhängung, die Lotus 1987 für seine Formel 1-Rennwagen entwickelt hatte und die 1990 für Straßenfahrzeuge von Nissan, Toyota, Chevrolet und Mercedes-Benz übernommen werden soll. Anstelle der gewöhnlichen Federn und Dämpfer hatte diese aktive Aufhängung schnell reagierende Hydraulikstreben, die von komplizierten Servomechanismen gesteuert wurden und die Räder je nach den Unregelmäßigkeiten der Straßenoberfläche auf und ab bewegten. Diese Mechanismen wurden von einem Zentralcomputer gesteuert, der seine Informationen in Millisekunden verarbeitete und weitergab.

Das System konnte jegliche Rollbewegung verhindern, die die Reifenauflagefläche reduzierte und damit schnelle Kurvenfahrt verhinderte. Ursprünglich dienten die Servomechanismen als Ersatz für eine konventionelle Aufhängung, doch schon bald darauf baute Lotus für den Fall, daß die aktive Aufhängung ausfiel, parallel dazu gewöhnliche Schraubenfedern ein. Für die Entwicklung erhielt Lotus 1989 den Charles-Deutsch-Preis für die Firma, die einen innovativen Prozeß oder eine Anwendung auf den Weg gebracht hat, die großen potentiellen Wert für die heutige Automobilindustrie hat.

In den 80ern war noch kein Fahrzeug mit aktiver Aufhängung zu kaufen. Nissan plante jedoch eine modifizierte Version für den Infiniti Anfang 1990, Toyota für den Celica, Mercedes-Benz für den SL Roadster und Chevrolet für den 91er Corvette ZR1. Einen Schritt in dieselbe Richtung machte Rolls-Royce mit dem 90er Silver Spirit, dessen computergesteuertes Dämpfungssystem bis 110 km/h auf weich, bis 160 km/h auf normal und darüber hinaus auf fest schaltet. Mercedes-Benz und BMW hatten für ihre Spitzenmodelle ähnliche Systeme, doch das von Rolls-Royce war kompakter gebaut. Es war nicht über den ganzen Wagen verteilt, sondern bestand aus einer einzigen Black Box unter dem Armaturenbrett.

Bremsen mit ABS

Bei den Bremsen zeigte sich in den vergangenen zwei Jahrzehnten eine ähnliche Entwicklung wie bei der Aufhängung, indem nämlich die Technik der 60er (Scheibenbremsen) immer weitere Verbreitung fand. Eine wirklich bedeutende Neuerung gab es erst in der zweiten Hälfte der 80er mit dem Antiblockiersystem, bei dem Sensoren an den Rädern dauernd die Umdrehungsgeschwindigkeiten aller vier Räder maßen.

In dem Augenblick, in dem ein Rad zu blockieren drohte, erhielt das ABS-Ventil dort vom elektronischen Steuergerät einen Befehl, den Bremsdruck zu verringern. Diese Verringerung hielt nur so lange an, bis das Rad sich wieder mit einer Geschwindigkeit drehte, die dem Fahrzeugtempo entsprach; dann wurde der Bremsdruck entweder aufrecht erhalten oder wieder erhöht. Beim ABS/TCS von Teves wurden die Vorderräder getrennt und die Hinterräder zusammen gesteuert. Das TCS (Traktionsregelungssystem) hatte die gleiche Wirkung wie ein Differential mit Schlupfbegrenzung: Es reduzierte die Geschwindigkeit des durchdrehenden Rades, bis es wieder ausreichend Kraft auf die Straße bringen konnte.

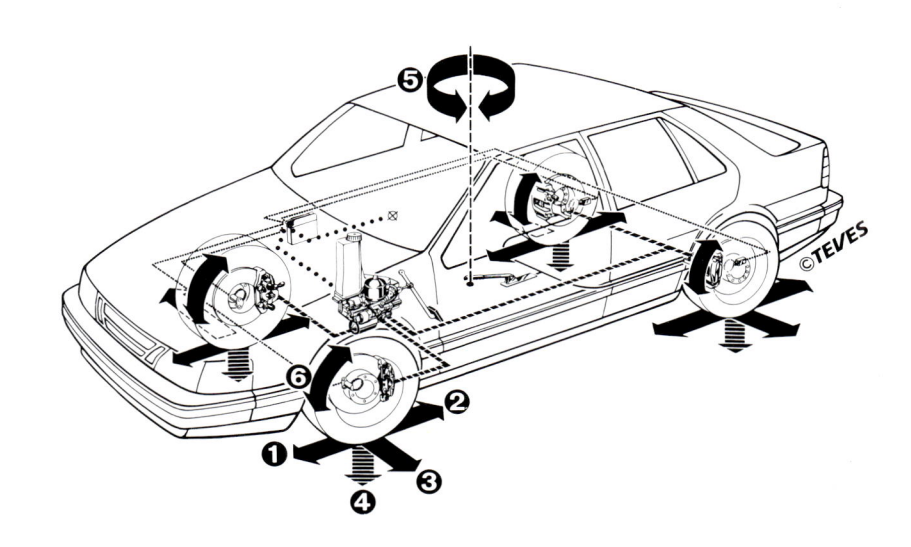

Mitte der 80er Jahre erblickte eine wichtige Neuerung das Licht der Welt, das Antiblockiersystem (ABS). Was einen so großen Zugewinn an Sicherheit versprach, gehörte aber erstaunlicherweise auch 1990 noch nicht bei allen Autos zur Serienausstattung.
Das System besteht aus einer elektronischen Zentraleinheit mit Sensoren an allen Rädern, die ein eventuelles Blockieren registrieren. Das Steuergerät sammelt innerhalb weniger Millisekunden alle wichtigen Informationen über Antriebskräfte (1), Bremskräfte (2), Kurvengeschwindigkeit (3), Normalkräfte (4), Giermoment um die senkrechte Achse (5) und Trägheitsmomente an den Rädern (6).

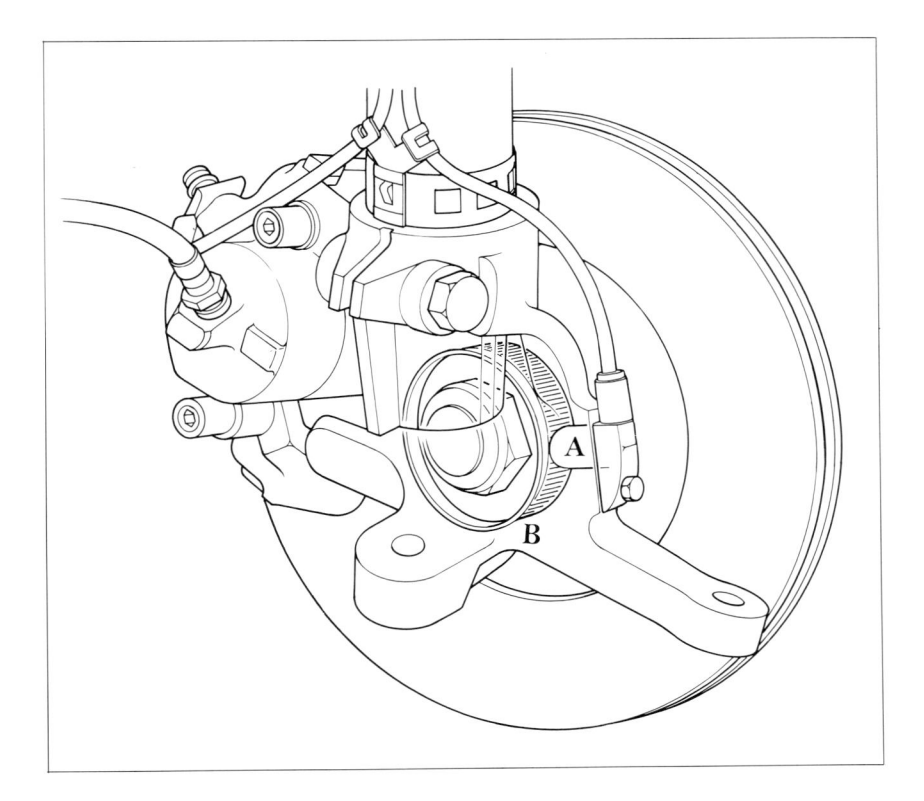

ABS an einem Vorderrad. Der Geschwindigkeitssensor (A) führt in den Achsschenkel, und der Sensor am Zahnrad (B) fungiert als Induktionsgenerator. Das Zahnrad sitzt auf Kerben in der Nabe und dreht sich mit dem Rad.

1970 konnte man noch überall auf der Welt ohne Gurt fahren, ohne mit dem Gesetz in Konflikt zu geraten. Doch in Großbritannien und mehreren anderen Ländern mußten alle Neuwagen mit entsprechenden Vorrichtungen zum Einbau der Gurte versehen sein. Die Gurtpflicht nahm am 1. Januar 1971 im australischen Bundesstaat Victoria ihren Ausgang und verbreitete sich in den 70er Jahren schnell. Am Ende der hier betrachteten zwei Jahrzehnte gab es nur noch wenige Länder, in denen der Gurt nicht Pflicht war. Eines waren die USA, wo die Gesetze von Bundesstaat zu Bundesstaat variieren. In ganz Westeuropa galt die Gurtpflicht auf den Vordersitzen, in Italien allerdings erst seit Oktober 1989.

Die Bestrebungen gehen dahin, die Gurtpflicht auch auf die Rücksitze auszudehnen. In den meisten westeuropäischen Ländern müssen die Fahrzeuge mit Rücksitzgurten ausgestattet sein, und in Österreich, Belgien, Finnland, Norwegen, Schweden und der Bundesrepublik ist das Anlegen Pflicht. In Großbritannien müssen Kinder unter 14 Jahren auf den Rücksitzen angegurtet sein. In Osteuropa waren Gurte auf den Vordersitzen Pflicht in Ungarn, Polen, Jugoslawien und der UdSSR sowie in Bulgarien und der Tschechoslowakei außerhalb von Ortschaften.

Sicherheitstechnik

Sicherheit verkauft sich nicht, war lange ein ungeschriebenes Gesetz in der Automobilwerbung, und demzufolge widmete man dort der Sicherheit bis Ende der 60er auch nur wenig Aufmerksamkeit. Der entschlossene Feldzug des amerikanischen Verbraucheranwalts Ralph Nader gegen den Chevrolet Corvair, den er als bei jedem Tempo unsicher bezeichnete, war nicht der Hauptgrund für dessen Ende. Aber die Hersteller machten sich zunehmend Gedanken über Konstruktionsmerkmale wie etwa den Benzintank des Ford Pinto, der zu massiven Schadenersatzforderungen seitens der Unfallopfer führte. Die erste weitverbreitete Sicherheitseinrichtung und eine der simpelsten war der Sicherheitsgurt, der schon im Jahre 1952 von der Firma Nash und Muntz angeboten wurde.

In den 70er Jahren gab es eine Reihe von experimentellen Sicherheitsfahrzeugen, darunter auch den Volvo ESC (VESC) von 1972. Das Auffallendste an diesen Sicherheitsfahrzeugen waren die großen Stoßstangen an Teleskopdämpfern, die den ersten Stoß bei einer Kollision auffangen sollten. Zu beachten ist auch der Stahl-Überrollbügel auf dem Dach.

Experimentelle Sicherheitsfahrzeuge

Anfang der 70er begannen die Konstrukteure, der Sicherheit im Cockpit mehr Aufmerksamkeit zu widmen und die Flächen, an denen Fahrer oder Beifahrer sich verletzen konnten, zu reduzieren. Es tauchten tiefliegende Lenkradnaben, energieabsorbierende Lenksäulen und gepolsterte Armaturenbretter auf. Außen verschwand jeglicher Zierrat, der Fußgängern gefährlich werden konnte.

Die 70er erlebten zudem eine Reihe vielfach grotesk aussehender experimenteller Sicherheitsfahrzeuge, bei denen die Sicherheit Vorrang hatte vor Erscheinungsbild, Aerodynamik und Leistung. Im Juni 1970 stellte der damalige US-Verkehrsminister John Volpe drei Firmen mehrere Millionen Dollar für den Bau eines Sicherheitsfahrzeugs zur Verfügung. Von den dreien war nur General Motors ein etablierter Autohersteller; die beiden anderen waren die Fairchild Corporation und AMF (American Machine & Foundry). Die Vorgabe forderte eine viertürige Limousine mit einem maximalen Radstand von 315 cm und einem Höchstgewicht von 1815 kg, deren vorderer und hinterer Stoßfänger sich bei einem Aufprall mit bis zu 15 km/h nicht verformen durften und deren Fahrgastzelle bei einem Aufprall mit bis zu 80 km/h intakt bleiben mußte. Die Resultate boten einen ungewöhnlichen Anblick: Das AMF-Fahrzeug wurde als doppelseitige Ramme bezeichnet, und beim Fairchild-Wagen wurde der vordere Stoßfänger bei Geschwindigkeiten über 40 km/h automatisch 30 cm ausgefahren.

Das GM-Fahrzeug ähnelte noch am ehesten einem normalen Auto; es hatte einen speziellen Rahmen und war innen so ausgepolstert, daß die Insassen bei Aufprallgeschwindigkeiten bis zu 50 km/h geschützt waren. Bei einem stärkeren Aufprall traten Airbags in Aktion. Unaufgefordert baute auch Ford ein experimentelles Sicherheitsfahrzeug, und in den nächsten Jahren auch Mercedes-Benz, Volkswagen, British Leyland, Volvo, Nissan und Toyota. Leider waren sie alle viel schwerer als Serienfahrzeuge und fielen der Energiekrise zum Opfer, wobei allerdings einige der Ideen weiter verfolgt wurden.

Experimentelle Sicherheitsfahrzeuge waren selten elegant, weil der Schutz der Insassen Vorrang vor der Form hatte. Hier das Mercedes-Benz ESF-05 und das Fiat-ESV auf der Basis des Fiat 500. Es ist kaum zu glauben, daß die verstärkte Front überhaupt Schutz bietet.

Eine weitere Sicherheitsvorrichtung aus den späten 80ern war der Airbag. Bei einem Aufprall bläst er sich innerhalb von 40 Millisekunden auf. Hier ein Experiment aus dem Volvo-Sicherheitslabor.

Airbags

Die am häufigsten anzutreffende Sicherheitsvorrichtung, erfunden in den 60er Jahren und in allen amerikanischen experimentellen Sicherheitsfahrzeugen der 70er enthalten, war der Airbag. Bei einem Aufprall wurde er innerhalb von 40 Millisekunden mit Stickstoff aufgeblasen und schützte den Fahrer vor Verletzungen, indem er die Aufprallwirkung über einen möglichst großen Bereich verteilte. Anschließend entleerte er sich langsam. Dieser bei Frontalaufprall theoretisch ideale Schutz bewährte sich aber nur, wenn der Aufprallwinkel höchstens 30 Grad betrug, bei seitlichem oder Heckaufprall sowie beim Überschlagen nützte er gar nichts. Es wurde zudem die Befürchtung geäußert, daß der plötzliche Druckanstieg bei der Entfaltung das Trommelfell platzen lassen oder die Fahrzeugfenster herauskatapultieren könnte, was sich in der Praxis aber nicht bestätigte.

Am populärsten war der Airbag in Amerika, wo der Gurt sich nur langsam durchsetzte und zudem nicht in allen Bundesstaaten vorgeschrieben war. Ende der 80er gehörte er bei bestimmten Fahrzeugen von Ford, General Motors und Chrysler auf dem US-Markt zur Serienausstattung, meist nur für den Fahrer, teilweise aber auch für den Beifahrer. Für die Rücksitze war er noch nicht vorgesehen. Zu den Importfahrzeugen mit Airbag gehörten Audi, BMW, Mercedes-Benz und Volvo. In Großbritannien arbeiteten im Jahre 1989 Lotus, Rolls-Royce und Rover daran.

Sicherheit zahlt sich aus

Weitere, weniger auffällige Sicherheitseinrichtungen erschienen in den 80ern. Die Audi-Ingenieure verbanden die Lenksäule in dem Bewußtsein, daß sie die größte Gefahr für den Fahrer darstellt, mit dem Motor/Getriebe-Block, so daß sie, wenn Motor und Getriebe bei einem Frontalaufprall nach hinten gedrückt wurden, vom Fahrer weg nach vorn gerissen wurde. Mercedes-Benz stattete den neuen SL Roadster mit vielen sicherheitstechnischen Details aus, darunter ein Überrollbügel, der automatisch aufgerichtet wurde, wenn der Neigungswinkel des Wagens einen bevorstehenden Überschlag vermuten ließ, und einen Gurtstrammer, der mittels Trägheitssensoren und einer winzigen Turbine an der Gurtrolle den Gurt im Augenblick des Aufprall straffte.

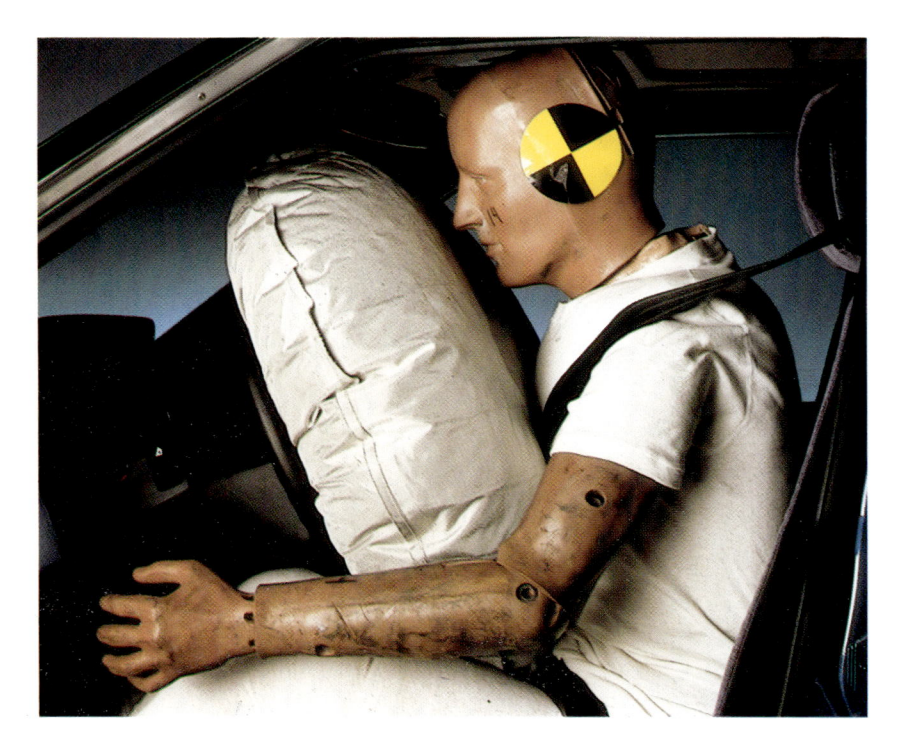

Der 86er Jaguar XJ6 hatte im unteren Teil der Türen und in den Türschwellern U-Profile; bei einem seitlichen Aufprall schoben sich diese Profile ineinander und stellten eine feste Verbindung zwischen Tür und Schweller her.

Alle oben erwähnten Sicherheitseinrichtungen wirken eher heilend als vorbeugend, indem sie eine Kollision nicht verhindern, sondern ihre schlimmsten Auswirkungen mildern. Es gab jedoch dank ABS und der erwähnten Verbesserungen bei Kraftübertragung und Aufhängung auch auf dem Gebiet der Vorbeugung entscheidende Fortschritte. Alles in allem war der Wagen des Jahres 1989 viel sicherer als sein Vorgänger aus dem Jahre 1969.

Kapitel 6
NATIONALE CHARAKTERISTIKA UND INTERNATIONALE TRENDS

Vor 40 Jahren zeigten die meisten Autos ausgesprochene nationale Charakteristika. In Großbritannien hatten die Limousinen langhubige Motoren und ein konservatives Styling, während die Sportwagen traditionell, um nicht zu sagen, archaisch waren. Französische und italienische Autos waren nervöse Wesen mit hochdrehenden Motoren und technisch fortgeschrittenen Fahrwerken für die schlechten Straßen, während amerikanische als weich gefederte, durstige Sänften galten. Japanische Autos waren außerhalb Japans unbekannt.

In den ersten 20 Jahren nach dem Zweiten Weltkrieg verwischten sich diese Unterschiede allmählich. Und in den vergangenen zwei Jahrzehnten verschwanden sie fast völlig, und zwar nicht nur, weil es zu einer zunehmenden Standardisierung bezüglich Form und Technik kam, sondern auch, weil die gleichen Autos in vielen Ländern gebaut wurden. So war beispielsweise der Pontiac Le Mans ein in Korea gebauter Opel Kadett, während der Toyota Camry in den USA für den Export nach Japan gebaut und der Honda Legend wie auch sein britisches Gegenstück Rover 800 sowohl in Japan als auch in Großbritannien hergestellt wurde.

Westeuropa

Zwar setzte sich die Internationalisierung erst in den 70er Jahren richtig durch, doch ein gewisses Maß an grenzüberschreitendem Automobilbau hatte es schon seit langer Zeit gegeben. In den 50ern wurden in Großbritannien Citroën- und Renault-Autos montiert, der Simca entstand in den 30ern als in Frankreich gebauter Fiat, und in der Bundesrepublik baute NSU zwischen 1931 und 1973 verschiedentlich Fiats.

Trotzdem bestanden 1970 auch zwischen den Fabrikaten der multinationalen Hersteller Ford, General Motors und Chrysler viele individuelle Unterschiede. Wenn auch der Ford Escort und Ford Capri bereits deutsch-englische Fahrzeuge waren, so hatten doch der größere Zephyr aus Großbritannien und der 26M aus der Bundesrepublik noch ihr ganz eigenes Aussehen und ihre ganz eigene Technik. Die größeren Vauxhall-Autos unterschieden sich noch von den entsprechenden Opel-Fahrzeugen, und die Produkte von Chrysler Europa waren noch als Abkömmlinge der alten Werke zu erkennen, die Chrysler gekauft hatte, nämlich Hillman Imp, Minx und Humber Sceptre in Großbritannien und Simca 1000, 1100 und 1500 in Frankreich.

GM Europa

All das sollte sich in den nächsten zehn Jahren durch Rationalisierung und Internationalisierung ändern, als die europäischen Automobilbauer näher zusammenrückten, um die wachsende Gefahr aus Japan zu bekämpfen. 1974 brachte General Motors den Chevette heraus, ein dreitüriges Hecktürmodell, das ursprünglich in Brasilien und später dann in den USA, in Großbritannien (als Vauxhall Chevette), in der Bundesrepublik (Opel Kadett) und in Japan (Isuzu Gemini) gebaut wurde.

Der Opel Kadett der nächsten Generation entstand in Großbritannien als Vauxhall Astra. Mit der Einführung der frontgetriebenen J-Serie – als Vauxhall Cavalier in Großbritannien, Opel Ascona in der Bundesrepublik, Holden

Das erste wirklich internationale Auto war der GM Chevette, der 1974 von GM Brasilien vorgestellt wurde. Als nächstes kamen der Vauxhall Chevette im Jahre 1975 sowie Opel Kadett, Chevette in amerikanischer Ausführung und Isuzu Gemini im Jahre 1976. Letzterer hieß in Australien Holden Gemini. Abgebildet ist hier ein Chevette GL aus den späten 70ern. In den USA hielt sich der Chevette länger als in Europa, wo er 1984 vom frontgetriebenen Opel Kadett/Vauxhall Astra abgelöst wurde. Als Stufenheckversion wurde er auch 1989 noch in Brasilien gebaut.

Die J-Reihe von General Motors wurde in Großbritannien als Vauxhall Cavalier, in der Bundesrepublik als Opel Ascona und in Australien als Holden Camira gebaut, während in Amerika alle fünf GM-Töchter eine eigene Version hatten. In Europa reichte das Hubraumangebot der Motoren von sparsamen 1297 cm³ bis zu 1998 cm³, darunter ein Diesel mit 1598 cm³. Bei den amerikanischen Modellen bestand die Wahl zwischen zwei Einspritzern mit 1796 beziehungsweise 1998 cm³. Hier ein Vauxhall Cavalier 1600L aus dem Jahre 1984. Für das Modelljahr 88 wurde der Aufbau völlig neu gestaltet.

Camira in Australien und unter dem Namen dreier GM-Töchter in den USA verkauft – schwand die Individualität noch weiter. Fortgeführt wurde dieser Prozeß mit dem in Spanien gebauten Vauxhall Nova/Opel Corsa, den größeren Limousinen Vauxhall Carlton/Opel Omega und dem Senator, der in beiden Ländern den gleichen Namen trug.

Im Jahre 1988 gab es keinen einzigen spezifisch britischen Vauxhall mehr, und es wurden nicht einmal alle Modelle in Großbritannien gefertigt. So kam der Nova aus Saragossa in Spanien, der Astra mit Ausnahme des GTE 16V und des Kabrios (Opel und Karmann) aus Ellesmere Port in Cheshire, der Cavalier mit Ausnahme des bei Opel gefertigten 4x4 und GSi 2000 aus Luton in Bedfordshire und der Carlton und der Senator aus der Bundesrepublik.

Ford Europa

Eine ähnliche Situation herrschte bei Ford. Der Fiesta war ein internationales Auto mit Motoren aus Spanien (950 und 1100) und Großbritannien (1400 und 1600), Getriebe aus Frankreich, Bodengruppe und Montage aus beziehungsweise in Großbritannien, Spanien und der Bundesrepublik. Auch bei dem in Großbritannien montierten Fiesta kamen wahrscheinlich höchstens 70 Prozent der Teile aus dem eigenen Land. Der Sierra und der Sapphire wurden in Großbritannien und Belgien gebaut und aus Großbritannien (1400 und 1600), Amerika (1800) und der Bundesrepublik (1800 und V6) mit Motoren beliefert. Der 2,3-Liter-Diesel kam von Peugeot, Getriebe wurden in Großbritannien und Frankreich hergestellt. Das Spitzenmodell Scorpio (Granada in Großbritannien) wurde nur in der Bundesrepublik gebaut.

Chrysler Europa

Der Name Chrysler verschwand nach 1978 aus Europa, als Peugeot die im ehemaligen Werk der Rootes-Gruppe in Coventry und im Simca-Werk Poissy gebauten Modelle Alpine und Horizon erwarb. Peugeot benannte die Fahrzeuge in Talbot um und brachte zwei neue Modelle heraus, nämlich 1981 die große Limousine Tagora und 1982 den Samba mit Heckklappe und als Kabrio auf der Basis des Peugeot 104.

Keiner von den beiden verkaufte sich so gut, wie man gehofft hatte, und 1986 ließ Peugeot den Namen Talbot fallen. Das Werk in Poissy wurde stillgelegt, und in Coventry der Peugeot 309 gebaut.

Peugeot-Citroën und Renault

Auch in der französischen Automobilindustrie wurde rationalisiert, nachdem Peugeot im Jahre 1974 Citroën übernommen hatte. Aus dieser Übernahme entstand als eine Art Hybridkonstruktion der Visa mit der Karosserie des Peugeot 104 und dem luftgekühlten Zweizylinder-Flachmotor von Citroën. Dieser hielt sich bis 1988, nachdem er zwischendurch auch verschiedene Vierzylinder bekommen hatte. Ein Abkömmling des Visa wurde in Rumänien unter der Bezeichnung Oltcit gebaut und als Axel nach Frankreich exportiert. Das Zusammengehen von Peugeot und Citroën bedeutete, daß es jetzt in Frankreich nur noch zwei große Hersteller gab. Der andere war das in Staatsbesitz befindliche Renault-Unternehmen.

Die beiden Unternehmensgruppen kooperierten bei der Konstruktion und Herstellung des nach dem Produktionsort so genannten Douvrin-Motors. Der auch als PRV-Motor (Peugeot-Renault-Volvo) bekannte V-Sechszylinder mit 2664 cm³ aus dem Jahre 1974 diente als Triebwerk für den Peugeot 504 und 604, den Renault 30 und den Volvo 264 sowie für das umstrittene Coupé von John De Lorean und den in Schottland gebauten Argyll GT. Im Jahre 1981 auf 2849 cm³ vergrößert, trieb er in den 80ern den Peugeot 505 und 605, den R25 und den Alpine GTA von Renault und den Volvo 760/780 an.

Nationale Charakteristika ließen sich noch in der Citroën-Modellpalette vom (seit 1987 nur noch in Portugal gebauten) Evergreen 2CV bis zum modernen

Als das gebeutelte amerikanische Unternehmen 1978 an Peugeot ging, war die Bezeichnung Chrysler auf europäischen Wagen nicht mehr zu finden. Der vormalige Chrysler Horizon (in Frankreich Simca Horizon) wurde in Talbot Horizon umbenannt und noch bis 1985 gebaut. Für den Fünftürer aus der Golf- beziehungsweise Escort-Klasse, der in den USA als Dodge Omni und Plymouth Horizon gebaut wurde, gab es ab 1982 auch einen 1,9-Liter-Diesel. Hier ein 84er Talbot Horizon LS mit 1,4-Liter-Motor.

1974 schlossen sich Peugeot, Renault und Volvo zusammen, um den Douvrin-Motor zu konstruieren und zu fertigen. Diese Maschine trieb unter anderem den Renault 30 *(oben)* und den Peugeot 504 *(rechts)* an.

XM mit der technisch ausgeklügeltsten Aufhängung aller europäischen Autos ausmachen. Im Bereich Sportwagen gab es in den 80ern in Frankreich nur den Renault Alpine GTA und den in begrenzter Stückzahl gebauten MVS mit V6-Motor von Renault.

1981 wurde der PRV-Motor auf 2849 cm³ vergrößert und für den Volvo 760/780 übernommen. Links eine Limousine des Typs 760.

1988 wurde der Citroën CX durch den XM ersetzt, der eine noch ausgeklügeltere Aufhängung als sein Vorgänger hatte und 1989 zum Auto des Jahres gewählt wurde. Sein quer eingebauter Dreiliter-V6 trieb die Vorderräder an und hatte eine Höchstleistung von 170 PS bei 5600 U/min.

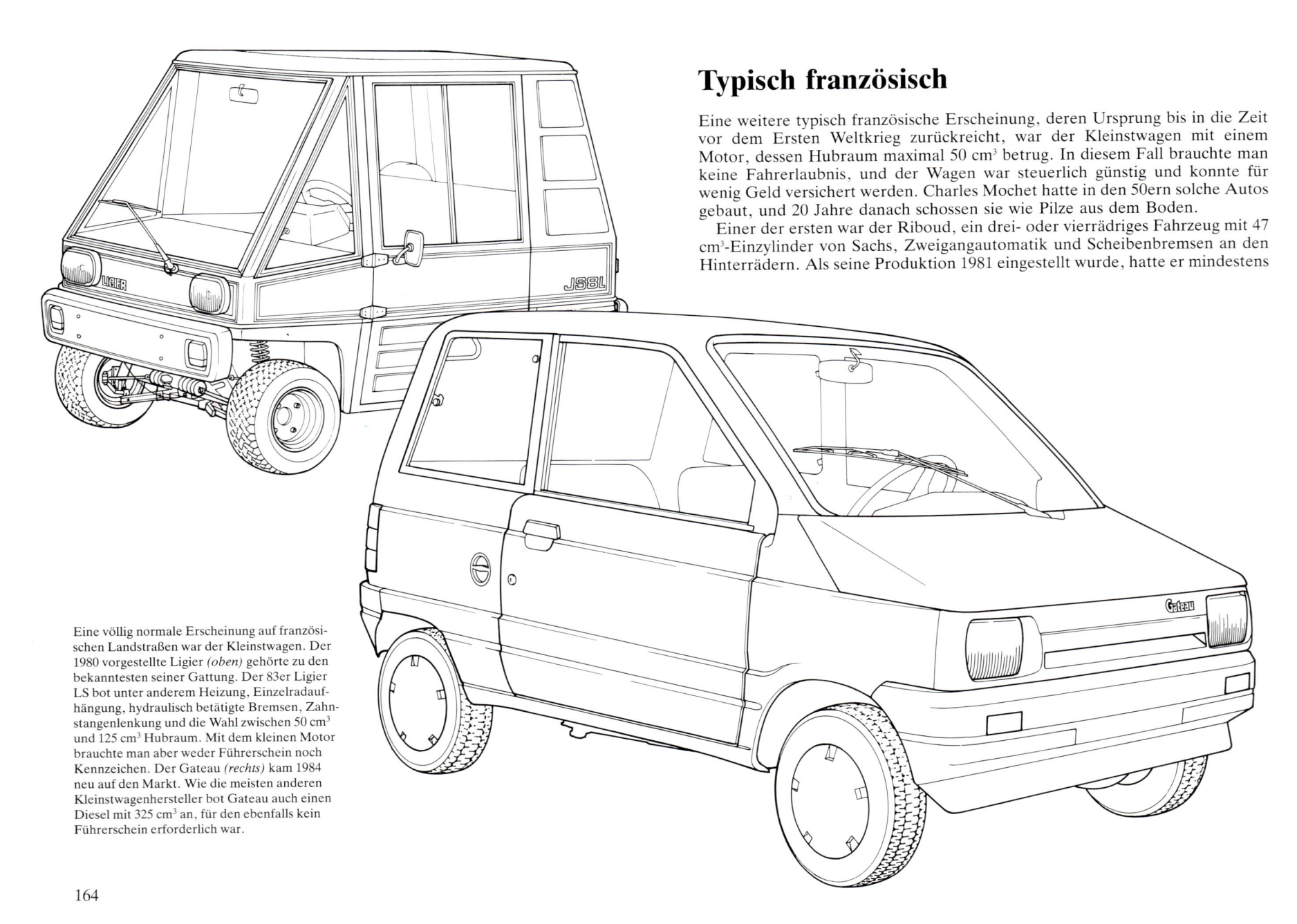

Typisch französisch

Eine weitere typisch französische Erscheinung, deren Ursprung bis in die Zeit vor dem Ersten Weltkrieg zurückreicht, war der Kleinstwagen mit einem Motor, dessen Hubraum maximal 50 cm³ betrug. In diesem Fall brauchte man keine Fahrerlaubnis, und der Wagen war steuerlich günstig und konnte für wenig Geld versichert werden. Charles Mochet hatte in den 50ern solche Autos gebaut, und 20 Jahre danach schossen sie wie Pilze aus dem Boden.

Einer der ersten war der Riboud, ein drei- oder vierrädriges Fahrzeug mit 47 cm³-Einzylinder von Sachs, Zweigangautomatik und Scheibenbremsen an den Hinterrädern. Als seine Produktion 1981 eingestellt wurde, hatte er mindestens

Eine völlig normale Erscheinung auf französischen Landstraßen war der Kleinstwagen. Der 1980 vorgestellte Ligier *(oben)* gehörte zu den bekanntesten seiner Gattung. Der 83er Ligier LS bot unter anderem Heizung, Einzelradaufhängung, hydraulisch betätigte Bremsen, Zahnstangenlenkung und die Wahl zwischen 50 cm³ und 125 cm³ Hubraum. Mit dem kleinen Motor brauchte man aber weder Führerschein noch Kennzeichen. Der Gateau *(rechts)* kam 1984 neu auf den Markt. Wie die meisten anderen Kleinstwagenhersteller bot Gateau auch einen Diesel mit 325 cm³ an, für den ebenfalls kein Führerschein erforderlich war.

15 Konkurrenten; zu den besser bekannten gehörten der schachtelähnliche Ligier aus dem Haus des Rennwagenbauers, der Duport, bei dem sich erstmals in dieser Klasse ein Dieselmotor fand, sowie Bellier, Erad, Marden und Microcar.

In den 80ern kam es zu einem unvermeidlichen Sterben unter den weniger erfolgreichen Herstellern, so daß von den etwa 40 Firmen, die sich insgesamt in diesem Markt getummelt hatten, 1988 nur noch ganze elf übrig waren. Die meisten von ihnen hatten sich einen größeren Absatzmarkt erschlossen, indem für den gleichen Wagen größere Motoren mit bis zu 400 cm³ Hubraum anboten. Für Fahrzeuge mit Dieselmotoren bis zu 325 cm³ brauchte man keinen Führerschein, wenn die Höchstgeschwindigkeit nicht über 70 km/h lag. Das galt im übrigen auch für Benziner.

Eine besondere Anziehungskraft übten diese Kleinstwagen auf Rentner und Pensionäre auf dem Land aus, die nicht viel fuhren und sich kaum einmal weiter als bis zum nächsten Marktflecken vorwagten. In größeren Städten waren sie selten anzutreffen. Die meisten waren ziemlich anfällig und blieben häufig mit Pannen, meist im Getriebe, liegen. Besonders billig waren sie auch nicht gerade: 1989 kostete ein Ligier mit 325 cm³ 52 000 Franc, mehr als ein fünftüriger Citroën AX oder das Grundmodell des Peugeot 205. Auch der billigste, der Erad Capucine, war noch teurer als der Citroën 2CV.

Ford übernimmt Jaguar und Aston Martin

In Großbritannien florierte bis zum Ende der 80er Jahre das Geschäft der Spezialhersteller, obgleich die für neue Modelle benötigten riesigen Investitionen drei der bekanntesten Unternehmen in die Arme ausländischer Multis trieben. Ende 1985 ging Lotus, an dem bereits Toyota mit 21 Prozent beteiligt war, an General Motors, und zwei Jahre später übernam Ford die Kontrolle über Aston Martin. Am überraschendsten, für gut informierte Beobachter aber unvermeidlich, kam die Übernahme Jaguars durch Ford im November 1989.

Das Unternehmen aus Coventry mußte in einem zunehmend von Konkurrenz geprägten Markt gegen die viel größeren und reicheren BMW und Mercedes-Benz antreten, die mit billigeren und kleineren Fahrzeugen das Brot und die Butter dazu verdienten. Als auch noch Anfang 1989 Nissan und Toyota in diesem Markt drängten, wurde die Konkurrenz noch härter; und ohne massive Kapitalspritze wäre Jaguar nie in der Lage gewesen, die unerläßlichen neuen Modelle zu entwickeln, darunter auch einen kleineren Wagen als Wettbewerber für die 5er Reihe von BMW. Die Befürchtung, daß mit Ford Qualitätsverluste bei Jaguar Einkehr halten, sind wohl nicht begründet, denn für die Amerikaner bedeutet Jaguar den Einstieg in das wichtige Feld der Spezialanbieter. Jaguar ist für sie das, was der Lexus für Toyota und der Infiniti für Nissan darstellen.

Eine interessante Frage dürfte sein, was General Motors tun wird, um mit Ford gleichzuziehen. Ein geeigneter europäischer Hersteller steht derzeit nicht zum Verkauf, doch vielleicht könnte man ja die Opel-Spitzenmodelle nach den Maßstäben des von Lotus entwickelten Omega aufwerten.

Jaguar stand mit etwa 50 000 verkauften Fahrzeugen auf einem Mittelplatz, doch mehrere andere britische Firmen kamen mit einem Zehntel dieser Zahl zurecht. Rolls-Royce steigerte seine Verkaufszahlen nach einem Einbruch in den späten 70er Jahren auf 2238 im Jahre 1984, 2551 im Jahre 1985, 2784 im Jahre 1987 und 2801 im Jahre 1988. Hinter Rolls stand die geballte Finanzkraft der Vickers-Gruppe, aber auch andere britische Automobilhersteller überlebten die 80er Jahre aus eigener Kraft mit jährlichen Verkäufen von weniger als 1000 Fahrzeugen.

Morgan und TVR kauften Motoren und viele andere Komponenten bei Fremdfirmen und machten sich so die Forschungs- und Entwicklungsarbeit ihrer Lieferanten (hier sei speziell der V8 von Rover genannt) zunutze, ohne eigenes Geld dafür aufzuwenden. Von den anderen konnte Panther nur überleben, weil es zur Übernahme durch ein großes koreanisches Unternehmen kam, während Reliant in den 80ern dauernd mit nachlassenden Verkäufen zu kämpfen hatte und mit Auftragsarbeit wie etwa der Montage der 50 Rallye-Fords RS 200 und, in jüngster Zeit, des Metrocab-Taxis Geld verdienen mußte.

Die Rover-Gruppe

Der einzige Überlebende unter den einstmals großen Herstellern von Massenautos in Großbritannien war British Leyland, die jetzige Rover-Gruppe. Die British Leyland Motor Corporation entstand 1968 durch den Zusammenschluß der British Motor Holdings (Austin, Jaguar, MG, Morris, Riley und Wolseley) mit Leyland Motors, das Standard-Triumph und Rover sowie mehrere Lkw-Hersteller besaß. Am Anfang der 70er Jahre stand eine riesige Modellpalette mit der entsprechenden Vervielfältigung des Aufwandes, und obwohl 1973 noch ein Gewinn von 58 Millionen Pfund verzeichnet wurde, traf die Kombination aus steigenden Ölpreisen, sinkender Nachfrage und heftigen Auseinandersetzungen mit den Gewerkschaften das Unternehmen sehr hart. Zwischen 1968 und 1975 fiel sein Anteil am britischen Automarkt von 40 Prozent auf 30 Prozent, und der Export ging um 35 Prozent zurück.

Um zu verhindern, daß der gesamte Konzern unterging, stellte die britische Regierung das erforderliche Kapital bereit und übernahm dafür 95 Prozent der Anteile der Gesellschaft, die in British Leyland Ltd. umfirmierte. Bei den Fahrzeugen änderte sich zunächst nichts. Die innovativen Fronttriebler wie Allegro und Maxi wurden unter dem Namen Austin verkauft (der Mini war schon seit 1970 eine eigenständige Marke), die Modelle mit konventionellem Heckantrieb (Marina) unter der Bezeichnung Morris.

Jaguar mußte ab 1975 mit der Beschämung leben, die Abteilung Großfahrzeuge von British Leyland zu bilden, bis der neue Chef Michael Erwardes 1978 die Bedeutung der Individualität erkannte und die Firma in den Verbund Jaguar-Rover-Triumph Ltd. überführte. Für MG jedoch stand kein Geld mehr zur Verfügung, da die Mittel für Sportwagen in den Triumph TR7 flossen. Als Resultat verschwand MG 1980 vom Markt, und auch der TR7 hielt sich nur bis 1981, da der Absatz in den USA zu wünschen übrig ließ.

Unter dem Regime von British Leyland erhielten die innovativeren Fahrzeuge mit Frontantrieb die Bezeichnung Austin, während der Name Morris dem sehr konventionellen Marina und seinem Nachfolger Ital verblieb. Hier ein 78er Austin Allegro, der Nachfolger der langlebigen 1100/1300er, mit den gleichen Motoren (und zwei größeren), der Hydragas- anstelle der Hydralastic-Aufhängung und einer völlig neu, aber nicht unbedingt besser gestalteten Karosserie. Die frühen Modelle hatten ein ungewöhnlich geformtes Lenkmal, von dem man glaubte, es sei dem High-Tech-Image des Wagens angemessen. Bei Motorjournalisten und Käufern fand es jedoch keinen Anklang, so daß schon nach wenigen Jahren ein normales Lenkrad eingebaut wurde. Der Allegro wurde von 1973 bis 1983 gebaut, verkaufte sich aber zu keiner Zeit so gut wie seine Vorgänger.

Der Ford Sapphire RS Cosworth war ein formidables Fahrzeug, zivilisierter als sein Vorgänger Sierra RS Cosworth, aber mit all dessen Leistungsmerkmalen in Form einer komfortablen fünfsitzigen Limousine. Mit 204 PS aus der 1905 cm³ großen Maschine mit zwei obenliegenden Nockenwellen kam er auf 241 km/h und war damit schneller als jede andere Limousine aus der Zweiliter-Klasse.

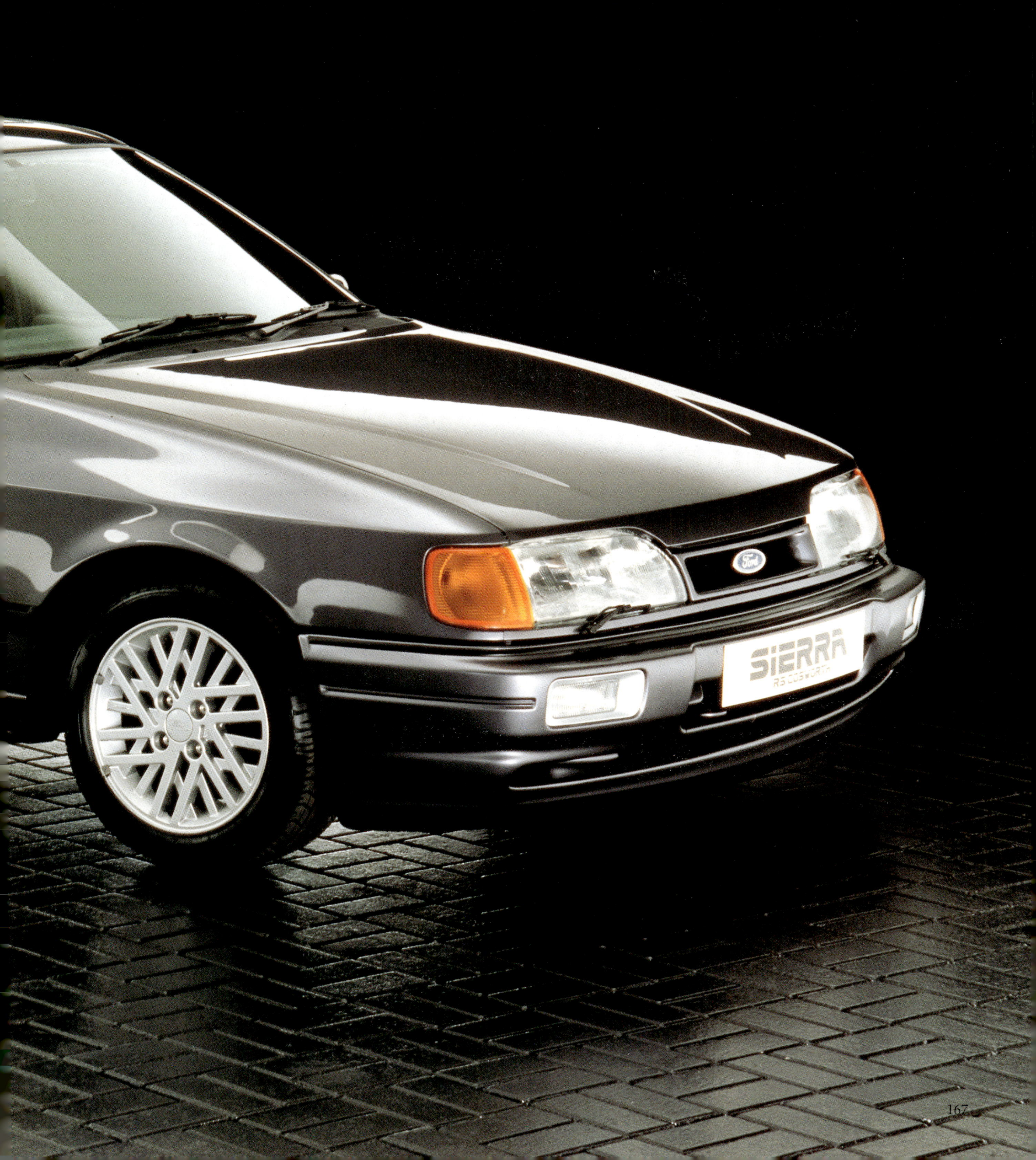
SIERRA
RS COSWORTH

Die erste Frucht aus der Zusammenarbeit von British Leyland und Honda war der Triumph Acclaim *(links)* aus den Jahren 1981–1984. Der Acclaim war ein Honda Ballade, der in Großbritannien mit japanischem Motor und japanischem Getriebe montiert wurde. Er ebnete den Weg für die nächste Generation, die ebenfalls auf Ballade- Basis als Rover 200 verkauft wurde, mit einer einzigen Karosserie, aber zwei Motorvarianten, nämlich einem Honda- Motor mit 1342 cm^3 im Rover 213 und einem Leyland-Motor der O-Reihe mit 1598 cm^3 im Rover 216 *(links unten)*. Servolenkung gab es für den Rover nicht. Für das Modelljahr 1990 kam anstelle des 213/216 der Rover 214/216 auf der Basis des Honda Concerto mit 1,4-Liter-Maschine mit zwei obenliegenden Nockenwellen von Rover und einem 1,6-Liter-Motor von Honda.

Englische Autos mit japanischen Motoren

Als erste British-Leyland-Marke ging Triumph Verbindungen mit Honda ein. Da das Geld für die Neuentwicklung eines eigenen Mittelklassewagens fehlte, wählte man bei BL zunächst als Lückenbüßer den Honda Ballade. Motor und Getriebe kamen von Honda, die von Honda entworfene Karosserie wurde bei Pressed Steel in Cowley gefertigt, und die Endmontage erfolgte im alten Morris-Motors-Werk ebenfalls in Cowley. Die ziemlich fade viertürige Limousine erhielt die Bezeichnung Triumph Acclaim und wurde 133 000 Mal verkauft, bevor sie 1984 durch den Rover 200, ebenfalls auf Honda-Basis, ersetzt wurde.

Zu diesem Zeitpunkt war man bei BL davon abgerückt, selbst einen Wagen in dieser Klasse zu entwickeln. Die 200er Rover, einer mit 1342 cm^3 großem Honda-Motor (213), der andere mit einer Leyland-Maschine mit 1598 cm^3 (216), wurden bis 1989 gebaut und dann durch die neuen 200er auf der Basis des Honda Concerto ersetzt. Als Antrieb dienten der neue 1,4-Liter-K-Motor mit zwei Nockenwellen von Rover und eine 1,6-Liter-Honda-Maschine mit einer Nockenwelle. Diese wichtige Modellreihe soll eines Tages den Austin Maestro ersetzen; für den Montego kommt 1990 der Rover 400 mit Stufenheck. Da der größere Rover 800 ebenfalls auf einem Honda basiert (Legend), hat die Rover-Gruppe abgesehen vom alternden Mini mit dem Metro dann nur noch einen einzigen in Großbritannien konstruierten Wagen.

Das Engagement Hondas geht über die Rover-Modelle hinaus: Im Rover-Werk Longbridge wird der Concerto für den Export in die EG-Länder gebaut, und 1989 errichtete Honda ein eigenes Motorenwerk in Swindon. Eine Zeitlang wurde der Honda Legend in Cowley und der Rover 800 in Japan gefertigt; das endete jedoch im März 1988, da die vorgesehenen Änderungen an beiden Modellen eine gemeinsame Fertigung nicht mehr zuließen.

Der Rover 800 wurde in den Vereinigten Staaten als Sterling verkauft. Der Hinweis auf Rover fehlte, um nicht unnötigerweise Erinnerungen an die erfolglose US-Karriere des SD 1 heraufzubeschwören. Der Sterling hatte jedoch mit Qualitätsproblemen zu kämpfen, wohl mit ein Grund dafür, daß die Verkaufszahlen alarmierend zurückgingen, und zwar von 14000 im Jahre 1987 auf 8822 im Jahre 1988. Die Aussichten für 1989 waren noch düsterer. im Gegensatz dazu verkaufte Honda 1988 in den USA 70770 Legend unter der dortigen Bezeichnung Acura.

Japanische Autos aus Großbritannien

Eine andere Art des japanischen Engagements in der britischen Autoindustrie ging auf das Jahr 1986 zurück. Damals baute Nissan in Washington, Tyne & Wear, ein Werk für die Fertigung des Bluebird in Limousinenform. 1987 kam eine Hecktürversion hinzu, und die Produktion stieg auf 24000 Fahrzeuge. 1988 waren es schon 56541, und bis 1992 sollen dort jährlich 200000 Fahrzeuge gebaut werden, je zur Hälfte Bluebird und Micra. Damit wäre Nissan dann nach Ford und Rover der drittgrößte britische Automobilhersteller. Als weitere japanische Firma wollte sich Toyota in Großbritannien engagieren und in der Nähe von Derby ein Werk errichten.

Trotz dieses Engagements ausländischer Unternehmen sank der britische Anteil an der weltweiten Automobilproduktion in den vergangenen 30 Jahren alarmierend ab. 1960 stand das Land noch an dritter Stelle hinter den Vereinigten Staaten und der Bundesrepublik. Zehn Jahre später war es auch von Japan und Frankreich überholt worden und 1988 schließlich noch hinter Italien, Spanien und die Sowjetunion auf den achten Rang abgerutscht.

Das erste Werk in Großbritannien, in dem rein japanische Autos entstanden, wurde 1986 von Nissan errichtet. Gebaut wurde dort der Bluebird, zunächst als Limousine und ein Jahr später auch als Hecktürversion. Hier ein 88er Turbo ZX mit einer Spitzengeschwindigkeit von 185 km/h. Von den 70000 Autos, die 1989 in diesem Werk gebaut wurden, gingen etwa 30000 in den Export. In den anderen EG-Ländern gelten sie, wenn auch etwas widerwillig, als britische Fahrzeuge, weil sie am Wert gemessen einen beträchtlichen Anteil britischer Produkte enthalten.

Der Alfasud *(oben)* bedeutete für seinen Hersteller mehrere Premieren. Er war der erste Wagen mit Frontantrieb und Vierzylinder-Boxermotor und der erste Wagen, der außerhalb Mailands gebaut wurde, nämlich in Pomigliano d'Arco bei Neapel. Von 1971 bis 1984 wurden über 826 000 Exemplare gebaut, darunter mehr als 102 000 Alfasud Sprint mit dem Styling von Ital Design. Hier ein Fünftürer aus dem Jahre 1982. Seine Nachfolger waren der größere und schwerere 33 und der ungeliebte Arna, ein Nissan Cherry mit Alfasud-Fahrwerk.

Fiat hatte in den 80er Jahren große Erfolge zu verzeichnen und stand mehrere Jahre lang an der Spitze der europäischen Hersteller. Zwei Modelle, die zu diesem Erfolg beitrugen, waren der Panda und der Tipo *(links)*, der 1988 in der heiß umkämpften Escort/Golf-Klasse antrat. Die zum großen Teil verzinkte Karosserie bereitete dem Ruf Fiats als Hersteller von Rostlauben ein Ende. Das Motorenangebot reichte von 1108 bis 1995 cm^3 und umfaßte einen Diesel und einen Turbodiesel.

Italien – Fiat kauft alles

Der Trend zu immer größeren Firmenkonglomeraten zeigte sich auch in anderen europäischen Ländern. Fiat hatte die italienische Automobilherstellung schon seit den 20er Jahren beherrscht und verschaffte sich mit dem Erwerb von Lancia im Jahre 1969 und Alfa Romeo im Jahre 1986 einen noch größeren Anteil am Kuchen. Die Übernahme von Ferrari im Jahre 1969 ergab rein zahlenmäßig keinen großen Zuwachs (weniger als 4000 Fahrzeuge im Jahr), verschaffte dem Unternehmen aber Zugang zum Bereich der Superautos und der Formel 1.

In Italien waren weitaus weniger ausländische Firmen engagiert als in Großbritannien. Das Ganze beschränkte sich im wesentlichen auf den Daihatsu-Dreizylindermotor für den Innocenti 990 seit 1982, das ARNA-Projekt von Alfa Romeo und Nissan, den Erwerb Lamborghinis durch Chrysler im Jahre 1987 und die Fahrzeuge der Vierergruppe Fiat, Alfa Romeo, Lancia und Saab.

Das ARNA-Projekt war ein Versuch, einen preisgünstigen Nachfolger für den Alfasud auf den Markt zu bringen, indem man die Karosserie des Nissan Cherry mit einem Alfasud-Einlitermotor und -Getriebe kombinierte. Dem Wagen war kein Erfolg beschieden, weil er zu sehr nach Nissan Cherry aussah, der eine andere Zielgruppe ansprach als der sportlichere Alfasud. Außerdem waren die in Italien gebauten Cherry-Karosserien denen aus Japan qualitativ unterlegen. Weder die Nissan- noch die Alfa-Händler wollten ihn verkaufen, so daß die Fertigung im Jahre 1985 nach etwa 50 000 Stück eingestellt wurde.

Die Fahrzeuge der Viererguppe waren ein interessantes Beispiel dafür, wie man mit gemeinsamen Konstruktionen Entwicklungskosten sparen kann. Als erster erschien im Herbst 1984 der Lancia Thema, gefolgt vom Saab 9000; im Dezember 1985 kam der Fiat Croma und im Herbst 1987 schließlich der Alfa Romeo 164. Mehr dazu findet sich in Kapitel 1.

Fiat – in Europa der Größte

Fiat erlebte ein extrem erfolgreiches Jahrzehnt und war mehrere Jahre lang der führende europäische Autohersteller mit einer Kapazitätsauslastung von 97 Prozent im Vergleich zu 88-89 Prozent bei anderen Autobauern. Zusätzlich verfügten die Italiener über 13 Montagewerke in anderen Ländern und lieferten die Technik für mehrere Fremdmarken, darunter Yugo (Jugoslawien), Seat (Spanien, bis 1980), Polski-Fiat (Polen), Lada (Sowjetunion) und Premier (Indien).

1989 schien man entschlossen, das Fiat-Reich nach Norden hin auszudehnen und Anteile an der in Schwierigkeiten steckenden Firma Saab zu übernehmen – gleichzeitig deutete in Italien alles auf eine Übernahme Maseratis hin. Gerüchteweise sollte es 1989 auch zu einer technischen Zusammenarbeit mit Mercedes-Benz kommen, und zwar als Ausweitung der bereits im Bereich Kommunikation und Militärgerät bestehenden Verbindungen.

Die Bundesrepublik Deutschland schien im Gegensatz zu Großbritannien und Italien gegenüber einem Engagement ausländischer Unternehmen immun zu sein, wenn man einmal von Ford und General Motors absieht, die dort schon seit Jahrzehnten präsent waren. Internationale Zusammenarbeit hieß Export der deutschen Technologie, sei es in der Form von tatsächlicher Herstellung wie bei VW in Spanien, Jugoslawien, China und Japan, oder in der Form der technischen Beratung, wie sie Porsche bei Seat leistete. Außer dem kurzen Intervall mit dem Rover 800 bei Honda stellte VW als einziges ausländisches Unternehmen in Japan selbst Fahrzeuge her.

Die Bundesrepublik – das letzte Paradies

Die Bundesrepublik war das einzige Land in Europa, das auf den Autobahnen kein Tempolimit kannte. Das führte zur Entwicklung sehr schneller Autos, und zwar nicht nur Luxuslimousinen und Roadster wie der Mercedes-Benz 560SL, sondern auch Kreationen von Tuningfirmen, die die schon im Überfluß vorhandene Leistung italienischer Superautos noch weiter steigerten. Ein von Koenig getunter Ferrari BB512 mit zwei Rajay-Turboladern entwickelte mit 653 PS fast das Doppelte der Leistung, mit der er das Werk in Maranello verlassen hatte, und erreichte über 320 km/h.

Es gab aber auch deutsche Superautos wie den Isdera Imperator mit 5,6-Liter- Maschine von Mercedes-Benz und 290 km/h Höchstgeschwindigkeit, und den Zender Visions und Fact, ebenfalls Mittelmotor-Coupés mit Motoren von Audi und Mercedes-Benz. Letztere sind noch nicht in der Fertigung. Doch am Ende der 80er stand auch in der Bundesrepublik ein Fragezeichen hinter der Zukunft der Hochleistungsfahrzeuge.

Der Isdera Imperator des Jahres 1988 war die deutsche Antwort auf den Lamborghini Countach. Sein Konstrukteur war Eberhard Schulz, eine erfreuliche Überraschung in der automobilen Welt der späten 80er. Der Imperator hatte einen 5547 cm³-V8 von Mercedes, dessen Leistung 390 PS bei 5500 U/min betragen sollte. Seine Spitzengeschwindigkeit betrug 288 km/h.

Es sah so aus, als ob der politische Druck bald zu einem allgemeinen Tempolimit führen würde, und um dem zuvorzukommen, begrenzten die meisten Hersteller außer Porsche die Spitzengeschwindigkeit ihrer Produkte auf 250 km/h. So könnte es durchaus sein, daß Projekte wie der V 12 mit 48 Ventilen für den BMW 850i zu den Akten gelegt werden. Um es mit den Worten des BMW-Chefingenieurs Hans-Peter Weisbarth zu sagen: Dieser Unsinn muß irgendwo aufhören; irgend jemand muß dem Wettlauf um immer mehr PS ein Ende bereiten. Wir müssen uns selbst in die Pflicht nehmen, damit es nicht die Politiker tun.

Das BMW-Coupé wäre aus politischen Gründen vielleicht nicht gebaut worden, dachte zumindest der Autor, als er den Text zu diesem Buch schrieb. Doch falsch gedacht! BMW ignorierte die zunehmenden Proteste angesichts des PS-Wettrüstens. Der 850i hatte die gleiche V 12-Maschine wie der 750i.

Seat baute viertürige Versionen von Fiat-Autos, die in Turin nur als Zweitürer vom Band liefen. Dazu gehörten unter anderem der 600, der 850 und der 127. Hier ein 70er Especial 850.

Mitte der 80er Jahre kam eine neue Palette von Seats, die nichts mehr mit Fiat zu tun hatten. Die Vierzylindermotoren stammten von Porsche, die Karosserie hatte Giugiaro entworfen. Der erste war der Ibiza als Dreitürer *(links)*, dem später eine fünftürige Version folgte. Anschließend kam der Malaga als Limousine mit Kofferraum. Als Motoren stehen Benziner mit 903, 1193 und 1461 cm³ Hubraum und ein Diesel mit 1714 cm³ zur Verfügung. 1989 baute Seat noch eine Fiat-Konstruktion, den vom Panda inspirierten Marbella, sowie den VW Polo.

Spanien – eine unbekannte Autonation

Die spanische Automobilindustrie erfreute sich in den Nachkriegsjahren eines ungeheuren Wachstums, der nur von den Japanern übertroffen wurde. Im Jahre 1947 wurde in Spanien 68 Personenwagen und 119 Nutzfahrzeuge gebaut; 41 Jahre später standen die Spanier mit 1 497 967 Personenwagen und 368 437 Nutzfahrzeugen weltweit an siebter und in Europa an vierter Stelle.

Viele dieser Fahrzeuge waren internationale Konstruktionen für den Export, darunter der Ford Fiesta und der GM-Kleinwagen Vauxhall Nova bzw. Opel Corsa. Bei Seat vollzogen sich in den 80er Jahren große Veränderungen, als die langjährige Verbindung mit Fiat in die Brüche ging, weil die spanische Regierung den Fiat-Forderungen auf drastische Einschnitte bei den zu großen Belegschaften der Seat-Werke nicht nachkommen wollte.

Der Staat machte viel Geld für neue Modelle locker, nach wie vor auf Fiat-Basis. Ab 1982 stieg zunehmend VW bei Seat ein und ließ in Barcelona Polo, Passat und Santana montieren; 1985 kam eine neue Modellreihe mit Motoren von Porsche und Styling von Giugiaro. Das waren der Ibiza und der Malaga, die beträchtliche Exporterfolge erzielten und in Spanien in der Zulassungsskala an dritter oder vierter Stelle standen.

Seit dem Beitritt zur EG hat der Fahrzeug-Import in Spanien enorm zugenommen. 1988 stiegen die Verkaufszahlen bei heimischen Fahrzeugen um 5 Prozent, bei Importen um 47 Prozent. Wichtige ausländische Unternehmen mit einem Fuß auf dem spanischen Markt sind Renault, Land Rover und Suzuki, dessen kleiner 4x4 dort für den gesamten europäischen Absatzmarkt gebaut wird.

Schweden: General Motors übernimmt Saab

Die schwedische Automobilindustrie erlebte in den beiden vergangenen Jahrzehnten ein, wenn auch unspektakuläres, so doch stetiges Wachstum von 278971 Fahrzeugen im Jahre 1970 auf 407117 Exemplare im Jahre 1988. Zu diesem Gesamtergebnis trugen in der ganzen Zeit ein und dieselben Unternehmen bei, nämlich Volvo und Saab, wobei ersteres in den letzten Jahren etwa vier Fünftel bestritt. 1988 bauten Saab 126000 und Volvo 420000 Fahrzeuge.

Saab hatte ein Werk in Finnland, wo exklusiv einige Sondermodelle hergestellt wurden, darunter der Saab 99 mit langem Radstand und der 900 Cabrio, sowie weitere Modelle für den finnischen Markt. Volvo besaß Werke in Halifax, Kanada, das jährlich etwa 10000 Volvo 740 baute, und in Südkorea, wo 1989 im ersten Fertigungsjahr 7000 Volvo 240 gebaut werden und ab 1995 ein Ziel von 40000 Fahrzeugen im Jahr erreicht sein soll.

1989 geriet Saab mit einem Verlust von fast 250 Millionen Mark im ersten Halbjahr in Schwierigkeiten. Als mittelgroßes Unternehmen benötigte es große Summen für Forschung und Entwicklung, und die waren nur über die Anbindung an einen multinational tätigen Konzern zu bekommen. Ford war als möglicher Retter im Gespräch, und noch im November sah es so aus, als ob Fiat das Rennen machen würde, nachdem schließlich bereits über den Saab 9000 Verbindungen bestanden; doch Mitte Dezember wurde überraschend bekannt gegeben, daß General Motors 50 Prozent der Saab-Aktien erworben hatte.

Eines der besonderen Saab-Modelle aus dem finnischen Werk in Nystad war das Kabrio Turbo 16, das 1986 auf den Markt kam. Ein weiteres, der Saab 99, wird seit einiger Zeit in kleinen Stückzahlen produziert. Nach der Übernahme durch General Motors wurde bekanntgegeben, daß im Werk Nystadt ab 1991 der Opel Calibra gebaut werden soll.

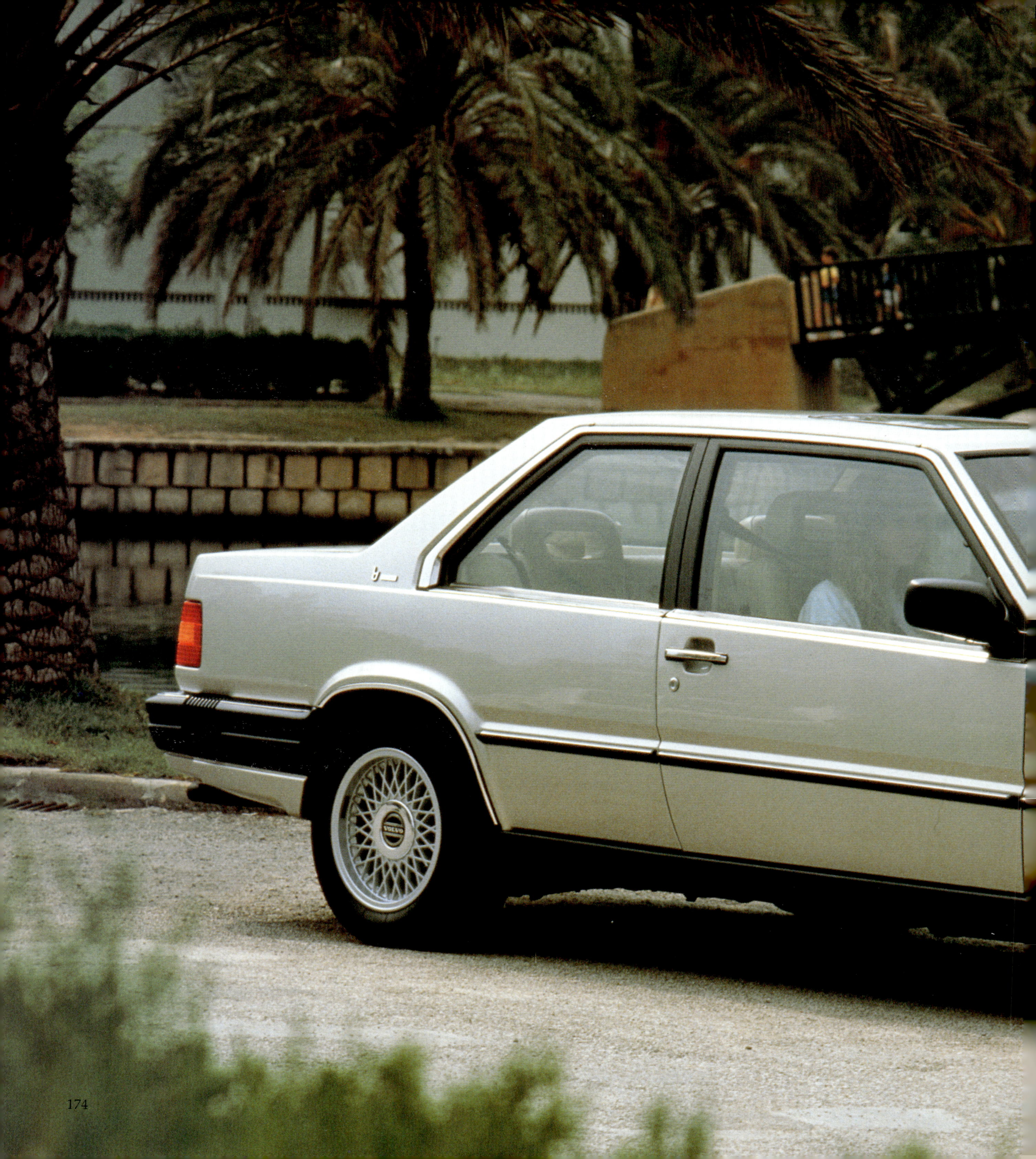

Das Volvo-Flaggschiff der 80er Jahre war der 780, ein leicht modifizierter 760, der von Bertone in Italien gebaut wurde. Er hatte die Sechszylinder-PRV-Maschine, die auch von Peugeot und Renault verwendet wurde.

Osteuropa

Die Entwicklung in Osteuropa ging bei weitem nicht so schnell vonstatten wie im Westen. Die altmodischen Konstruktionen verkauften sich in den Ländern, in denen nichts anderes zu haben war, gut genug und fanden auch in Westeuropa unter technisch anspruchslosen Autofahrern, die sich von den niedrigen Preisen locken ließen, ausreichend Käufer. Die beliebteren Fahrzeuge wie etwa der russische Lada und der Polski-Fiat stammten von Westmodellen ab.

In der UdSSR mußte man auch Ende der 80er Jahre auf einen Lada noch mehrere Jahre warten, während der ungeliebte Moskwitsch 412 praktisch aus dem Ausstellungsraum mitgenommen werden konnte. Im Jahre 1970 hatte der Moskwitsch 408 einen 1357 cm^3-Motor mit hängenden Ventilen und nicht einmal ein vollsynchronisiertes Getriebe. Der 412 erhielt eine 1478 cm^3-Maschine mit obenliegender Nockenwelle und ein vollsynchronisiertes Getriebe, war aber nach wie vor sehr hoch gebaut und hatte schlechte Fahreigenschaften. Er wurde mit geringfügigen Änderungen bis 1989 gebaut.

1987 kamen die beiden mit Renault-Hilfe entwickelten neuen Modelle hinzu, der ISH-4126 und der Moskwitsch 2141. Beide hatten ähnliche fünftürige Karosserien, wobei der ISH mit der 1478 cm^3-Maschine des 412 ausgerüstet war, die die Hinterräder antrieb, während der (in Westeuropa als Aleko verkaufte) 2141 Frontantrieb hatte und wahlweise auch mit einem 1569 cm^3-Motor zu haben war.

Die Sowjetunion holt auf

Die Geschichte des Lada verlief in ähnlichen Bahnen wie die des Moskwitsch, wobei er allerdings immer einen besseren Ruf hatte. 1969 im eigenen Land als WAS (Wolshky Awtomobilny Sawod, Wolga-Automobilwerk) eingeführt, war der Lada ein Fiat 124 mit 1198 cm^3-Motor mit obenliegender Nockenwelle anstelle des Fiat-Triebwerks mit Stößelstangen. Dadurch und durch eine Anlas-

Der Ende 1989 vorgestellte Volvo 460 war ein mit Kofferraum versehener 440 und zielte auf den Markt der kompakten Prestige-Autos ab. Er wurde wie der 440 und der 480 in den Niederlanden gebaut und besaß auch deren Antriebsstrang und Bodengruppe. Die 1721 cm^3-Maschine war mit Vergaser, mit Einspritzanlage oder mit Turbo erhältlich.

serkurbel und die wirkungsvolle Heizung unterschied er sich vom Fiat.

Mit mehreren Hubraumvergrößerungen auf bis zu 1570 cm^3 wurde er bis 1989 gebaut und war dabei ab 1986 wahlweise auch mit Fünfgangschaltgetriebe und Dreigangautomatik zu haben. 1987 bekam er Gesellschaft (in der Sowjetunion wird ein Modell nie sofort abgesetzt, es vergehen immer mehrere Jahren, in denen sich das alte und das neue Modell überschneiden) durch ein völlig neues Heckürmodell westlichen Zuschnitts, bei dem ein Quermotor mit obenliegender Nockenwelle die Vorderräder antrieb. Der in Rußland als WAS-2108 und für den Export als Shiguli oder Lada Samara bezeichnete Wagen war als 1100er, 1300er und 1500er mit drei und fünf Türen zu haben und schickte sich an, trotz der nach westlichen Maßstäben unzureichenden Qualitätskontrolle weit mehr Freunde als seine Vorgänger zu gewinnen.

Klassische russische Autos, die in den gesamten 70er und 80er Jahren gebaut wurden, waren der Moskwitsch 412 *(rechts)* und der WAS Lada (Mitte), hier in der Kombiversion WAS-2102. Der Moskwitsch war eine Eigenentwicklung auf der Basis einer Konstruktion aus dem Jahre 1956, während der beliebtere Lada ein Fiat 124 mit einem in Rußland entwickelten Motor war. Weitere Unterschiede zum Fiat waren eine Anlasserkurbel und eine sehr wirkungsvolle Heizung, die bei einer Außentemperatur von 25 C im Wageninneren für angenehme +25 C sorgte. Die Lada-Produktion im Jahre 1984 belief sich auf insgesamt 722 744 Exemplare.

In den späten 80er Jahren verließen modernere Konstruktionen die russischen Werke. Der Moskwitsch 2141 *(rechts)*, im Westen als Aleko verkauft, war ein frontgetriebener Fünftürer mit längs eingebautem Motor mit 1478 cm³ und 1569 cm³ Hubraum. Die gleiche Karosserie hatte der ISH-2126 mit Heckantrieb.

Der Kleinwagen der russischen Automobilindustrie war der SAS, eine zweitürige Limousine mit luftgekühltem V-Viertakter. Er wurde ab 1960 gebaut und in den frühen 70er Jahren mit einem wassergekühlten Renault-Motor unter der Bezeichnung Yalta exportiert. Die meisten Fahrzeuge wurden jedoch auf dem heimischen Markt verkauft, wo der V4-Motor mit 1196 cm³ Hubraum auch 1989 noch nicht ausgedient hatte *(oben)*. Als Nachfolger mit größeren Exportchancen kam schließlich der Taura 1102 *(links)*, ein Dreitürer nach westlicher Art mit Quermotor und Frontantrieb. Der Export soll 1990 aufgenommen werden.

Der russische Mittelklassewagen war der GAS-3102 *(links)*, im normalen Sprachgebrauch als Wolga bezeichnet und in verschiedenen Formen seit 1955 gebaut. Das hier gezeigte, seit 1982 produzierte Modell wird von einem Vierzylinder mit 2446 cm³ Hubraum und drei Ventilen pro Zylinder angetrieben. Es ist außerdem mit einem Achtventiler und einem Peugeot-Diesel mit 2304 cm³ in etwas altmodisch anmutenden Limousinen- und Kombiausführungen zu haben.

Nachdem Skoda jahrelang Autos mit Heckmotor und schlechten Fahreigenschaften gebaut hatte, kam 1987 der moderne Favorit, ein Fünftürer mit quer eingebautem Frontmotor mit 1289 cm³ Hubraum, der über ein Fünfganggetriebe die Vorderräder antrieb. 1989 bot Skoda als erster Hersteller aus dem Ostblock einen Katalysator an.

Der im Polski-Fiat-Werk gebaute Polonez des Jahres 1979 war eine halbwegs moderne Konstruktion mit einem fünftürigen Aufbau auf dem alten Fahrwerk, das auf dem des Fiat 125 basierte. Seit 1981 laufen alle Fiat-Polski-Produkte unter dem Namen FSO, wenn man von dem kleinen 126 mit Heckmotor absieht, der FSM heißt und getrennt von den größeren Fahrzeugen in einem anderen Werk gebaut wird.

Der russische Kleinstwagen Saporoshet mit Heckmotor wurde in der gesamten Zeit ohne große Änderungen gebaut und nur kurzfristig exportiert. Auch er bekam 1988 Gesellschaft durch ein neues Modell, nämlich den dreitürigen Tauria mit quer eingebautem 1091 cm³-Frontmotor und Frontantrieb. Die sowjetische Autoindustrie hatte damit in drei Jahren drei neue, moderne Modelle, mit denen sie auf den Exportmärkten konkurrieren konnte. Sie ist damit als Wettbewerber ernster zu nehmen als je zuvor und lag im Jahre 1988 mit 1 318 866 produzierten Einheiten knapp vor Großbritannien.

Tschechoslowakei und Polen

Ähnlich verlief die Geschichte in den anderen osteuropäischen Ländern mit Automobilindustrie. In der Tschechoslowakei verkaufte sich der alte Skoda 1000 mit Heckmotor trotz einiger Verbesserungen der Fahreigenschaften in den 70er Jahren hauptsächlich wegen seines niedrigen Preises. 1988 bekam er Gesellschaft durch eine modernere Konstruktion mit Heckklappe, 1289 cm³-Quermotor mit obenliegender Nockenwelle, Frontantrieb und Fünfganggetriebe. Dieser Wagen wurde im Jahre 1989 als erstes Fahrzeug aus osteuropäischer Produktion mit Katalysator angeboten.

Zum alten Polski-Fiat 125 trat im Jahre 1979 der Polonez, ein fünftüriges Hecktürmodell auf dem Fahrwerk des 125. Zwei Jahre danach wurde der Name aller Modelle in FSO (Fabryka Samochodow Osobowych) geändert, zumindest auf den Exportmärkten, auf denen Fiat etwas gegen eine mögliche Verwechslung seiner Fahrzeuge mit den polnischen Produkten hatte. Ein moderner Fünftürer ist in der Planung, wurde aber noch nicht angekündigt.

Ein anderes polnisches Werk, FSM (Fabryka Samochodow Malolitrazowych) baute den Fiat 126 mit Zweizylinder-Heckmotor. In den letzten zehn Jahren wurden West- und Osteuropa von dort beliefert. Sein Nachfolger mit der werksinternen Bezeichnung X1/79 ist für 1996 geplant; von den jährlich vorgesehenen mindestens 260 000 Fahrzeugen sollen etwa 35 Prozent in die EG exportiert werden. Die polnischen Automobilbauer produzierten außerdem

Altes und Neues aus Jugoslawien: Der Yugo 513GL *(links)*, der auch 1989 noch gebaut wurde, war vom Fiat 128 abgeleitet, hatte aber eine Hecktür, die es aus Turin nie gab. Mit dem Sana (links unten) mit einem 1372 cm³-Quermotor von Fiat und einer fünftürigen Karosserie im Stil von Ital Design gelangte Yugo auf den Stand der Technik. Der Wagen erinnert etwas an den Fiat Tipo und ist eindeutig als dessen Konkurrent gedacht. Er hat ein serienmäßiges Fünfganggetriebe und soll demnächst auch größere Motoren bekommen, darunter einen Diesel. 1988 belief sich die Yugo-Produktion auf 220000 Stück.

den überholten Syrena mit vertikalem Dreizylinder-Motor mit 842 cm³ Hubraum und Frontantrieb. 1955 als Zweizylinder-Zweitakter eingeführt, hielt er sich bis Mitte der 80er Jahre.

Jugoslawien ist ein weiteres Land, dessen Automobilindustrie auf überholten Fiat-Modellen aufgebaut ist. Das Zastava-Werk begann 1954 mit der Montage von 1400ern und baute bis 1981 den von Fiat schon im Jahre 1970 aufgegebenen Typ 600 mit Heckmotor. Der 101 beruhte auf dem Fiat 128 mit Quermotor und Frontantrieb, hatte aber den Vorteil einer Heckklappe, die aus Turin nicht zu bekommen war. Von Fiat im Jahre 1984 aus der Produktion genommen, wurde er in Jugoslawien 1989 noch als Yugo 513 gebaut.

Weitere Modelle mit der Markenbezeichnung Yugo waren der 45/55 (unter dem neuen Blechkleid ein Fiat 127 mit 127er oder 128er Maschine) und der nagelneue, von Giugiaro entworfene Fünftürer, der zunächst als Florida auf den Markt kam und dann (nach einem jugoslawischen Fluß) in Sana umbenannt wurde. Er gehörte in eine Klasse mit dem Fiat Tipo und hatte einen quer eingebauten Fiat-Motor mit 1372 cm³ Hubraum, von dem für die 90er Jahre größere Versionen erwartet wurden. Der Sana war der erste jugoslawische Wagen, der auf dem Weltmarkt mithalten konnte. Während bei früheren Yugos der Preis das einzige Verkaufsargument war, bildete der Sana eine ernsthaftere Konkurrenz für die Fahrzeuge aus westlicher Produktion.

Für die antiken Produkte der DDR Ende 1989 waren keine modernen Neuentwicklungen abzusehen. Die einzige größere Veränderung bestand darin, daß die qualmenden Zweitakter von dem Viertakter aus dem VW Polo abgelöst wurden, und zwar im Herbst 1988 im Wartburg *(Mitte)* und im November 1989 im Trabant *(oben)* zu spät für die Tausende von Trabbis, die sich nach der Entschärfung der Kontrollen nach Ungarn und in die Bundesrepublik ergossen. Der Bundestag verabschiedete extra ein spezielles Gesetz, damit die umweltverschmutzenden Zweitakter einreisen konnten, doch die Grenzbeamten waren gar nicht erfreut und klagten über Übelkeit und Schleimhautreizungen. 1989 wurden 146000 Trabants hergestellt, die 70 Prozent der DDR-Gesamtproduktion ausmachten. Der Rest waren Wartburgs.

DDR: Fehlanzeige

Somit verfügten Jugoslawien, die Tschechoslowakei und die Sowjetunion zu Beginn der 90er über Autos nach dem Stand der Technik, und für Polen wurde die Ankündigung eines neuen Fahrzeugs in der nahen Zukunft erwartet. Die große Ausnahme bildete die DDR, deren antiquierte Zeitakter Trabant und Wartburg im behandelten Zeitraum nur geringfügige Veränderungen erlebten. Der Wartburg erhielt allerdings im Jahre 1974 vorne Scheibenbremsen, und 1988 machte sein alter Zweitakter endgültig einem Polo-Motor aus Wolfsburg Platz.

Zu Beginn der 90er Jahre gab es keinerlei Anzeichen für einen Ersatz. Doch die rapiden politischen Veränderungen werden dazu führen, daß in Eisenach und Zwickau bald neue Fahrzeuge von den Bändern rollen, dann aber aus bundesdeutschen Konstruktionsbüros.

Die rumänische Autoindustrie basiert überwiegend auf französischen Konstruktionen. Der Dacia war ein Renault 12 mit kleineren äußerlichen Abwandlungen, während der Oltcit auf einem Citroën basierte: Er hatte einen Zweizylindermotor mit 652 cm^3 oder einen Vierzylinder mit 1129 oder 1299 cm^3 Hubraum in einer dreitürigen Karosserie, die der des Visa nachempfunden war. Der im Oktober 1981 auf den Markt gebrachte Oltcit wurde in Frankreich als Citroën Axel zu einem Preis verkauft, der 2000 Franc unter dem des 2CV lag. Das Spitzenmodell hatte ein Fünfganggetriebe und, ungewöhnlich für diese Preisklasse, rundum Scheibenbremsen. Hier ein 89er Oltcit Club 11RL aus der Tschechoslowakei.

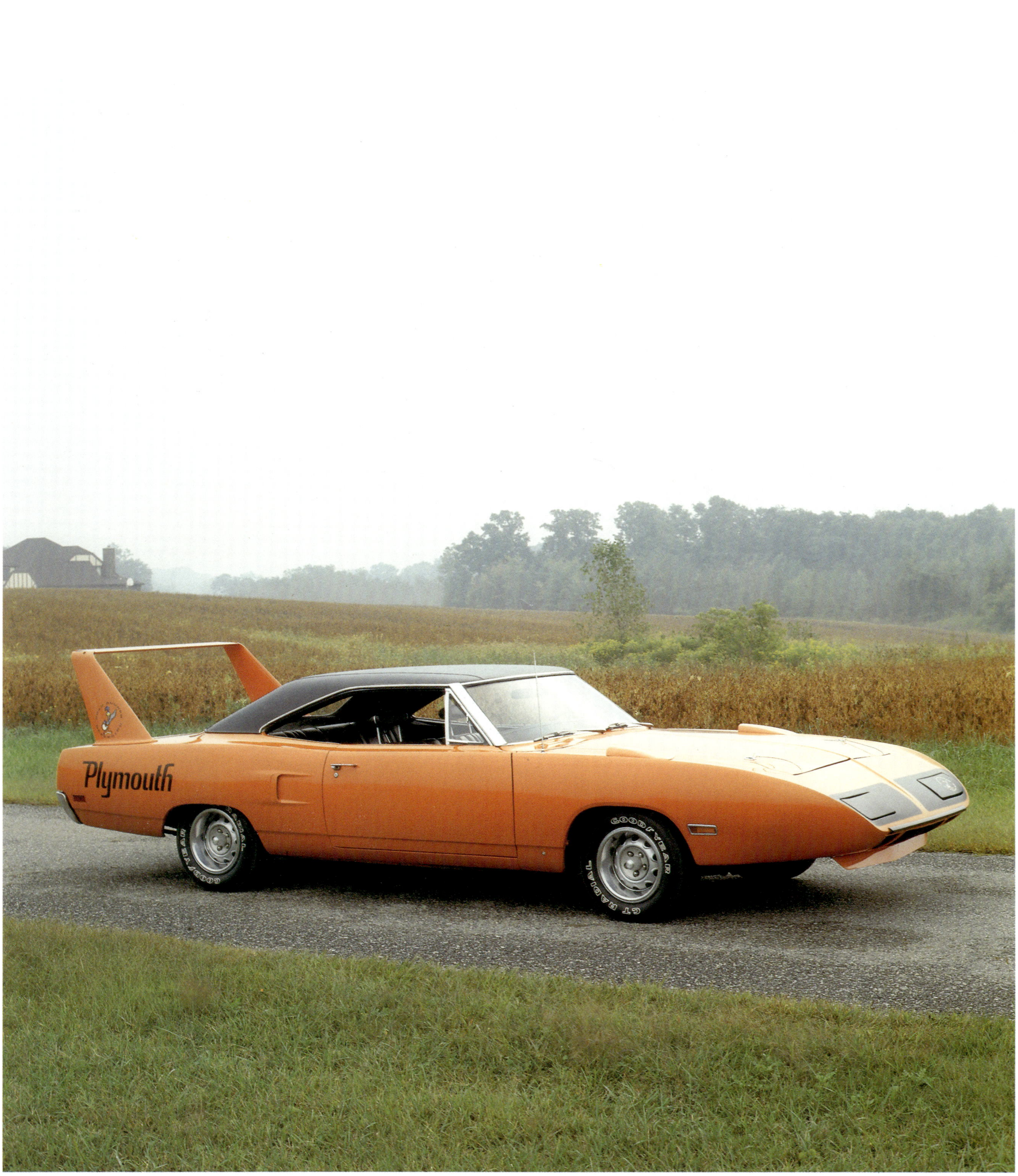
Plymouth
GOODYEAR
GT RADIAL

Anfang der 70er Jahre erlebte das amerikanische »muscle car« seinen Höhepunkt. Vom Aussehen her eines der dramatischsten und das schnellste war der Plymouth Superbird *(gegenüberliegende Seite)* aus dem Jahre 1970. Er war mit dem 426er (6980 cm³, 425 PS, hemisphärische Verbrennungskammer) und mit der 440er (7210 cm³, 390 PS) Maschine zu haben. Der riesige Heckflügel war für die NASCAR-Rennen entwickelt worden, in denen der Tacho des Superbird bis zu 354 km/h anzeigte. Anstelle der für die Homologation erforderlichen 1500 Stück baute Plymouth in der Saison 1970 1920 Superbirds. Dodge baute mit dem Charger Superbee ein gleichwertiges Fahrzeug und außerdem den weniger dramatisch aussehenden Charger R/T mit der 426er und der 440er Maschine.

Vereinigte Staaten

Die 70er Jahre waren für die Vereinigten Staaten höchst traumatisch. Eine der militärisch mächtigsten Nationen der Welt mußte zugestehen, von den Nordvietnamesen besiegt worden zu sein. Die Treibstoffknappheit bedrohte den geliebten großvolumigen amerikanischen Wagen, und im Jahre 1980 mußte das Land auch noch den Rang als weltgrößter Produzent an Japan abtreten. Dabei hatten die Amerikaner schon seit der Zeit vor dem Ersten Weltkrieg immer mehr Autos gebaut als jedes andere Land. 1970 waren es 6 550 203 Personenwagen gewesen, mehr als das Doppelte der japanischen Produktion von 3 178 708 Einheiten. 1980 verzeichneten die Amerikaner einen leichten Rückgang auf 6 375 506 Fahrzeuge, während die Japaner einen riesigen Sprung auf 7 038 108 Einheiten gemacht hatten.

Seit dieser Zeit behaupten die Japaner die Spitze, wenn man einmal davon absieht, daß die Amerikaner im Jahre 1986 um 18 974 Fahrzeuge vorn lagen. Aber diese Zahl ist nicht die ganze Wahrheit, denn sie enthält die große Anzahl japanischer Autos, die im Gefolge eines der wesentlichen Trends der 80er in den USA gefertigt wurden. Die sinkenden Verkäufe amerikanischer Autos ging zweifellos auf eine gewisse Selbstzufriedenheit zurück, denn in den Jahren der Vorherrschaft auf dem heimischen Markt hatten Management und Belegschaften das Interesse an Produktivität und technischen Fortschritt verloren und die Profite lieber in höhere Gehälter und Sozialleistungen umgesetzt als in zukunftsträchtige Investitionen oder Forschungs- und Entwicklungsarbeit.

Die amerikanische Automobilindustrie stand 1970 schon fast auf dem Gipfelpunkt (das Rekordjahr war 1973 mit 9,7 Millionen ausgelieferten Fahrzeugen), und ein solcher Gipfelpunkt war auch in bezug auf Größe und Leistung ihrer Produkte erreicht. Auf der einen Seite waren die Maschinen größer als je zuvor seit dem Zweiten Weltkrieg, wobei Cadillac mit 8,2 Litern Hubraum das Feld anführte. Die Konkurrenz unter den Herstellern der »muscle cars« brachte Leistungen bis zu 425 PS zutage (Dodge Charger und Plymouth Barracuda und Roadrunner mit Siebenliter-V8). Das waren Motoren von der Stange, aus denen die Tuningfirmen noch beträchtlich mehr Leistung herauskitzeln konnten.

Auf der anderen Seite neigte sich die Ära der »muscle cars« schon mehrere Jahre vor dem arabischen Ölembargo dem Ende zu. Das letzte Jahr für den Dodge 426 schlug 1971; 1972 erhielt der Charger eine größere, aber schwächere Maschine mit 7210 cm³ Hubraum und 330 PS, die 1973 auf 280 PS reduziert wurden. Das letzte Stündlein dieser Maschine schlug 1977, nachdem ihre Leistung aufgrund der US-Abgasbestimmungen vorher noch einmal auf 195 PS verringert worden war.

Der Einfluß ausländischer Hersteller auf dem US-Markt war schon zu Beginn der 70er zu spüren, und zwar besonders bei der Chrysler Corporation, die den Hillman Avenger als Plymouth Cricket und den Mitsubishi Colt als Dodge Colt vermarktete. Das war die Antwort des Unternehmens auf die neuen Subkompakten von Ford und General Motors, die sich die ungeheuren Entwicklungskosten für neue Wagen leisten konnten.

Ford Pinto und Chevrolet Vega

Das Ford-Modell war der Pinto als Coupé oder Kombi mit zwei oder drei Türen und einer Palette von Vierzylindern vom 1,6-Liter-Motor aus Großbritannien bis zum Zweiliter-Motor mit obenliegender Nockenwelle aus der Bundesrepublik. Chevrolet bot dagegen das Eigengeschöpf Vega mit 2,3-Liter-Vierzylinder

Noch zwei amerikanische Hochleistungsfahrzeuge aus den frühen 70er Jahren: Der AMX von American Motors *(links)* war ein zweisitziges Coupé, ungewöhnlich in einer Zeit, in der die meisten Zeitgenossen wie Charger und GTO Vier- oder Fünfsitzer waren. Er entstand durch Verkürzung der Karosserie des Javelin und Verringerung des Radstands von 277 auf 246 cm. Die Serienmaschine war ein V8 mit 4752 cm^3 und 225 PS, es standen aber auch ein 5620 cm^3 und ein 6390 cm^3-Aggregat zur Verfügung, letzteres mit 315 PS. Straffere Aufhängung und körpergerechte Sitze machten den AMX zum besten Fahrzeug, das je bei American Motors von den Bändern gelaufen war, doch er fand nicht viele Käufer – ganze 19 134 in den drei Jahren von 1968 bis 1970.

Der Oldsmobile 4-4-2, hier ein 71 Kabrio *(oben)*, hatte seinen Ursprung in einer Sonderausführung des Kompaktwagens F-85 aus dem Jahre 1964. Das 4-4-2 stand für Viergetriebe, Vierfachvergaser und Doppelauspuff. Die größte und leistungsstärkste Maschine war der V8 mit 7456 cm^3 und 380 PS in den 69er Hurst-Modellen. 1971, im letzten Jahr des eigentlichen 4-4-2, war die Leistung auf maximal 340 PS gesunken. Danach galt die Bezeichnung bis 1978 für ein Sonderausstattungspaket für mittlere und kompakte Oldmobile- Wagen.

Der subkompakte Chevrolet der frühen 70er Jahre war der Vega *(links)*. Er hatte einen neuen 2,3- Liter- Vierzylinder mit Leichtmetallblock und obenliegender Nockenwelle. Mit 246 cm Radstand war er in drei Versionen erhältlich, nämlich als zweitürige Limousine, Dreitürer mit Heckklappe und dreitüriger Kombi. Dazu kam ein Lieferwagen. Ein in begrenzter Serie gebauter heißer Ofen war der Cosworth-Vega mit Einspritzung und einem von Cosworth konstruierten Zylinderkopf mit zwei obenliegenden Nockenwellen. Davon wurden in den Jahren 1975 und 1976 nur 3508 Exemplare verkauft – die Gesamtproduktion des Vega belief sich auf über zwei Millionen Stück zwischen 1971 und 1977.

Der Ford Mustang erlebte in den ersten sechs Jahren der 70er große Veränderungen. Der Mach I *(oben)* von 1970 war ein Hochleistungscoupé, das im Jahr zuvor sein Debut gefeiert hatte. Mit Motoren von 5750 bis 7013 cm³ (250-335 PS) war er an dem speziellen Grill und dem Lufteinlaß auf der Haube zu erkennen und hatte eine straffere Federung. Der Mitte 1972 auf den Markt gebrachte Mustang Sprint war mit Rennfahrwerk zu haben, doch sein wesentliches Erkennungsmerkmal war sein Dekor mit weißer Lackierung und blauen, rot abgesetzten Streifen und den dazu passenden Komplementärfarben im Innenraum.

Im Vergleich dazu war der 74er Mustang 11 – obgleich immer noch ein viersitziges Coupé – ein völlig anderes Auto mit einem von 277 cm auf 244 cm verkürzten Radstand. Es standen nur zwei Maschinen zur Wahl, ein Vierzylinder mit 2294 cm³ und 88 PS und ein V- Sechszylinder mit 2780 cm³ und 100 PS. 1976, als diese Stufenheckversion von Ghia entstand, gab es für den Mustang 11 auch einen V- Achtzylinder mit 4948 cm³ und 134 PS; sein Image als »muscle car« errang er jedoch nie wieder.

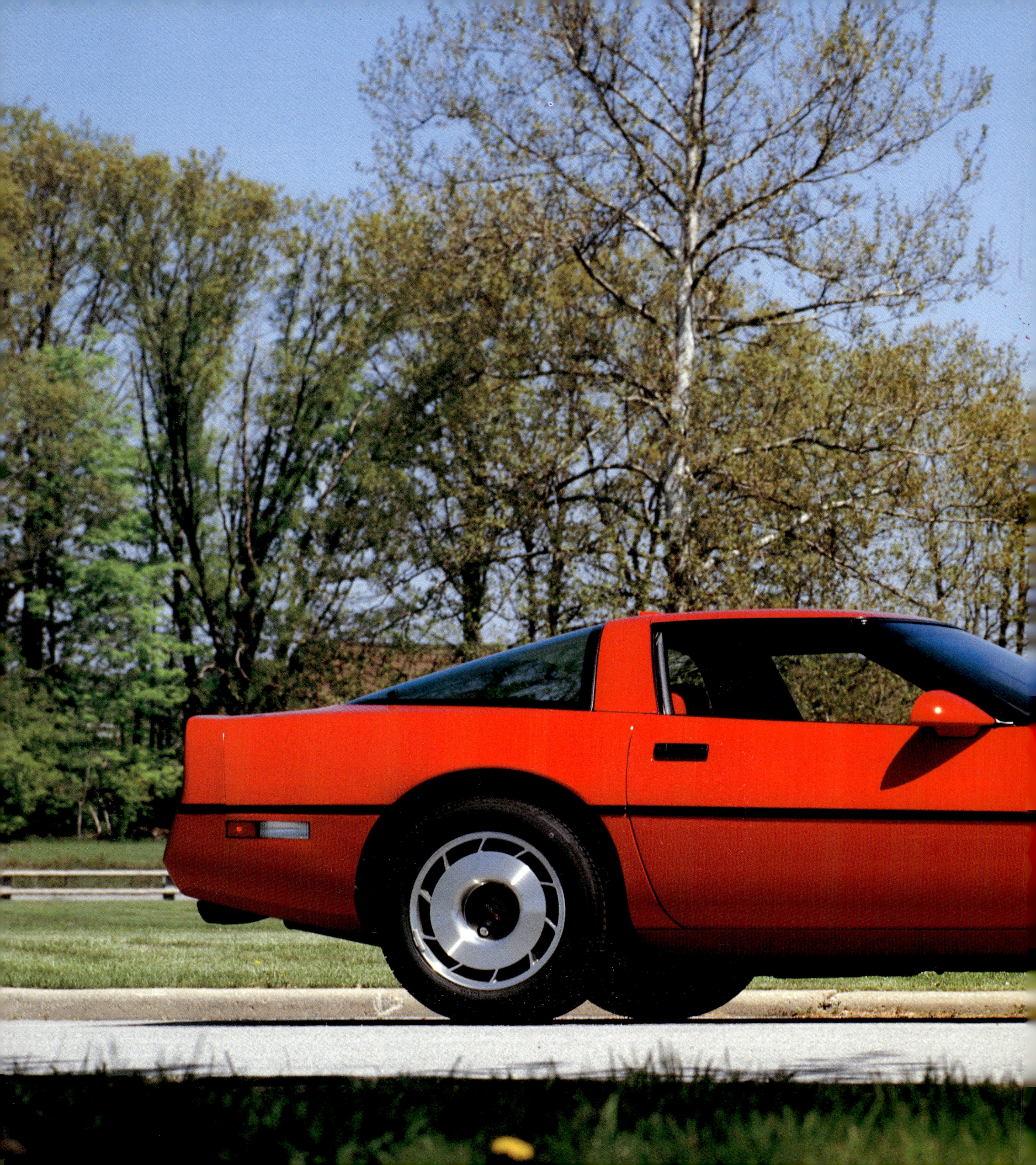

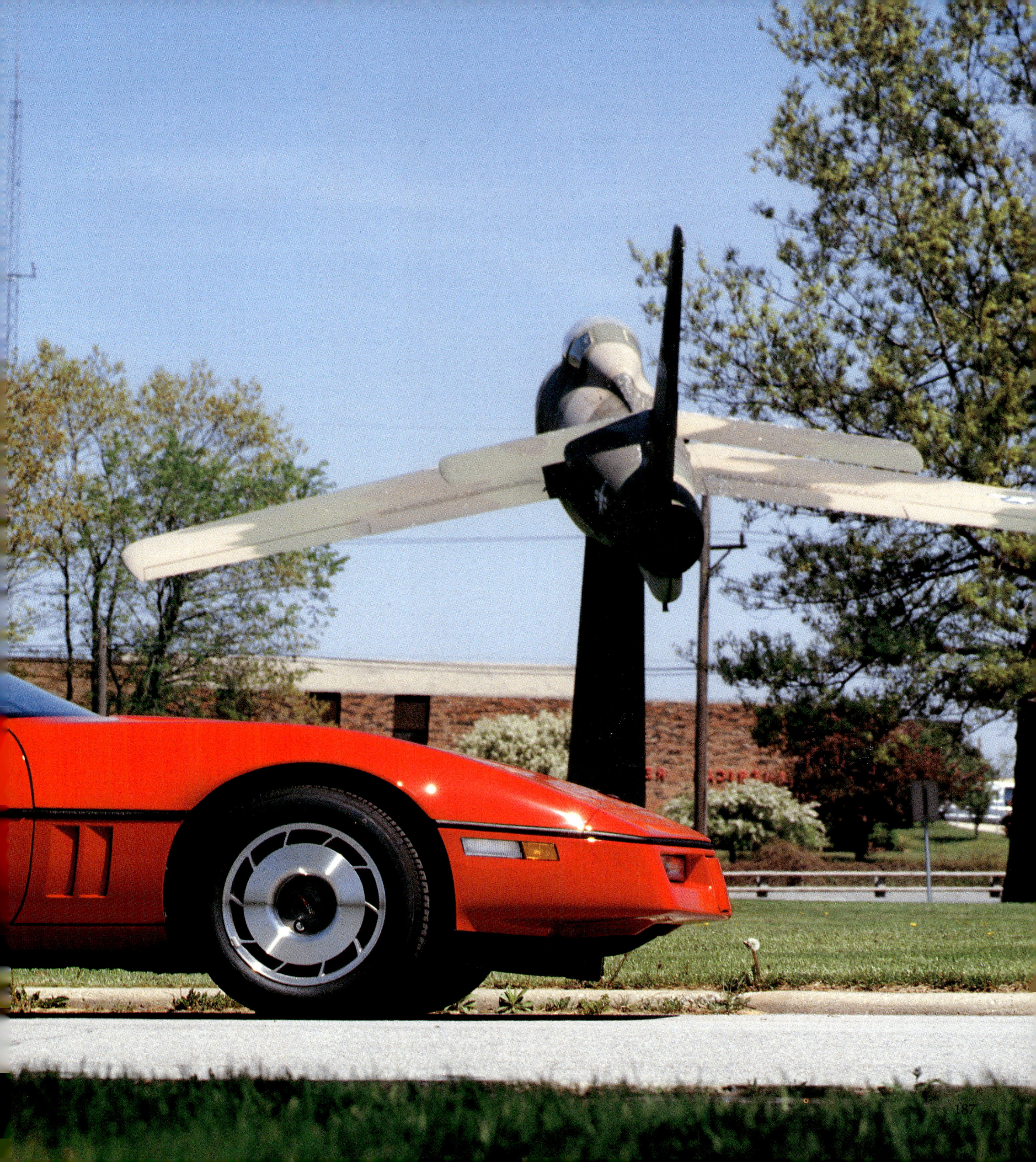

Eine der größten Überraschungen der 80er Jahre war ein Cadillac in der subkompakten J-Reihe. Angetrieben von einem 1,8-Liter-Vierzylinder, war der Cadillac Cimarron *(oben)* ein Bruder von Buick Skyhawk, Chevrolet Cavalier, Oldsmobile Firenza und Pontiac J-2000, von denen er sich durch Sonnendach und Lederpolsterung (und den Preis) abhob. Ab 1983 stieg der Hubraum auf zwei Liter, und ab Mitte 1985 war auch ein 2,8-Liter-V6 zu haben. All das half jedoch nichts. Der Cimarron erzielte in seinem ersten Jahr, 1982, mit 25986 Stück den größten Erfolg; anschließend sackten die Verkaufszahlen langsam, aber sicher bis auf 6454 Exemplare im Jahre 1988 ab. 1989 stand er nicht mehr im Programm.

1981 machte der US-Ford Pinto dem frontgetriebenen Escort aus Europa Platz, der zunächst als Dreitürer und ab 1982 auch als Fünftürer und Kombi erhältlich war. Es gab außerdem eine Mercury-Version mit der Bezeichnung Lynx *(links)*, hier in der Form des Jahres 1987, in dem die Produktion eingestellt wurde. Für ihn kam der in Mexiko gebaute Tracer, ein Mazda 323.

Ausland. 1975/76 gab es ihn als heißen Ofen mit einem Cosworth-Zylinderkopf mit zwei obenliegenden Nockenwellen und Benzineinspritzung. Unglücklicherweise betrug die Leistung mit 110 PS nur 20 PS mehr als beim Serien-Vega, was sich gegenüber den 140 PS der Lotus-Maschine im Jensen-Healey nicht besonders gut machte. Bei insgesamt fast zwei Millionen produzierter Vegas wurden nur 3508 Cosworth Vega verkauft.

Chevrolet Chevette

1976 trat zum Vega der Chevette hinzu, ein kleinerer Wagen, der auch in Brasilien, Großbritannien, Japan und der Bundesrepublik gebaut wurde und 43 cm kürzer als der nach 1977 nicht mehr gefertigte Vega war. Internationale Konstruktionen waren in der US-Automobilindustrie zunehmend an der Tagesordnung, denn Chrysler begann in Detroit mit der Fertigung des in Europa konstruierten Horizon unter der Bezeichnung Dodge Omni. Das war ein echter Konkurrent für den Chevette und den sehr erfolgreichen VW Golf, der

mit Alu-Block und Zahnriemenantrieb für die obenliegende Nockenwelle auf.
Der Vega wurde ab 1971 in einem neuen Werk in Lordstown, Ohio, gebaut, und zwar mit dem Schaltgetriebe von Opel als einzigem größeren Teil aus dem

Eines der am ungewöhnlichsten aussehenden Fahrzeuge der 70er Jahre war der AMC Pacer *(rechts)*, der 1975 als erster breiter Kleinwagen vorgestellt wurde. Er zielte auf den Pinto/Vega-Markt ab und sollte ursprünglich mit einem von GM gebauten Wankelmotor ausgestattet werden. Als dessen Entwicklung gestrichen wurde, nahm AMC die eigenen 3,8- und 4,2-Liter-Sechszylinder und ab 1978 zusätzlich einen Fünfliter-V8. Der Pacer war fast so breit, wie er lang war, und fand keinen großen Anklang. Zum Ende des Modelljahres 1980 wurde er aus dem Programm genommen, nachdem er insgesamt nur 72 158 Käufer gefunden hatte.

in den USA als Rabbit verkauft und eine Zeitlang dort auch gebaut wurde.

Auch der von Ford ins Rennen geschickte Wagen war ein internationales Fahrzeug, nämlich der frontgetriebene Escort. Gemeinsam von den amerikanischen, britischen und deutschen Ablegern als Projekt Erika konzipiert, wurde er in allen drei Ländern mit Abweichungen zwischen dem europäischen und dem amerikanischen Modell gebaut. In Amerika standen weniger Motorvarianten zur Verfügung, nämlich zunächst nur der 1,6-Liter und von 1984 bis 1987 ein Zweiliter-Diesel. Ein Pendant zum sportlichen XR3 gab es nicht, und die einzigen Hochleistungs-Fords für US-Kunden waren der in der Bundesrepublik gebaute Sierra XR4i und der Scorpio, die in den Staaten von 1985 bis 1989 unter der Bezeichnung Merkur erhältlich waren.

AMC geht mit Renault

Hatten die Großen Drei Anfang der 80er sämtlich aus dem Ausland stammende Modelle in der Fertigung, so stützte sich die viel kleinere American Motors Corporation gegen Ende des Jahrzehnts völlig auf ausländische Konstruktionen ab. Sie hatte in den 70ern verschiedene Kompaktautos gebaut, darunter den Gremlin mit 2,44 m Radstand (1970-1978) und den außergewöhnlichen Pacer, der im Jahre 1975 als erster breiter Kleinwagen mit einem ursprünglich für einen Wankelmotor ausgelegten Motorraum, riesigen Glasflächen und einer Karosserie vorgestellt wurde, die fast so breit wie lang war.

Im Jahre 1982 erwarb Renault die Mehrheit an AMC und nahm neben deren damaliger Modellpalette an Limousinen und Kombis mit Allradantrieb die Produktion des R9 unter dem Namen Alliance auf. Diesem folgte ein Jahr später der Encore, ein amerikanisierter R11 mit Heckklappe, und 1985 ein Alliance-Kabrio, damals mit 10295 Dollar der preisgünstigste offene Wagen in den USA. Keines dieser Fahrzeuge verkaufte sich jedoch gut genug, um AMC

Nachdem AMC im Jahre 1982 von Renault übernommen worden war, wurde ein amerikanisierter R9 unter der Bezeichnung Alliance gebaut *(oben)*, den es 1983 als zwei- und als viertürige Limousine gab. 1984 kam das Hecktürmodell Encore auf der Basis des Renault 11 und 1985 ein Kabrio. Alliance und Encore verkauften sich zunächst sehr gut und kamen auf insgesamt 208000 Stück im Jahre 1984. Doch die schlechte Qualitätskontrolle ließ die Verkaufszahlen auf 150000 im Jahre 1985 und nur 35000 im Jahre 1987 absinken.

am Leben zu erhalten. Nach schweren Verlusten und sinkenden Verkaufszahlen entschloß sich Renault zum Rückzug und verkaufte AMC 1987 an Chrysler, das einen Fuß auf den lukrativen Jeep-Markt bekommen wollte.

Der erfolgreichste Ford der späten 80er Jahre war der Mittelklassewagen Taurus, den es als Limousine und als Kombi gab. Bei der Einführung im Jahre 1986 wurde er von einem quer eingebauten 2,5-Liter-Vierzylinder oder einem 2,8-Liter-V6 angetrieben. 1988 kam ein 3,8-Liter-V6 und 1989 der SHO- (Super High Output-) V6 mit 24 Ventilen und zwei obenliegenden Nockenwellen hinzu. Der mit Hilfe von Yamaha entwickelte SHO-Motor leistete 220 PS, und die damit ausgestatteten Modelle hatten größere Querstabilisatoren und rundum Scheibenbremsen. Die Mercury-Version des Taurus war der Sable, der ein etwas anderes Styling besaß und nur mit den normalen V-Sechszylindern zu haben war. 1989 war der Taurus der bestverkaufte amerikanische Wagen, der sich in der Gesamtverkaufsskala nur dem Honda Accord geschlagen geben mußte. Hier ein Taurus aus dem Jahr 1987.

Der im Sommer 1987 vorgestellte frontgetriebene Pontiac Grand Prix war ein Mitglied der W-Reihe von GM, zu der auch Buick Regal, Chevrolet Lumina und Oldsmobile Cutlass Supreme gehörten. Die Motorenplatte umfaßte V6-Einspritzer mit 2,8 und 3,1 Litern Hubraum und eine Turbo-Version des letzteren mit 205 PS. Der rundum mit Scheibenbremsen ausgestattete Grand Prix wurde 1988 von der Zeitschrift Motor Trend zum Auto des Jahres gekürt.

Damit war der letzte unabhängige US-Hersteller, in dessen Ahnenreihe die einstmals stolzen Hudson und Nash standen, von den Großen Drei geschluckt worden. Chrysler gründete die neue Abteilung Jeep-Eagle für die Fertigung des Premier auf der Basis des Renault 25 und des Medaillon auf der Basis des Renault 21. Letzterer wurde aus Frankreich importiert, ersterer in Kanada gebaut.

Chrysler entscheidet sich für die Japaner

Chrysler war das erste amerikanische Unternehmen der Automobilindustrie, das sich in Japan engagierte, und zwar im Jahre 1971 mit einem 15-Prozent-Anteil bei Mitsubishi. Dieser Anteil stieg 1985 auf 24 Prozent, ging aber 1988 wieder auf 21,8 Prozent zurück, als Mitsubishi vor der Zulassung an der Tokioter Börse neue Aktien ausgab. 1989 verkaufte Chrysler fast die Hälfte seiner Mitsubishi-Anteile, um dringend benötigtes Kapital in die Hand zu bekommen, hielt die wichtige Verbindung über das Projekt Diamond Star aber aufrecht.

Dies war ein Gemeinschaftsunternehmen mit einem Werk in Normal, Idaho, wo ein und derselbe Wagen unter den Bezeichnungen Mitsubishi Eclipse und Plymouth Laser vom Band lief. Er wurde 1988 als 2+2-Coupé mit einem 1,8-Liter-Motor, mit 90 PS und obenliegender Nockenwelle auf den Markt gebracht; wahlweise war er mit einer Zweiliter-Maschine mit zwei obenliegenden Nockenwellen und 135 PS oder einer Turboversion mit 190 PS erhältlich. Der Hauptunterschied zwischen dem Mitsubishi und dem Plymouth bestand darin, daß der Eclipse Front- und Heckspoiler hatte, die für einen Cw-Wert von 0,29 im Vergleich zu 0,33 beim Laser sorgten. Mit einer Spitzengeschwindigkeit von 225 km/h bot der Eclipse im Vergleich zum 25 Prozent teureren VW Corrado eine ausgezeichnete Gegenleistung für seinen Preis von 17000 Dollar. 1989 kam eine Allradversion mit der Technik des Galant und der Bezeichnung Eagle Talon GSi beziehungsweise Eclipse GSX, die die 190 PS besser auf die Straße brachte. Im ersten Jahr sollten in Normal 240000 Fahrzeuge gebaut werden – zu wenig für die Binnennachfrage, vom Export ganz zu schweigen.

Der 88er Chevrolet Turbo Sprint war in Wirklichkeit ein turbogeladener Suzuki Swift GT.

General Motors und Isuzu

Für General Motors begannen die Verbindungen zu den Japanern mit dem Erwerb eines 34,2prozentigen Anteils an Isuzu im Jahre 1971. Daraus entstand der Isuzu-Pickup, der in den USA als Chevrolet LUV (Light Utility Vehicle, leichtes Nutzfahrzeug) verkauft wurde. Der nächste Schritt waren die Fahrzeuge der T-Reihe, die in Brasilien und den Vereinigten Staaten als Chevette und von Isuzu und Holden in Australien als Gemini gebaut wurden. In den 80ern verstärkte GM die Verbindungen mit Japan. Der Suzuki Swift und der Isuzu Gemini wurden in den Vereinigten Staaten als Chevrolet Sprint und Chevrolet Spectrum vermarktet, und in Fremont in Kalifornien entstand in einem gemeinsam mit Toyota betriebenen Werk der vom Toyota Corolla abgeleitete Chevrolet Nova als Limousine und Hecktürversion.

1989 wurden diese japanischen Modelle in einer neuen Unterabteilung namens Geo zusammengefaßt. Der Sprint wurde zum Geo Metro, der Spectrum zum Geo Spectrum und der Nova zum Geo Prizm; zusätzlich kam der Geo Tracker (Suzuki Vitara). Der Prizm war ein amerikanisches Auto, alle anderen hingegen Importe, die zu dem wachsenden Anteil importierter Fahrzeuge auf dem US-Markt beitrugen (3 197 000 Einheiten, also 31,1 Prozent aller verkauften Fahrzeuge im Jahre 1987).

Ford importiert aus Korea

Ford importierte nicht aus Japan, sondern aus Korea, wo der Kia Festiva, ein dreitüriger Kleinwagen, gebaut wurde, um anschließend als Ford Festiva in den Vereinigten Staaten verkauft zu werden. Eine fast identische Konstruktion entstand in Japan als Mazda 121. Der japanische Markt wurde sowohl aus dem Inland als auch aus Korea mit diesen Fahrzeugen beliefert.

Ford importierte weiterhin den Mercury Tracer auf der Basis des Mazda 323 aus Mexiko. Seit 1986 lieferte Korea als weiteren amerikanischen Wagen den Pontiac Le Mans mit Hecktür, einen beim koreanischen GM-Ableger Daewoo Motor Company in Inchon gebauten Opel Kadett.

Diese internationale Fertigung unterschied sich grundlegend von der Situation im Jahre 1970, als ein unter dem Namen Ford, Chevrolet oder Plymouth verkauftes Auto noch ein durch und durch amerikanisches Produkt war. Wenn es um die Erosion der amerikanischen Automobilindustrie geht, darf man auch die US-Werke ausländischer Hersteller nicht vergessen, deren Produkte als amerikanische Autos zählen, deren Gewinne aber teilweise an die Stammfirmen abgeführt werden.

Neben dem gemeinsamen Werk mit General Motors besitzt Toyota eine Fertigungsstätte in Kentucky, von wo ab 1990 der Camry nach Japan exportiert werden soll, um den japanischen Überschuß im Handel mit den USA auszugleichen, und eine weitere in Kanada. Honda fertigte ab 1983 in Marysville, Ohio, Mazda ab 1985 in Flat Rock, Michigan, und Nissan ab 1983 in Smyrna, Tennessee. VW baute von 1978 bis 1987 in New Scranton, Pennsylvania, den Golf.

Die Neoklassiker

Im Jahre 1964 bot Brooks Stevens einen Roadster an, dessen Design sich an dem Mercedes-Benz SS aus dem Jahre 1928 anlehnte und der von einem Studebaker-V8 angetrieben wurde. Der Excalibur, wie diese Kreation hieß, bekam kurze Zeit später einen Chrysler-Motor, weil Studebaker den Betrieb einstellte. Er bot neben dem alten Erscheinungsbild allen erforderlichen zeitgemäßen Komfort wie voll synchronisiertes oder automatisches Getriebe, Servolenkung und, bei den geschlossenen Modellen der 70er, Klimaanlage. Der Excalibur wurde Ende der 80er Jahre noch gebaut, jetzt auch als viertürige Limousine.

Eine Zeitlang waren er und der von Glen Pray gebaute Cord 810 im Maßstab 8:10 und der maßstabsgerechte Auburn die einzigen Fahrzeuge auf dem Nostalgiemarkt. In den 70ern jedoch erlebten die Vereinigten Staaten eine geradezu explosionsartige Vermehrung der sogenannten Neoklassiker.

Dabei handelte es sich um zwei Arten, nämlich zum einen um mehr oder weniger originalgetreue Nachbauten von Klassikern wie den Duesenberg J aus der Zeit zwischen den beiden Weltkriegen und zum anderen die zahlreicheren Exemplare, die dem Stil der 30er Jahre oder was man dafür hielt nachempfunden waren, meist zweitürige Coupés mit langer Kühlerhaube, schwellenden Kotflügeln und gelegentlich Auspuffrohr-Attrappen und außen an der Seite oder am Heck, manchmal auch an der Seite und am Heck, befestigten Ersatzrädern (zumindest aber Ersatzradabdeckungen).

Für die nötige Kraft sorgte unweigerlich ein großer V-Achtzylinder, wobei die Maschinen im Laufe der Zeit aber kleiner wurden. Während ein Neoklassiker aus dem Jahre 1975 vielleicht noch sieben Liter Hubraum und 350 PS hatte, mußte sein Nachfolger aus dem Jahre 1989 mit 5,2 Litern und 150 PS auskommen.

Eine Interpretation des Themas Großlimousine in den 80er Jahren war der 84er Dodge Diplomat mit konventionellem Heckantrieb. Die Großen Drei behielten sämtlich große Limousinen mit Heckantrieb im Programm, und zwar für konservative Käufer, die dem Frontantrieb mißtrauten. Dazu gehörten Taxifahrer und die Polizei, die in den 80ern den Großteil der Diplomat- Käufer stellten.

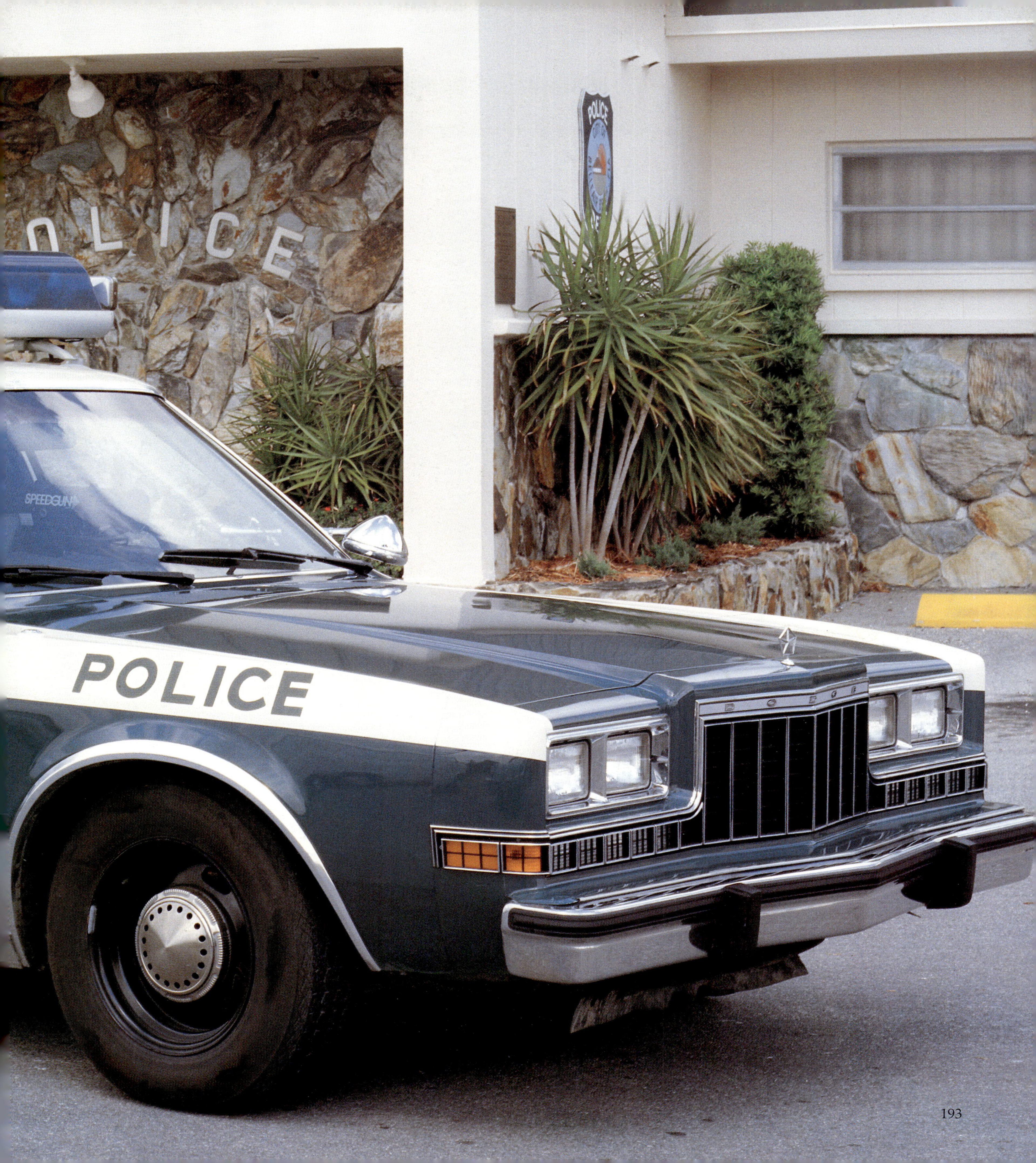
OLICE
POLICE
SPEEDGUN

Aus der Nostalgiewelle, die Amerika in den 70er und 80er Jahren durchzog, gingen sowohl originalgetreue Nachbauten mit modernen Motoren wie beispielsweise der Auburn *(oben)* als auch Neoklassiker hervor, die den Stil der 30er Jahre nachahmten, ohne sich auf einen bestimmten Wagen zu berufen. Der Auburn 853 war der Liebling der Replika-Bauer und wurde von mindestens drei Unternehmen in den USA und einem in Australien gefertigt.
Ein typischer Neoklassiker war der Clenet *(links)*. Er hatte das Chassis und das Fahrwerk des Lincoln Continental, und das Mittelteil der Karosserie stammte vom MG Midget. Er wurde von 1972 bis 1982 gebaut, 1981 kam ein Viersitzer hinzu.

Clenet und Zimmer Golden Spirit

Die Neoklassiker kamen überwiegend aus Florida und Kalifornien. Zu den besser bekannten Exemplaren gehörten der in Goleta, Kalifornien, von dem in Frankreich geborenen Alain Clenet gebaute und nach ihm benannte Clenet und der aus Florida stammende Golden Spirit der Firma Zimmer, die vorher Wohnwagen gebaut hatte. Der Clenet hatte das Fahrwerk des Lincoln Continental und einen zweisitzigen Aufbau, der in Handarbeit aus Stahl um den Mittelteil eines MG Midget geformt wurde.

Der Zimmer war ein geschlossenes viersitziges Coupé mit dem Antriebsstrang und dem Mittelteil des Ford Mustang. Damit ein Golden Spirit entstand, mußte ein Mustang-Monocoque in der Mitte durchgesägt, der vordere Teil um rund 90 Zentimeter verlängert und ein GFK-Aufbau im Stil der Zeit um den Mittelteil gebaut werden; Boden, Türen, Fenster und Dach wurden beibehalten.

Die Innenausstattung ließ mit Armaturenbrett aus Walnußholz, italienischen Ledersitzen und Bleikristallvasen kaum zu wünschen übrig. Zu Preisen von 90000 Dollar an aufwärts schien sich der Golden Spirit vom Beginn im Jahre 1980 an gut zu verkaufen. In acht Jahren fanden sich etwa 1500 Käufer. Doch 1989 hieß es, die Firma stecke nach der Einführung des Quicksilver, eines modifizierten Pontiac Fiero, in Schwierigkeiten.

Pleiten und Namens- beziehungsweise Besitzerwechsel waren in der Tat unter den Herstellern von Neoklassikern nicht selten. Der Clenet hatte seine Blütezeit von 1976 bis 1982; zwei Jahre danach erschien die Konstruktion erneut auf dem Markt, dieses Mal als Roaring Twenties. Von 1978 bis 1982 entstand in Goleta der offene Zweisitzer Sceptre; dann wurde er aus der Produktion genommen, um bald darauf als Gatsby Giffin wieder aufzutauchen. Hersteller war jetzt eine Firma in San Jose, die noch weitere Neoklassiker im Programm hatte.

Die Firma Excalibur aus Milwaukee in Wisconsin war der größte und älteste Hersteller von Neoklassikern. Ursprünglich ähnelten sie sehr stark dem Mercedes-Benz SSK, doch in den Siebzigern wurden die Aufbauten immer kunstvoller und die Radstände länger. Dieser Touring kam auf einem Radstand von 366 cm einhergerollt und kostete 1988 71 865 US-Dollar.

Die meisten Neoklassiker waren zweitürige Coupés oder Kabrios, nur Knudsen aus Omaha in Nebraska bot neben dem Kabrio Baroque eine gestreckte Limousine im klassischen Stil an, beide mit aufgeladenem 3,8-Liter-V6-Motor von Buick. In einer etwas anderen Kategorie befand sich der Stutz, dessen Hersteller nur den Namen des klassischen Modells wieder zum Leben erweckt hatten. Das 1970 eingeführte Fahrzeug besaß ein modernes Styling von Virgil Exner, einen bei Padana in Italien gefertigten Aufbau und einen V8-Motor von Pontiac.

Nachdem das ursprüngliche zweitürige Coupé 22 500 Dollar gekostet hatte, kamen unter der Bezeichnung Stutz später noch ein Kabrio, das 1979 107000 Dollar kostete, und eine Limousine für 200000 Dollar mit 4,37 m Radstand auf den Markt.

Der erste japanische Hersteller mit technischem Einfallsreichtum war Mazda, das 1967 ein Sportcoupé mit Wankelmotor vorstellte. Mitte der 70er Jahre umfaßte das Angebot eine komplette Reihe mit Wankelmotoren, wobei man allerdings auf Nummer sicher ging und die gleiche Reihe auch mit konventionellen Maschinen baute. Hier ein 74er RX-4 mit Kreiskolbenmotor. Mit konventioneller 1,8-Liter-Maschine wäre er ein 929. Mazda stellte die Großserienfertigung von Wankelmotoren wegen der Kosten und des größeren Spritverbrauch ein, doch der RX-7 hatte auch 1989 noch einen Kreiskolbenmotor.

Von Mitte der 70er bis 1988 tauchten mindestens 40 Neoklassiker auf, von denen durch die hohe Sterblichkeitsquote Ende 1988 aber nur noch 16 amerikanische und ein kanadischer übrig waren. Abgesehen von dem Clenet-ähnlichen Desande, der von 1979 bis 1984 in den Niederlanden gebaut wurde, blieb diese Gattung Auto in Europa nahezu unbekannt.

Japan

In seinem Buch über die Autos der 30er und 40er Jahre überschrieb der verstorbene Michael Sedgwick ein kurzes Kapitel über die japanische Automobilindustrie mit »Der zögernde Sonnenaufgang«; in einem späteren Werk über die Zeit zwischen 1946 und 1956 hieß es dann: Geht denn die Sonne gar nicht auf? 20 Jahre später war die Sonne nicht nur aufgegangen, sondern drohte, die restliche Welt zu verbrennen. 1956 baute die japanische Automobilindustrie 32000 Personenwagen, von denen ganze 46 in den Export gingen. 1970 lauteten die entsprechenden Zahlen 3178708 und 725586 Fahrzeuge, und 1988 wurden 8198400 Autos gebaut, von denen 4431888 exportiert wurden – mehr als die Hälfte. Außerdem gab es etwa zehn japanische Automobilwerke außerhalb Japans.

Renault von Hino, Austin von Nissan und Hillman von Isuzu

Die andere dramatische Entwicklung in den beiden vergangenen Jahrzehnten, die vielleicht noch viel mehr aussagt als die reinen Zahlen, bestand darin, daß japanische Unternehmen auf mehreren technischen Gebieten die führende Rolle übernommen haben, während sie sich vor 40 Jahren noch weitgehend damit begnügten, europäische Fahrzeuge zu kopieren. So bauten beispielsweise in den 50er und 60er Jahren Hino den Renault 4CV, Nissan den Austin A40 und Isuzu den Hillman Minx.

Das hatte sich zwar 1970 geändert, doch den japanischen Autos fehlte es nach wie vor an der Originalität; Daihatsu Compagno, Datsun Sunny und Bluebird, Mazda 1200 und Toyota Corona waren sämtlich konventionelle Limousinen mit Heckantrieb und Frontmotoren, die mit hängenden Ventilen und Stößelstangen keine große Leistung brachten. Erst langsam setzten sich an den Vorderrädern Scheibenbremsen durch, und der Daihatsu, der Datsun Sunny und der Toyota hatten hinten immer noch Blattfederung.

Auch der Datsun 240Z, der meistverkaufte Sportwagen seiner Zeit, war trotz seiner vier Ventile pro Zylinder und der für japanische Fahrzeuge damals noch ungewöhnlichen Zahnstangenlenkung eine konventionelle Konstruktion.

Mazda und der Wankel-Motor

Die einzigen wirklich innovativen japanischen Autos waren die Mazdas mit Wankel-Motor. Ausgehend von dem in begrenzter Auflage gebauten Sportcoupé 110S im Jahre 1967 baute Mazda einen Kreiskolbenmotor in den 1200er ein und schuf dadurch den R100. Anfang der 70er Jahre war fast die gesamte Mazda-Modellpalette mit Wankelmotor zu haben, gleichzeitig aber auch mit normalem Motor, um die Marktchancen zu verbessern.

So gab es beispielsweise für den 818 in Coupé-, Limousinen- und Kombiform verschiedene herkömmliche Motoren mit obenliegender Nockenwelle, während der RX3 in denselben Versionen, aber mit Wankel-Motor geliefert wurde. Dasselbe galt für den 929 und den RX4. Bis 1978 hatte Mazda über eine Million Fahrzeuge mit Wankel-Motor gebaut.

Der Sportwagen RX7 ist nach wie vor mit Kreiskolbenmotor zu haben, doch bei den in Massen produzierten Autos wurde dieses Konstruktionsprinzip aufgegeben, und zwar hauptsächlich, weil finanzielle Probleme am Ende der 70er ein billig herzustellendes und gewinnträchtiges Fahrzeug erforderlich machten. Das war dann der 323 mit konventionellem Motor mit obenliegender Nockenwelle.

Der Kleinstwagen – typisch japanisch?

Wenn wir nach nationalen Charakteristika fragen, so ist das von ganzem Wesen japanische Auto der Kleinstwagen unter 550 cm³ Hubraum. Dieser Fahrzeugtyp war lange Zeit steuerlich begünstigt und genoß zudem den Vorteil, daß man ihn in großen Städten auf dem Gehweg abstellen durfte, was bei größeren Autos nicht gestattet war. In den 60er Jahren betrug die Hubraumgrenze 360 cm³, und auf diesem Markt tummelten sich viele Hersteller, darunter Honda, dessen 600er Version nach Europa exportiert wurde, Mazda mit dem R-360 sowie Daihatsu, Mitsubishi, Subaru und Suzuki. Die Wagen hatten in der Regel einen luftgekühlten Zweizylindermotor; der Honda bot allerdings eine obenliegende Nockenwelle und, ab 1970, eine Dreigangautomatik.

In den Jahren danach wurden die Kleinstwagen technisch anspruchsvoller. Typisch für die Fortschritte war der Suzuki Fronte LC50, der ab 1970 mit 360 cm³-Dreizylinder-Zweitakter im Heck angeboten wurde. 1977 kam der Cervo mit 539 cm³ (nach Europa als 970er exportiert) und Scheibenbremsen an den Vorderrädern, und zwei Jahre später wurde der Motor vorn quer eingebaut und trieb die Vorderräder an. Als Alternative zum Zweitakter mit 539 cm³ gab es einen Viertakter mit 543 cm³ Hubraum. Diese Maschine erhielt 1983 noch einen Turbolader, der die Leistung auf 42 PS steigerte.

1988 gab es mehrere sportliche Versionen der Serienkleinstwagen, etwa den Daihatsu Leeza, der mit Turbolader 47 PS erreichte und aerodynamisch ausge-

Ein attraktiver japanischer Kleinwagen war der Suzuki Cervo mit im Heck montiertem 539 cm^3-Zweitakter oder 547 cm^3-Viertakter, Scheibenbremsen vorn und genügend Platz für zwei Personen (zu viert wurde es eng). Die Modelle für den europäischen Markt, wie dieses hier, hatten 970 cm^3-Motoren, die für 122 km/h gut waren, und hießen SC100. Sie waren von 1979 bis 1982 zu kaufen.

Ein anderer japanischer Kleinwagen, der nach Europa kam, war der Daihatsu Domino oder Cuore, wie er in Japan hieß. Bei nur 3,20 m Länge bot er Platz für vier Erwachsene, aber nur begrenzten Kofferraum. Die Beschleunigung war besonders mit dem 547 cm^3-Motor, der nicht exportiert wurde, alles andere als atemberaubend. Dieses 82er Modell aus Großbritannien hatte 617 cm^3 und 30 PS. Es machte 1986 einem viertürigen Modell mit 846 cm^3-Dreizylinder und Scheibenbremsen vorn Platz.

feilter war als der Cuore aus der Serie, den Subaru Rex mit Turbolader und 55 PS, der auch mit stufenloser Automatik und mit Allradantrieb zu haben war, und den Suzuki Works als Zwölfventiler mit zwei obenliegenden Nockenwellen sowie Allradantrieb.

Am interessantesten von allen war jedoch der Mitsubishi Minica Dangan ZZ, dessen Dreizylindermotor mit 548 cm^3 Hubraum, zwei obenliegenden Nockenwellen, Turbolader und Ladeluftkühler fünf Ventile pro Zylinder aufwies und damit das erste Serienfahrzeug mit einer derartigen Anordnung war. Die Leistung von 64 PS verlieh dem kleinen Dangan (3,20 m Gesamtlänge) eine Spitzengeschwindigkeit von fast 160 km/h. Zweifellos hätte man aus dem Motor noch mehr herausholen können, doch 64 PS sind in Japan die gesetzlich vorgeschriebene Höchstgrenze für Wagen unter 550 cm^3 Hubraum.

Keiner dieser Kleinstwagen wird nach Europa exportiert. In Japan hingegen sind sie groß im Geschäft; 1988 belief sich die Produktion auf 156108 Exemplare. Angeboten werden sie dort von allen Herstellern bis auf die Großen Zwei Nissan und Toyota.

Die neueste Variante zum Thema ist der Kleinstsportwagen, wie er von zwei Ausstellungsstücken 1989 auf der Ausstellung in Tokio verkörpert wurde. Der Suzuki Cappucino hatte einen Turbomotor mit 550 cm^3 Hubraum und 64 PS und ähnelte einem verkleinerten Mazda MX-5, und Mazda zeigte mit dem AZ-

Ein Beispiel für den japanischen heißen Mini von Ende 1989: Der Honda Today *(links)* hatte einen 547 cm³-Dreizylinder in Vierventiltechnik und als Einspritzer 44 PS. Es gab ihn mit Vier- und Fünfganggetriebe sowie Dreigangautomatik.

Die Nostalgie-Nissans Pao und S-Cargo *(links)* wurde 1987 auf der Automobilausstellung in Tokio als Prototypen vorgestellt und standen etwa ein Jahr später in den Verkaufsräumen. Der Pao war mit nur einem Instrument (dem Tacho), altmodischen Kippschaltern, einfachen, hanfähnlichen Sitzbezügen sowie wellblechähnlicher Haube und Seitenwänden absichtlich auf spartanisch getrimmt. Fast anachronistisch modern waren dem gegenüber das Fünfgang-Schaltgetriebe und die Dreigangautomatik. Nostalgiker mußten für das Vergnügen, einen Pao zu fahren, tief in die Tasche greifen. Er kostete fast das Dreifache eines dreitürigen Micra in der Grundausführung.
Der S-Cargo (Escargot) rief die Erinnerung an den Citroën 2CV wach. Er wurde von einem 1487 cm³-Motor angetrieben, während der Pao mit 985 cm³ auskommen mußte. Beide wurden nur in begrenzter Serie gebaut. Der Pao kam wie sein Vorgänger Be-1 auf 10000 Exemplare, der Bau des S-Cargo ist auf die zwei Jahre von Januar 1989 bis Dezember 1990 begrenzt.

550 ein zweisitziges Mittelmotor-Coupé mit Flügeltüren. Dabei handelte es sich aber um ein reines Ausstellungstück, während der Cappucino in die Produktion gehen sollte.

Nostalgie-Kleinstwagen im Stile der frühen 60er

Als weitere typisch japanische Erscheinung könnte man den Nostalgie-Kleinstwagen bezeichnen. Während die amerikanischen Nostalgiewagen mit ihren riesigen Hauben an die 30er Jahre erinnerten, riefen die japanischen mit ihren kleinen Abmessungen, aber größeren Motoren als bei den 550ern Erinnerungen an die frühen 60er wach. Der Zündfunke zu ihrer Entwicklung war die Popularität des britischen Mini, der unter flotten jungen Japanern so etwas wie ein Kultauto war.

Der erste, der die Erinnerung an die Zeit des Mini heraufbeschwor, war der Nissan BE-1, der 1985 auf der Tokioter Automobilausstellung als Styling-Übung vorgestellt wurde und im Jahr darauf in die Produktion ging. Auf dem Fahrwerk des Einliter-Micra ruhte beim BE-1 ein schnörkelloser simpler Aufbau; die großen Rundinstrumente zeigten schwarze Zahlen auf weißem Untergrund. Er kostete 50 Prozent mehr als der Micra, doch Nissan verkaufte trotzdem 400 Stück im Monat.

Als Nachfolger kamen 1989 der Pao, eine Fortsetzung des Themas mit noch einfacherer Sitz- und Instrumentenausstattung, und der S-Cargo (Escargot), ein irgendwie merkwürdiger Kleinlieferwagen mit übermäßig gerundeten Linien. 1989 wurde in Tokio dann der Figaro vorgestellt, ein zweisitziger Sportwagen mit Micra-Motor.

Die Japaner bedrohen Jaguar und Mercedes

Erst gegen Ende der 80er Jahre gewannen die Japaner in der Technik langsam einen Vorsprung vor ihren Konkurrenten. Doch die dabei erzielten Fortschritte sind bemerkenswert, zumal die Japaner in fast jedem Feld mithalten können. Die derzeit gebauten drei Fahrzeuge mit Allradlenkung kommen sämtlich aus Japan (Honda, Mazda und Mitsubishi). So sehr man auch die japanischen Klein- und Mittelklassewagen respektierte, glaubte doch niemand, daß die Japaner BMW, Mercedes-Benz oder Jaguar bei den Luxusfahrzeugen gefährlich werden könnten, bis der Infiniti und der Lexus auf den Markt kamen. Auch bei den Sportwagen erschloß sich Honda mit dem NS-X neue Absatzmärkte. Schneller, leistungsstärker und teurer als jedes frühere japanische Serienfahrzeug, hatte der NS-X eine Dreiliter-V6-Maschine mit 24 Ventilen, die vom Motor des Legend abgeleitet war, aber viel neue Technik beinhaltete, darunter zwei Nockenwellen je Zylinderreihe. Die Maschine war quer hinter dem Fahrer eingebaut und trieb über ein Fünfgang-Schaltgetriebe oder eine Viergangautomatik die Hinterräder an.

Ein Traktionsregelungssystem reduzierte die Leistungszufuhr zu den Hinterrädern, sobald die Antiblockier-Sensoren der Bremsen unterschiedlichen Schlupf feststellten. Das ABS wurde unabhängig an allen vier Rädern geregelt. Trotz der hohen Leistung (Spitzengeschwindigkeit 273 km/h) hatten es die Honda-Ingenieure geschafft, den NS-X auch als Einkaufsauto zu konzipieren, und damit ein Verkaufsargument mehr gegen die doch mehr auf Sport ausgelegten europäischen Superautos gewonnen.

Bei Testfahrten ließ sich der NS-X genau so problemlos wie ein Civic schalten. Die vorgesehene Jahresproduktion betrug 5000 Fahrzeuge.

Mischung aus High-Tech und bewährtem Sportwagen war eine passende Beschreibung für den Honda NS-X mit hinter dem Fahrer quer eingebautem Dreiliter-V6 mit 24 Ventilen. Bei 250 PS war eine Spitzengeschwindigkeit von 257 bis 273 km/h durchaus nicht unwahrscheinlich, so daß Honda in direkten Wettbewerb mit Porsche und Ferrari trat – für einen japanischen Hersteller bislang unbekanntes Terrain. Doch im Gegensatz zu manchem Superauto war der NS-X leicht zu fahren: Kupplung und Schaltung waren so leichtgängig wie beim Civic. Prototypen liefen schon 1984. Der NS-X hatte sein Debut Anfang 1989, die Produktion wird 1990 aufgenommen.

Automobilausstellung Tokio – ein Mekka für neue Ideen

Der Erfindungsreichtum der japanischen Ingenieure ließ sich am besten auf der alle zwei Jahre stattfindenden Tokioter Automobilausstellung bewundern, wo in den 80er Jahren alle Hersteller Konzeptstudien zeigten, um die Reaktion der breiten Masse auf neue Ideen zu testen. Einige dieser Ideen zielten weit in die Zukunft, doch erstaunlich viele waren schon wenige Jahre später in Serienfahrzeugen zu finden.

So war es mit dem BE-1, dem Pao und dem S-Cargo von Nissan und dem Mittelmotor-Coupé MR-2 von Toyota. Nissan machte zum ersten Mal auf der Ausstellung 1985 mit der Luxuslimousine CUE-X klar, daß hier Konkurrenz für Mercedes und Jaguar anrollte.

Als dann dreieinhalb Jahre später der Infiniti erschien, war das bei weitem nicht mehr das Auto, das 1985 ausgestellt worden war, doch die Absicht war deutlich herausgekommen. Konzeptionen wie die Zweiweg-Allradlenkung waren beim Mazda-Ausstellungsfahrzeug MX-03 zu sehen – vier Jahre, bevor sie in die Serie Eingang fand.

Zu den Konzeptstudien der Ausstellung 1989 gehörte der Mitsubishi HSR 11 mit Dreiliter-V6-Motor mit zwei Turboladern und zwei Ladeluftkühlern, Allradantrieb und Allradlenkung sowie computergesteuerter Einstellung der verschiedenen Spoiler, Klappen und Flügel, mit denen das Fahrzeug ausgestattet war. Isuzu stellte das Mittelmotor-Coupé 4200 R mit einem von Lotus konstruierten 4,2-Liter-V8 mit 350 PS vor. Bei Nissan war der Neo-X zu sehen, eine viertürige Limousine mit hydraulischer Aktivaufhängung und Fünfgangautomatik mit Wahltasten. So etwa könnte Mitte der 90er der Infiniti aussehen.

Innovative Motoren waren unter anderen ein kompressorgeladener Dreizylinder- Zweitakter von Toyota und ein W12 von Mazda mit drei Zylinderreihen zu je vier Zylindern, zwei obenliegenden Nockenwellen je Zylinderreihe und 48 Ventilen. Da er nicht länger als ein Vierzylinder war, könnte er problemlos unter die Haube eines 626 passen und als Kraftquelle eines künftigen Konkurrenten für Lexus und Infiniti dienen.

Subaru entwickelte einen Zwölfzylinder-Flachmotor mit 450 PS für das Flügeltüren-Coupé Jiotto Caspita, der auch in einer künftigen Subaru- Luxuslimousine Verwendung finden könnte. Alle diese Ideen waren denen aus den europäischen Konstruktionsbüros einen Schritt voraus und bildeten einen Maßstab für die Gefahr, die in den 90ern auf allen Gebieten des Automobilbaus von den Japanern ausgehen wird.

Der Kampf hat gerade erst begonnen

Auch in der Vermarktung steht die gefährlichste Herausforderung durch die Japaner noch aus. Um die Einfuhrbeschränkungen für Importautos zu umgehen, dürften nach Nissan, Toyota und Honda weitere japanische Hersteller Werke in Europa einrichten. Man rechnet damit, daß im Jahre 1990 20 Prozent der japanischen Autos in Amerika gefertigt werden.

Anfang der 90er Jahre wollte Nissan für je einen in Japan gefertigten Wagen zwei im Ausland bauen, und zwar hauptsächlich in den Werken in Großbritannien, den Vereinigten Staaten, Spanien, Mexiko und Australien. Für die gleiche Zeit erwartete Honda, in Europa jährlich 300000 Fahrzeuge abzusetzen, die Hälfte davon aus den Werken in Swindon und Longbridge.

Das japanische Engagement in Korea sollte beträchtlich gesteigert werden, wobei in Korea zunehmend die kleineren Wagen gebaut werden sollten. Weiterhin bestanden bei Daihatsu Pläne, mit FSO in Polen zu kooperieren und die Technik für kleine Dieselmotoren zu liefern, und Suzuki beabsichtigte, den Alto in Ungarn zu produzieren.

Auch in Australien waren die Japaner vertreten. Daihatsu und Suzuki lieferten oder gaben die Lizenzen für die Herstellung der meisten chinesischen Lieferwagen. Sicherlich ist es nur eine Frage der Zeit, bis sie dort auch selbst produzieren. Am Ende der 80er war die Sonne nicht nur aufgegangen, sondern schien praktisch in jedem Winkel der Erde.

Eine Welt voller Autos

In den 80ern breitete sich der Automobilbau weit über die Grenzen der klassischen Fertigungszentren Europa, Amerika und Japan hinaus aus. In Brasilien und Argentinien hatte es schon in den 50er Jahren eine Automobilindustrie gegeben, und in Australien begann die Geschichte der Montage und Herstellung von Autos schon vor dem Ersten Weltkrieg. Doch an Korea, Taiwan und Malaysia dachte bis vor kurzem noch niemand, wenn das Stichwort Automobilbau fiel.

Korea

Das größte Wachstum erlebte Korea mit einem Anstieg von 17750 Personenwagen im Jahre 1973 über 57225 Einheiten im Jahre 1980 auf 866000 Fahrzeuge im Jahre 1988. Das führende Unternehmen dort war Hyundai, ein Ableger eines riesigen Konzerns, der hauptsächlich im Schiffsbau und im Hoch- und Tiefbau tätig war.

Hyundai begann 1968 mit der Montage von Personen- und Lastwagen für Ford Großbritannien und stieg sieben Jahre später mit dem Pony in den Automobilbau ein, einer von Ital Design entworfenen viertürigen Limousine mit 1238 cm³-Motor von Mitsubishi. Der Aufbau der Fertigung und die internationale Koordinierung von Design und Produktion waren das Werk des Engländers George Turnbull, des ehemaligen Geschäftsführers von Austin-Morris.

Der simple, altmodische Pony mit Hinterradantrieb und Blattfederaufhängung der Hinterachse verkaufte sich aufgrund seines niedrigen Preises recht gut. Ein wichtiger Exportmarkt war Kanada, wo der Pony zwei Jahre nach seiner Einführung zum bestverkauften Importauto avancierte. 1985 kam ein modernisierter Pony mit Mitsubishi-Quermotor und Frontantrieb. Ganz im internationalen Trend bot Hyundai auch eine Version mit Heckklappe an, den Sonnet. Weiter wurde der Markt mit dem Stellar versorgt, einem Wagen mit konventionellem Hinterradantrieb auf dem Chassis des Ford Cortina 1V und mit einem 1597 cm³-Motor von Mitsubishi. Sein Styling stammte wiederum von Ital Design

In den 80er Jahren gingen die Produktionszahlen bei Hyundai steil nach

Als der frontgetriebene Hyundai Sonata 1989 auf den Markt kam, war das ein großer Sprung für den koreanischen Hersteller. Drei Motoren von 1,8 bis 2,4 Liter und zwei Ausstattungsvarianten ergaben eine Palette von sechs Modellen mit der Wahl zwischen einem Fünfgang- Schaltgetriebe und einer Viergangautomatik.

oben, von 91000 im Jahre 1982 über 226000 im Jahre 1985. Man war zuversichtlich, 1990 eine Million zu erreichen. Das erste Werk in Übersee wurde 1989 in Kanada eröffnet, und es gab Voraussagen, nach denen Hyundai Mitte der 90er ein Werk in Europa in Betrieb nehmen würde. Mit der Zunahme der Produktion ging eine Erweiterung der Modellpalette und eine Steigerung der Qualität einher.

Neu für 1989 war der Sonata, ein Mittelklassewagen mit Frontantrieb und Motoren mit 1796, 1997 und 2351 cm³ Hubraum, letzterer mit Einspritzung und wahlweise Katalysator. Als Wettbewerber in der Klasse des Ford Sierra, aber mit einem günstigeren Preis markierte der gut ausgestattete Sonata zusammen mit einem für 1990 vorgesehenen zweitürigen 2+2-Coupé einen weiteren Schritt Hyundais in Richtung auf ein breites internationales Modellangebot.

Der zweitgrößte Automobilbauer in Korea war Daewoo, zu 50 Prozent im Besitz von General Motors und mit GM-Lizenzbauten befaßt, darunter der Maepsi-Na (Isuzu Gemini), Le Mans (Opel Kadett, in den USA Pontiac Le Mans), Royale (Opel Rekord) und Royale Super Salon (Opel Senator). Für 1990 plante Daewoo eine neue Limousine, die gegen den Hyundai Sonata antreten und weniger stark an Opel angelehnt sein sollte. Daewoo baute 1986 nur 55000 Fahrzeuge, erwartete für 1991 aber einen Ausstoß von 600000 Einheiten. Das würde einen beträchtlichen Exportschub nötig machen, der aber angesichts der Erfolge bei Hyundai gar nicht unwahrscheinlich ist.

Das Gemeinschaftsunternehmen K.I.A. wurde 1977 von Mazda und Ford ins Leben gerufen, um eine Reihe von Mazdas zu produzieren. 1985 kam ein kleiner Dreitürer, dessen Quermotor mit 1138 beziehungsweise 1324 cm³ Hubraum die Vorderräder antrieb. Der Kia Pride, wie er in Korea hieß, wurde als Ford Festiva in die Vereinigten Staaten exportiert und zeigte große Ähnlichkeit mit dem Mazda 121. In der Praxis wurde der Mazda 121 für den japanischen Markt auch teilweise bei Kia gebaut.

1989 kamen zwei größere Modelle hinzu, der Capital auf der Basis des Mazda 323 und der Concord auf der Basis des Mazda 626. 1991 wollte Kia 900000 Fahrzeuge bauen. In Verbindung mit den 600000 Fahrzeugen bei Daewoo und der Million bei Hyundai stünde Korea im Automobilbau dann vor Großbritannien. Es ist zudem durchaus möglich, daß Korea zu einem zweiten Japan wird.

Malaysia wurde 1985 mit dem Proton Saga in Limousinen- und Hecktürform in die Reihen der automobilbauenden Nationen aufgenommen. Die Exporte nach Europa begannen 1988. Hier ein 89er 1,5 SE Aeroback, wie das Hecktürmodell bei Proton hieß.

Malaysia

Jünger ist die Automobilindustrie Malaysias, wo die ersten Autos 1985 vom Band liefen. Auf der Basis des Mitsubishi Lancer wurde der Proton Saga als Limousine und Hecktürmodell mit 1,3- und 1,5-Liter-Motor angeboten. Die Karosserie war in Selangor entworfen worden und wurde dort auch gebaut. Der heimische Anteil am fertigen Fahrzeug betrug anfänglich 42 Prozent, wurde in den folgenden Jahren aber gesteigert.

Der Proton war für seinen Preis gut ausgestattet; die Spitzenmodelle hatten serienmäßig Servolenkung, Zentralverriegelung, elektrische Fensterheber und Außenspiegel. 1988 begann der Export nach Europa, die Produktion stieg von 24200 Fahrzeugen im Jahre 1987 auf geschätzte 80000 Einheiten im Jahre 1989.

Der Shanghai SH-760A war die einzige chinesische Eigenproduktion, die in erwähnenswerten Stückzahlen gebaut wurde allerdings gerade mal 3000 im Jahr. Die Konstruktion aus den 60er Jahren hatte einen 2,2-Liter Sechszylinder mit hängenden Ventilen, vorn Schraubenfedern und hinten Blattfedern. Die meisten Shanghais dienten als Taxis und Behördenfahrzeuge.

Taiwan

Auch die taiwanesischen Autos beruhten auf japanischen Fahrzeugen. Die Firma Yue Loong aus Taipeh stand bereits seit 1958 in Verbindung mit Nissan. In den 70ern baute sie Varianten des Datsun Bluebird und Cedric, zu denen 1974 der Violet und 1977 der Sunny hinzukamen. Ende der 80er war der 101 oder Feeling im Programm, nach wie vor auf Nissan-Basis, aber mit individuellerem Styling. Sein Antriebsstrang mit 1,6- bzw. 1,8-Liter-Motor stammte aus dem Nissan Stanza der vorhergehenden Generation.

Der andere taiwanesische Autohersteller, Ford Lio Ho, nahm 1986 mit dem auf der Basis des Mazda 323 entstandenen Tracer die Produktion auf. Dieser wurde nach Kanada exportiert und dort als Ford Mercury verkauft. Im Vergleich zur koreanischen war die taiwanesische Automobilindustrie klein; 1987 belief sich die Produktion auf 99640 Einheiten, über die Hälfte davon stammte von Yue Loong.

China

In der Volksrepublik China verlief der Weg von einer sehr geringen Produktion heimischer Konstruktionen zu einem wachsenden Engagement ausländischer Hersteller, die wichtigsten unter ihnen aus Frankreich, der Bundesrepublik, den Vereinigten Staaten und Japan. Die Autodichte war mit einem Privatfahrzeug auf 10000 Einwohner minimal. Im Vergleich dazu kam in den Vereinigten Staaten auf 1,72, in Großbritannien auf 2,75, in der Bundesrepublik auf 2,16 und in der Sowjetunion auf 21 Einwohner ein Privatwagen.

1988 waren 80 Prozent der 3,5 Millionen Straßenfahrzeuge in China Lastwagen; es gab kaum 100000 Personenwagen, von denen jedoch über 80000 Taxis oder Dienstfahrzeuge waren. Sogar Zhav Sheng, der Chefingenieur der chinesischen Automobilindustrie, besaß kein eigenes Auto. Aus heimischer Produktion wurden in den 70ern zwei Marken angeboten, Shanghai und Hong-Ki in Verbindung mit dem Jeep-ähnlichen Beijing BJ-212.

Der Shanghai war eine viertürige Limousine mit einem Erscheinungsbild aus dem Jahre 1960 und einem 2,2-Liter-Motor mit hängenden Ventilen und Stößelstangen, der 90 PS leistete. Zu diesem seit 1965 fast unverändert gebauten Wagen kam in den 80er Jahren der in Lizenz gebaute VW Santana. Dessen Fertigung begann im Jahre 1984, und 1988 war ein Ausstoß von 60 Fahrzeugen am Tag erreicht. Bis 1990 sollte er auf täglich 250 Einheiten gesteigert werden. Der Santana sollte den in einem angrenzenden Werk gefertigten Shanghai zu Beginn der 90er Jahre ablösen. SVW (Volkswagen Shanghai) hoffte, den Santana ab 1992 auch exportieren zu können.

In weiteren Werken in Shanghai wurden der Passat Variant und der Audi 100 gebaut, dessen Fertigung allerdings 1989 nach Changchun verlegt wurde. Auch der Golf sollte in Changchun in die Produktion gehen, und zwar mit Pressen aus dem ehemaligen VW-Werk in den USA. Er wird mit dem in Wuhan gebauten Citroën AX einen Konkurrenten bekommen.

An weiteren ausländischen Modellen wurden in China der Peugeot 504 als Pickup und der 505 Kombi (5000 Einheiten im Jahre 1988) sowie verschiedene Jeep- Modelle (4000 Fahrzeuge im Jahre 1988) gebaut. Die projizierten Stückzahlen von 30000 bis 60000 Jeeps und 30000 Peugeots waren nicht zu erreichen, weil die Produktion aus Mangel an harter Währung für den Kauf von Teilen oft stillstand.

Doch sollte in dem Maße, in dem der Anteil chinesischer Teile steigt, auch die Produktion zunehmen. Japanische Unternehmen waren zwar an der Herstellung von Lieferwagen und Kleinbussen beteiligt, haben in der Entwicklung bislang aber kaum eine Rolle gespielt, wenn man von dem 993 cm^3-Daihatsu-Dreizylindermotor für den Zhonghua und die Lizenzfertigung des Daihatsu Charade unter den Bezeichnung Xiali absieht. Die einzige andere chinesische Konstruktion neben dem Shanghai war der in extrem kleinen Stückzahlen gefertigte Hong-Ki (siehe Kapitel 1).

Indien

In Indien wurden lange Zeit veraltete europäische Modelle gebaut, und daran änderte sich auch in den vergangenen 20 Jahren nichts. Das älteste Modell war der im Jahre 1959 vorgestellte Hindustan Ambassador, dessen Karosserie aus dem Jahre 1954 stammte.

Er ging auf den Morris Oxford zurück, unterschied sich von diesem aber insofern, als er einen Motor mit hängenden Ventilen hatte, und zwar mit 1489 cm^3 bzw. 1760 cm^3 Hubraum, und auch mit einem Zweiliter-Diesel zu haben war. Er wurde auch 1989 noch gebaut, obwohl Hindustan schon sechs Jahre

Eine 36 Jahre alte Konstruktion, die in Indien immer noch gebaut wurde, war der Hindustan Ambassador auf der Basis des 54er Morris Oxford. Abgesehen von kleineren Änderungen im Styling unterschied er sich vom Morris nur durch die Motoren mit hängenden Ventilen, darunter auch ein Diesel.

zuvor mit dem Contessa einen entschlossenen Schritt in die späten 60er Jahre getan hatte. Der Contessa hatte den Aufbau des Vauxhall Victor der FD- Reihe und wurde mit den gleichen Motoren angeboten wie der Ambassador. Weiter baute Hindustan ab 1977 den Jeep-ähnlichen Trekker. Das Unternehmen kam 1984 auf eine Gesamtproduktion von 24 200 Fahrzeugen.

1973 wurde ein Versuch unternommen, einen indischen Volkswagen im ursprünglichen Sinne des Wortes zu bauen, den nach einem heiligen Affen benannten Maruti. Er hatte einen luftgekühlten Zweizylinder-Heckmotor mit 676 cm³ und einen viersitzigen Limousinenaufbau. Sanjay Gandhi, der Sohn der damaligen Premierministerin Indira Gandhi, zeigte reges Interesse am Maruti, und es wurden Pläne geschmiedet, nach denen jährlich 60 000 Fahrzeuge gebaut werden sollten.

Der Wagen kam jedoch nie über das Prototypstadium hinaus; wahrscheinlich war er selbst für den anspruchslosen indischen Markt zu altmodisch. Das Unternehmen gab jedoch nicht auf, und nachdem die Bestimmmungen über den Import von Motoren im Jahre 1980 gelockert worden waren, begann die Produktion der viertürigen Limousine Suzuki Fronte unter der Bezeichnung Maruti 800. Dieser wurde auch 1989 noch gebaut, nachden Suzuki die Herstellung in Japan schon längst eingestellt hatte. Der Maruti 800 wurde unter anderem auch nach Frankreich exportiert.

Mit etwa 70 000 Einheiten im Jahre 1988 war Maruti der größte indische Hersteller und lag weit vor Mahindra, das den Jeep CJ baute (zirka 30 000 Stück), und Hindustan (zirka 25 000 Einheiten). Weitere, auf ausländischen Konstruktionen beruhende indische Autos der 80er waren Premier Padmini (Fiat 1100) und 118E (Fiat 124 mit Nissan-Cherry-Motor), Standard Gazel (Triumph Herald), ein weiterer Standard (Rover SD 1 mit Zweiliter-Vierzylinder-Motor) und Sipani Dolphin (Reliant Kitten).

Australien

Die australische Automobilindustrie war seit 1970 großen Veränderungen unterworfen, und zwar großenteils aufgrund gemeinsamer Entwicklungen mit japanischen Unternehmen. Bis 1980 dominierten die Großen Drei aus den USA mit der GM-Tochter Holden an der Spitze, gefolgt von Ford Australien und Chrysler Australien. Der individuellste Hersteller war Holden, der schon seit 1948 australische Autos für Australier gebaut hatte. Im Jahre 1970 reichte sein Angebot vom Torana auf der Basis des Vauxhall Viva bis zu großen Limousinen mit 4,1- und 5-Liter-V 8-Maschinen.

Von 1968 bis 1976 hatte Holden ein eigenes Gegenstück zu den amerikanischen Muskelautos im Programm, den Monaro mit 7,4-Liter-Motor von Chrysler. Die kleineren V-Achtzylinder waren australische Konstruktionen. 1979 trat an die Stelle des Torana als kleinstes Fahrzeug der Modellreihe der Gemini, die Isuzu-Version der internationalen T-Reihe von General Motors. Der zweite nichtaustralische Holden war der Commodore auf der Basis des gleichnamigen Opel-Modells, vom Styling her aber etwas anders und mit einer breiten Motorpalette vom 1,9-Liter-Vierzylinder bis zum 4,1-Liter-V-Achtzylinder. Dieser wurde schnell zum meistverkauften Wagen in Australien, bis er 1982 vom Ford Falcon verdrängt wurde. In diesem Jahr verlor Holden seine Position als Marktführer in Australien an Ford, ein schwerer Schlag für General Motors, das diese Position seit 1950 innegehabt hatte.

Die australischen Fords sahen wie ihre amerikanischen Gegenstücke aus, bis 1972 individuell gestaltete Versionen des Falcon und des Fairlane auf den Markt kamen. 1979 ähnelten Falcon und Fairmont dem europäischen Granada. Es gab sie bis 1982 mit Sechs- und Achtzylindermotoren; dann wurden die Achtzylinder fallen gelassen, so daß der Markt für großvolumige Fahrzeuge wieder Holden überlassen war, das seinen Glauben an die Zukunft dieses Marktes 1983 mit dem neuen Statesman mit Fünfliter-V 8-Maschine bekräftigte.

Ford blieb aber bis 1989 bei den Verkaufszahlen an der Spitze. In den 80er Jahren wurde die Modellpalette unter Ausnutzung der Verbindungen mit Mazda erweitert. Der Ford Laser basierte auf dem Mazda 323 und der Telstar auf dem 626.

In der Zwischenzeit hatte Chrysler Australien die Produktion des im amerikanischen Stil gehaltenen Valiant aufgegeben und stellte verschiedene Mitsubishi-Modelle her, darunter auch den Colt Galant, der in Großbritannien in den Jahren 1983/84 als Lonsdale verkauft wurde, um die Importquoten für japanische Autos zu umgehen.

Komplizierte Verbindungen mit Japan

Die Verbindungen zwischen der australischen und der japanischen Automobilindustrie wurden in den späten 80er Jahren einigermaßen kompliziert. Neben Ford/Mazda und Chrysler/Mitsubishi hatten Nissan und Toyota in Australien eigene Werke und nahmen Verbindung mit Ford beziehungsweise Holden auf. Aufgrund des nur begrenzt aufnahmefähigen heimischen Marktes (etwa 450000 Fahrzeuge im Jahr) führte kein Weg daran vorbei, gemeinsame Fahrzeuge zu bauen, und Senator John Button regte eine Höchstzahl von sieben Modellen in der gesamten australischen Automobilindustrie an.

Demzufolge kündigten Holden und Toyota im Jahre 1989 eine neue Palette mit drei Modellen an, die unter sechs Namen verkauft wurden: Holden Nova/Toyota Corolla, Holden Apollo/Toyota Camry und Holden Commodore/Toyota Lexcen. Letzterer hatte eine längs eingebaute 3,8-Liter-V6-Maschine von GM, die die Hinterräder antrieb, während sie in den entsprechenden amerikanischen Wagen wie Buick Le Sabre und Electra oder Oldsmobile Cutlass Ciera quer eingebaut war und die Vorderräder antrieb.

Die Karosserie basierte auf der des Opel Omega, alle vier Räder waren mit Scheibenbremsen ausgestattet. Weil der Wagen von General Motors stammte, gab es im Unterschied zu den kleineren Holden/Toyotas kein Pendant in der Toyota-Palette. Auch der 4,9-Liter-V8-Motor des stärksten Commodore war im Lexcen nicht zu haben.

Im Rahmen des (in Erinnerung an den deutschen Schell-Plan so genannten) Button-Plans baute Nissan Australien den Mittelklassewagen Pintara mit Frontantrieb, der auch als Ford Telstar verkauft wurde und damit den Mazda 626, der vorher diesen Namen getragen hatte, verdrängte. Während ehedem Nissan den von Holden als Astra verkauften Pulsar baute, sollte im Rahmen des neuen Plans darum gebeten werden, den auf Mazda-Basis gebauten Laser in Pulsar umzubenennen.

Bei Beibehaltung der 1,8-Liter-Maschine aus dem vorherigen Pulsar ist der neue Pulsar ein Mazda 323, der in Australien unter der Leitung von Nissan gebaut und von einem Holden-Motor angetrieben wird. Da ist es kein Wunder, daß der normale Käufer nicht mehr weiß, welchem Land er sein Fahrzeug zuordnen soll! Abgesehen von den Großen Drei bestand die australische Automobilindustrie aus einer Reihe sehr kleiner Firmen, die Sportwagen bauten, meist als Bausätze. Einer der bekanntesten war der Bolwell Nagari, ein Sportwagen mit V8-Motor von Ford und GFK-Aufbau, den es als Coupé und als Roadster gab. Zwischen 1969 und 1974 wurden davon etwa 120 Einheiten gebaut und zum Teil als Bausätze verkauft.

Campbell Bowell aus Mordialloc in Victoria versuchte es erneut im Jahre 1979 mit dem Ikari, einem von einem VW-Motor angetriebenen Mittelmotorfahrzeug; er konnte jedoch nur ein Dutzend Bausätze verkaufen, der Rest ging nach Griechenland. Von 1970 bis 1976 bot der in England geborene Peter Pellandine das Flügeltürencoupé Pellandini aus Komponenten des BMC Mini/1100 an und baute einen experimentellen Dampfwagen mit doppelwirkender

Die Holden-Version der internationalen J-Reihe war der Camira, hier in der Form des Jahres 1984. Er wurde auch als Kombi gebaut, dessen Seitenwände für den Vauxhall-Cavalier-Kombi nach Großbritannien exportiert wurden. Holden lieferte weiterhin ein paar Motoren für die britischen, deutschen und südafrikanischen Wagen der J-Reihe. Außerdem kamen alle Opel-Motoren für den schwedischen Markt von Holden, da die schwedischen und australischen Immissionsschutzbestimmungen einander sehr ähnlich waren.

An der Spitze der Holden-Palette des Jahres 1989 stand der Commodore aus der neuen VN-Reihe mit der Luxusversion Calais *(oben)*. Die Serienmaschine war ein 3,8-Liter-V6, deren Gußteile aus den USA kamen und in Australien bearbeitet und montiert wurden. Wahlweise stand ein Fünfliter-V 8 mit 221 PS zur Verfügung. Karosserie und V-Sechszylinder fanden auch für den Toyota Lexcen Verwendung.

Der 1982 auf den Markt gebrachte australische Ford Falcon XE war im folgenden Jahr das bestverkaufte Auto des Landes. Es gab ihn mit Sechszylinder- und V-Achtzylindermotoren von 3,3 bis 4,9 Liter. Der letzte Falcon V 8 wurde im November 1982 ausgeliefert. Hier ein 86er Falcon S-Pack mit 4,1-Liter-Sechszylinder und einer Spitze von 185 km/h.

Für das Modelljahr 1986 kamen zwei kleinere Fords auf der Basis japanischer Fahrzeuge. Der Laser war ein Mazda 323, der Telstar *(links)* ein Mazda 626. Sie gehörten auch 1989 noch zur Ford-Palette. Der abgebildete Telstar ist das Ghia-Modell TX-5 mit Alu-Sportfelgen.

Zweizylindermaschine mit 40 PS. Der Kondensator diente gleichzeitig als Heckflügel. Am Rande zu erwähnen sind noch der Corvette-ähnliche Perentti mit Holden-Motor aus dem Jahre 1982, ein Nachbau des Austin Healey 3000 mit der Bezeichnung Pandarus und das als Bausatz verkaufte 2+2-Coupé D.R.B, das für VW- oder Kreiskolbenmotoren von Mazda ausgelegt war.

Südafrika

Die Szene in Südafrika ähnelte der in Australien, wobei europäische und amerikanische Autos noch stärker durch japanische verdrängt wurden. Im Jahre 1970 waren General Motors, Ford und BMW in beträchtlichem Ausmaß in Südafrika vertreten. GM verkaufte seine Fahrzeuge unter zwei Bezeichnungen, nämlich Chevrolet für die größeren Modelle und Ranger.

Mit dem Etikett »Südafrikas eigenes Auto« war das eine wahrlich internationale Mischung: Karosserie vom Opel Rekord, Motoren mit 2120 und 2570 cm^3 Hubraum von Chevrolet, Vorderachsaufhängung vom Vauxhall Victor und wahlweise ein automatisches Getriebe von Holden. Der Wagen wurde bis 1973 gebaut, anschließend liefen alle Produkte von GM Südafrika unter der Bezeichnung Chevrolet; nur ein in Belgien montierter Ranger mit Opel-Maschine überlebte noch bis 1976. Die größeren südafrikanischen Chevrolet-Modelle Kommando, Constantia und De Ville waren im wesentlichen Holden-Fabrikate mit Sechs- oder Achtzylindermotoren. Nach 1982 wurde der Name Chevrolet fallen gelassen, und GM Südafrika baute Fahrzeuge auf der Grundlage von Opel-Modellen.

BMW fertigte von 1968 bis 1975 eine Art Hybridauto mit dem Aufbau des in der Bundesrepublik nicht mehr gebauten Glas 1700 und 1600er beziehungsweise 1800er BMW-Maschinen. Nach 1975 liefen deutsche BMW-Modelle einschließlich der 5er und der 7er Reihe von den Bändern. 1988 zog sich BMW aus dem Südafrika-Geschäft zurück. Ford hatte nur wenige spezifisch südafrikanische Modelle, darunter den Sierra XR8, ein fünftüriges Hochleistungsfahrzeug mit 4,9-Liter-V8-Maschine.

Weitere Modelle waren der Escort, der Cortina und der Granada, der bis 1985 im Programm war, nachdem er aus der europäischen Modellpalette schon gestrichen war. Aus dem südafrikanischen Ford-Werk kam außerdem der Sierra Pickup für den europäischen Markt. Auch VW baute in seinen südafrikanischen Werken eine Reihe von Modellen: Käfer, Golf, Jetta und Passat. Wie bei Ford handelte es sich dabei meist um die älteren Versionen, die in der Bundesrepublik bereits von Folgemodellen abgelöst worden waren.

Zahlenmäßig stand gegen Ende der 80er Toyota an der Spitze: Der Corolla und der Cressida machten etwa 25 Prozent der im Jahre 1987 in Südafrika gebauten 200000 Personenwagen aus. Zweiter war VW mit 20 Prozent. Nissan, Honda und Mazda als weitere bedeutende japanische Hersteller schienen auf dem besten Wege zu sein, sich Anfang der 90er Jahre einen wachsenden Marktanteil zu erkämpfen.

Lateinamerika: Brasilien

Obgleich im Ausland praktisch unbekannt, war die Automobilindustrie in den lateinamerikanischen Ländern recht groß. An der Spitze standen, wie zu erwarten, die beiden größten Länder Argentinien und Brasilien, wo im Jahre 1988 etwa 136000 beziehungsweise 978000 Fahrzeuge gebaut wurden. Dabei handelte es sich hauptsächlich um Lizenzbauten europäischer und amerikanischer Wagen, aber es gab auch ein paar merkwürdige internationale Mischungen wie den brasilianischen Ford Corcel mit der Aufhängung des Renault 12, einem Aufbau, den man als von Ford modifizierten Renault 12 bezeichnen könnte, und Ford-Motoren mit 1289 und 1400 cm^3 Hubraum. Er wurde von 1969 bis 1987 gebaut.

Dazu kamen der Del Rey, ein auch 1989 noch produziertes Hecktürmodell,

Ein attraktiver VW aus dem Werk in Brasilien war der von 1971 bis 1976 gebaute SP2. Angetrieben wurde er von einem luftgekühlten 1,6-Liter-Motor ähnlich dem des 411.

und der Escort 1600 sowie verschiedene Kombis und Pickups. 1988 gründeten Ford do Brasil und Volkswagen do Brasil das Gemeinschaftsunternehmen Autolatina, dessen erstes Resultat die Übernahme des 1800er Golfmotors für den Escort XR3 war. Ein Polo mit Fordmotor stand zu erwarten. VW do Brasil baute mehrere eigene Modelle, darunter das SP-Coupé mit 1600er Maschine (ab 1971), den Kombi Brasilia auf der Basis des 1600ers (ab 1973) und den Gol von 1980.

Diese kuriose Mischung aus Alt und Neu hatte einen Käfermotor, der die Vorderräder antrieb, und einen Heckklappenaufbau ähnlich dem des Golf. Dazu gab es eine Schrägheckversion namens Voyage. Von 1987 an wurde der Gol in den USA als Fox verkauft. 1983 wurde der Brasilia aus dem Programm genommen, und 1986 lief der letzte Käfer von den Bändern in Sao Paulo; damit war Mexiko das letzte Land, in dem dieses berühmte, 50 Jahre alte Auto noch gebaut wurde.

VW do Brasil war der größte Autohersteller und der größte Arbeitgeber des Landes. An zweiter Stelle stand Ford, gefolgt von General Motors und Fiat. GM baute in den 70er Jahren verschiedene Mischungen aus Opel und Chevrolet, wurde aber am bekanntesten durch den Chevette, der in Brasilien seine Weltpremiere erlebte. Er wurde auch 1989 noch gebaut, und zwar zusammen mit dem als Limousine und Kabrio erhältlichen Monza auf Opel-Basis und den größeren heckgetriebenen Modellen Opala, Commodoro und Diplomata mit bis zu sechs Zylindern und 4,1 Litern Hubraum.

1976 wurde die Fiat Automoveis SA gegründet, die zunächst den vom 127 abgeleiteten 147 mit 1049 cm³-Motor baute, zu dem 1980 eine 1,3-Liter-Version hinzukam. Die Firma übernahm außerdem die Fertigung des Alfa Romeo 2300, des früheren FNM. Er wurde von 1978 bis 1988 unter dem Namen Fiat Alfa Romeo Ti-4 vertrieben und brachte auf diese Weise die beiden Unternehmen schon miteinander in Verbindung, bevor sie sich in Italien zusammenschlossen. Zu den neueren brasilianischen Fiat-Modellen gehörten der Uno sowie der Premio und der Elba, die ab 1988 in Italien als Duna und Duna Weekend auf dem Markt waren, ein weiteres Beispiel für die weltumspannende Arbeitsweise der heutigen Automobilindustrie.

Außer den vier großen multinationalen Konzernen gab es in Brasilien eine große Zahl kleinerer Hersteller. Das bekannteste Fabrikat war der Puma, eine Kreuzung aus Porsche 911 und Renault Alpine mit VW-Motor, die als Coupé und als Kabrio zu haben war. Zu diesem ab 1969 gebauten Wagen kam 1973 ein GT Coupé mit Frontmotor von Chevrolet. Beide Modelle wurden bis Mitte der 80er gebaut. 1988 wurde die Produktion unter einem neuen Eigner wieder aufgenommen.

Der Puma war das einzige Exportmodell unter den kleinen brasilianischen Fabrikaten. Er wurde in der Schweiz angeboten und 1973 auf der Londoner Rennwagenausstellung gezeigt; es ist allerdings nicht bekannt, wie viele Exemplare in der Schweiz und Großbritannien einen Käufer fanden. Das auffallendste unter den anderen kleinen Fabrikaten war der Gurgel. Seit 1966 gebaut, begann er seine Laufbahn als buggy-ähnlicher offener Viersitzer mit Käfermotor im Heck. In den 70ern kamen geschlossene Versionen hinzu sowie der Elektrowagen Itaipuru, der Carajas 4x4 mit wassergekühltem VW-1600-Frontmotor und zwei Versionen eines kleinen Stadtautos: der dreisitzige XEF mit Käfermotor im Heck und der 280M mit liegend eingebautem Zweizylinder-Frontmotor mit 800 cm³ Hubraum. Der XEF wurde ab 1983 nur wenige Jahre lang gebaut; der 280M erschien 1988 neu.

Die sonstigen brasilianischen Kleinhersteller waren zu zahlreich, um sie einzeln aufzuführen. Sie produzierten mehrere Nachbauten des Ford Thunder-

1980 vorgestellt und auch zehn Jahre danach noch gebaut, war der Gol aus dem brasilianischen VW-Werk eine Mischung aus alt und neu. Er hatte vorn einen luftgekühlten Vierzylinder-Boxermotor nach Käferart, der die Vorderräder antrieb. Es gab ihn als Dreitürer und in einer Stufenheckversion namens Voyage. Die neueren Gols wie das hier abgebildete 89er Modell hatten um zwanzig Grad geneigte wassergekühlte Motoren.

bird, des Jaguar XK 120, des Mercedes-Benz 280 SL und des MG TD sowie verschiedene GT Coupés wie etwa den Adamo CRX 1800 und den Miura Saga mit VW-Antrieb und den Farus, der mit Motoren von VW, Fiat und Chevrolet angeboten wurde.

Diese Kleinfirmen hatten es nicht leicht. Hofstetter, einer der kleinsten, der ein Flügeltürencoupé mit dem 1800er Motor aus dem VW Santana baute, mußte in seinem Katalog für 1989 darauf hinweisen, daß die Produktion unter dem Mangel an Teilen, der brasilianischen Wirtschaft und dem schwankenden Wechselkurs litt. 1988 konnte er nur vier Fahrzeuge bauen.

Ein Neuling aus dem Jahre 1988 war der P.A.G., eine kleine zweitürige Limousine mit GFK-Aufbau und 1600er und 1800er VW-Motoren. Weitere Aktivitäten zeigte Brasilien im Bereich der allradgetriebenen Geländewagen. Diese reichten vom kleinen Dacunha Jeg mit 1600er Motor von VW bis zum Envemo und S.R mit viersitzigem Kabinenaufbau und Chevrolet- oder Ford-Motor. Alle brasilianischen Autos konnten mit Alkohol betrieben werden.

Argentinien

Die argentinische Automobilindustrie war kleiner, konnte aber ebenfalls mehrere eigene Varianten multinationaler Konstruktionen aufweisen. Ford Argentina, gegründet im Jahre 1962, baute den amerikanischen Fairlane und Falcon, letzteren auch noch 1988, mehr als 20 Jahre, nachdem auch in den USA der letzte Wagen dieses Typs vom Band gelaufen war. Neuere Ford-Modelle waren der Taunus (1975-1984) sowie der neueste Escort und Sierra.

Renault Argentina fertigte von 1968 bis 1983 den von einer AMC-Konstruktion aus den 60ern abgeleiteten Torino mit 3- und 3,8-Liter Sechszylinder und Pininfarina-Design sowie verschiedene französische Modelle wie R4, R11, R12, R18 und Fuego und den Jeep, den IKA, die argentinische Tochter von Kaiser Industries, zusammen mit dem Torino bei der Übernahme durch Renault eingebracht hatte.

Weitere argentinische Fabrikate waren der Sevel, in dem ab 1980 Fiat und Peugeot ihre Interessen mit dem Fiat 600, 125, 128, 147 und Regata und dem Peugeot 504 und 505 verschmolzen und der Gacel von VW Argentina, der auf dem brasilianischen VW Voyage basierte, sowie für eine gewisse Zeit der Hillman Avenger. Kleinhersteller gab es in Argentinien weniger als in Brasilien. Sie bauten unter anderem den Eniak, einen Sportwagen im Stil der 30er Jahre mit VW- und Ford-Falcon-Maschine, und den Crespi, ein frontgetriebenes GT Coupé mit dem Motor des Renault 12.

Mexiko

Ansonsten gab es in Lateinamerika nur noch in Mexiko eine nennenswerte Automobilindustrie mit Töchtern von Ford, General Motors, Chrysler, Nissan und VW. Das Ford-Werk in Hermosillo baute eine Version des Mazda 323, die in den Vereinigten Staaten als Mercury Tracer vermarktet wurde. Ein ähnliches Auto entstand in Taiwan für den kanadischen Markt.

Das mexikanische VW-Werk ist das einzige auf der Welt, in dem auch 1989 noch der Käfer gebaut wurde. Weiterhin entstanden dort Golf, Jetta und Santana, letzterer unter den Bezeichnung Corsar.

Renault und General Motors hatten in den 80er Jahren Zweigwerke in Kolumbien, wo der R9 und der R18 beziehungsweise der Chevrolet San Remo auf Opel-Kadett- Basis entstanden. In Ecuador baute die Autos y Maquinas de Ecuador SA in Quito für kurze Zeit (von 1981 bis 1986) den Aymesa, ein dreitüriges Heckklappenmodell mit 1,4-Liter-Chevroletmotor aus Brasilien. Der einzige Vertreter aus Uruguay war der Halcon, ein Sportwagen im Stil der 30er mit dem Motor des Ford Falcon. Er wurde ab 1978 für wenige Jahre vom Rolls-Royce- und Rover-Importeur in Montevideo auf Bestellung gefertigt.

World praise for the new World Car

"...almost a dream car..."
EXPRESSEN, SWEDEN

"...Ford's cam-in-head (engine) can produce both economy and...energy."
CAR & DRIVER, USA

"The most advanced technical characteristics Ford has ever produced."
AUTO SPRINT, ITALY

"This destiny car is marvelous all around..."
BILD ZEITUNG, GERMANY

"Economical, fuel-and-space efficient... entertaining to drive..."
ROAD & TRACK, USA

"Road Test magazine's Car of the Year!"
ROAD TEST, USA

Ford engineers all around the world worked together to build a technologically advanced, economical automobile—Ford Escort, the new World Car.

44 EST HWY* **30 EPA EST MPG*** *Applies only to sedans without power steering or A/C. For comparison. Your mileage may differ depending on speed, distance, weather. Actual hwy mileage and Calif. ratings lower. Excludes diesels.

Now, both the American and the overseas versions are winning accolades from automotive experts in their countries.

And no wonder. The compact Escort has front-wheel drive, a new-design hemispherical head engine, 4-wheel independent suspension, and better gas mileage ratings than subcompacts like VW Rabbit, Honda Accord, Toyota Corolla Hatchback.

See it at your Ford dealers.

Built to take on the world... and doing it!

FORD ESCORT
FORD DIVISION

Der internationale Trend läßt sich sehr gut an dieser Anzeige aus den frühen 80er Jahren erkennen, in der der Ford Escort als World Car, das heißt ein Auto für die ganze Welt, vorgestellt wurde. Obwohl er für den amerikanischen Markt ein etwas anderes Gesicht bekommen hatte, ist klar, was gesagt werden soll. Die Verwendung des Begriffes World Car und die Kommentare von Autozeitschriften aus verschiedenen Ländern verstärken den Eindruck, daß es sich hier um etwas völlig Neues handelt. Einige dieser Kommentare sind allerdings etwas dubios, etwa der von einem Traumauto und der zu der (Maschine) mit Nockenwelle im Zylinderkopf. Wie dem auch sei, wer Zweifel an der Grundaussage dieser Anzeige hatte, konnte immer noch den Wagen im Hintergrund bewundern.

Kapitel 7
WERBUNG

WHY SAFETY SELLS IN SWEDEN.

Of all motorized countries, Sweden has the best safety record.

Before a Swede can get a driver's license, he not only has to pass a complicated driving test, but also a comprehensive medical examination.

Cars are subject to spot inspections at any time. Cars found unsafe are taken off the road.

Swedish road signs go to extremes. A thorough system of descriptive signs stretches from the middle of big cities to the middle of nowhere. The sign in the picture, for example, warns that the road dead-ends at a ferry dock.

Obviously, Swedes are deeply committed to traffic safety. And they carry their commitment with them when they buy a car.

This is one of the reasons Volvo comes equipped with four-wheel power disc brakes.

Volvo is the only car in the world with a dual braking system that has three wheels on each circuit. If one circuit fails, you still have 80% of your braking power.

Volvo was the first mass produced car to come equipped with three-point seat belts.

Volvo, you see, didn't get to be the largest selling car in Sweden by accident.

Volvo.

We build them the way we build them because we have to.

VOLVO

Zu Beginn der 70er Jahre bedienten sich nur wenige Hersteller der Sicherheit als Verkaufsargument. Es gab jedoch Ausnahmen, wie auf dieser Anzeige von Volvo und ähnlichen von Rover zu sehen ist.
Im Text geht es um das Sicherheitsbewußtsein schwedischer Autofahrer, für das Volvo vollstes Verständnis aufbringt. Das Verkehrsschild warnt die Verkehrsteilnehmer davor, daß die Straße direkt an einer Anlegestelle endet. Und ein paar Zeilen weiter unten erfährt der Leser dann, daß Volvo der erste Wagen mit einer Zweikreisbremsanlage ist – es dürfte wohl klar sein, was hier impliziert werden soll.
Das amerikanische Amt für lautere Werbung störte sich jedoch an der Tatsache, daß hier ein altes Bild verwendet wurde. In Schweden war 1967 auf Rechtsverkehr umgestellt worden!

Shaped by the wind...

Wenn die vorige Illustration noch leicht zu begreifen war, ist das hier durchaus nicht der Fall. Was ist das für ein Wagen, und was bedeutet was?
Shaped by the wind (vom Winde geformt) gibt keinerlei Hinweis. Das Rätsel wird erst auf der Rückseite gelöst: ein Toyota!
Das Bild ist zwar nicht schlecht, doch die Botschaft, die dahinter steckt, gerät schnell in Vergessenheit. Wahrscheinlich hätte Toyota Großbritannien das Geld besser anlegen können.

Why Detroit's engineers are secretly praising Volkswagen's Rabbit.

Happy days are here again.

One thing about the men of the engineering profession: they give credit where credit is due. Which may explain all the nice letters and phone calls we've received from Detroit since our new Rabbit has been out. Why all the praise?

93 miles per hour.
A Rabbit is very fast. And although we obviously don't recommend 93 mph (please obey all speed limits), it is reassuring to know as you're about to get onto a hectic expressway, that a Rabbit has the power for great acceleration. From 0 to 50 in only 8.2 seconds. That's quicker than a Monza 2 + 2.

38 miles per gallon.
A Rabbit is very thrifty. In the recent 1975-model Federal Environmental Protection Agency fuel economy tests, the Rabbit averaged 38 miles to the gallon on the highway. It averaged a nifty 24 in tougher stop-and-go city traffic.

As big inside as some mid-size cars.
The Rabbit is a sub-compact sized car. That's on the outside. Open the door and it's a different story. 80% of the space in the car is devoted to functional room. There's actually the head and leg room inside of some mid-size cars.

You get this feeling of roominess immediately, as you stretch out behind the wheel and look out through the huge front windshield. Visibility is incredible.

The main engineering feat that makes all this room possible is our revolutionary transverse engine, or stated more simply, an engine that is mounted sideways. Besides adding space, placing the engine in this manner, and slanting it, has a lot to do with why the Rabbit gets such good gas mileage. For now you have a very low silhouetted front end which means lower wind resistance, which means better gas mileage.

The Rabbit comes only one way, as a Hatchback. And you don't pay a penny more for that extra door. In addition to the 2-door model shown, there is a 4-door available. Four doors plus a Hatchback. That's a lot of ins and outs in one car.

How we got it to handle so easily.
The best way to describe driving a Rabbit is that it just feels right. The rack-and-pinion steering, designed exclusively for the Rabbit, allows you to feel in complete control, especially on fast, tight turns.

Another VW exclusive, an independent stabilizer rear axle, means independent wheel travel for more riding comfort and added safety on rough roads.

As is true on only two Detroit cars, the Eldorado and Toronado, the Rabbit has front-wheel drive for road-hugging ability. The firm and sporty ride of the car is enhanced by rigid unitized body/chassis construction, controlled spring and shock rates and longer suspension travel.

Owner's Security Blanket.
To make sure your Rabbit lives a lively and a carefree life, it's backed by the most advanced car coverage plan in the automotive industry: The Volkswagen Owner's Security Blanket with exclusive Computer Analysis.[†]

The car of the future.
Lately, a lot of automotive executives have been giving speeches on "the car of the future." They see it as being small, low-priced, but with increased interior dimensions and more economical performance.

Ladies and gentlemen of the automotive industry, your car of the future, our Rabbit, is here today.

And it won't cost you much to try it out. Happy days _are_ here again.

VW rabbit

©Volkswagen of America, Inc. †See your dealer for more details.

Als der Käfer durch den Golf ersetzt wurde, der in Amerika Rabbit hieß, verloren die Werbefachleute einen ihrer Lieblinge. Die Aufmachung der Anzeigen war der Öffentlichkeit zwar vertraut, doch sie reagierte nicht in der vertrauten Weise. VW verlor viele Kunden.
Doch es stellte sich heraus, daß der Wagen gut war, sogar weitaus besser als sein Vorgänger. Dadurch bekamen die Marketingstrategen die Möglichkeit, mit technischen Argumenten zu werben. In dieser Anzeige versuchen sie den Kunden mit nicht näher erläuterten Anrufen der Auto-Ingenieure aus Detroit zu überzeugen. Doch dabei beläßt man es dann auch, denn schließlich war Anfang der 70er der große amerikanische Schlitten noch immer die Regel und nicht die Ausnahme.

In den 70er und 80er Jahren entwickelte sich als besondere Form die Werbung mit der Instandhaltung: Ersatzteile, Reparatur und Wartung. All das wurde in den Vertragswerkstätten immer teurer, und der Autofahrer suchte nach billigeren Alternativen. Überall auf der Welt blühte der Markt für kleine, nicht autorisierte Werkstätten und Markenpiraterie bei Ersatzteilen, doch die Hersteller versuchten mit allen Mitteln, ihren Marktanteil zu halten. Hier eine Anzeige von Citroën.

I RICAMBI ORIGINALI LI COLLAUDA CITROËN.

QUELLI NON ORIGINALI LI COLLAUDA IL CLIENTE.

BASTA COME DIFFERENZA?

Nessuno sa da dove viene un ricambio non originale: collaudarlo tocca a voi e alla vostra Citroën.

Per sapere se un meccanico vi sta prendendo per un collaudatore di pezzi di ricambio sconosciuti, chiedetegli la garanzia.

Solo i ricambi originali Citroën hanno una garanzia di 12 mesi anche sulla mano d'opera di sostituzione. E solo Citroën è in grado di avere la disponibilità di un ricambio entro 24 ore: grazie all'efficienza del Servizio Citroën.

Tutto questo, sempre allo stesso prezzo. Un prezzo competitivo; il prezzo chiaro e garantito di un ricambio originale Citroën.

Quando un meccanico vi dice che un ricambio sconosciuto è assolutamente uguale a un originale Citroën, chiedetegli perché vi vuol vendere quello sconosciuto.

Scegliete Citroën, e poi scegliete un altro meccanico.

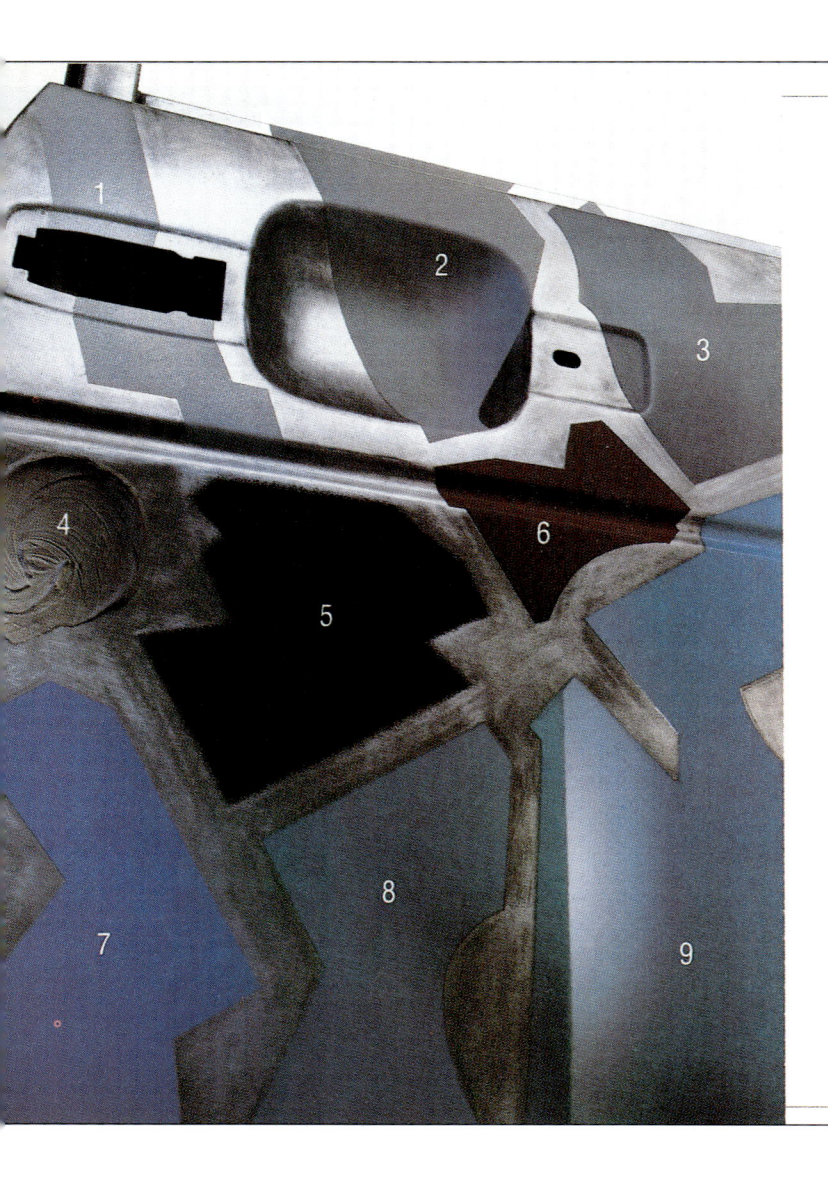

After Goya, Dali and Picasso, the Spanish still know how to paint.

The Spanish have always had a unique way of looking at things.

An urge to set an individual style that has influenced the work of Spanish painters all the way down the line. The SEAT production line included.

On the Ibiza hatchback alone we use 50% more paint and materials than we need to.

An extravagance perhaps but then no more extravagant than a System Porsche engine, Karmann bodyshell and Giugiaro design.

Our canvas is sheet steel, electro-galvanised with sprayed zinc.

To ensure it's properly primed we carefully de-grease it, clean it and wash it with de-salinated water. Scrub it with detergent and rinse it.

And after drying the Ibiza's body in an oven, we subject it to two processes called Phosphatation 2 and Cataphoresis. 3

They involve two huge baths of chemicals which coat the surface with anti-corrosive amino-resins and turn it into a giant electrode to attract and bind the paint.

After these are baked on, the body is ready for a chewing-gum like substance called Mastic Bonding 4 which seals the seams, welds and joints where they need it (the hard-to-get at places that the elements get at so easily are 'gummed' by hand).

The undersealing 5 follows, with a heavy PVC-based paint sprayed on to the underside using high pressure jets.

It's then baked and cooled, ready for an extra thick coating, again by hand, in the more vulnerable spots.

The Ibiza then gets its first coat of paint proper – a flat base primer 6 The pristine layers of paint lacquer 7 are next. And if the colour is metallic, on goes a topcoat of clear lacquer. 8

The surface has then to be gently but thoroughly smoothed down, dried and cleaned with high pressure warm air blowers. And embellished with a thick coat of wax 9 which is flooded into all the cavities for good measure.

A brush with an Ostrich feather roller is the final, almost eccentric flourish. Which leaves the Ibiza as smart as paint. And as hard as nails – we give our car a 6-year anti-perforation guarantee.

It's not just a pretty picture we paint, but an enduring one too.

SEAT IBIZA. TECHNOLOGY WITHOUT FRONTIERS.

Als Beispiel für die Werbung für internationale Produkte können diese beiden Seat-Anzeigen dienen. Die englische Werbe-Agentur hat wirklich ihr Bestes gegeben, um den Leser zu verwirren. Die fragwürdigen Aussagen verlangen eine Menge Grundwissen.
Zum ersten Beispiel *(oben)*: Wie viele Autokäufer wissen, daß Goya, Dali und Picasso Spanier waren? Und was haben diese drei mit dem Seat Ibiza zu tun? Man muß schon genau hinschauen und fragt sich dann immer noch, ob Seat mit Hilfe der berühmten Maler wohl mehr Autos verkauft hat.
Das zweite Beispiel *(rechts)* ist noch mysteriöser: Sind italienisches Design und deutsche Kraft relevant für das Bild im Hintergrund? Es gibt offensichtlich eine Verbindung zur Technik, doch woher stammt diese merkwürdige Hand? Von Dali natürlich, haben Sie das etwa nicht gewußt?
Obendrein wurden der Seat Ibiza und der Malaga ganz in Spanien gebaut, mit Design von Giugiaro, Motor und Getriebe von Porsche und Karosserie von Karmann.

Imagine a family car styled by the man who designed the Maserati Bora, the Lotus Esprit and the BMW M1.

Imagine that it was protected by a safety cage and bodyshell constructed by the most eminent coachbuilders in Europe. And imagine that it was powered by an engine whose name is revered throughout the world.

Then, imagine a car manufacturer who was prepared to tear up the rule book in its efforts to build such a car.

Through the sheer determination of one company that car is no longer a flight of fancy. The fantasy has become a reality thanks to SEAT of Spain.

By combining the flair of Italian designer Giugiaro, the craftsmanship of German coachbuilders Karmann and the

Italian style. German power. Who could have imagined a stronger combination?

power of a System Porsche engine, we have created the SEAT Malaga. But there is even more to it than that.

It is, for instance, remarkably spacious, with more than enough room to seat five adults comfortably and mountains of luggage space in the boot.

Beneath the bonnet its System Porsche engine, developed exclusively for SEAT by Germany's top engineers and coupled to a Porsche designed gearbox, is of a new, revolutionary 'lean burn' generation.

This not only ensures superb performance and reliability, but at the same time exacts the most out of every drop of petrol. And to maintain the Malaga's appearance each one undergoes a nine part paint process which, in turn, allows us to cover it with a 6-year anti-perforation warranty.

In fact, of the time it takes us to build a Malaga, we spend over a third painting it.

Something at which we Spanish have become a dab hand. But then, we're no strangers to the art of perfection.

Our philosophy permits us only to use the best materials and best craftsmen in Europe.

As illustrated perfectly by the SEAT Malaga. Yet another Spanish masterpiece.

SEAT MALAGA. TECHNOLOGY WITHOUT FRONTIERS.

SEAT MALAGA 1.2 & 1.5 LITRE. 4 CYLINDER SYSTEM PORSCHE ENGINE. 5-SPEED GEARBOX. 5 DOOR HATCHBACK & 4 DOOR SALOON. 6 YEAR ANTI-PERFORATION WARRANTY. 2 YEAR MECHANICAL WARRANTY AND SEAT ROAD RESCUE PACKAGE. £4630-£6540 INCLUDING CAR TAX AND VAT. (DELIVERY, NUMBER PLATES AND ROAD FUND LICENCE EXTRA.) PRICES CORRECT AT TIME OF GOING TO PRESS. SALOON 1.5 FUEL CONSUMPTION (D.O.T. FIGURES) 56 MPH – 57.6 MPG; 75 MPH – 43.5 MPG; URBAN CYCLE 31.0 MPG. FOR YOUR NEAREST DEALER RING: 01-200 0200.

DIESE STUNDE VERÄNDERT VIEL.

Sie haben vom Fahrwerk des 190er gehört? Sie mögen die Linie mit dem Strömungsheck? Die Idee eines handlichen Mercedes überhaupt?

Jetzt fahren Sie ihn selbst – und erfahren sicher bleibende Eindrücke: Spontane Kraft voraus, Kurvendynamik wie auf Schienen, leichtes Lenken mit fester Führung, Entspannung durch konstante Stabilität – Bewegungsfreiheit und die Sicherheit, gut aufgehoben zu sein.

Aus Überraschung wird Überzeugung. Zum Erlebnis kommen klare Fakten: Servolenkung serienmäßig, desgleichen der Katalysator bei allen Benzinern.

Verbrauch im Schnitt unter zehn Litern – sogar beim neuen Sechszylinder, Panorama-Scheibenwischer mit 86% Sichtfeld, elektronische Gurtstraffer an beiden Vordersitzen.

Mercedes-Wert und -Zuverlässigkeit kann man bei dieser ersten Fahrt sicher nicht erproben. Man spürt sie. Und den Preis beim Wiederverkauf nimmt man als beruhigende Zukunftssicherheit. Allein das Vergnügen an dieser Stunde macht es nicht leicht, mit einem anderen Wagen weiterzufahren. Sie sollten einmal testen, ob diese Erfahrung stimmt.

BENTLEY OWNERS HAVE ALWAYS ENJOYED A DISTINCT ADVANTAGE.

BUT IT HAS NEVER BEEN QUITE SO APPARENT AS WITH THE INTRODUCTION OF THE NEWEST BENTLEY: THE TURBO R.

THIS MAJESTIC AUTOMOBILE DELIVERS A LEVEL OF PERFORMANCE AND ELEGANCE THAT HAS BEEN NONEXISTENT ON AMERICAN HIGHWAYS. OR GERMAN AUTOBAHNS. OR ENGLISH MOTORWAYS. OR ANY ROAD AT ALL.

OUR CONFIDENCE EMANATES FROM MANY ATTRIBUTES UNIQUE TO THIS MOTOR CAR. THE 6.75 LITER V-8 POWER PLANT IS HONED TO PERFECTION BY HAND. TURBO-CHARGED AND INTERCOOLED, IT WILL WHISK YOU FROM 0 TO 60 IN A BREATHLESS 6.7 SECONDS. PUT THROUGH ITS PACES ON A TEST TRACK, THE BENTLEY TURBO R TRAVELLED OVER 140 MILES IN ONE HOUR. OUT-DISTANCING A LAMBORGHINI COUNTACH TO CAPTURE THE BRITISH NATIONAL ENDURANCE RECORD.

THE SUSPENSION HAS BEEN CALIBRATED TO PROVIDE THE SURE HANDLING NECESSARY AT THE SPEEDS THIS BENTLEY CAN REACH. WIDE ALLOY WHEELS AND HIGH-SPEED RATED TIRES KEEP THE POWER FIRMLY ON THE ROAD AND ASSIST THE FOUR ANTI-LOCK DISC BRAKES IN BRINGING THE TURBO R TO A QUICK STANDSTILL.

ASSUREDLY, BENTLEY IS MADE BY THE SAME PEOPLE WHO MASTERFULLY HAND-CRAFT ROLLS-ROYCE MOTOR CARS. SO EVERY DETAIL IS ATTENDED TO WITH UNERRING SCRUTINY. FROM THE FLAWLESS CONNOLLY HIDES FOR THE SEATING. TO THE BURLED WALNUT VENEER DASH, HAND-RUBBED TO A SHIMMERING GLOW.

CLEARLY, NO OTHER MOTOR CAR COMBINES ALL OF THE POWER, HANDLING AND ELEGANCE OF THE TURBO R. IT HAS INSPIRED *CAR* MAGAZINE TO EXPOUND THAT THE BENTLEY…"DOES NOT BELONG WITH ANY OTHERS, BUT OCCUPIES WITH EFFORTLESS SUPERIORITY AND UNFORBIDDING REMOTENESS A PINNACLE ENTIRELY ITS OWN."

OUR SENTIMENTS, EXACTLY.

AND THEY WILL UNDOUBTEDLY BE YOURS AFTER YOU TEST-DRIVE THE BENTLEY TURBO R.

TO ARRANGE FOR AN APPOINTMENT, CALL 1-800-851-8576.

The Bentley Turbo R. The quintessential power trip.

Die Werbung für Autos der Oberklasse war immer traditionell ausgerichtet und zielte auf Käufer, denen Sparsamkeit und technischer Schnickschnack nichts bedeuten. Doch da sich die normale Familienkutsche mittlerweile zu einem technischen Wunderwerk entwickelt hat, müssen auch die Hersteller der automobilen Oberklasse ihre Normen anheben.
Deshalb spricht Mercedes *(links)* durchaus über Technik, doch die wesentliche Aussage liegt in der Überschrift: Diese Stunde verändert viel. Mit anderen Worten, das neue Gefühl ist wichtiger als die Technik. Und das war wichtig für das Unternehmen, weil ihm auf dem Markt der qualitativ hochwertigen Autos sowohl BMW als auch die Japaner im Nacken saßen.
Bentley *(oben)* hatte dieses Problem nicht und versuchte es stattdessen im Schatten von Rolls-Royce mit einer anderen Konzeption – dem Turbolader! Plötzlich hatten die ganz Reichen ein neues Spielzeug, einen Wagen, der fast alle anderen hinter sich lassen konnte. Seine Leistung war überwältigend, und trotzdem konnte man noch stilvoll reisen.
Signifikant an beiden Anzeigen ist die gefühlvolle Atmosphäre, in die beide Wagen gestellt sind – beim Bentley ein Bild von der Erschaffung der Universums.

Jaguar V-12: The ultimate cat

The reason: Jaguar's new aluminum 12-cylinder engine. Quite possibly, the most exciting automotive development in a decade.

The inherently balanced nature of the V-12 configuration produces an almost uncanny smoothness. There is an absence of vibration even at low speeds. And yet the V-12 can hit 70 m.p.h. with such sinuous grace that one hardly experiences the sensation of motion.

But what's so important is not the absolute power it is capable of producing but the delivery of that power through an exceptionally wide range. Result: the ultimate cat performs as well in congested city traffic as on a wide-open thruway.

Some specifics:
(1) The engine displaces only 326 cubic inches and yet develops 314 horsepower for an efficient displacement-to-power ratio.
(2) In the V-12's flathead design, the cylinders have a large bore and the pistons a short stroke for higher potential power and longer engine life.
(3) The new transistorized ignition system employs an electronic distributor with no contact points to wear or foul. Significance: A major cause of engine tuneups is eliminated.

Additional virtues: The fully independent suspension with "anti-dive" geometry to counter front-end dipping. Rack-and-pinion steering, power-assisted with 3.5 turns lock to lock. Four-wheel disc brakes, also power-assisted and self-adjusting.

Jaguar 2+2 with the revolutionary V-12 engine—the ultimate cat. See it at your Jaguar dealer. And, for a sight you'll never forget, look under the hood.

For the name of your nearest Jaguar dealer, dial (800) 631-1971 except in New Jersey where the number is (800) 962-2803. Calls are toll-free.

BRITISH LEYLAND MOTORS INC., LEONIA, N. J. 07605

Jaguar V-12

Tiere erfreuten sich als Namensgeber für Autos und Automodelle schon immer großer Beliebtheit. In der Geschichte finden sich viele bekannte Beispiele wie Ford Mustang, Panther, Plymouth Barracuda, Chevrolet Impala und VW Käfer.

Jaguar hat im Verlauf der Jahre sein Thema Großkatze immer konsequent durchgespielt. Hier der Jaguar E V-12, der in Amerika als Katze in Perfektion vorgestellt wurde, in einer wirkungsvollen Anzeige mit einem hübschen, einfachen Bild und einigen grundlegenden Informationen.

Bemerkenswert ist zunächst, daß der Wagen nicht auf der Straße, sondern auf Gras steht. Könnte das möglicherweise daran liegen, daß die größte aller Großkatzen – der Löwe – in der sanft gewellten Savanne lebt? Man weiß nie, welche subtilen Verführungswege die Werbung beschreitet.

Zum zweiten steht ein »Jaguar V-12« ganz zu Anfang und ganz am Ende. Das ist für den amerikanischen Käufer, der schon immer eine Schwäche für V12-Maschinen hatte, seit dem Ableben des Lincoln Continental V 12 im Jahre 1948 aber keine mehr zu Gesicht bekam, eine ungeheuer wichtige und beeindruckende Information.

The legend purrs on.

Few cars ever achieve the stature of a legend. But the Jaguar XJ Series was touched with glory from the beginning. One of its first reviewers found the XJ6: "Uncannily silent, gloriously swift, and safe as houses."

In other words, it was everything the world expected of a Jaguar. Now the XJ legend is advanced by the remarkable XJ6L and the XJ12L.*

Both the XJ6L and the XJ12L handle in the classic Jaguar manner. They perform like sports cars with independent suspension, power disc brakes on all four wheels and the precision of rack and pinion steering.

Naturally both XJ sedans incorporate the expected luxuries of hand-matched hides, cabinet woods, and deep carpeting, enhanced by uncanny silence in motion.

XJ6L or XJ12L? The difference is what powers them.

The XJ12L offers you the innovative short-stroke, overhead-cam, aluminum alloy V-12 engine. In its smoothness and response, it has justly been compared to a turbine. Yet the engine is far from oversized. In fact it displaces 326 cubic inches as opposed to popular American luxury V-8's which displace up to 500 cubic inches.

The Jaguar XJ6L conquers distance with the overhead-cam Six that won a permanent niche in racing history at LeMans. It is smooth and indefatigible, even at European highway cruising speeds.

Both Jaguars are extraordinary. But we suggest you drive them both before you decide.

For the name of the Jaguar Dealer nearest you, call these numbers toll-free: (800) 477-4700, or, in Illinois, (800) 322-4400. *NOT AVAILABLE IN CALIFORNIA

Jaguar

BRITISH LEYLAND MOTORS INC., LEONIA, N.J. 07605

Mit dieser Überschrift (Die Legende schnurrt weiter) hat Jaguar ein Meisterstück geleistet. Der Wagen steht zwar noch auf Gras, jetzt aber in Begleitung einer jungen Dame, die vielleicht nicht nur auch bald zu schnurren beginnt, sondern auch andeutet, daß das Auto im Gegensatz zu einer richtigen Großkatze ein zivilisiertes Wesen ist, das zu schnurren beginnt, wenn es Aufmerksamkeit und Hinwendung erfährt.

Auf der anderen Seite hat möglicherweise der Hinweis auf den ebenfalls erhältlichen V6 die Anziehungskraft des V12 etwas verwässert.

There are very few things today still being made to uncompromising standards of quality. This is one of them. The Bertone Coupe by Volvo.

Examine its exterior and you notice immediately that the doors fit perfectly and the finish is flawless. This is because the Bertone Coupe is not merely assembled. It's hand-crafted. A distinction it shares with only the world's most revered automobiles.

Inside glove-soft leather that's hand-fitted and stitched over every seat will convince even the most ardent skeptic that superior workmanship is not a thing of the past.

However, you needn't acquire a Bertone Coupe to own a car of truly remarkable quality. Any Volvo will admirably suffice.

In fact, Volvos are so well-made their average life expectancy is now up to 18.7 years in Sweden.

Of course if you decide to invest in a Volvo, you'll need a respectable sum. But in return you'll get something that's hard to put a price on. A car you'll come to value.

VOLVO
A car you can believe in.

IN TIME ITS PRICE WILL SEEM INSIGNIFICANT IN THE FACE OF ITS VALUE.

© 1981 VOLVO OF AMERICA CORPORATION.

Die beiden Volvo-Anzeigen auf diesen Seiten stammen aus den Jahren 1981 und 1988. Auf den ersten Blick sehen sie sich durch die gleiche Druckart recht ähnlich. Volvo verwendet diese Druckart in Amerika seit Anfang der 70er Jahre und hat dadurch einen hohen Wiedererkennungswert geschaffen und die Käufer wissen lassen, daß das Unternehmen Wert auf Kontinuität legt.

Die Aussage dieser Anzeige (Mit der Zeit erscheint sein Preis unbedeutend angesichts seines Wertes) ist auch recht geschickt gewählt; sie erinnert an den Rolls-Royce-Werbespruch: Der Wert bleibt, wenn der Preis längst vergessen ist. Augenscheinlich konnte man der Versuchung zur Nachahmung auch auf die Gefahr hin, daß Ende der 80er Jahre jemand darüber schreiben würde, nicht widerstehen. Im Text wird allerdings beinahe zugegeben, daß ein Volvo nicht zu den geschätztesten Autos der Welt zählt.

THE LUXURY SEDAN FOR PEOPLE WHO DON'T CONSIDER ANY OF THEIR INCOME DISPOSABLE.

Before you buy a luxury car that could drive you to the poor house, we suggest you read a report called *The Complete Car Cost Guide*.

Compiled by an independent research firm, the guide is an exhaustive cost analysis of over 500 different cars from around the world.

© 1988 VOLVO NORTH AMERICA CORPORATION.

The bottom line: based on purchase price, projected resale value and estimated operating cost over a five year period, Volvo 740 Series cars were rated among the best overall economic values in their class.* A class which includes some formidable competition, including the Acura Legend, Lincoln Town Car and BMW 325.

These results simply confirm what we've said all along. The Volvo 740 is the luxury automobile for people who recognize the difference between spending money, and burning it.

*Luxury cars under $25,000 as determined by IntelliChoice, Inc., San Jose, Ca. Projections made for 1988 model year automobiles. Actual resale value may vary based on condition, mileage, model, options, method of sale and other factors. See an authorized Volvo dealer for details.

VOLVO A car you can believe in.

Wie hier zu sehen ist, gibt Volvo intelligenten Überschriften den Vorzug vor exotischer Aufmachung und auffallenden Photos. In den Augen der Öffentlichkeit ist ein Volvo noch nie aufregend, aber immer sicher und zuverlässig gewesen. Darauf baut die Volvo-Werbung auf der ganzen Welt auf.

Volvo gehörte auch noch nie zur Luxusklasse, wollte es aber immer. Diese Anzeige zeigt einen Versuch aus den späten 80er Jahren, die Amerikaner davon zu überzeugen. Volvo baut in der Praxis Autos für Reiche, die aber wiederum nicht so reich sind, daß sie ihr Geld aus dem Fenster werfen können.

Leider bleibt dem Leser nichts anderes übrig, als zu raten, was an diesem Auto luxuriös ist. Man fragt sich auch, wie man sich überhaupt einen Wagen leisten kann, wenn man kein frei verfügbares Einkommen hat. Doch um zu beweisen, daß man bei Volvo nicht snobistisch ist, bauen die Werbeleute ein paar Fehler in der Rechtschreibung und Zeichensetzung ein.

Rennerfolge gelten seit jeher als gute Werbung, obwohl nur wenige Hersteller behaupten können, deswegen mehr Autos verkauft zu haben. Die erfolgreichsten waren wahrscheinlich Bentley, das in den 20er Jahren fünfmal die 24 Stunden von Le Mans gewann, sowie MG mit zahllosen Siegen in der Voiturette-Klasse und Saab mit seinen Rallye-Triumphen in den 60ern. Möglicherweise gibt es noch viele mehr, doch dies ist eine gute Auswahl an Wagen, die sich aufgrund ihrer Rennerfolge richtig gut verkauften.

In dieser Anzeige von Renault steht in den ersten Zeilen, daß ein Renault der erste Wagen mit Turbolader war, der einen Grand Prix gewann. Das ist zwar richtig, aber der Formel-1-Rennwagen von Renault war nie ein Erfolgsauto. Er galt als schnell, aber unzuverlässig und wurde 1984 nach 123 Rennen mit nur 15 Siegen aus dem Rennsport zurückgezogen.

The new Fuego Turbo from Renault. Slippery and simmering. Exciting. A heritage earned on the tracks of the world by the first turbos ever to race Grand Prix and win.

Fuego Turbo. Five forward speeds powered by a 1.6 litre intercooled turbo that creates 11.6 psi maximum boost. Bosch L-Jetronic fuel injection. Performance that's responsive yet civilized enough to offer an EPA estimate of 26 MPG, 39 mpg highway.*

Fuego Turbo. Front wheel drive with independent front suspension. Renault's "A" frame-mounted trailing arm rear axle. Stabilizer bars, standard, front and rear. Michelin TRX radials on 5.5" x 14" cast aluminum wheels. All give Fuego every touch of handling that Turbo response demands. Vented front disc and rear drum brakes, power assisted hydraulics and Renault's balanced anti-lock system, haul down high-speed stops with no surprises.

Fuego Turbo. Over a hundred designers produced wind-smooth exterior styling with a drag coefficient of .35 (even a $39,000 Porsche 928 can't match that). Indoors, a cockpit

Introducing the civilized

r-calibrated visibility, bio-formed
and an adjustable leather-wrapped
eel for precise road control.
ego Turbo. The performance of a
r less than $11,000.**
e new Fuego Turbo from Renault.
zed Turbo at a civilized price.

1982 EPA estimates with estimated MPG for other cars.
al mileage depends on speed, trip length and weather.
ghway mileage will probably be lower.
cturer's suggested retail price. Price does not include tax,
destination charges and other optional or regionally
required equipment.

Fuego

urbo.

RENAULT
American Motors

Even when it doesn't race, it gets there faster.

Frankly, the Alfa Romeo Milano does everything a world class sportscar should do. It simply does it with four doors.

Its well-known aluminum V-6 muscles up to 183 horsepower at 5800 rpm. And with a test-track top speed of 135 m.p.h., the Milano 3.0 Litre leaves Saabs, Audis and BMW 3 Series scrambling in the dust.

The Milano is, in fact, the heart-stirring sum of its super-tech components. It utilizes L-Jetronic fuel injection, ABS brakes,* and the remarkable deDion rear suspension that keeps the driving wheel perpendicular to the road, maximizing traction. In addition, the Milano is now available with an automatic transmission.

Alfa Romeo's ultimate commitment to high quality performance is backed by a 3 year/36,000 mile limited warranty and 6 year/60,000 mile anti-corrosion limited warranty against perforation.**

The Milano is priced from $17,200 for the Milano Gold 5-speed to $21,200 for the Milano 3.0 Litre.†
For the Alfa Romeo dealer nearest you, call 1-800-447-4700.

ALFA ROMEO

Driven to be Different

* Platinum and 3.0 Litre editions.
** Subject to restrictions and limitations. See your dealer for warranty details.
† Mfr's suggested retail price, destination charges, taxes, dealer prep, if any, optional equipment and license fees extra.

Alfa Romeo ist bekannt und berühmt für Rennerfolge und hat immer Sportwagen gebaut, deren Glanz allerdings unter dem Regime von Fiat etwas verblaßt. Die Aussage hier ist klar und eindeutig. In manchen Ländern mit strikten Tempolimits wäre diese Anzeige wahrscheinlich nicht akzeptabel. Aber das Firmenemblem hat ja eine gewisse Ähnlichkeit mit den Symbolen der Heilberufe, so daß man bei der Geschwindigkeit des Wagens vielleicht lieber den beruhigenden Gedanken an einen schnellen Krankenwagen hegt, als ein an Autowrack zu denken.

Die Aufmerksamkeit des Käufers kann man auf vielerlei Art und Weise erregen, und zwar besonders dann, wenn es sich um kleine Käufergruppen wie etwa Sportwagenfans handelt. Diese Anzeige stammt von MG, das in den 70er Jahren ums Überleben kämpfte und im Oktober 1980 schließlich unterging. In den letzten Jahren hatte MG mit den amerikanischen Gesetzen und der Ablehnung leitender Herren bei der Konzernmutter British Leyland zu kämpfen. Letztere opferten den MGB zugunsten des Triumph TR7, den eigentlich niemand wollte – besonders nicht in Amerika, wo die Verkäufe weit hinter den Erwartungen zurückblieben.

Eine Serie von Anzeigen wie diese hier, die viel Aufmerksamkeit erregte, erschien sowohl in Großbritannien als auch in Amerika. Sie konnte MG aber nicht mehr retten. Doch angesichts des Booms bei einfachen offenen Sportwagen gegen Ende der 80er Jahre – Mazda Miata und Lotus Elan – wurden Stimmen laut, daß der echte MG wieder auf den Straßen erscheinen müsse, und nicht ein Wagen wie der MG Metro, der nur den Namen trage.

YOUR MOTHER WOULDN'T LIKE IT.

94·5 bhp. 109 mph. 0-50 in 8·0 seconds.* 1316·88. Fantastic ride.
From £1316.88 incl. PT Head restraints, seat belts, delivery charge and number plates extra *Source: Motor

MGB

MG The Great British Sports Car

Ein schönes Beispiel dafür, wie man etwas zu verkaufen versucht, ohne etwas über das Produkt zu sagen. Der Käufer soll wissen, daß der Wagen, wenn er zum Auto des Jahres in Europa gewählt wurde, gut sein muß, und daß er sich glücklich schätzen kann, wenn er ihn kauft.

Introducing the Peugeot 405.

WE WON THE "EUROPEAN CAR OF THE YEAR" AWARD, BUT YOU GET THE PRIZE.

It goes like a bat out of 魔界.

The new Colt GT Turbo.

A totally-redesigned GT coupe with performance enhancements designed to deliver something Colts aren't known for.

A rush.

With a turbocharged 16-valve, DOHC 1.6 liter powerplant, power rack and pinion steering, power 4-wheel disc brakes, taut sports suspension, performance radials, a super slippery new profile and more spunk than a lot of high-ticket turbo coupes. Its refinements didn't stop under the hood, either.

Inside you'll find the Colt GT has ample elbow room, comfortable sport buckets, a telescoping tilt steering wheel, an ergonomically advanced interior and impressive dash graphics and instrumentation.

3/36 Bumper To Bumper Warranty
†See limited warranty at dealer, restrictions apply. Excludes normal maintenance, adjustments and wear items.

They're available in limited numbers at Plymouth and Dodge dealers who can promise you one thing:

A test drive that's a real kick in the 後背部.

優秀 Colt
It's all the Japanese you need to know.

Dodge Plymouth IMPORTS

Fluchworte sind in der Werbung selten zu finden, und in diesem Fall bedienten sich die Werbeleute lieber der japanischen Sprache. Das sieht wie ein ernsthafter Versuch aus, das entsprechende Wort zu vertuschen, weil der Wagen ja aus einem Land stammt, dessen Sprache im Importland nahezu unbekannt ist. Aber die entsprechenden englischen Worte sind aus dem Zusammenhang leicht zu ergänzen (It goes like a bat out of hell, wörtlich: Er zieht ab wie eine Fledermaus aus der Hölle), und die Verbindung von Hölle mit Japan mag vielen Amerikanern im Gedenken an den letzten Krieg und die gegenwärtigen Attacken der Importautos auf den heimischen Markt durchaus angemessen erscheinen. Doch wenn der Händler allenfalls eine Probefahrt verspricht, warum soll man sich dann noch irgendwelche Gedanken machen?

Während man Füllwörter eher vermeidet, läßt sich Gewalt zumindest dramatisieren, und diese italienische Anzeige mit einer Überschrift, die wie eine Lösegeldforderung hingekritzelt ist, droht mit der Vendetta (Blutrache)! Vorhergesagt wird der Sieg des Diesels über den Benziner: der Citroën BX rast ohne sichtbare Schäden durch eine Barriere. Im Text geht es überwiegend um Geschwindigkeit und Leistungsstärke. Die Anzeige könnte durchaus auch Italiener in Angst und Schrecken versetzt haben, obwohl das Wort Vendetta vielleicht auch nur den Gedanken an venduto (verkauft) aufkommen lassen sollte.

La Vendetta del Diesel

"Attenzione, attenzione, a tutte le auto a benzina. Niente può fermare la vendetta della nuova BX Turbo Diesel Intercooler".

Anche senza il turbo, Citroën BX era il diesel più venduto in Europa. Ora diventa il primo diesel effettivamente in grado di vincere il duello contro il benzina.

Infatti BX Turbo Diesel è forse la migliore vettura a gasolio mai costruita.

Utilizza tutta la capacità della sovralimentazione per sfruttare al meglio il blocco motore di soli 1769 cc, in grado di offrire più potenza di un motore convenzionale di maggiore cilindrata.

Poche auto a benzina della stessa categoria possono vantare 90 CV e una velocità massima di 180 km/h.

L'eccezionale accelerazione da 0 a 400 m in 17,5", il chilometro da fermo in 32,8". Infine, il dato più entusiasmante: da 0 a 100 km/h in 10,8".

Se poi volete veramente infierire su qualsiasi auto concorrente, non solo della stessa categoria: BX Turbo Diesel percorre oltre 22 km con un litro di gasolio a 90 km/h. Ha una coppia che permette notevoli prestazioni anche a basso numero di giri.

È una delle auto più silenziose sul mercato, con il confort delle sospensioni idropneumatiche autolivellanti e il servosterzo di serie.

La nuova BX Turbo Diesel rappresenta l'unione perfetta tra la ragione di avere un'auto economica nei consumi e nella manutenzione, il piacere di guidare un'auto veloce, brillante e confortevole, e la sicurezza del servizio Citroën Assistance 24 ore su 24, gratuito per i primi 12 mesi su tutte le vetture nuove.

Perché la vendetta sia completa, BX Turbo Diesel esiste anche nella versione Break.

Oltre 22 km con un litro a 90 km/h.

CITROËN BX TURBO DIESEL INTERCOOLER. 1769 cc. 90 CV. 180 km/h.

CITROËN FINANZIARIA · CITROËN LEASING RISPARMIARE SENZA ASPETTARE

Zu Beginn der 70er Jahre waren Allradfahrzeuge reine Nutzfahrzeuge, nichts für den normalen Autofahrer. Doch das änderte sich, und am Ende des Jahrzehnts waren diese Fahrzeuge ungeheuer populär speziell unter den Reichen, die sie eigentlich gar nicht brauchten.
Diese Anzeige soll das Gefühl vermitteln, der GMC Jimmy sei ein Freund, ja sogar ein Verwandter. Das Haus auf dem Hügel ist nicht nur romantisch gelegen, sondern ohne Allradantrieb auch unerreichbar. Es ähnelt weniger einem kleinen Landhaus als einer typischen Yuppie-Herberge. Dadurch sollte der »Laster« für diesen Käuferkreis interessanter werden.

Viele Allradfahrzeuge wurden unter dem Motto »Autofahren kennt keine Grenzen mehr« verkauft. Natürlich vergaß die Werbung zu erwähnen, daß das Geländefahren in vielen Ländern auf bestimmte Gebiete beschränkt ist. Ob die Versicherung für einen Wagen zahlen würde, der so gefährlich geparkt ist wie dieser, bleibt der Phantasie des Lesers überlassen.

Das gilt auch für alles andere in dieser Anzeige. Wie gut der Wagen ist, muß sich ganz allein aus dem Bild erschließen. In der Realität konnten so kleine 4x4-Fahrzeuge mit ihren speziell für das Gelände gebauten Vettern wie Range Rover und Mercedes G natürlich nicht mithalten.

It's not just a truck anymore. It's part of your life.

All in all, it's been a great day. Work provides its challenges. And when it's over, you share in its rewards.

On the way home you took the back road. That new S-15 Jimmy 4 X 4 is as ready, willing and able as you are.

It's tough enough and roomy enough to haul firewood out of the hills, yet stylish enough and refined enough to take you to the club. Because the Jimmy isn't just a truck. It's a GMC Truck.

Four-wheel drive, rear-window wiper-washer, power windows and power door locks are only a few of the options. The optional 4.3-liter fuel-injected Vortec V-6 provides more available pulling power than any other truck this size. And the standard rear-wheel anti-lock brakes help bring you to a smooth, stable stop on slick or dry pavement (operates only in two-wheel drive).

This Jimmy's made a big difference in how you look at the roads ahead. And it's going to be an important part of your good life.

For a catalog and the name of your nearest dealer, call:
1-800-VALUE89
(1-800-825-8389).

©1988 General Motors Corporation. All rights reserved.

GMC TRUCK
It's not just a truck anymore.

Ein guter Scherz findet immer Zuhörer und Zuschauer, und Ford England war mutig genug, eines seiner eigenen Produkte für diese lustige Anzeige zu verwenden. Die meisten anderen Hersteller würden das kaum wagen. Ford ging jedoch nicht das Risiko ein, den normalen Escort lächerlich zu machen. Man wählte statt dessen die Rallye-Version, deren Pannen und Ausfälle jedem Motorsport-Begeisterten bekannt sind. Hier soll nur demonstriert werden, daß ein Zusammenbruch wahrscheinlicher ist, wenn keine Ford-Originalteile verwendet werden.

If you don't buy genuine Ford parts don't drive too fast.

You know the old proverb, "If you buy cheap you can pay twice."

It must have been a rally driver who first said that.

In motor sport, it's always cheapest in the long run to start with the best equipment. And if you're racing or rallying a Ford, that means genuine Ford Rallye Sport Parts.

They're the only ones that are designed and engineered to Boreham standards.

The Rallye Sport Parts catalogue has sixty pages of wheels, brakes, steering gear, suspension kits, crossmembers, engine parts, transmissions, halfshafts, exhausts, seats, lamps, fuel tanks – virtually everything you need to prepare a reliable car. As well as a fast one.

And the best place to buy your catalogue and parts is from your local Rallye Sport Dealer. Then you can buy the whole works from under one roof.

If you don't know where to find him, you can ring us direct on South Ockendon 853434 and we'll give you a map reference and a telephone number.

Good luck in 1982.

Fit the finest and finish.

MOTORSPORT *Ford*

NACHWORT: EIN BLICK IN DIE ZUKUNFT

Die Vorläufer dieses Buches endeten mit den Jahren 1930, 1950 und 1970; sie entstanden zu einer Zeit, in der die weitere Geschichte des Automobilbaus zum Teil schon bekannt war. Das vorliegende Buch wurde hingegen erst in den letzten Monaten des Jahres 1989 fertig gestellt. Wir stehen vor einer unbekannten Zukunft, was die politischen und wirtschaftlichen Entwicklungen angeht, doch über die Technik der nächsten fünf Jahre lassen sich einigermaßen begründete Verhersagen machen.

Im Motorenbereich wird es wahrscheinlich ein paar neue Konstruktionen, aber auch die Anwendung von Entwicklungen der 80er Jahre bei einer breiteren Palette von Fahrzeugen geben. Bis auf die einfachsten Modelle dürften alle vier Ventile pro Zylinder bekommen, und bei den meisten Autos wird wohl der Vergaser von einer Einspritzanlage abgelöst, weil der Katalysator, der sich aufgrund strengerer Abgasbestimmungen weltweit durchsetzen wird, eine exakte Kraftstoffdosierung erforderlich macht. Es geht nicht so sehr um die Frage, ob Katalysator oder Magermotor, sondern vielmehr um eine Kombination aus beiden. Bleifreies Benzin wird sich weiter durchsetzen, und zwar überwiegend Super mit 98 Oktan.

Eine wesentliche Entwicklung wird die Rückkehr des Zweitakters sein, allerdings in einer technisch weitaus ausgereifteren Form als beim Wartburg mit seinen blauen Auspuffahnen. Toyota wies 1989 auf der Automobilausstellung in Tokio den Weg mit dem Dreiliter-Zweitakter S2 mit Kompressor. Bei diesem Motor wurde das Gemisch direkt in den Brennraum gespritzt, nachdem sich die Auslaßöffnung geschlossen hatte. Damit entfiel einer der Nachteile des Zweitakters, nämlich der erhöhte Kraftstoffverbrauch aufgrund der Tatsache, daß ein Teil des Gemischs durch die Auslaßöffnung entweicht, bevor es verbrennt. Der S2 brachte mit 240 PS etwa die gleiche Leistung wie der Toyota-Dreiliter-Vierzylinder mit 24 Ventilen, hatte aber ein viel höheres Drehmoment. Ein weiterer Zweitakter wurde von dem Australier Ralph Sarich konstruiert. Ebenfalls mit Direkteinspritzung war der 1,2-Liter-Dreizylinder viel kleiner als der Toyota-Motor. Er leistete 105 PS etwa so viel wie ein 1,6-Liter-Viertakter mit Einspritzung, war aber nur halb so groß und halb so schwer. Die Konstruktion wurde von Ford und General Motors übernommen, die in einem gemeinsam finanzierten Werk in den USA jährlich 250000 Motoren dieses Typs bauen wollen. Sarich plante weiterhin einen V6-Zweitakter mit 2,8 Litern Hubraum.

Elektroantriebe haben die Konstrukteure schon vor der Jahrhundertwende fasziniert und hatten auch in den 70er und 80er Jahren ihre Befürworter. In Großbritannien baute die Firma Enfield Automotive 108 ihrer zweisitzigen Limousinen vom Typ 8000 mit Elektromotoren, die 8 PS leisteten und das Fahrzeug auf 65 km/h beschleunigten, aber eine Fahrleistung von nur 80 Kilometern sowie ein Preis, der fast dreimal so hoch war wie der des Mini, standen größeren Verkaufserfolgen im Wege. Über die Hälfte der zwischen 1969 und 1971 hergestellten Elektrofahrzeuge ging an die staatliche Energieversorgungs-Gesellschaft, die ja wohl nicht unbedingt unvoreingenommen war. Noch geringere Stückzahlen erreichte der Hope Whisper in Dänemark. Von 1984 bis 1986 gebaut, hatte er einen viersitzigen Limousinenaufbau aus Kunststoff, einen Fahrbereich von knapp 100 km und eine Höchstgeschwindigkeit von 80 km/h und brauchte zwölf Sekunden von Null auf 50 km/h. An einen Verkauf war jedoch nie ernsthaft gedacht. In den vergangenen zwei Jahrzehnten wurden noch über zwanzig weitere Elektroautos angekündigt, die jedoch meist nicht über das Prototypstadium hinauskamen. Die am weitesten verbreitete war gleichzeitig auch die exzentrischste Konstruktion: Der C5, das einsitzige Dreiradfahrzeug von Sir Clive Sinclair, wurde von einem 12V-Motor angetrieben, der aus einer Waschmaschine stammte und das 45 kg leichte Gefährt auf knapp 25 km/h brachte. Sinclair baute in den Jahren 1985/86 9000 Stück zum Preis von 399 Pfund Sterling, die aber bei weitem nicht alle verkauft wurden und im Jahre 1989 mit Rabatt zu haben waren. Bis eine wirklich leistungsfähige Batterie für einen Fahrbereich von 150 km oder mehr sorgt, dürfte der Elektroantrieb in naher Zukunft kaum eine Rolle spielen.

Im Bereich der Kraftübertragung dürfte dem Allradantrieb größere Bedeutung zukommen; er wird wohl auch bei den meisten Familienautos eine Selbstverständlichkeit sein. Bei billigeren Fahrzeugen setzt sich dabei wahrscheinlich die Viscose-Kupplung durch, da sie eine relativ einfache und preisgünstige Möglichkeit bietet, aus einem Zwei- einen Vierradantrieb zu machen, und sich ideal für den Umbau von frontgetriebenen Autos mit Quermotor eignet. In technisch fortgeschritteneren Fahrzeugen wird man sich wahrscheinlich einer Form des Torsen-Differentials bedienen. Porsches fortgeschrittene Kraftverteilung zwischen Vorder- und Hinterachse sowie zwischen den jeweiligen Differentialen aufgrund von Sensordaten über Beschleunigung und Radschlupf wurde beim 959 in der Praxis erprobt und in modifizierter Form beim in größeren Stückzahlen gebauten Carrera 4 eingesetzt. Bei Fahrzeugen mit sehr hoher Leistung dürfte sich diese Form der Kraftübertragung weiter durchsetzen. Obwohl technisch fortgeschrittene Aufhängungssysteme verfügbar sind, gibt es bei Massenprodukten wegen der hohen Kosten und der Komplexität dieser Systeme wohl kaum dramatische Entwicklungen. Der normale Familienvater wird wahrscheinlich weiter mit einem Auto mit McPherson-Federbeinen an der Vorderachse und einer drehstabgefederten Hinterachse fahren. Die Antiblockiersysteme werden weitere Verbreitung finden, und zwar nicht die mechanischen, sondern die elektronisch geregelten.

Die Elektronik wird generell im Auto der 90er Jahre eine größere Rolle spielen. Die bekannten Anwendungen wie Geschwindigkeitsregelung und exakte Bemessung der Einspritzmenge werden erweitert auf Radaranlagen, die mit Motor und Bremsen gekoppelt sind, um ein zu nahes Auffahren zu verhindern. Obwohl das ein wenig weit hergeholt sein mag, hat BMW bereits ein System entwickelt, bei dem mittels Videokamera und Computer Daten über Straßen, Gebäude und den anderen Verkehr so verarbeitet werden, daß das Fahrzeug sich selbst lenken kann. Näher an der Praxis ist vielleicht der VW Futura, der allein auf engstem Raum einparken kann. Beim BMW-System Prometheus (Programm für ein europäisches Transportsystem von höchster Effizienz und unerreichter Sicherheit) werden in Kopfhöhe Informationen über Unfälle, Nebel oder glatte Straßen in die Windschutzscheibe eingespiegelt, die dann an andere Fahrer übermittelt werden können. Auch die Orientierung wird mit Computerhilfe verbessert; Funksender an der Straße übermitteln Daten an den Bordcomputer, der dann auf einem Bildschirm im Armaturenbrett die beste Route anzeigt. Im Laufe der Zeit könnte man Straßenkarten in das System einprogrammieren, so daß die Orientierung vom Anfang bis zum Ende der Fahrt sichergestellt ist. Die Elekronik kann auch zur Reduzierung der Verbrechen rund um das Auto beitragen, indem beispielsweise Plastikkärtchen mit kodierten Informationen oder Spracherkennungssysteme den hergebrachten Schlüssel ersetzen. Im Tickford Capri von 1986 gab es schon eine Fernsteuerung für die Verriegelung.

Im Aussehen wird sich das Auto der 90er Jahre wahrscheinlich kaum von dem Fahrzeug unserer Tage unterscheiden, zumindest nicht in der großen Masse. Es wird weiterhin die tiefgezogene Motorhaube und das hohe Heck haben, das wir schon von vielen Modellen kennen. Es wird mit bündig abschließenden Fenstern und Türgriffen weniger Luftwiderstand bieten. Häufiger zu sehen sein wird die schon von den heutigen Großraumlimousinen bekannte Form mit kurzer Haube. Der 1989 in Tokio angekündigte Toyota Previa mit in der Mitte eingebautem Vierzylinder-Flachmotor und Durchgang zu den Rücksitzen weist hier den Weg. Die zunehmende Ähnlichkeit der Massenprodukte wird die Nachfrage nach Autos steigern, die bestimmte Marktnischen füllen und auf spezielle Käufergruppen abzielen. Es könnte durchaus sein, daß die japanischen Nostalgie-Autos im Stil der 60er Jahre wie etwa der Nissan Pao und S-Cargo nach Europa vordringen und eine Ergänzung zu den Nostalgie-Fahrzeugen im Stil der 30er wie etwa dem Panther Kallista bilden. Nachbauten wie der Healey mit Rover-V8-Motor und der Austin Sprite (Froschauge) mit GFK-Karosserie finden zweifellos ihre Käufer. Wenn das Alltagsauto immer bequemer wird und sich praktisch von selbst fährt, wird immer eine Nachfrage nach individuelleren und aufregenderen Fahrzeugen bestehen, seien es nun Nachbauten, Neoklassiker oder für diejenigen, die es sich leisten können, echte Vorkriegsfabrikate.

Stichwortverzeichnis

A

ABS 157 158
AC Cobra 77
AC ME3000 91
Adamo CRX 1800 209
Airbag 160
Airikkala, Pentti 24 197
Alfa Romeo 38 170
  164 41 170
  2300 207
  6 39
  8C 2900B 95
  Alfasud 170
  Milano 225
  Spider Veloce 76
Alkohol 146
Allison 127
Allradlenkung 153 154 155
Alpine 69 104 130 163 209
Alvis 33
American Motors Corporation 109 189 190 209
  Eagle 4×4 148 151
  Gremlin 189
  Javelin 184
  Pacer 189
AMF 159
Arco 146
Argentinien 209
Argyll 91 162
Armstrong-Siddeley 33
ARNA-Projekt 170
Aro 119 240
Aston Martin 54 58 165
  DBS V8 53
  Lagonda 45 54 55 56 57
  V8 53
  Vantage Zagato 106–107
  Virage 53
Auburn-Nachbau 191 195
Audi 45 160 171
  100 202
  100 TD 146
  200 Quattro 67 86 87
  200 Turbo 130
  80 Quattro 150
  Avant 146
  Torsen-Differential 150
  V8 Allrad 148
  V8-Motor 46
Austin 165 196
  A40 14 196
  Allegro 165
  Maestro 32 38 168 169
  Maxi 14 165
  Metro 18 19 20 21 32 153 168
  Mini 153 168
  Montego 32 38 67 168 169
Austin-Healey 70
  3000 79
  3000-Nachbau 73 206
  Sprite 69
Austin-Rover 146 162
Australien 203
Autobianchi A112 14 15
Auverland 119
Aymesa 209

B

Bahnsen, Uwe 31
Bausatzautos 76
Bedford Midi 126
Beijing BJ213 Cherokee 110 202
Bellier 165
Bentley 54
  Eight 55
  Gebläse- 135
  Mulsanne 55
  Mulsanne Turbo 55 130
  Turbo R 55 57 130 219
Bertone 96 123 179
BMC Mini/1100 206
BMW 33 36 38 45 49 118 153 157 160 165 199 206
  1600 206
  2002 Turbo 128
  325i 79
  325iX 148
  501 50
  502 50
  5er 37 165
  730i 36
  750i 49 55
  750iL 64
  7er 50
  850i 153 171
  M1 89 103
  V12-Motor 46
Bolwell Nagari 206
Borgward 33
Bosch Jetronic 39 96
Boué, Michel 16
Brasilien 207
Bristol 45 59
  Beaufighter 59
  Brigand 59
British Leyland 70 159 165
Buchi, Alfred 127
Bugatti 108
  57SC 95
Buick Electra 204
  Le Sabre 130 204
  Regal 190
  Skyhawk 188
Bundesrepublik Deutschland 171
Burlington 77

C

Cadillac 33 48 67 183
  Allante 60 64 131
  Cimarron 60 188
  De Ville 60
  Eldorado 60 61
  Fleetwood Brougham 60
  Malloney 68
  Seville 61
Carajas 4×4 203
Carbonflo 145
Caterham 72 77
  Super Seven 74–75
Chapman, Colin 91
Chevrolet 157 191 203 206
  Blazer 109 112
  Cavallier 60 188
  Celebrity 146
  Chevette 17 90 161 188 191 203 207
  Constantia 206
  Corvair 158
  Corvair Monza 128
  Corvette 88 89
  Corvette ZR1 142 151 157 186–187
  De Ville 206
  Kommando 206
  Lumina 126 190
  Monte Carlo 130
  Nova 191
  San Remo 209
  Spectrum 191
  Turbo Sprint 191
  Vega 183 184 188
China 202
Chrysler 52 67 109 160 161 170 183 190 209
  180 30
  Alpine 162
  Australien 203 204
  Colt Galant 204
  Europa 162
  Horizon 19 162 188
  Imperial 60
  Laser 130
  Le Baron 32
  Lonsdale 204
  Medaillon 190
  New Yorker 60
  Premier 190
  Valliant 204
Chrysler-Maserati 131 134
Citroën 134 162 215
  2CV 9 14 123 156 163 165 198
  Ami 9
  AX 19 20 165 202
  Axel 162 181
  BX 146 151
  BX Turbo Diesel 229
  CX 130 146 156
  CX GTi 134
  DS 156
  Dyane 9
  GS 156
  SM 33 95 102 156
  XM 33 146 156 163 164
Cizeta Moroder 108 142 151
Clenet 194 195
Cord 810-Nachbau 191
Cosworth 140 188
Cournil 119
Crespi 209

D

Dacia 181
  Duster 123
Dacunha Jeg 209
Daewoo 191 201
  Le Mans 201
  Maepsi-Na 201
  Royale 201
DAF 17 152
Daihatsu 170 200 202
  Blizzard 122
  Charade 18 19 20 27 202
  Compagno 196
  Cuore 197
  Domino 197
  Four Track 122
  Leeza 197
  Rocky 122
  Rugger 122
Daimler 64
  3 6-Liter 49
  420G 66
  Double Six 48
  Executive 66
Dangel 119
Datsun 240Z 79 80 196
  260Z 80
  280ZX 79
  300ZX 79
  Bluebird 9 196 202
  Cedric 202
  Cherry 19
  Sunny 12 196 202
  Violet 202
De Leotard 119
De Lorean 91 94 162
De Tomaso Longchamp 59

Pantera   59 97 102
Delahaye   79
Dodge 426   183
   Caravan   126
   Charger   183
   Colt   183 228
   Daytona   130 131 134
   Diplomat   192–193
   Lancer   32
   Ramcharger   109 111
Donkervoort   72
Douvrin-Motor   162
Duport   165
Dutton   77

E

Ecosse   91
Egan, John   57
Eniak   209
Envemo   209
EPA   142 144
ERA Ltd   27
Erad Capucine   165
Excalibur   191 194
Exner, Virgil   195
Experimentelle Sicherheitsfahrzeuge   158 159

F

Facel Vega   33
Fairchild Corporation   159
Farus   209
Felber   117
Ferrari 206 Dino   89 98
   246 GT Dino   99
   275GTB   79 95
   288GTO   77 98 99 108
   308   41 58 89
   308GT4   98
   308GTB   98
   328   91
   365GT   44 45
   365GTB/4 Daytona   79
   400GT   44 45
   400i   58 151
   412   58 151
   512 Berlinetta Boxer   45 58 89 96 171
   F40   98 99 100–101
   Mondial Cabriolet   99
   Testarossa   45 58 97 102 171
Fiala, Ernst   23
Fiat   146 161 170 209
   1100   209
   124   176 203
   124 Spyder   76
   125   209
   126   180

   127   9 14 15 19 180
   128   9 11 180 209
   147   209
   500   9 23
   600   9 23 209
   850   9
   Campagnola   119
   Croma   40 41 147 170
   Duna   209
   ECV   136–137
   Elba   209
   ESV   159
   Panda   19 20 21 151
   Panda 4×4   151
   Premio   209
   Regata   32 209
   Strada   14 27 32
   Tipo   19 20 152 170 180
   Uno   19 20 21 27 152
   Uno Turbo   30
   X1/9   76 89 90
Fidia   45 59
FNM   207
Ford   38 60 64 118 144 146 160 161 165 170 191 201 204 206 207
   26M   33 34 161
   Aerostar   126
   Bronco   109 111 112
   Capri   78 84 130 161 205
   Consul   156
   Corcel   207
   Cortina   30 77 201 204 206
   Del Rey   207
   Escort   9 12 19 20 30 77 152 161 189 206 207 209 210 232
   Escort RS   23
   Escort XR   23 189, 207
   Fairlane   203 209
   Fairmont   203
   Falcon   203 205 209
   Festiva   191 201
   Fiesta   19 20 21 162 172
   Galaxie   159
   Granada   33 206
   GT40   77
   Laser   204
   Mercury   202
   Mustang   130 185 195
   Orion   30 31 152
   Pinto   158 183 188
   RS Turbo   23 130 148
   RS200   149 165
   Sapphire   32 130 140 141 162
   Sapphire Cosworth   32
   Scorpio   33 36 148 162 189
   Sierra   31 130 145 148 162 189 201 209
   Sierra Cosworth   140 141 166–167

   Sierra XR8   206
   T   109
   Taunus   209
   Taurus   190
   Telstar   204 205
   Thunderbird   64 130 209
   Zephyr   67 156 161
   Zodiac   33
Ford-Magermotor   143
Frankreich   162–165
FSM   179
FSO   179

G

Gacel 209
Garret AiResearch   127 129
GAS 3102   178
GAS-69   119
Gateau   164 165
Gatsby Giffin   195
General Motors   36 91 146 159 160 161 165 170 173 191 201 206 207
Geo Metro   191
   Prizm   191
   Spectrum   191
   Tracker   122 191
Ghia   79
Ginetta   69
Giugiaro   91 172 180
Glas 1700   206
Glenfrome Facet   115
GM Commodoro   207
   Diplomata   207
   Monza   207
   Opala   207
   T-Reihe   17
GMC Jimmy   109 112 230
Golden Spirit   195
Großbritannien   165–169
Gurgel   209

H

Halcon   209
Henry, Ernst   139
HICAS   156
Hillman   196
   Avenger   183 209
   Imp   9 161
   Minx   9 161 196
Hindustan   203
   Ambassador   203
   Contessa   203
   Trecker   203
Hino   196
Hofstetter   209
Holden   204 206

   Apollo   204
   Astra   205
   Camira   161 162 188 204
   Commodore   204 205
   Gemini   191 203
   Kangaroo   121
   Monaro   203
   Nova   204
   Statesman   204
   Torana   203
Honda   162 168 191 196 200 206
   Accord   141 141
   Acura   64 166
   Ballade   154 165
   Civic   20 27 141 154 199
   Concerto   168
   CRX   30
   Integra   64 142
   Jazz   141
   Legend   64 142 161 168 169 199
   N 360   9 11
   N 600   9
   NS-X   199
   Prelude   141
   Shuttle   125
   Today   198
Hong-Ki   68 202
Hudson   190
Humber Sceptre   161
Hutson Motor Co   76
Hyundai   200 201
   Pony   19 21 200
   Sonata   200 201

I

IATO   123
IHI-Turbolader   130
IKA   209
Ikari   206
Indien   202
Iron Duke   90
Isdera Imperator   171
ISO   58
Issigonis, Alec   10
Isuzu   78 196
   4200R   200
   Amigo   121
   Gemini   161 191 201 203
   MU   121
   Trooper   116 120
Itaipuru   209
Ital Design   200 201
Italien   170
Iveco PM40   119

J

Jaguar 33 58 72 77 115 153 165 199
  420G 45 66
  E-Typ 45 47 48 79
  E-Typ V12 220
  Mark X 45
  Sovereign 48 49 55
  XJ-40 49
  XJ-S 48 49 57 58
  XJ12 47 48 49 50 221
  XJ220 108
  XJ6 45 47 49 64 67 151 160 221
  XK120 45 47 209
Jankel, Bob 72
Japan 64 196–200
Jeep 109 117 147 156 190 202 209
  Cherokee 110 112
  CJ5 112
  CJ7 113
  Corporation 109
  Grand Wagoneer 112
  Renegade 113
  Wagoneer 109 110 112
  Wrangler 113
Jeep-Eagle 190
Jensen 33
  FF 147
  Interceptor 33 52 147
Jensen-Healey 188
Jugoslawien 180

K

K.I.A. 201
Kaiser-Jeep Corporation 109
Karmann 162
Katalysator 142 143
Kia Capital 201
  Concord 201
  Festiva 191
  Pride 201
KKK-Turbolader 128 134
Kleinstwagen 164 198

L

Lada 170 176
  Niva 122 123
  Samara 18 19 176
Ladeluftkühler 127 128
Lamborghini 33 59 151 170
  Countach 45 77 89 95 102
  Diablo 97
  Espada 44 45
  Jalpa 89
  Jarama 45
  LM 002 118

Miura 44 89 95
Lancia 170
  Beta Volumex 135
  Delta 27 130 148 151
  Delta Integrale 16V HF 149
  Delta S4 ECV 136–137
  Prisma 148
  Stratos 94
  Thema 41 170
Land Rover 109 114 121 156 172
  Discovery 115 116
  Santana 121
Laser 78
Lele 45
Leyland Mini 198
Ligier JS 164
  JS2 94 95
Ligier, Guy 33 94
Lincoln 33 67
  Continental 60 61 195
Lotus 160 165 200
  Cortina 23
  Elan 78
  Elan 2+2 79
  Elite 156
  Esprit 91 92–93 130
  Europa 91
  Seven 72

M

Mahindra 203
Malaysia 201
March 108
Marden 165
Marlin 77
Martin 72
Maruti 800 203
Maserati 33 59 79 170
  Biturbo 58
  Biturbo Spyder 130 132–133
  Bora 45 89 102 103
  Indy 45
  Khamsin 45
  Kylami 45
  Merak 45 102 103
  Quattroporte 45
  Royale 45
Matra 124
  Baghera 94
  Murena 94
Mazda 199 201 203 206
  110S 196
  1200 196
  121 191 201
  323 17 18 19 20 27 78 151 191 196 201 202 204 205 209

323 GTX 4WD Turbo 26 32 154 205
  AZ-550 198
  MX–03 199
  MX5 Miata 78 79 108 198
  R-360 196
  R100 196
  RX–3 196
  RX–4 196
  RX–7 196
Mazda-W12-Motor 200
McLaren 108
McPherson-Federbeine 156
Mercedes-Benz 33 38 45 48 118 135 146 153 157 159 160 199
  190 67 147 218
  190E 2.3 16V Cosworth 140 141
  200 146
  230E 37
  250 146
  280SL 209
  300 67
  300SEL 47 50
  380SLC 52
  450SE 50
  450SEL 35 50
  500SL 64 85 157 160 171
  560SEC 50–51
  560SEL 50 55
  600 50 66
  600 Pullman 66
  ESF-05 159
  G 116 117 119
  SS 135
  SS-Nachbau 191
  SSK 135
Mercur 189
Mercury Lynx 146 188
Mercury Tracer 191 209
Methanol 146
Mexico 209
MG 165
  Metro 27
  Midget 69 70 76 195
  TD 209
  TF 76
  MGA 69
  MGB 69 70 71 226
  MGB GT 80
  MGB GT V8 70
  MGC 70
Michelotti 77
Mini 9 10 20 27 77 168 198
Mini-Cooper 23
Mitsubishi 190 196 199 200 201 204
  Colt 19 20
  Dangan ZZ 130 142 197

Dangan ZZ Turbo 130
  Eclipse 190
  Galant 151 154 155
  HSR2 189
  Lancer 201
  Montero 121
  Pajero 120 121
  Shogun 116 121
  Space Wagon 124
Montalbone, Oscar 14
Monteverdi 117
Morgan 72 76 165
  Plus Eight 72 128
Morris 165
  Marina 30 31
  Minor 9
  Oxford 203
Moskwitsch 1500 177
  2141 19 177
  408 176
  412 176

N

Nader, Ralph 158
NASCAR 183
Nash 158 190
Naylor 72 76
Nissan 154 157 159 162 165 191 200 202 204 206 209
  180SX 80
  200SX 80
  300SX 80 156
  BE-1 199
  Bluebird Turbo ZX 169
  Cedric 151
  Cherry 27 170 203
  CUE-X 64 199
  Figaro 199
  Gloria 151
  Infiniti 64 65 165 199 200
  Maxima 37
  Micra 18 19 20 199
  Neo-X 200
  Pao 198 199
  Patrol 120
  Pintara 204
  Prairie 123 124 126 151
  President 64 65
  Pulsar 148 205
  S-Cargo 198 199
  Stanza 123 202
  Sunny 20 123
NSU 161

O

Oettinger 23
Oldsmobile 60
  Cutlass 190
  Cutlass Ciera 204
  Delta 146
  F85 128
  Firenza 188
  Silhouette 126
Oltcit 182 181
Opel 38 161 188
  Admiral 36 37
  Ascona 161 188
  Calibra 173
  Corsa 19 20 27 162 172
  Diplomat 37 137
  Kadett 9 11 17 19 20 161 191 201 209
  Kadett GSi 26
  Omega 162 165 204
  Rekord 206
  Senator 37 162 201
  Vectra 146 151
Osteuropa 176

P

Pandarus 206
Panther 76 165
  J72 72 73
  Kallista 72
  Lima 72
Pellandini 206
Peugeot 135 162 209
  104 17 19 20
  204 9
  205 19 20 21 32 58 148 153 165
  205 GTi 20
  304 9
  305 146
  309 32 146 162
  405 146 227
  504 119 162 163 202 209
  505 119 146 202 209
  604 34 67 162 163
  605 33
Peugeot-Citroën 162
Piech, Ferdinand 86
Pike 77
Pilgrim 77
Pininfarina 209
Plymouth 191
  Barracuda 183
  Colt 228
  Cricket 183
  Eagle Talon GSi 190
  Laser 190
  Roadrunner 183
  Superbird 182
  Trail Duster 109 111
  Voyager 126
Polen 179
Polonez 179
Polski Fiat 17 170 176 179
Pontiac 6000 151
  Fiero 89 90 195
  Firebird 130
  Grand Prix 190
  J2000 60 188
  Le Mans 161 191 201
  Trans Sport 126
Porsche 33 45 172
  911 95 104 209
  911 Carrera 79 151
  911 Carrera 4×4 150
  911 Turbo 104 128 129
  924 86
  924S 58 86
  928S 25 58 87
  944 86
  944S 58 86
  959 105 153
Porsche, Ferdinand 86
Portaro 119
Premier 170
  Padmi 203
Proton 1.5 SE 201
PRV-Motor 91 162
Puch 116
Puma 209

Q

Quicksilver 195

R

Rajay-Turbolader 171
Range Rover 109 114 115 117 118 128 134 146 147
Ranger 206
Rayton Fissore Magnum 119
Reliant 165
  Kitten 203
  Scimitar 77
Renault 38 135 161 162 172 189 196
  Alliance 189
  Alpine GTA 104 130 163
  Dauphine 23
  Encore 189
  Espace 124 125 126 151
  Fuego 209 225
  R10 9 23
  R11 32 146 189 209
  R14 20
  R16 20
  R18 209
  R19 146
  R21 146 151
  R25 67 146 163
  R30 162 163
  R4 9 196 209
  R5 13 16 19 20 32
  R5 Turbo 25
  R7 32
  R8 9 23
  R9 13 32 146 189 209
  Supercinq 25
  Torino 209
Riboud 164
Riley 33 165
Rolls-Royce 33 35 67 68 115 160 165
  Camargue 54
  Phantom V 64 66
  Phantom VI 64 66 67
  Silver Shadow 47 54 153
  Silver Spirit 54 55 157
  Silver Spur 64
Rover 38 64 160
  200 154
  216 SE 168
  800 37 142 161 168 169
  SD1 38 128 169 203
  Sterling 38 67 169
  Vitesse 38

S

Saab 173
  90 173
  900 Cabriolet 173
  900 Turbo 129
  9000 41 170
  9000 Turbo 129
  96 9
  99 Turbo 129
  Talladega 42–43
Saporoshet 170
Sbarro Monster G 118
  Windhound 118
Schweden 172
Seat 850 172
  Ibiza 19 20 32 172 216
  Malaga 32 172 217
  Marbella 172
Sevel 209
Shanghai 202
Shanghai SH 769A 202
Sheldon, Tony 147
Shiguli 176
Sicherheitstechnik 158 159 160
SIL 68
  4104 68
Simca 94 161 162
  1000 9 161
  1100/1204 9 14 161
  1500 161
Sipani Dolphin 203
Skoda 151
  1000 179
  Favorit 19 151 179
Sowjetunion 176
Spanien 172
SS100 72 73
Standard 203
  Gazel 203
Standard-Triumph 165
Status Seven 72
Steyr-Daimler-Puch 116 117
Studebaker 191
Stutz 195
Subaru 196
  4×4 231
  Justy 19 20 152
  Rex 149 197
Südafrika 206
Supermini 9 14
Suzuki 172
  Alto 19 20.200
  Alto Turbo 4WD 27
  Cappucino 198
  Cervo 198
  Escudo 121
  Fronte 196 203
  Jimny LJ 121
  LJ-413 121 122
  SC100 197
  SJ 119 121
  SJ-410 121 122
  Swift 19 191
  Swift GTi 27
  Vitara 121 122 191

T

Taiwan 201
Talbot Horizon 163
  Samba 162
  Tagora 162
Teilhol Tangara 123
Toyota 135 144 154 156 159 165 191 200 204 206
  Camry 151 161 191 204
  Celica 81 130 157
  Century 64 65
  Corolla 32 191 204 206
  Corona 9 196

Cressida 206
Land Cruiser 120 148 156
Lexcen 204
Lexus 64 65 165 199
MR2 76 89 90 199
Space Cruiser 123
Starlet 17 19 20
Supra 81 82–83 219
Trabant 9 181
  601 181
Tracer 188
Treibhauseffekt 146
Triumph 168
  Acclaim 168
  Dolomite Sprint 139
  Herald 9 71 77 203
  Spitfire 69 70
  Stag 71
  TR6 70 71
  TR7 69 71 165
  TR8 71 72
  Vitesse 77
Tschechoslowakei 179
TVR 130 165
  350i SC 138

U

UMM 119
USA 183

V

Van Dorne 152
Vauxhall 38 161
  Astra 19 20 161 162
  Carlton 162
  Cavalier 30 37 151 161 162 188
  Chevette 17
  Chevette HS2300 24
  Magnum 72
  Nova 19 20 162 172
  Victor 30 206
  Viscount 36
  Viva 9 11 203
Voisin 123
Volkswagen 135 169 191 206 208 209
  181 117
  Caravelle 126
  Corrado 84 190
  Derby 32
  Fox 207
  G-Lader 128 139
  Gol 207 208
  Golf 16 17 20 58 86 138 153 188 202 206 207
  Golf GTI 22 23 27 140
  Golf Synchro 148
  Iltis 4×4 86 116 117
  Jetta 32 146 151 206
  K70 86
  Käfer 9 13 77 206 209
  LT 86
  Passat 147 172 206
  Passat Variant 202
  Polo 20 32 105 138 172 181 207
  Rabbit 189 214
  Santana 172 202 209
  Scirocco 84
  SP GT 207
  Transporter 148
  Voyage 207 209
Volpe, John 159
Volvo 135 159 160
  140 212
  240 146
  262 222
  264 162
  343 17 21 152
  440 32
  460 176
  480 28–29
  740 223
  760 136 146 163
  780 163 174–175
Vorderradantrieb 19 20

W

Wankel 81 189
Wartburg 9 151 181
Westfield 72
Wolga 176
Wolseley 165

X

XEF 209
Xiali 202

Y

Yue Loong 101 202
  Feeling 202
Yugo 151 170
  45 19 20 180
  513GL 180
  55 19 180
  Sana 180

Z

Zastava 9 180
Zender Fact 171
Zender Vision 171
Zimmer 195

TESTEN SIE AUTO MOTOR UND SPORT.

auto motor und sport testet jedes Jahr über 400 Autos – vom Ford Fiesta mit 50 PS bis zum 420.000 Mark teuren Porsche 959 mit 450 PS. Moderne Meßmethoden zwei Millionen Testkilometer pro Jahr sowie eine Testmannschaft mit langjähriger Erfahrung und sicherem Beurteilungsvermögen bilden die Basis für die anerkannte Testkompetenz von Europas großem Automagazin. Für Ein- und Aufsteiger der mobilen Gesellschaft ist auto motor und sport <u>die</u> kompetente Informationsquelle. Testen Sie uns. Alle 14 Tage neu bei Ihrem Zeitschriftenhändler und an Ihrer Tankstelle.

Unabhängig. Kritisch. Engagiert.

auto motor und sport